# 호텔 식음료 경영 실무

한올출판사

# 머/리/말

식·음료 경영부분은 산학계의 노력으로 관광분야의 중요한 핵심으로 자리 매김하고 있다. 특히 서양의 식문화 습관이 우리나라의 그것과 매우 다름에도 서양의 식문화가 우리의 생활 속에서 자리잡아가고 있다. 특히 소득의 증대와 여가시간 및 여성의 사회진출과 외식산업의 발달로 인하여 식·음료 분야는 급속한 성장을 하고 있다. 그러나 아직 개선 발전 시켜야 할 많은 문제점을 안고 있다.

이러한 분위기에 맞추어 관광종사원 및 관련학과 학생들을 위한 교재도 전문지식의 깊이와 다양화가 더욱 절실히 필요하다고 인식되어 지금까지의 식·음료분야 및 호텔에 근무한 경험을 바탕으로 자료를 정리하였다.

본서는 실무에 필요한 내용으로 전체 14장으로 구성되어있다.

제1장 식·음료부분의 조직 및 운영, 제2장 식당의 종류 및 내용, 제3장 종사원의 기본자세, 제4장 접객서비스 실무, 제5장 식당서비스, 제6장 테이블 세팅, 제7장 집기종류 및 취급방법, 제8장 메뉴 코스별 서비스, 제9장 식·음료 위생방화 안전관리, 제10장 메뉴관리, 제11장 주장관리, 제12장 주장실무, 제13장 호텔 식당별 운영실무, 제14장은 연회장에 대하여 설명하였다.

커다란 의욕을 가지고 실무지침서로 활용할 수 있도록 최선을 다해서 정리했으나 논자의 부족한 부분과 아쉬움을 전혀 감출 수 없는 것은 아니다.

부족한 부분은 보완할 수 있도록 많은 조언과 격려를 기대하며, 호텔종사원이나 관련 식·음료분야 학생들에게 교재와 안내서로의 역할을 다하길 기대한다.

마지막으로 본서의 집필을 할 수 있도록 가르쳐주고 이끌어주신 여러 교수님들게 감사를 드리며, 출판을 위해서 원고 정리해 주신 한올출판사 임순재 사장님 이하 직원 여러분께 진심으로 감사드린다.

2008년 6월

저자씀

# 차 / 례

chapter 01

# 식 · 음료 부분의 조직 및 운영

인간생활의 3대요소인 의식주는 가처분소득증대의 향상과 함께 단순한 생존만을 위한 개념에서 벗어나 삶의 질 향상을 위한 새로운 가치추구를 위한 의식주로 변화하고 있다. 이 중 식문화 창조에 일익을 담당하고 있는 호텔의 식음료 부문은 객실과 더불어 호텔 매출에서 큰 비중을 차지하면서 호텔 및 외식산업의 수익증대에 큰 기여를 하고 있다. 따라서 호텔 및 외식산업의 이윤 극대화를 도모하고 새로운 식문화 창조라는 사회적 욕구에 부응하여 식음료 부문에서 보디 창조적이고 과학적인 운영에 노력을 기울여야 할 것이다.

식당이란 개념은 인간이 일상생활을 영위하면서 음식 섭취를 위하여 필요한 시설을 갖추어 놓은 곳으로서 일반적으로 호텔 · 레스토랑 · 기숙사 · 공장 · 학교 또는 열차나 선박 같은데서 식사를 하기 위한 장소로서 고객에게 음식과 부수적인 서비스를 제공하는 곳을 말한다.

식 · 음료서비스 산업의 경영자는 식 · 음료부서에 근무하는 주방업무 종사원과 업장 서비스 종사원과 함께 각기 다른 조직의 인력이 필요하다. 일반적으로 식음료서비스 산업은 대중을 상대로 하는 사업이므로 노동집약적인 기술적인 사업이므로 식 · 음료서비스 분야에 종사하는 인구도 많다고 할 수 있다. 호텔에서는 주방종사자 이외에 레스토랑 지배인, 연회장 지배인, 각 업장의 주임 웨이터, 와인 웨이터, 일반 웨이터, 구매관리 등과 같은 직무가 있으며 레스토랑의 기능과 명칭에 대한 결정은 창업에 따라서 달라진다.

세계 여러 나라를 볼 때 자국만의 독특한 요리와 조리방법, 서비스를 개발하여 다양한 고객욕구에 대한 만족을 추구하기위하여 노력하고 있다. 이러한 해결책은 경영자의 부단한 노력과 고객욕구를 파악하고, 정확한 메뉴의 원가계산관리, 음식의 양 조절 및 식자재 구매로 불필요한 낭비를 줄이고, 보다 효율적인 고객 관리와 종사자 관리 등에 노력하여야 할 것이다. 경영관리인과 종사원사이에 좋은 관계가 유지된다면 종사원의 내부만족이 고객들에게 질 높은 서비스를 제공할 수 있을 것이다. 식음료 서비스 종사원들은 일선에서 고객과 대면하면서 기업의 일원으로 업무에 임하고 있으므로 기업의 성공여부는 종사원에 달려 있다고 해도 과언은 아닐 것이다.

기업의 경영자는 종사원의 내부만족이 고객만족으로 이어져 궁극적으로 기업의 성공을 가져온다는 경영마인드를 가지고 경영자와 종사원이 팀워크를 이루어 올바른 목표시장을 설정하여 그에 맞는 서비스개발과 판매촉진을 위한 마케팅활동을 수행하여야 할 것이다. 다음 [그림 1-1]은 식 · 음료직급별편성표이다.

## 1절 식 · 음료 직급별 편성표

[그림 1-1] 식 · 음료 직급별 편성표

## 2절 서비스 형식에 의한 조직도

호텔조직구성은 식당의 규모나 형태 수용정도에 식 · 음료종사원의 능력에 따라 다소 차이가 있을 수 있지만 서비스제도와 접객편성이 중심이 된다.

식당에서 제공되는 서비스 형식에 따라서 크게 3가지 형태의 경영조직으로 분류할 수 있다.

### 1 쉐프 드랭 시스템(Chef de rang system)

최고급의 서비스를 제공할 수 있는 고급식당에 적합한 조직이다. 메트르 도텔(Maitre

〈표 1-1〉 쉐프 드랭시스템

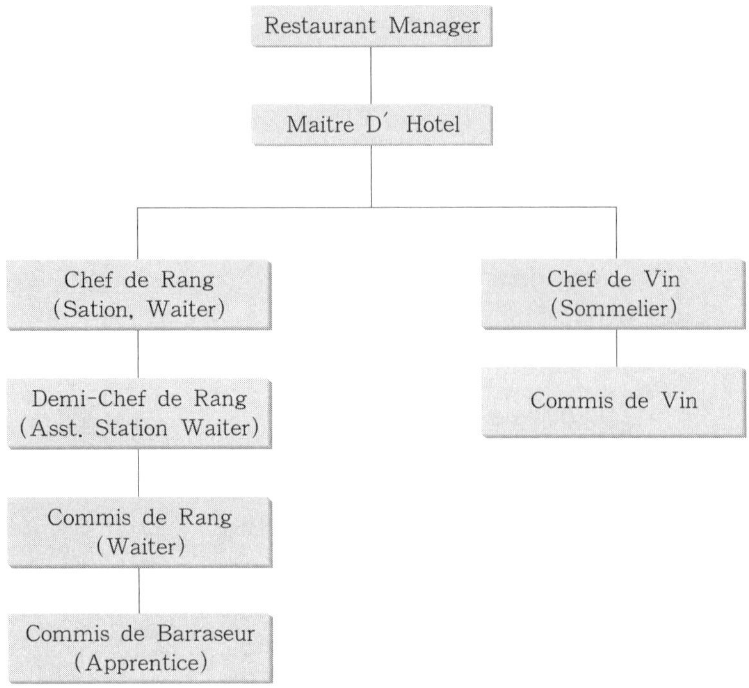


D' Hotel)의 지휘 아래 일정테이블, 또는 스테이션을 담당하는 서비스 조장인 쉐프드랭(Chef de Rang)이 있고, 그 밑에 데미 쉐프 드랭(Demi-Chef de Rang), 꼼미 드랭(Commis de Rang), 꼼미 드 바라쉬르(Commis de Barraseur)가 한팀이 되어 서비스를 한다. 쉐프 드 뱅(Chef de Vin)은 와인 전문적으로 서비스하는 종사원으로 서비스하는 쉐프 드 랭(Chef de Rang)의 업무를 협조한다. 다음 〈표 1-1〉은 쉐프 드랭시스템이다.

## 2 헤드 웨이터 시스템(Head waiter system)

쉐프 드랭 번거로운 조직을 능률적으로 변형시킨 것이며, 헤드웨이터 밑에 식사를 서비스하는 웨이터와 음료를 서비스하는 바텐더 또는 소멜리어가 있다. 지정된 테이블 없이 웨이터 또는 웨이트리스가 모든 곳을 서비스하는 것이 특징이다. 다음 〈표 1-2〉은 헤드 웨이터 시스템이다.

〈표 1-2〉 헤드 웨이터 시스템

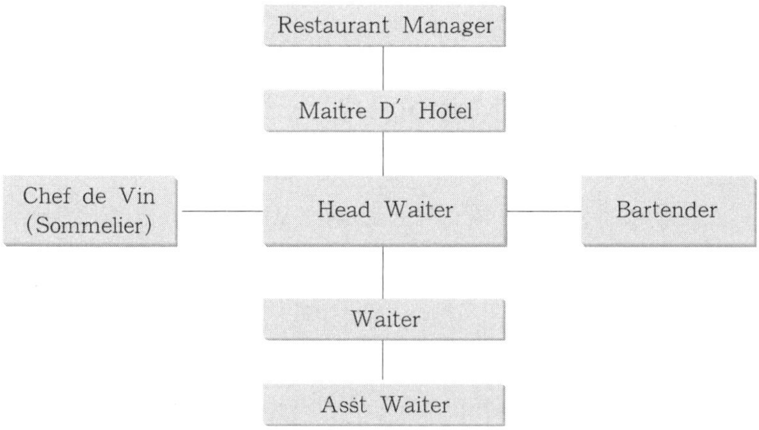


## ③ 스테이션 웨이터 시스템(Station waiter system)

헤드 웨이터 밑에 여러 명의 웨이터들이 각각의 테이블 또는 스테이션을 배정받아 식음료 주문은 물론, 서비스를 제공하는 조직이며, 규모가 있는 패밀리 레스토랑, 나이트 등에서 많이 사용하는 서비스 조직이다.

〈표 1-3〉 스테이션 웨이터 시스템

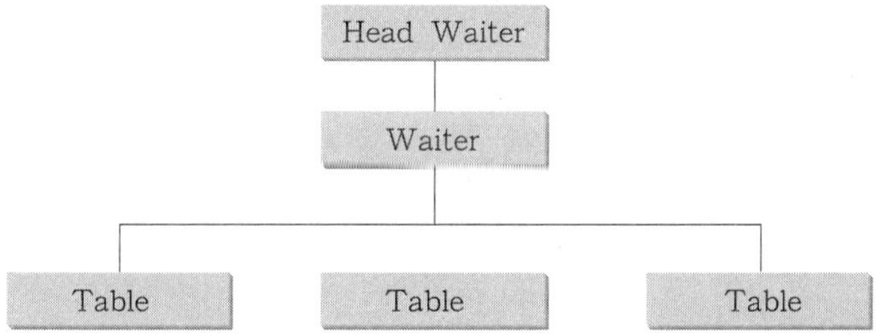

## 3절 호텔 식당종사원의 직무분석

### 1 식당 지배인 (Outlet Manager)

해당 레스토랑 영업장의 책임자로서 Captain, Waiter, Waitress, Greetress에 대한 훈련과 감독을 하며, 예약접수현황과 준비상황을 점검하고 종사원들에 대한 세부사항 전달과 업무와 영업 준비를 지시한다. 직원들의 근무 시간표를 작성하고 직원들에게 서비스 담당구역을 배정한다. 영업장의 책임자로서 영업장 운영 및 고객관리, 직원의 인사관리, 교육훈련에 책임을 지며 식 · 음료 부서와 직원간의 직 · 간접적 중계역할을 한다.

### 2 식당 부지배인 (Assistant Manager)

레스토랑 지배인을 보좌하며 영업장 운영 및 고객관리, 직원의 인사관리, 교육훈련에 책임을 지며 지배인 부재 시 대리 업무를 수행한다.

### 3 캡틴(Captain)

영업시작 시간 전에 담당업무에 대한 서비스 준비사항과 구성인원을 점검하고 캡틴은 그 구역 내의 팀장으로서 다음 사항을 수행한다.

영업장 입구에서 방문 고객을 영접하며 테이블로 안내한 다음 능숙한 태도로 주문을 받는다. 오더 테이킹을 위해서 메뉴에 대한 지식을 숙지하고 순서에 따라 서비스한다. 또한 와인을 권유하기 위하여 와인에 대한 깊은 지식을 가지고 있어야 하며 식사를 마친 고객을 정중하게 전송한 다음 식탁을 재정비와 서비스 메뉴얼, 업무규정, 긴급 시 조치사항 등을 숙지하여 고객에게 최선의 서비스를 제공 될 수 있도록 만반의 태세를 갖추어야 하며 바쁠 때에는 다른 동료들을 도와준다.

### ④ 웨이터(Waiter)

근무시간 전에 청결한 복장으로 단정하게 하고, 직무수행에 필요한 준비를 하고 할당된 업무에 대한 테이블 번호를 숙지하고 담당 테이블의 접객, 식음료 주문, 서비스 제공 시에는 메뉴 순서에 따라 식사코스를 능숙하게 제공하여야 한다.

근무시간 중 지배인 및 담당 캡틴의 지시를 따라야 하며 바쁠 때에는 동료직원을 도와준다.

### ⑤ 웨이트레스 (Waitress)

메뉴주문, 테이블에 요리를 운반, Dessert 및 커피, Tea 종류를 서브 한다.

사용이 끝난 식기들은 주방의 접시 닦는 곳으로 옮기고 영업장에서 필요한 도자기류, 실버류, 글라스류, 린넨류 등 을 체크하고 고객에게 냉수(Ice Water)와 버터, 빵을 서브한다. 언제나 최선의 서비스를 제공할 수 있도록 만반의 태세를 갖추어야 하며, 바쁠 때는 동료직원을 돕는다.

### ⑥ 음료지배인 (Bar Outlet Manager)

바 영업장의 책임자로서 Head Bartender, Sommelier, Bartender에 대한 교육과 감독을 하며, 종사원에게 맡은 업무에 대한 세부사항과 영업 준비를 지시하고 예약접수 현황과 준비상황을 점검한다. 직원들의 근무 시간표 작성, 직원들의 서비스 담당구역을 할당한다. 바 영업장 운영 및 고객관리, 직원의 인사관리, 교육훈련에 책임을 지며 식 · 음료부 부장과 직원간의 직 · 간접적 중계역할을 한다.

### ⑦ Wine Steward(Sommelier)

Wine의 진열과 재고를 점검 관리하여 필요시 음료창고로부터 보급 수령하고.

식전와인(Apcritif), 시사 중 와인(Table Wine), 식후와인(Dessert Wine) 등을 권유

하고 주문 받으며 주문 받은 Wine을 규칙대로 정중하게 Serve 한다.

시간이 있을 경우 아이리쉬 커피(Irish coffee)와 다른 리큐르 후람베(Liqueur flambee)를 제공하기도 하며 호텔이나 레스토랑 규정, 메뉴에 대한 메뉴 얼을 숙지하여 항상 최선의 서비스가 제공 될 수 있도록 하여야 하며 다른 동료들이 바쁠 때 돕고 협동하여야 한다.

## 8 그리트리스(Greetress)

영업장 입구에서 정중하고 밝은 표정으로 고객을 맞이하며 테이블을 안내한다. 근무시간 전에 청결하고 단정한 복장을 하고 나와서 일할 준비와 각 구역에 배치된 캡틴들을 기억하고 또한 테이블 번호와 위치를 숙지하여야 한다.

예약을 받을 때에는 가능한 한 행사 전에 충분한 시간을 두어 받도록 하며 예약 접수 시는 다음 사항을 정확히 기록하도록 한다.

① 정확한 성명 (Full Name)

② 인원수

③ 도착시간

④ 특별요구사항

⑤ 연락처, 예약단체명, 회사명

## 9 Head Bartender

적정 재고를 파악하여 보급 및 관리업무와 Bar Counter내 청결, 정리 정돈 등을 수시로 점검과 각종 기물류의 작동 상태를 점검하며, 칵테일 부재료 등을 영업시작 전에 모든 주류는 칵테일은 반드시 일정량에 의하여 제공되고, 지정된 계량기, 지정된 글라스를 사용하여야한다.

영업 종료 후 재고조사를 실시하여 재고조사서를 작성 보고와 음료에 대한 충분한 지식을 숙지하여야 하며, 후배 직원의 교육을 담당하고 어떠한 경우라도 판매 목적이외의 주류 및 부 재료의 사용을 금해야 한다.

## ⑩ Bartender

Head Bartender의 직무를 보좌하며, 부재시 대행하고 음료 및 부재료의 보급을 하며, Counter내 청소를 한다.

모든 집기류의 정리 정돈 및 청결을 유지와 Head bartender의 지시에 의하여 칵테일을 조주해야 한다.

## ⑪ Restaurant Cashier

식당회계원은 식당에서 근무하고 있지만, 그 소속은 경리부에 속해 있고 고객의 식음료가격을 계산하여 그 날의 영업실적을 지배인에게 보고, 영업개시준비금을 받아 별도로 보관하며, 케샤는 고객의 요금을 수취한 후에 POS 등에 입력하고 고객에게 영수증을 발행하며, 웨이터가 고객으로 부터 받은 주문에 주문서를 작성한다. 주문서는 케샤용, 주방조리용, 홀서비스용으로 구성된다. 케샤는 이를 근거로 Bill(2매 1세트; 수납원용, 고객영수용)을 작성한다. 영업시간이 끝나면 입금과 출금금액을 확인하고 명세서를 확인하고 현금은 케샤 봉투에 입금하고 금고에 보관한다.

# M·E·M·O

chapter 02

# 식당의 종류 및 내용

## 1절 식당 정의

### 1 식당의 정의

식당은 "영리 또는 비영리 목적으로 일정한 장소와 시설이 갖추어진 상태에서 고객을 영접하여 음식을 제공할 수 있는 곳이라 할 수 있다. 그러나 현대식당 경영에 있어서의 식당은 단순히 음식을 제공하는 물적 서비스뿐만이 아니라 식 · 음료 종사원의 진정한 마음에서 행해지는 인적서비스가 구비되어야 한다. 아무리 훌륭한 시설을 갖추고 값진 식사와 음료를 판매한다 하더라도 인적서비스가 함께 판매되지 못한다면 사실상 그 좋은 상품도 최고의 상품으로 팔릴 수가 없다. 따라서 현대 고객을 유지하는데 있어서 가장 소중한 상품으로서 인적서비스를 내세우고 있음은 실로 현대 식 · 음료경영에 있어서는 인적서비스의 중요성을 다시금 인식하게 하는 것이다. 그러므로 현대 식당을 정의하자면 "일정한 시설과 영업장이 갖추어진 상태에서 고객을 영접하여 진실된 마음에서 우러나

오는 인적서비스와 물적 서비스가 잘 조화되어 식당을 찾는 고객에게 식사와 음료를 제공하는 곳"이라 할 수 있다. 그러므로 식당은 영리 또는 비영리를 목적으로 하는 업종으로서 일정한 장소와 시설을 갖추어 인적서비스와 물적 서비스를 통하여 음식물을 제공하는 서비스업이라고 할 수 있겠다. 최근 선진국에서는 식당을 EATS 상품을 판매하는 곳이라고 하고 있다. EATS란 접대(인적서비스: entertainment), 분위기(물적 서비스: atmosphere), 맛(요리: taste), 위생(청결: sanitation)을 뜻한다. 즉, 식당은 먹는다는 단순한 의미의 장소가 아니라 서비스와 분위기, 음식의 맛 등이 하나로 조화된 총체적인 가치, 즉 전체(Total) 상품을 판매하는 장소라는 것이다.

## 2 호텔 식 · 음료부분의 중요성

호텔의 대표적인 수입발생부서는 객실부문과 식음료부문이다. 오래전에는 호텔경영의 최대중점을 객실판매에 두었고, 식음료판매는 투숙객에게 숙박과 더불어 편의를 제공하는 봉사시설의 한 수단으로, 음식은 부수적으로 제공하는 성격을 띠고 운영되었다. 그러나 식음부문이 호텔경영에 중요한 부문으로 부각되기 시작하였다.

### 1) 호텔경영의 변화

호텔경영에서 객실부문이라는 제품의 한정성으로 수익확대의 제약이 비교적 많기 때문에 제한이 적은 식음료판매에 의존하지 않을 수 없게 되었다. 식음료부문이 호텔의 심장으로서 경영이념 및 정책이 객실부문중심의 경영으로부터 식음료부문 위주의 경영으로 커다란 변화의 모습을 보이고 있다는 말까지 나오게 되었다. 호텔의 효율적 운영을 위해 식음료 부문을 임대하거나 필요한 업장을 제외하고는 직접적으로 운영하지 않고 임대나 위탁경영으로 운영하는 것이다.

### 2) 중요수익발생원

호텔의 식음료부문은 객실과 더불어 호텔의 주 상품으로 가장 탄력성이 높은 상품으로 수익증대에 기여하고 있다. 호텔이 본격적인 산업형태를 갖추게 된 현대사회에 접어들면서 식음료부문은 레스토랑, Bar,연회장, 출장연회 등 갖추고, 호텔고객뿐만 아니라 일반대중으로까지 확대 되었다. 특히 예식부문에 차지하는 비중을 증대되기 시작하였다.

### 3) 음식문화의 선도적인 역할

호텔식음료부문은 외국에 유명조리사 초빙, 해외연수, 체계적인 생산시스템, 지속적인 메뉴개발 등 자본적인 투자와 노력을 기울이고 있다. 식음료판매를 통한 전통음식의 계승 및 새로운 음식을 개발과 음식문화 창조의 선도적인 역할을 하고 있다.

### 4) 지리적 위치

우리나라의 대부분의 호텔들이 도심에 위치하고 있기 때문에 비즈니스  호텔의 성격을 띠고 있다. 따라서 호텔중심의 상권이 형성되어 교통이 편리하여 투숙객이외에 외부고객이 근접할 수 있기 때문에 호텔 식음료 업장의 모임행사 등으로 식음료매출이 비교적 높은 편이다.

# 2절 식당의 종류 및 분류

## 1 식당의 명칭에 따른 분류

### 1) 레스토랑(Restaurant)

일반적으로 식당의 의미로 쓰이고 있는 명칭이다. 레스토랑은 고급식당으로써 식탁과 의자를 마련하여 놓고, 고객의 주문에 의하여 웨이터나 웨이트리스가 음식을 날라다 주는 테이블 서비스가 제공되며, 고급음식과 정중한 서비스, 훌륭한 시설을 갖추어진 최상급 식당이다.

## 2) 커피숍(Coffee Shop)

고객이 많이 왕래하는 장소에서 커피와 음료수 또는 간단한 식사를 판매하는 식당이며 휴게음식점이라고 한다.

## 3) 카페테리아(Cafeteria)

음식물이 진열되어 있는 카운터 테이블에서 음식을 고른 다음, 요금을 지불하고 손님 자신이 직접 날라 먹는 셀프서비스 식당이다.

## 4) 다이닝 룸(Dining Room)

주로 정식을 제공하는 호텔의 주 식당으로, 이용하는 시간을 정하여 조식을 제외한 점심과 저녁식사를 제공한다. 그러나 최근에는 이 명칭을 사용되지 않고 고유의 명칭을 붙인 레스토랑과 그릴로 형태가 바뀌었으며, 정식뿐만 아니라 일품요리도 제공하고 있다.

## 5) 그릴(Grill)

일품요리를 주로 제공하며, 수익을 증진시키고 고객의 기호와 편의를 도모하기 위해 그날의 특별요리를 제공하기도 한다. 아침, 점심, 저녁식사가 계속해서 제공된다.

## 6) 뷔페식당(Buffet Restaurant)

준비해 놓은 요리를 균일한 요금을 지불하고, 자기 양껏 뜻대로 선택해 먹을 수 있는 셀프서비스 식당이다.

## 7) 런치카운터(Lunch Counter)

식탁대신 조리과정을 직접 볼 수 있는 카운터 테이블에 앉아, 조리사에게 직접 주문하여 식사를 제공받는 식당이다. 고객은 직접 조리과정을 지켜볼 수 있기 때문에 기다리는 시간의 지루함을 덜 수 있고 식욕을 촉진시킬 수 있다.

### 8) 리후레쉬멘트 스탠드(Refreshment Stand)

간편한 간이음식을 만들어 진열장에 미리 진열하여 놓고, 바쁜 고객들로 하여금 즉석에서 구매해 먹을 수 있도록 한 식당이다.

### 9) 드라이브 인(Driver-In)

도로변에 위치하여 자동차를 이용하는 여행객을 상대로 음식을 판매하는 식당이다. 이 식당은 넓은 주차장을 갖추어야만 한다.

### 10) 다이닝 카(Dining Car)

기차를 이용하는 여행객을 위하여 식당차를 여객차와 연결하여 그곳에서 음식을 판매하는 식당이다.

### 11) 스낵바(Snack Bar)

가벼운 식사를 제공하는 간이식당이다.

### 12) 백화점식당(Department Store Restaurant)

백화점을 이용하는 고객들이 쇼핑도중 간이식사를 할 수 있도록 백화점 구내에 위치한 식당이다. 이곳에서는 대개 셀프서비스 형식을 취하며, 회전이 빠른 식사를 제공하는 것이 일반적이다.

### 13) 인더스트리얼 레스토랑(Industrial Restaurant)

회사나 공장 등의 구내식당으로, 비영리 목적의 식당이다. 학교, 병원, 군대의 급식 식당 등이 이에 속한다.

## ② 식당서비스 형식에 의한 분류

### 1) 테이블서비스 식당(Table Service Restaurant)

일반적인 형태의 식당으로서 일정한 장소에 식탁과 의자를 준비하여 놓고 고객의 주문에 의하여 웨이터나 웨이트리스가 음식을 제공하는 식당이다.

#### (1) 후렌치 서비스(French Service)

후렌치 서비스는 시간의 여유가 많은 유럽의 귀족들이 훌륭한 음식을 즐기던 전형적인 서비스로 우아하고 정중하여 고급 식당에서 제공되고 있는 서비스이다. 후렌치 서비스 방식의 가장 근본적인 조건은 제공되는 요리를 고객스스로가 선택하여 먹을 수 있는 기회를 준다는데 그 목적이 있는 것이다. 이 서비스의 정교함이나 단순함은 물론 식당의 등급이나 시설에 따라 다를 수도 있다. 같은 후렌치 서비스 식당이라도 다소 서비스 방법에 차이가 있을 수 있다는 뜻이다. 고객이 3명 이하의 식탁인 경우 주문에 따라 준비된 요리는 직접 식탁위에 놓게 되며 이때 요리를 따뜻하게 보관하기 위해 알콜올 램프, 또는 다른 보온 기구를 요리의 밑에 설치할 수 있다. 고객은 각기 앞에 있는 자기의 빈 접시에 요리를 직접 덜어먹거나 웨이터가 서브하기도 한다. 4명이상의 고객이 많을 경우는 게리동 또는 보조테이블이 사용되며 이 때 웨이터는 주방으로부터 준비된 요리와 빈 접시를 게리 동까지 운반한 다음 빈 접시를 고객 앞에 놓고 요리를 직접고객에게 제시하여 고객 스스로 덜어먹게 하거나 또는 웨이터가 고객이 원하는 양만큼 덜어주어 서브한다. 이때 육류의 경우는 게리 동에서 먼저 카빙 하거나 몫을 나눈 다음 고객에게 제시하여 서브하기도 한다. 쉐프 드랑 시스템(Chef de Rang System)이라한다.

가) 특징

① 일품요리를 제공하는 전문식당에서 적합한 서비스이다.
② 식탁과 식탁사이에 게리동이 움직일 수 있는 충분한 공간이 필요하다.
③ 숙련된 종사원으로 편성되어 인건비지출이 높다.
④ 고객은 남은 음식을 따뜻하게 보관되어 추가로 서비스 할 수 있다.
⑤ 다른 서비스에 비해 시간이 많이 걸리는 단점이 있다.

### (2) 잉글리시 서비스(English Service)

잉글리시 서비스는  페밀리 또는 버틀러 서비스로도 알려져 있다. 잉글리시 서비스의 기본특성은 서비스직원들이 모든 음식을 서빙 접시와 보울에 담아 테이블로 가져온다는 것이다. 음식을 주빈에게 보여준 후 고객에게 접시를 건네주면 고객들은 그들이 먹을 만큼 스스로 덜어 먹는다. 후렌치 서비스에 발생되는 문제점을 잉글리시 서비스를 이용하면 모두제거 할 수 있다.

가) 특징

① 고도로 훈련된 서비스직원이 필요하지 않는다.
② 식당공간도 많이 필요하지 않다.
③ 서비스시간절약과 자석회전율이 높다.
④ 인건비절약가 메뉴가격도 저렴하다.
⑤ 양을 조절을 통제할 수 없다는 다른 단점이 있다.

### (3) 러시안 서비스(Russian Service)

러시안 서비스를 일명 페밀리 서비스(family service)라고도 하는데 그 발생은 고대 러시아에서 부터이다. 생선을 통채로 또는 가금류를 통째로 요리하여 아름다운 가니쉬를 곁들여 고객에게 서브되기 전 고객들에게 잘 보이는 보조 테이블에 전시함으로써  고객으로 하여금 식욕을 돋우게 하는 효과를 거두게 하는데서 유래되었다고 한다. 이 요리는 이러한 쇼를 거친 후 식탁 위에 직접 올려놓아 고객이 직접 셀프서비스 하거나 또는 웨이터가 식탁을 돌며 서브하게 되는데 19세기 초 구라파에서 상당히 유행되었던 서비스 방식이다. 후렌치 서비스나 영국식 시비스의 경우 게리동을 사용하는 것이 러시안 서비스의 형태에서 유행된 것이라 볼 수 있으며 아직도 일반적인 식당에서 통가금류, 통구이류, 또는 통 생선 등이 그대로 아름다운 장식과 함께 게리동이 준비되어 카빙한 후 서브되는 것은 러시안 서비스의 유형이라 할 수 있다.

가) 특징

① 전형적인 연회서비스이다.
② 혼자서 우아하고 멋있는 서비스를 할 수 있고, 후렌치 서비스에 비해 특별한 기물이 필요하다.

③ 요리는 큰 쟁반에 담겨져 왼손으로 운반되어 고객의 왼쪽에서 서브한다.
④ 다른 서비스에 비해 시간이 절약된다.
⑤ 음식은 비교적 따뜻하게 서브된다.
⑥ 마지막은 고객은 식욕을 잃게 되기 쉬우며, 나머지만으로 서브 받기 때문에 선택권이 없다.

이러한 러시안 서비스는 큰 쟁반에 멋있게 장식된 음식을 고객에게 보여주면 고객이 직접 먹고 싶은 만큼 덜어 먹거나 웨이터가 시계도는 방향으로 테이블을 돌아가며 고객의 왼쪽에서 적당량을 덜어 주는 방법으로 매우 고급스럽고 우아한 서비스이다.

#### (4) 아메리칸 서비스(American Service)

아메리칸 서비스는 주방에서 접시에 보기 좋게 담겨진 음식을 직접 손으로 들고 나와 고객에게 서브하는 플레이트 서비스와 고객의 수가 많을 때 접시를 트레이를 사용하여 보조테이블까지 운반한 후 고객에게 서브하는 트레이 서비스로 나눌 수 있다. 이 서비스는 식당에서 일반적으로 이루어지는 서비스 형식으로써 가장 신속하고 능률적이며, 고객회전이 빠른 식당에 적합한 방식이다.

가) 특징

① 주방에서 음식이 접시에 담겨져 제공된다.
② 신속한 서비스를 할 수 있다.
③ 적은 인원으로 많은 고객을 서브할 수 있다.
④ 음식이 비교적 빨리 식는다.
⑤ 고객의 미각을 돋우지 못한다.
⑥ 고급식당보다는 고객회전이 빠른 식당에 적합하다.

### 2) 카운터 서비스 식당(Counter Service Restaurant)

조리장과 붙은 카운터를 식탁으로 하여 고객이 직접 조리과정을 지켜보며 식사를 할 수 있는 형식으로써, 때로는 웨이터가 음식을 테이블까지 날라주기도 한다.

가) 특징

① 빠르게 식사를 제공할 수 있다.
② 고객의 불평이 적다.
③ 위생적이다.

### 3) 셀프서비스 식당(Self Service Restaurant)

셀프서비스는 고객스스로 음식을 운반하여 먹는 형태로써 카페테리아나 뷔페 서비스가 바로 그것이다. 경우에 따라 카빙이 필요한 요리는 조리사에 의해 서비스되며, 수프와 음료를 웨이터가 제공해 주기도 한다.

가) 특징

① 기호에 맞는 음식을 다양하게 자기 양껏 먹을 수 있다.
② 식사를 기다리는 시간이 없으므로 빠른 식사를 할 수 있다.
③ 인건비가 절약된다.
④ 가격이 저렴하다.
⑤ 봉사료 지불이 필요 없다.
⑥ 고객의 불평이 적다.

### 4) 급식식당(Feeding Restaurant)

급식사업으로써 비영리적이며 셀프서비스 형식의 식당이다. 회사 종사원을 위한 급식, 학교급식, 병원급식, 군대, 교도소에서의 급식이 있으며, 일시에 많은 인원을 수용하여 식사를 제공할 수 있으나 일정한 메뉴에 의한 식사이기 때문에 자기의 기호에 맞는 음식을 선택할 수 없는 단점이 있다.

### 5) 자동판매 식당(Vending Machine Restaurant)

자동판매기에 의해 판매되는 식당이다. 인건비의 급증으로 인하여 자동판매기의 인기가 높아가고 있다.

### 6) 자동차 식당(Auto Restaurant)

버스형이나 자동차나 트레일러에 간단한 음식을 싣고 다니면서 판매하는 이동식 식당이다.

## 3 제공품목에 의한 분류

### 1) 프랑스 식당(French Restaurant)

세계적으로 유명한 불란서요리는 신선한 야채, 해산물, 육 요리, 치즈, 와인, 향신료 등의 다양한 식 · 재료를 이용하여 재료의 순수한 맛과 영양을 그대로 살리는 조리법과 음식 맛을 배가시켜 주는 다른 음식과 비교할 수 없을 정도의 탁월한 소스를 들 수 있다.

### 2) 이태리 식당(Italian Restaurant)

이태리는 우리나라와 기후, 지정학적으로 반도라는 특성, 연중 강우량, 고추와 마늘을 음식에 많이 사용하는 조리법, 국민성 등이 매우 유사한 점이 많다. 이태리 요리는 14세기초 탐험가 마르코 폴로가 중국원나라에 가서 배워온 면류가 고유한 스파게티와 마카로니로 정착하였으며 메디치가의 공주가 헨리 2세에게 시집가면서 프랑스 요리의 원조가 되었다. 전 세계적으로 잘 알려진 피자, 스파게티, 파스타, 오소부꼬(Ossobuco), 스칼로삐네, 해산물 요리가 유명하다.

### 3) 스페인 식당(Spain Restaurant)

스페인은 주위가 바다로 둘러싸여 해산물이 풍부하므로 생선요리가 유명하다. 스페인 요리는 올리브유, 포도주, 마늘, 파프리카, 샤프란 등의 향신료가 많이 쓰이는 것이 특색이다. 특히 왕새우 요리는 세계적으로 유명하다.

### 4) 미국 식당(American Restaurant)

미국인들은 스테이크, 바베큐, 햄버거 등을 즐겨 먹는데, 이러한 것들은 미국의 대표적인 요리라 할 수 있다. 이들은 대개 재료를 빵과 곡물, 고기와 계란, 낙농 제품, 과일 및 야채 등으로 이용하는데, 간소한 메뉴와 경제적인 재료 및 영양 본위의 실질적인 식생활을 하는 것이 특징이다.

### 5) 한국 식당(Korean Restaurant)

우리나라는 옛날 고 시대부터 농경생활을 해왔기 때문에 한국요리는 농산물 위주의 식물성 요리가 발달하였다.

각 지방마다 특산물이 다양하여 지역적 특성을 살린 향토 음식들이 창출되었고 시대에 따라서 전파된 종교의 영향, 외세 침입에 따른 문물도입의 영향을 받으면서 향토음식, 궁중음식, 민간신앙음식, 관혼상제 음식, 사찰음식, 계절음식, 발효음식, 떡, 과자 등 분야별로 변화의 과정을 거치면서 독특한 조리기술의 개발과 상차림의 독창적인 식기 문화의 발전과 더불어 우리의 식문화가 발전되었다고 할 수 있다. 따라서 오랜 기간 동안 이루어진 독특한 형태의 다양한 음식들이 사회구조와 외래문화의 영향으로 오늘날에 와서는 전통성을 잃어버린 것도 있고, 또한 잊혀 진 것들이 너무 많은 반면에 끈질긴 민족 보수성으로 현재까지는 쌀을 주식으로 김치, 된장찌개, 불고기 등 각종 찬을 부식으로 하여 탕을 곁들이는 음식을 정성스럽게 만든 음식을 한상에 차려 놓고 격조 높은 식사를 하는 것이 한국요리의 특징이다.

### 6) 중국 식당(Chinese Restaurant)

중국요리는 광활한 영토에서 산출되는 재료를 이용하여 지방마다 독특한 지방색을 표현하면서 중국대륙에서 발달한 요리의 총칭으로 일명 청요리라고 한다. 중국요리의 가장 큰 특징은 서양요리나 일본요리가 색채배합을 중요시하는 반면에 미각에 초점을 두고 오미의 절묘한 배합은 중국요리를 세계적인 요리로 발전시켰다. 대표적인 요리로는 오리통구이, 돼지고기에 진간장을 써서 홍사오로우가 유명하고, 구운 돼지고기 요리인 차사오, 자차이 등이 유명하다.

### 7) 일본 식당(Japan Restaurant)

일본요리는 사방의 바다에서 생산되는 해산물을 이용한 요리가 특히 발달했고 일본요리는 시각의 요리로 불릴 정도로 모양과 색채를 중시한다. 일본요리의 특징은 고대 중국으로부터 한반도를, 통하여 전래되어 온 문물과 함께 그 효시가 이루어졌으며 문화가 발달함에 있어서 일본인의 기호가 지역적인 특성에 맞는 색깔, 향기, 맛을 위주로 하면서 고유한 특징을 지닌 요리로서 발전을 해 온 것이다.

## 4 식사의 종류

### 1) 식사시간에 의한 분류

#### (1) 조식(Breakfast)

조식은 식당에서 판매하는 아침식사의 정식메뉴이다. 영어의 블랙퍼스트(Breakfast)의 블랙(Break)은 깨다와 퍼스트(Fast)는 단식의 의미를 함축하므로 블랙퍼스트는 공복을 깬다는 의미가 있다. 양식의 아침식사에는 다음과 같은 종류가 있다.

① 미국식 조식(American Breakfast)

계란요리와 주스, 토스트, 커피를 위시하여 핫케이크, 햄, 베이컨, 소시지, 프라이드 포테이토, 콘플레이크, 우유 등을 선택해서 먹는 식사이다.

② 구라파식 조식(Continental Breakfast)

계란요리와 곡물요리는 포함되지 않고 빵과 커피, 우유 정도로 간단히 하는 식사이다. 유럽에서 성행되고 있는 식사로서, 호텔 내에서는 객실 요금에 아침식사 요금이 포함되어 있다.

③ 잉글리시 조식(English Breakfast)

대륙식과 구별하여 잉글리시 조식이라 하는데 아메리칸 조식에서 생선요리를 한 코스 더 추가 한 것이다.

④ 비엔나식 조식(Vienna Breakfast)

계란요리와 롤(Roll) 정도에 커피가 제공되는 식사를 말한다.

⑤ 조식 뷔페(Breakfast Buffet)

조식뷔페는 주스류, 우유, 시리얼류, 샐러드, 과일, 빵, 케이크류, 계란요리, 소시지,

베이컨, 햄, 포테이토 등으로 구성되었다. 일반 뷔페와는 달리 간단하고 건강식 위주로 저렴한 것이 특징이다.

⑥ 헬스 조식(Healthy Breakfast)

현대인들의 생활양식이 변함에 따라 영양식보다는 건강식으로 만드는 식사이다. 성인병을 염려하는 고객을 위하여 미네랄과 비타민이 풍부한 고단백질 저지방인 식품으로 구성한 것으로 생과일주스, 플레인 요구르트, 과일, 빵, 커피로 구성된다.

### (2) 브런치(Brunch)

아침과 점심식사의 겸용 식사이다. 현대의 도시생활인에 적용되는 식사 형태로써 이 명칭은 최근 미국의 식당에서 많이 이용되고 있다.

### (3) 점심(Lunch)

런치나 런치온은 둘 다 점심이란 뜻이지만 영국에서는 런치를 반드시 아침과 저녁중간에 먹는 식사를 말하고 미국에서는 시간에 관계없이 아무 때나 간단히 먹는 식사를 런치라고 한다. 그러나 런치온은 비교적 몇 가지의 코스를 갖춘 오찬(정찬)을 말하는데 대개의 경우 3~4가지 코스로 구성된다. 즉 수프(soup), 앙뜨레(entree), 후식(dessert)음료(coffee 혹은 tea)로 구분되며 별도로 티핀(tiffin)이라는 표현도 있는데 이것은 같은 점심의 정식 차림이라 해도 내용적으로는 경한 약식이다.

### (4) 애프터눈 티(Afternoon Tea)

영국인의 전통적인 시사습관으로써, 밀크 티(milk tea)와 시나몬 토스트(cinnamon toast) 또는 멜바 토스트(melba toast)를 점심과 저녁 사이에 간식으로 먹는 것을 말한다. 그러나 지금은 영국뿐만 아니라 세계 각국에서 오후에 티타임(tea-time)이 보편화되고 있다.

### (5) 저녁(Dinner)

점심은 가볍게, 저녁은 많이 라는 세계적인 식습관의 경향에 따라 저녁은 내용적으로나 시간적으로도 충분한 식사를 하게 된다. 이러한 경향에 따라 식당 경영상 요리는 더욱더 좋은 품질로 많은 일손으로 정성을 드려 서비스를 해야 하며, 고객에 대한 매상을 높이는데 최선을 다해야 하겠다. 통상디너는 4~5코스(appetizer, soup, entree, dessert, coffee 또는 tea)로 제공되고 있지만 정식디너에서는 생선이나 로스트를 추가한 6~7코스로 구성되기도 한다.

식당에서는 이 기회에 주류 등 음료를 적극적인 방법으로 판매할 수 있게 됨으로써 요리원가 상승에 따른 이익률의 압박을 충분히 만회할 수 있는 기회가 된다. 디너는 하루 중 가장 화려한 성찬을 말하며 점심이나 저녁에도 제공된다.

### (6) 만찬(Supper)

원래 격식 높은 정식의 만찬을 의미하였으나 근래에 와서는 그 이미지가 변화되어 늦은 저녁 밤찬으로 제공되는 것을 말한다. 늦은 저녁 행사(음악회, 오페라 등의 큰모임) 후의 식사로써 가벼운 음식과 간단한 코스(2~3코스)로 구성되며 진한 수프(thick soup: 대표적인 것은 gulash)에다 소시지와 빵 또는 샌드위치, 음료정도의 정식으로 제공된다.

### (7) Eggs(계란요리)

① Boiled Egg

a) Soft Boiled Egg(미숙): 끓는 물에 약2½~3½분 정도 익힌 계란요리

b) Medium Hard Moiled Egg(반숙)

c) Hard Boiled Egg(완숙): 끓는 물에 약 8~10분 익힌 계란 요리

※ 주문을 받을 때 Cooking 시간을 정확히 받는다.

② 프라이(Fried Egg)

a) Sunny Side Up

팬(Pan)에서 계란을 깨서 한쪽만을 익힌 계란요리

b) 오브이지(Over Easy)

팬(Pan)에서 양면을 익히되 노른자는 익히지 않는 상태

c) Over hard

팬(Pan)에서 양면을 익히는 것으로 노른자까지 익히는 상태

③ Poached Egg

계란을 깨서 끓는 물에 넣고 익히는 방법(Soft, Hard)

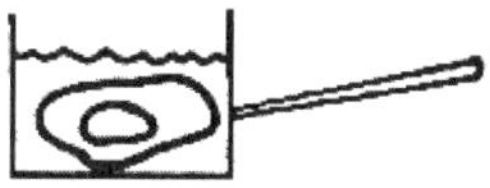

④ 스크램블(Scrambled Egg)

노른자와 흰자를 섞어서 철판 위에 붓고 휘저어서 익힌 요리

⑤ 오믈렛(Omelette)

노른자와 흰자를 섞어서 철판 위에 붓고 얇게 익혀 말아서 서브되는 요리

### 2) 식사내용에 의한 분류

#### (1) 정식식당(Table D'Hote Restaurant )

정식은 정해진 메뉴에 의해 제공되는 것으로써 전채(Appetizer), 수프(Soup), 생선(Fish), 샤베트(Sherbet), 앙뜨레(Entrée), 로스트(Roast), 셀러드(Salad), 디저트(Dessert), 음료(Beverage)등의 세트 메뉴가 주문에 따라서 어느 코스가 생략 될 수도 있다.

① 가격이 고가이다.
② 고객의 선택이 용이하다.
③ 원가가 낮아진다.
④ 매출액이 높다.
⑤ 가격이 고정되어 회계가 쉽다.

⑥ 신속하고 능률적인 서브를 할 수 있다.

⑦ 조리과정과 질이 우수하다.

### (2) 일품요리(A' La Carte Restaurant)

주문에 의하여 조리하는 일품요리로써 일반적으로 호텔의 그릴 또는 전문 레스토랑에서 제공하고 있다. 그러나 현재는 정 식당에서도 폭 넓게 일품요리를 준비하고 차림표에 포함시켜 고객의 요구에 응하고 있다.

고객은 A la Carte Menu에 따라 자기의 기호대로 주문을 하게 되며 이때 식당 측에서는 고객은 폭넓은 서비스로 욕구를 충족시켜 주고 또한 매상의 증진을 위하여 전문화된 서비스를 제공하고 있다.

흔히 우리가 말하고 있는 불란서식 레스토랑이나 이태리식 레스토랑이 모두 이러한 전문식당으로 서비스 방식도 왜곤 서비스, 후람베 서비스 러시안 서비스 등 다양한 방식을 취하고 있는 것이다. 이러한 일품요리는 각기 코스마다 주문한 대로 가격이 따로 정해져 있고 식사가 다 제공된 뒤 그 가격을 총합계 하여 지불하기 때문에 비교적 가격이 비싸게 되고 식당 측에서는 판매의 수완에 따라 매상고도 올릴 수 있는 것이다.

고객의 주문에 의하여 조리사의 독특한 기술로 만들어진 요리가 품목별로 가격이 정해져 제공되는 요리이다. 이 요리는 그릴이나 전문식당에서 제공되나 요즘에는 전문식당을 비롯한 일반식당에서도 정식과 함께 제공되고 있다. 일품요리는 고객의 기호에는 충족될 수 있으나 대체로 가격이 비싸다.

### (3) 뷔페식당(Buffet Restaurant)

일명 스모사스보드라고도 하며 Smor는 버터를 의미하고 빵과 버터로 식사한다는 뜻이다. Gas는 거위 즉, 영어의 Goose를 말하며 가금류의 구이와 통구이 등의 육류를 제공하는 것을 말한다. 그리고 Bord는 영어의 Board 즉, 식탁이나 음식을 올려놓는 상을 의미하는 것으로 육류를 비롯하여 각종 가니쉬, 빵이나 버터 등을 식탁위에 함께 진열해 놓는 것을 말한다. 이때 식탁을 가운데 두고 먹고 싶은 대로 마음껏 먹을 수 있는 향연을 개최하는 것이 수모가스보드의 본래의 의미이다. 근래에 와서는 본래의 어원지인 북유럽에서도 이 말을 거의 사용치 않으나 영어 사용국에서는 영어화 되어 Gold Board(또는 cold buffet)라고 사용되고 있으며 일본이나 미국 등지에서는 근래에 이러한 스모가스보드 식당이 성행되고 있기도 하다. 현대식당 영업에 있어서 스모가스보드는 스웨덴 요리로써 먹고 싶은 대로 기본적은 변하지 않았지만 술이나 음료 식후의 마실 것은 모두 별도 계산하도록 되어 있어 식사는 저렴하게 제공하더라도 음료에서 별도 이익을 올리기도 한다. 또한 외국의 여러 나라의 경우 전체인 Hors doeuvre는 먹는 대로 제공하나 육류로부터 후식까지와 그와의 것은 모두 별도 차림표에 따라 별도 계산한다.

뷔페라고 하는 것은 스모가스보드에 비해 보다 소규모적인 것으로 마음대로 먹을 수 있는 바이킹 식당은 대규모이고 불특정한 다수의 고객을 대상으로 하는 것과는 달리 특정의 고객을 대상으로 준비된 요리를 셀프 서비스 하는 식당형식을 말한다. 뷔페는 준비내용에 따라 찬요리 뷔페와 더운 요리 뷔페로 나누며 일정한 요금을 지불하면 기호에 맞는 음식을 선택하여 마음껏 먹는 식당으로 뷔페의 종류에는 일반대중을 받는 오픈뷔페(Open Buffet)는 불특정 다수의 고객을 대상으로 준비되는 일반적인 뷔페 차림을 말한다. 글 로즈 뷔페Closed Buffet)는 일정하게 예약된 인원을 위하여 준비된 요리를 제공하는 것으로 연회나 파티에서 일반적으로 행하여진다.

가) 특징

① 신속한 식사를 할 수 있어서 시간이 절약된다.
② 소수의 종사원으로 많은 수의 고객을 맞이할 수 있다.
③ 가격이 비교적 저렴하다. 그러나 현재는 고급화 추세에 있다.
④ 위생적인 식사를 할 수 있다.
⑤ 기호에 맞는 음식을 선택해서 먹을 수 있다.
⑥ 양식뿐 아니라 중식, 일식, 한식까지도 같이 표현(Display)을 하여 고객의 취향에 맞는 음식을 선택할 수 있다.
⑦ 요리를 보관하기 어려움으로 원가가 높다.
⑧ 회전이 빨라 매상이 증진되는 이점을 안고 있다.
⑨ 다른 업장에서 남는 재료를 가지고 음식을 만들 수 있기 때문에 재고가 적어질 수 있다.

# M·E·M·O

chapter 03

# 종사원의 기본자세

## 1절 식당종사원의 기본자세 및 정신

### 1 종사원의 기본자세

식당은 종사원으로서 업무를 수행하는데 있어 습득해야하고 몸에 익혀야만 하는 기본적인 자세는 다음과 같다.

1) 태도

서비스를 담당하는 종사원으로서의 태도는 가장 중요하고 기본이 되는 것이다. 무엇보다도 제일 요구하는 것은 몸에 익은 세련된 태도이다. 올바른 태도를 어떻게 취해야 하는가를 살펴보면 다음과 같다.

#### (1) 보행 법

① 가슴을 펴고 등을 곧게 하고 걷는다.
② 식당 내에서는 어떤 경우에도 뛰지 않는다.
③ 식당 내에서 손님과 서로 지나칠 때에는 손님의 행동반경을 피해서 가볍게 머리 숙여 인사한다.

#### (2) 자세를 취하는 방법

① 가슴을 펴고 바른 자세를 취한다.
② 휴식시의 자세는 어느 한쪽 다리에 중심을 두고 다른 한쪽 다리는 가볍게 앞으로 내민다.
③ 양손을 뒤로하지 않는다.
④ 의자, 탁자, 벽, 기둥 등에는 절대로 기대어 서있지 않는다.
⑤ 얼굴은 항상 고객을 주시하고 있어야 하며 보행 시에는 정면을 바라본다.
⑥ 대기 시에는 두 다리는 붙이고 있으며 왼손은 서비스 타월을 받치고 오른손은 약간 주먹을 쥐고 편안히 내리고 있다.(두 다리의 뒤꿈치는 붙이고, 앞은 45° 가량 벌린다)

#### (3) 인사하는 방법

① 공손하고 예의바른 인사법을 몸에 익힌다.
② 양손을 곧바로 자연스럽게 내리고 30° 각도로 구부려 인사한다.
③ 가벼운 미소를 띤 얼굴로서 고객을 대한다.

### 2) 용모 및 복장

고객에게 좋은 서비스를 제공하기 위해서는 깨끗하고 단정한 용모 및 복장이 필요하다.

용모에는 우선 깨끗하고 단정한 신체, 청결한 손과 손톱을 유지하며, 단정한 두발상태들이 갖추어져야 한다.

(1) 남자종사원

① 머리 (hair)

뒷머리가 와이셔츠 깃을 넘어서는 안 되며, 옆머리는 귀를 덮어서는 안 된다.

머리는 기름을 바르고 항상 단정하게 빗어야 하며, 앞머리는 이마를 덮지 않고 반듯이 보여야 한다.

② 얼굴(Face)

식사 후에는 항상 양치질을 하여야 하며, 수염은 없어야 한다.

③ 손(Finger, Hand)

손톱은 항상 짧게 깎아야 하며 식음료부문이 호텔경영에 중요한 부문으로 부각되기 시작하였다. 하며, 반지를 끼어서는 안 된다.

④ 유니폼(Uniform)

유니폼은 항상 깨끗하고 정해진 유니폼을 착용하여야 하며, 깨끗하게 주름이 잡혀져 있어야 한다.

⑤ 구두 및 양말

검정색 구두를 착용하며 항상 깨끗하게 윤지(광택)가 나도록 닦아야 하고, 양말은 반드시 검정 혹은 감색 양말을 신는다.

(2) 여자종사원

① 머리(Hair)

개인의 얼굴 형태에 어울리게 하나 요란스럽게 하지 않으며 앞머리는 내려오지 않도록 항상 단정하게 한다.

② 얼굴(Face)

화장은 진하게 하지 않으며 귀걸이와 액세서리는 착용하지 않고, 식사 후에는 항상 양치질을 한다.

③ 손(Finger, Hand)

손톱은 항상 짧게 깎아야 하며 매니큐어를 발라서는 안 되고 반지를 껴서도 안 된다.

④ 유니폼(Uniform)

유니폼은 항상 깨끗하게 하고 구겨진 곳이 없어야 하며 깨끗한 여벌을 항상 준비한다.

⑤ 스타킹

짙은 색깔의 스타킹을 피하며 살색의 색깔로 신어야 한다.

⑥ 구두(Shoes)

회사에서 지정한 통일된 색상의 구두를 착용한다.

## 2 종사원의 기본정신

식당에 근무하는 종사원은 깨끗하고 예의바르며 용모 단정함은 물론 종사원이 갖추어야할 모든 지식을 숙지함으로써 맡은바 임무를 수행하는데 차질이 없어야 한다.

종사원이 갖추어야할 스키치(SCEECHH)정신의 기본 정신의 영문자 첫 글자에서 인용했으며, 다음과 같다.

### 1) 봉사성(Service)

서비스란 가장 일반적인 용어이면서도 실천하기 어려운 용어라 할 수 있다. 여기에서 말하는 서비스란, 고객에게 부담을 주지 않는 진심에서 우러나오는 서비스이어야 한다.

식당시설이 아무리 훌륭하고 뛰어났다고 하더라고 그 곳에서 일하는 종사원의 봉사정신이 결여된 상태에서 사무적이고 기계적인 서비스를 제공한다면 훌륭한 시설들은 빛을 잃고 말 것이다.

### 2) 청결성(Cleaness)

공공위생의 청결은 고객이 이용하는 공공장소의 청결, 즉 집기 비품 등 고객이 이용하는 모든 시설물의 청결이 철두철미하게 이루어져야 한다.

개인위생이란 자기 자신의 청결을 의미한다. 우선 건강해야 하고 철저한 위생관념에 입각하여 신체상으로나 외형복장 상으로도 청결한 상태를 항상 유지해야 한다. 공공위생이나 개인위생은 이 모든 것이 식당에 종사하는 종사원들의 손에 달려있는 것이므로 청결성은 항상 염두에 두어야 할 것이다.

### 3) 능률성(Efficiency)

식당 종사원들은 모든 업무를 항상 서서 수행하기 때문에 가장 효율적인 업무를 하기 위해서는 모든 업무를 피동적이 아닌 능동적으로 처리함으로써 매사에 능률을 올려야 한다.

고객에 대한 인사에서부터 모든 서비스에 이르기까지 모든 업무가 능동적으로 이루어져야 함은 물론 정확한 업무를 파악하여 매사에 적극적으로 임함으로써 같은 시간 내에 이루어질 수 있는 일의 능률을 향상시켜야 한다.

### 4) 경제성(Economy)

경제성이란, 식당 종사원의 큰 사업이다. 식당의 장비 및 기물은 고가품이므로 종사원 모두의 절약정신이 매우 필요하다. 즉, 전기, 수도, Paper, 린넨류 등의 낭비를 막고, 고가품인 도자기류 등 모든 기물 류의 파손을 최소한으로 줄여 경비를 절약하고 이익의 증대를 기해야 한다.

### 5) 환대성(Courtesy & Hospitality)

식당에 종사하는 종사원은 다른 분야에서 종사하는 사람들보다 환대정신이 투철하여야 한다. 고객이 입장하면 정중히 인사를 하고 미소 띤 얼굴로 식탁까지 안내를 해드리며, 고객이 떠날 때는 다시 찾아오실 수 있도록 따뜻이 인사를 하면서 유지를 해야 한다.

식당에서는 불평이 많이 발생하기 쉬우나 친절한 사람에는 화를 낼 수 없듯이 종사원이 혹 실수를 하더라고 고객에게 정중히 사과하고 이해시켜서 식사를 즐겁게 하도록 유도하여야 할 것이다. 좀 더 좋은 인상과 호감을 주어 다시 찾도록 하는 환대 성을 잃어서는 안 될 것이다.

6) 정직성(Honesty)

식당은 많은 사람을 상대로 영업을 하며 또한, 많은 사람이 모여서 생활을 함께 하는 곳이기 때문에 많은 일이 발생할 수가 있다. 따라서 회사와 종사원과 고객 간에 서로 믿고 협동하는 원만한 협조체제를 형성하여 서로 신뢰하는 관계로서 업무에 임하여야 진정한 서비스의 대가가 생산될 수 있으며 영업신장과 아울러 양자 간에 지속적인 발전이 이루어질 수 있다.

## 2절 식 · 음료 종사원의 인간관계

### 1 인간관계의 의의

대개 사람들은 인간관계가 제일 어렵고 힘들다고 한다. 이것은 흔히 듣는 말이며, 일 자체보다도 인간과 인간과의 문제가 더 많다는 것을 나타내는 말이다. 사람이 있고 일이 있는 것이기 때문에 인간관계가 잘 되어 있지 않으며 좋은 일도 할 수가 없는 것이다. 식 · 음료부 근무에 있어서도 인간관계가 잘되지 못하면 능률은 저하되고 대 고객 서비스에 나쁜 결과를 가져오게 된다. 인간관계에서 발생되는 정신적인 부담이라고 하는 것은 의외로 무겁고 육체적으로도 피로하게 되어 인간을 약하게 만들게 되고 회복하기도 힘들어진다. 그 결과 의사소통이 단절되면 일을 빠르게 진행할 수 없게 된다. 그러면 어떻게 하면 인간과 인간과의 관계를 잘 해나갈 수 있을까, 그것은 서로가 서로의 인간적인 가치를 인정하는 것이며 항상 자기보다 상대방의 입장에서 이해하고 관찰할 수 있는 마음의 자세를 갖는 것이다. 그러면 원만하고 건전한 인간관계를 이룰 수 있다.

### 2 식 · 음료 종사원의 인간관계

식 · 음료 종사원들은 근무에서는 어떠한 행동이든 성의를 다하고 인내하는 것이 절대 중요하다. 식 · 음료에서 근무하는 종사원은 "고객은 항상 옳다"고 교육받고 있기 때문에 자기의 생각을 표면에 나타내지 못하고 삼키는 경우가 많다. 그것이 내향적으로 누적되고 굳어지면 그 분위기가 자칫하면 동료 간에 갈등으로 나타날 수가 있는데 이것은 결국 각자의 인내심만이 극복할 수 있는 길이며 항상 명랑하고 상대방을 이해하는데서 진행을 빠르게 기할 수 있다. 사람들은 각자의 입장이 다르기 때문에, 자기는 무리하지 않다고 생각하는데 상대방에서 보면 무리한 일이 되는 경우가 있게 된다. 이런 경우 상대방의 입장에서 냉정히 판단할 수 있는 마음의 자세를 가져야 할 것이다. 일방적인 생각에서 일방적인 행동을 한다는 것은 직장의 분위기를 흐리게 하는 원인이 될 수 있다. 또한 식 · 음료부의 간부가 되는 사람은 종사원을 즐겁게 근무하도록 해야 하고, 사람들의 특징을 찾아서 일을 시키지 않으면 안 되고, 종사원 각자는 어느 영업장에 소속이 되든지 주어진 환경에 빨리 적응할 수 있도록 해야 한다. 아무리 우수한 자질을 갖고 업무에 능통 한다 해도 타 업장에 전출되었을 때 팀의 단결력이 맞지 않으면 곤란하다.

그러므로 배치, 전환되었을 때 그 부서에 쉽게 적응하고 팀웍을 이룰 수있는 사람이야 말로 식 · 음료 부서의 서비스종사원으로서 적격이며 원만한 대인관계를 이룰 수 있다.

## 3 상호 인간관계

식 · 음료 부서에서의 인간관계는 크게 나누어 3종류로 할 수 있다.

### 1) 식 · 음료 부서 내의 상사와의 관계

식 · 음료 부서에서의 상사와 부하직원간의 관계는 단적으로 말해서 존경과 사회의 관계라 말할 수 있다. 부하직원은 상사를 존경하는 마음으로 사회 속에서 일을 해야 하며, 상사와 부하직원을 전적으로 믿고 안심하고 맡길 수 있는 관계가 되어야 이상적인 관계이며, 이것이 무슨 일이든 원활하게 진행해 나갈 수 있는 원동력이 될 수 있다. 사회에 질서가 있는 것처럼 직장에서도 질서가 있으며 이것을 지켜나가야 한다. 만약 서로간의 불편한 관계가 있으면 대화를 통해 합리적으로 일을 처리해야 하며 절대 물리적이거나 권위의식으로 해결하려 하면 안 된다.

### 2) 동료와의 관계

인간관계에 있어서 가장 어려운 것이 자기와 같은 수준에 있는 사람이나 직장의 동료들 간의 관계라 할 수 있다. 자기 부서의 종사원뿐만 아니라 타부서의 직원들과도 절대 협조적이 아니면 안 되며, 연령이나 직급에 관계없이 누구에게나 호의를 가지고 친절한 태도로 접해야 한다. 식 · 음료 부의 서비스는 타부서와 복합적인 관계가 있으므로 주방, Cashier, Bar 등 모든 부서의 종사원이 합심하지 않으면 좋은 서비스를 할 수 없기 때문에 동료 간의 인간관계가 극히 중요하다. 직장 내에서 누구에게서나 저 사람과 같이 일을 하고 싶다고 생각할 수 있는 사람이 되기 위한 노력이 필요하다. 직장 내에서 동료들간에 주의하지 않으면 안 되는 사항으로서 다음과 같은 것들이 있다.

① 동료 간에 대화를 할 때에는 화제선택에 유의를 하여야한다.
② 금전의 임차가 절대 없어야 한다.
③ 남녀의 교제는 분명히 해야 한다.
④ 자기문제에 대하여 타인에게 피해를 끼치지 않는다.

이상과 같은 사항들을 주의하지 않으면 안 되며, 서로가 서로의 입장을 이해하고 화합, 협동해서 좋은 인간관계를 형성해야 한다.

### 3) 고객과의 관계

우리들은 일상생활에서 저 백화점이 좋다, 이 은행이 좋다, 그 상점이 좋다고 선택하는 경우가 있는데 이것은 대부분 그 장소에서 일하고 있는 점원이나 종사원들의 인상이나 서비스의 좋고 나쁨에 따라 좌우되는 것이다. 이러한 것에서 쉽게 알 수 있는 것처럼 종사원은 그 상점이나 회사의 입장에서 일을 하고 있기 때문에 종사원의 언어, 태도 등은 회사를 대표하는 것이며, 종사원의 해맑은 미소는 궁극적으로 회사와 나의 이익을 증진시킬 수 있다.

일반적으로 고객은 언제나 정당하다는 원칙이 적용되는 호텔서비스에 있어서 천차만별의 성별과 기호를 가진 고객들을 만족하게 서비스한다는 것은 잘 훈련된 종사원으로서도 연간 어려운 일이 아니다. 레스토랑의 시설이나 음식의 조리에 있어서도 고객의 구미에 맞도록 하며, 언제나 만족스럽고 예절이 바르며 정확성이 있고 세련되며 신속한 서비스를 하여야 한다. 그리고 서비스를 조직적으로 관리하는 지배인은 고객의 취미나 기호에 맞추어 서비스할 수 있도록 종사원을 뒷받침 해주어야 한다.

## 3절 보고요령

### ① 보고의 원칙

1) 보고를 듣도록 하는 분위기를 조성하거나 상황을 파악한다.
2) 보고의 시기를 놓치지 않는다.
3) 정확하고 요령 있게 보고한다.
4) 정확성과 신뢰성이 있는 보고를 한다.
5) 소기의 목적을 담아서 보고한다.
6) 보고형식이 내용에 알맞아야 한다.
7) 필요시 중간보고를 해야 한다.

### ② 중간보고가 필요한 경우

1) 지시 받은 업무가 장기간에 걸쳐 행해지는 경우
2) 지시된 방법으로 업무를 수행해도 해결되지 않을 때
3) 지시한 자가 일의 진행상황을 알고 싶어 할 때

### ③ 상사에게 질문할 경우

1) 상사의 상황을 보아서 괜찮다고 판단되면, 말을 건넨다. (○○○님……)
2) 대답이 있으면 지금의 형편을 묻는다. (지금 시간이 있으십니까?)
3) 필요한 사항을 요령 있게 질문한다.

### ④ 상사의 명령에 대하여 의견을 말할 때

1) 겸허한 마음으로 사실 그대로를 간단명료하게 말한다.

2) "안됩니다. "못합니다. 등 긍정적인 의견으로 상사를 몰아붙여서는 안 된다.

3) 자기 자신을 과시하는 내용으로 말하지 말아야 한다.

4) 불쾌감이 없는 의견의 교환이 이루어지도록 한다.

5) 우물쭈물하거나 무사안일, 적당주의 식으로 이야기해서는 안 된다.

6) 다른 사람과 연관된 업무에 대해서는 직접적인 표현을 피한다.

7) 처음부터 끝까지 예의를 지켜서 말한다.

## ⑤ 보고 체계도

chapter 04

# 접객서비스 실무

## 1절 고객영접 및 안내

### 1 영접

식당의 종류와 크기에 따라서 한 두 명이 전문성을 띠고 고객을 영접 및 안내하게 되어 있다. 사장을 대신하여, Head Waiter, Greetress 등이 업무를 담당하게 된다. 고객이 입장하게 되면 접객 담당자는 단정하고도 다정한 자세로 접근하여 미소 띤 얼굴로 정중하게 다음과 같은 절차에 의하여 안내한다.

1) 미소 띤 얼굴로 아침, 점심, 저녁 등으로 구분하여 시간에 알 맞는 인사는 명랑하게 한다.
2) 고객의 국적에 맞는 언어를 구사하여 친밀감을 갖게 한다.
3) 예약고객일 경우에는 이름을 불러줌으로써 고객으로 하여금 친밀감을 갖도록 하

고, 그렇지 않을 경우 고객의 성함을 확인하여 예약 장부를 Check 한다.

4) "○○○선생님, 예약을 하셨습니까?"
Do you have a reservation, sir(madam)? 라고 예약확인을 하고 인원수를 확인한다.

5) 예약고객일 경우, 시간, 장소, Table, 특별준비 및 사전주문 등을 확인한다.
모든 사항이 준비완료 되었다고 확인되면 "이쪽으로 오십시오. 라고 말하고 고객을 안내한다.

6) 예약을 하지 못한 고객일 경우, 고객이 원하는 장소 및 테이블의 가능성 여부를 확인하여 가능한 고객이 원하는 대로하여 고객의사를 최대로 수용한다. 그렇지 못할 경우 이해를 구하고 테이블을 지정하고, "○○○사장님 이쪽으로 오십시오. "Please this way, sir" 라고 하며 고객보다 한발 앞서서 한다.

7) 테이블이 없을 경우 대기실에서 대기하도록 정중하게 말씀드리고 대기자명단에 기입한 후 어떠한 테이블이 어느 시간 정도 사용할 것이다. 라고 상황판단을 하여, 고객에게 언급하고, 순서에 따라 좌석배정을 한다.

8) 테이블 세팅이 다 되면 주변정돈을 하고 고객에게 "기다려 주셔서 대단히 감사합니다. 이쪽으로 오십시오. 라고 말하며 한발 앞서서 단정한 걸음걸이로 지정된 장소를 정중하게안내한다. 고객이 앉으시도록 의자를 빼드리며 여성고객의 착석 시는 두 손과 한발을 이용하여 의자를 밀어드려 착석을 도와준다. 착석이 완료되면 메뉴를 드리고 새 고객이 오셨다는 신호를 테이블 담당자에게 알린다.

9) 한 테이블에 서로 안면이 없는 고객을 합석시켜서는 안 되고 합석시킬 경우 먼저 고객에게 양해를 구하여야 한다.

10) 너무 많은 고객을 한 구역에 몰리지 않도록 적절히 안내하고 한 구역으로 몰린 경우 서비스 종사원의 수를 조정하여 좋은 음식과 최상의 서비스를 기다림 없이 제공하여야 한다.

11) 안내 담당자는 호텔이나 식당내의 모든 정보를 제공할 수 있어야 한다. 즉 행사, 공연시간, 각 업장 영업시간 등의 일반적인 안내를 할 수 있어야 한다.

12) 안내담당자는 서비스 구역 내에서 고객에게 밝은 미소로 감사한 마음을 가지고 환송하여 서비스에 마무리한다.

13) 고객 불평시는 담당지배인에게 즉시 보고하고 가능한 불평을 즉시 해결하며 고객과 다투어서는 안 된다.

"Never argue with a guest, You' ll be lost every thing"

### ② 안내

고객안내와 좌석을 배정할 때 다음사항을 참고로 하여 수행하면 고객의 만족도를 충족시킬 수 있다.

1) 젊은 남녀고객은 벽 쪽에 조용한 식탁으로 안내한다.
2) 멋있고 호화로운 고객은 식당의 중앙으로 안내하여 다른 고객들로 하여금 자랑스럽게 보이도록 한다.
3) 같은 옷 또는 유사한 옷을 입은 사람(특히 숙녀)은 서로 떨어진 좌석으로 안내한다.
4) 남녀를 불문하고 혼자오신 고객은 벽 쪽의 전망이 좋은 창가 식탁으로 안내하여야 한다.
5) 연로한 고객, 지체부자유한 고객은 입구에서 가까운 테이블에 안내한다.
6) 식당분위기를 흐리거나 다른 고객들에게 좋지 못한 영향을 미치는 고객은 책임자에게 속히 연락하여 적절한 조치를 취한다.
7) 서로 잘 모르는 고객끼리의 합석은 원칙적으로 금한다. 부득이한 경우 상호고객의 양해를 얻어야 한다.
8) 내국인, 외국인을 균형이 이루어지도록 테이블배정에 신경을 쓴다.

## 2절 식당예약업무

문명의 발달로 현대사회가 점점 복잡해지고 정확한 시간계획에 의하여 행동하는 현대인에게 모든 면에서 예약에 대한 의미는 상당한 몫을 차지한다고 할 수 있다. 그중에서도 고객을 접대하거나 사업상 또는 인간관계를 나눔에 있어서 인간생활의 커다란 한 부분을 차지한다고 말 할 수 있는 식당의 이용에 있어서 예약의 의미는 더욱 중요하다고 할 수 있다. 사전예약을 함으로써 고객은 시간, 계획 등 차질 없이 즐길 수 있는 여유를 가지며, 담당자는 예약고객에 대한 사전준비를 철저히 함으로써 양질의 서비스를 제공할 수 있다.

## 1 내방객에 의한 직접예약

밝은 미소와 적극적이고 반가운 마음 자세로서 “어서 오십시오, 무엇을 도와드릴까요?” 또는 “기다리게 해서 죄송합니다. 라고 한 후 좌석을 안내하여 음료수를 대접한다.

1) 예약 가능한 날짜, 시간, 장소, 테이블 모양들을 염두에 둔다.
2) 장소의 분위기, 메뉴 등 특징적인 사항을 안내함으로써 예약을 잘하였다는 안도감과 예약의 중요성을 인식시켜 드린다.
3) 예약한 사항을 다시 한 번 확인해 드린다.(예약서 발급)
   경우에 따라서 메뉴가격, 고객의 기호음료 등과 사전 안내지는 예약 받음으로서 매출증진을 도모하고, 고객이 만족하고, 즐거운 모임이 되도록 최선을 다한다.
4) 취소통보는 하루 전에 반드시 취소하는 사람의 성명, 연락처, 취소일자, 시간을 기재함으로서 예약운영에 오차가 없도록 최선을 다한다.
5) 예약된 장소와 테이블은 예약된 시간으로부터 1시간 이상이 경과하면 필요에 따라 다른 고객에게 판매해도 된다. 그러나 이러한 점에 대해서는 예약시 예약하는 고객에게 반드시 알려주어야 한다.

## 2 전화에 의한 예약

모든 면에서 Sales Man ship과 서비스정신을 살려서 적극적인 자세로 임하여야 한다.

### 1) 첫 번째 벨이 울릴 때 받으며 고마운 마음으로 기다렸다는 듯이 적극적인 마음으로 상대방에게 전한다.

“감사합니다(식당 명) ○○○입니다.”

① 일자, 요일, 시간, 인원을 여쭈어서 테이블이나 장소의 사용 등 가능여부를 확인한다.
② 그 외의 특기사항 또는 준비사항 등을 사전에 알려드린다.
③ 연락처, 성함을 받고 다시 한 번 모든 것을 확인한 후 “○월 ○일 ○시, ○분을 ○○장소로 예약하여 놓겠습니다. 전화해 주셔서 감사합니다.”

④ 착오를 방지하기 위하여 19는 열아홉, 20은 스물, 21은 스물 하나 등으로 하고 가능하면 요일도 기입하여 정확한 예약이 되도록 재확인한다.

⑤ 예약취소는 최소한 하루에 하며, 반드시 취소일자, 시간, 성명, 연락처를 명기한다.

### 2) 전화 중에 다른 전화가 걸려 왔을 때

(무엇이든지 도와줄 수 있다는 감정이 상대방에게 느끼도록) "지금 통화중이신 데 잠깐 기다려 주시겠습니까? 끝나는 대로 곧 바꿔드리겠습니다."

### 3) 전화예약 언어

"감사합니다. ○○○(식당 명) ○○○ (예약자 성명)입니다."

① 성명 : 예약하시는 분 성함을 알려주시겠습니까?

② 일자 : 원하시는 날짜를 알려주시겠습니까?

③ 시간 : 몇 시에 오시겠습니까?

④ 인원 : 몇 분이 오시겠습니까?

⑤ 연락처 :연락처를 알려주시겠습니까?

"다시 한 번 확인하여 알려드리겠습니다."

"○월 ○일 ○요일. ○시 ○분과 ○분 ○장소(Table)로 예약해 놓겠습니다. 예약해 주셔서 감사합니다."

"저는 ○○○(식당 명)의 ○○○입니다."

## 3절 전화응대 요령

전화는 식당의 이미지를 가장 대표하는 창구라 할 수 있다. 또한 통화자의 음성하나로 모든 것을 전달하는 중요한 매개체라 할 수 있다. 고객이 보이지 않지만 눈앞에 있다는 생각으로 밝은 미소와 명랑한 음성으로 무엇이든지 도울 수 있다는 마음이 상대에게 전달 되도록 해야 한다.

보통대화는 의사전달의 부족한 점을 표정이 보충을 해 주지만, 전화는 목소리의 표현이 유일한 전달 수단이므로 전화를 받는 사람의 말씨, 음성만으로 상대의 이미지가 결정되어 버린다. 항상 정중하고 상세하게, 적극적인 말씨를 쓰도록 통화하는 태도에 정성을 기울여야 한다.

## 1 벨이 울리면

1) 벨이 울리면 즉시 전화를 먼저 받는다.
   ① 기다리지 않게 하는 것이 최고의 예우를 하는 것이다.
   ② 세 번째 벨이 울릴 때 상대는 안절부절못하기 시작한다.
2) 시간이 걸렸을 경우는 "기다리시게 하여 대단히 죄송합니다." 라고 양해를 구한다.

## 2 수화기를 들면

1) 수화기를 들면 우선 호텔 명 또는 식당 명, 직책 명, 이름을 말씀드리고 손님의 성함과 용건을 듣는다.
2) 이해하기 어려운 것이 있을 경우 납득이 갈 때까지 정중히 여쭙고 들은 용건을 반드시 메모하여 복창 확인한다.
   특히 시간, 요일, 고객성명, 금액 등 중요사항들은 잘못 들으면 큰일이 생길 수가 있다. (고객을 잃을 수도 있다)
3) 수화기를 들면 항상 메모와 필기구를 준비하여 바로 메모하는 습관을 가져야 한다.
4) 검토하고 시간이 걸릴 일을 의뢰 받았을 경우 일단 전화를 끊고 가능한 신속히 상대에 대답을 한다.

## 3 말하는 법

1) 말은 분명하고 또한 정중하게 한다.
   대화 시에는 목소리의 크기(중얼중얼, 툭툭), 목소리의 고저(들뜬 목소리, 음침한 목소리), 목소리의 속도(빠른 말, 너무 느린 말)에 특히 주의한다.

2) 혼동하기 쉬운 표현, 상대방이 이해하기 어려운 전문용어의 사용은 하지 않도록 한다.

3) 상사나 동료에게 질문할 때는 수화기를 반드시 아래로 향하게 하고 손바닥으로 잘 막아야 한다.

   상사나 동료와 의논할 때도 고객이름은 경칭을 사용하여 실수를 예방한다.

## 4 메시지 전달할 때

말을 전달하여 알리는 부탁을 받았을 경우 손님이름과, 용건, 전화번호 등을 정확히 메모하여 틀리지 않게 전하고 가능한 한 부탁 받은 시간은 메모하여 용건의 전달여부를 점검하도록 한다.

통화가 끝나기 전에 본인의 이름, 전화번호를 다시 한 번 분명히 이야기한다(책임을 지고, 분명히 하겠습니다.)라는 의미를 주어 상대방에게 안심을 주도록 한다.

## 5 업무를 중단하여 줄 때

1) 자기가 담당하고 있지 않은 용건의 전화를 받았을 때는, 용건을 충분히 확인한 후 정확히 담당자에게 인계한다.

   담당자가 부재시 또는 분명치 않을 경우 담당자를 확인한 후 인계를 정확히 한다.

2) 전화를 돌리는 행위는 절대로 하지 말아야 한다.

## 6 전화를 놓을 때

1) 전화를 놓을 때는 상대방이 끊고 나서 조용히 놓는다.

   용건이 끝나고 바로 "찰칵"하고 난폭하게 놓는 것은 상대방을 무시하는 큰 실례를 범하는 것이다.

2) "감사합니다. 라고 전화를 향하여 인사하는 것은 부끄러운 일이 아니므로 이쪽의 성의 있는 행동이 그대로 목소리에 나타날 수 있도록 한다.

## ⑦ 통화를 할 때

1) 전화를 할 때에는 사전에 전화번호를 확인한다.
2) 전화를 잘못 걸었을 때는 상대방에게도 실례가 되고 시간과 경비의 소비가 된다.
3) 상대가 나오면(받으면) 바로, 식당 명, 업장 명, 담당자 이름을 말한다.
   "감사합니다. ○○식당입니다.
4) 용건은 간단 명확하고 순서 있게 전한다.

## ⑧ 개인용무의 전화

1) 근무 중의 개인전화는 가급적으로 제한해야 한다.
2) 개인전화는 무의식중에 마음이 해이하여지고 자연히 말이나 자세가 흐트러지게 되어 직장 분위기를 흩트리게 된다. 개인전화가 꼭 필요한 경우에는 직장에서 걸고 있다는 사실을 잊지 말고 간단 명확하게 용건만 조용히 전한다.

## ⑨ 말씨

고객에 대한 직원들의 태도가 아무리 훌륭하였다고 해도 말씨가 그에 미치지 못하였을 경우 모처럼의 기분이 전해지지 않을 경우도 있다.

평소에 꾸준히 훈련하여 품위 있고 아름다운 말씨나, 바른 경어가 자연스럽게 입에서 나오도록 하여야 한다.

본인의 말투가 기분에 의해 표현되므로 용어와 대화에 충분한 주의와 정성을 곁들여야 한다.

## ⑩ 알기 쉬운 말

1) 고객이 쉽게 이해하기 어려운 식당의 전문용어나 외국어 유행어 등은 절대로 사용해서는 안 된다. 부득이한 경우 사용할 때에는 용어를 잘 풀어서 고객이 쉽게 이해하도록 한다.

2) 평소 많이 사용되어 알아듣기 쉬운 말을 사용한다.

### ⑪ 적당한 말의 속도

1) 말이 빠르면 고객이 알아듣지 못한다.
2) 말이 너무 느리면 고객이 지루해하고, 너무 크거나, 작은 목소리도 짜증이 나게 된다.
3) 이 모든 말투가 자기 자신은 알지 못하므로 동료끼리 서로 주의시켜 준다.

### ⑫ 명확한 발음

1) 말끝을 분명히 하고, 밝고 뚜렷한 발음으로 말한다.
2) 발음을 아름답게 하기 위하여서는 입을 크게 움직이는 것이 요령이라 생각한다.

## 4절 분실물 습득서비스

### ① 분실물 보관

1) 고객은 뭔가를 분실했을 때 종사원을 접한다. 잃어버린 물건을 쉽고 빠르게 찾아주기 위해서 분실한 물건을 보관하는 전용부서가 있어야 한다.

2) 업무

(1) 고객이 잃어버린 물건을 찾기 위하여 전화를 하였다면 담당부서나 담당직원을 알려주어야 한다.
(2) 고객이 잃어버린 물건을 찾기 위하여 직접 방문하였다면 분실물 보관부서에 안내하거나 아니면 고객에게 분실물을 보관하고 있는 부서 위치를 상세히 알려주어야 한다.
(3) 고객이 항공권이나, 현금, 열쇠, 보석, 그밖에 귀중품을 두고 갔다면 즉시 분실물 보관부서에 연락해야할 것이다.

(4) 그밖에 물품을 발견했다면 가능한 빨리 분실물 부서에 고객물품을 리스트에 적어서 제출하여야한다. 언제 어디서 무엇을 정확하게 기재한다.
(5) 분실물을 발견하여 모를 때에는 상사에게 보고하고 동료에게 물어본다.

chapter 05

# 식당서비스

## 1절 식당서비스의 원칙 및 기법

### 1 기본원칙

1) 요리서비스 원칙은 뜨거운 요리는 뜨겁게, 차가운 요리는 차게 서비스해야 한다.
2) 접시에 준비된 요리와 식료는 우측에서 서비스한다. 빵, 샐러드 등 좌측에 놓이는 것은 좌측에서 제공한다. Platter 서비스인 경우에는 좌측에서 한다.
3) 요리가 준비되는 시간, 주방에서 테이블까지 운반할 때 걸리는 시간, 고객이 식사할 때의 시간을 체크해 둔다.
4) 요리를 운반할 때는 신속하게 걷고 테이블 가까이 오면 조용하고 품위 있게 서비스한다.
5) 고객이 손을 사용해야 하는 뼈나 껍질이 있는 요리를 제공할 때는 핑크 볼을 우측에 제공하거나 물수건을 내도록 한다.

6) 요리를 제공한 후 소스나 필요한 것을 빠진 것이 없는지, 얼음물이나 와인(Wine)은 충분한지를 점검한다.
7) 재떨이는 깨끗한가를 점검한다.
8) 식사가 끝나면 우측에서 조용히 치우고(빵 접시, 샐러드 접시는 좌측에서 치운다) 테이블을 Crumbing한다.
9) 테이블클로스에 소스나 음식물로 더럽혀진 경우는 테이블클로스와 같은 색의 냅킨을 깔아드린다.
10) 물(오차, 얼음물)을 한 번 더 점검한다.
11) 디저트가 끝나면, 테이블 위의 빈 용기는 모두 치운다. (물, 와인, 재떨이 제외)
12) 커피를 다 드신 고객에게는 추가 커피를 여쭈어보고 원하는 대로 드린다.
13) 디저트나 커피를 제공한 후 계산을 마감하도록 한다.
14) 고객의 요청이 있을 시에만 테이블에 계산서를 갖다드리고, 손님을 초대한 경우는 손님들이 합계금액을 눈치 채지 못하게 조용히 주최자에게 알려드린다.
15) 고객의 착석, 입석을 도와드린다.
16) 뚜껑이 있는 그릇이나, 상표가 들어 있는 접시 혹은 무늬가 들어 있는 그릇은 마크 등이 고객의 정면에 오도록 한다. Plate Rim(접시의 테) 안쪽으로 엄지손가락이 닿지 않도록 한다.
17) 레드와인(Red Wine)은 글라스의 3/4 화이트와인(White Wine)은 2/3정도로 채워서 직접 따라 마시는 일이 없도록 한다.
18) Host와 고객을 구별할 수 있을 때는 고객부터(여성고객부터) 서브한다.
19) 와인 맛은 와인을 주문한 고객에게 한다.(Host우선)
20) 테이블에서 직접 조리되는 요리일 때는 고객의 취향을 확인해서 고객의 기호에 맞게 조리한다.

## 2 서비스 방법

1) 주문한 요리를 동시에 잘 서브할 수 있도록 한다.
2) 평소 훈련을 통한 Show Man Ship을 길러야 한다.
3) 모든 고객의 VIP화를 통한 심리적 욕구충족을 유도한다.

4) 주문한 요리를 제공할 때는 "주문하신 ○○요리가 준비됐습니다." 라고 말을 하고 "맛있게 드십시오."라고 꼭 인사를 한다.
5) 서비스 종사원은 항상 무엇을 어떻게 하면 고객이 즐거워할까? 라고 항상 염두에 두어야 한다.
6) 자주 접근해서 고객의 기호 파악 및 즐거움을 주도록 노력해야 한다.

## 3 서비스 행동시 용어

| 서비스진행 | 서비스 행동 | 사용언어(국어) | 사용언어(영어) |
|---|---|---|---|
| 대기<br>착석을<br>돕는다. | 양손을 앞으로 가볍게 모으고 바른 자세 대기<br>양손으로 의자 윗부분을 잡고 무릎을 사용하여 가볍게 민다. | 안녕하십니까?<br>어서 오십시오.<br>여기에 앉으십시오. | Good evening, sir<br>Welcome to here<br>Sit down to here chair |
| 식전음료<br>주문 | 왼쪽에 서서 주문을 받는다. | 식전에 음료 한 잔 하시겠습니까?<br>기다리시는 동안 음료 한 잔 하시겠습니까? | Would you like something drink before your meal?(While you are waiting) |
| Hors D'-oeuver Serve | 오른쪽에서 오른손으로 드린다. | 실례하겠습니다.<br>저희주방장이 드리는 안주입니다. | Excuse me.<br>This is a complimentary from the chef. |
| 식전음료<br>서빙 | 왼손은 가볍게 뒤로한다.<br>오른쪽에서 드린다. | 실례하겠습니다.<br>감사합니다. | Excuse me , sir.<br>Thank, very much sir. |
| 라운드 돌면서<br>음료주문 | 왼쪽에 서서 주문을 받는다. | 실례하겠습니다.<br>한잔 더하시겠습니까? | Excuse me, sir.<br>Please see the menu, sir |
| 메뉴제시 | 게리동 위에 올려놓는다.<br>오른쪽에서 드린다. | 메뉴 가져왔습니다.<br>메뉴보시겠습니까? | Here's your menu, sir.<br>Please see the menu, sir |
| 음식주문 | 왼쪽에 서서 주문 받는다.<br>시계방향으로 돌면서<br>차례로 받는다. | 무엇을 드시겠습니까?<br>○○○는 어떠시겠습니까?<br>아주 좋은 것을 고르셨습니다.<br>주문해 주셔서 감사합니다. | What would you like for your Appetizer?<br>Would you like have …….<br>Thank you very much for your order |

| 서비스진행 | 서비스 행동 | 사용언어(국어) | 사용언어(영어) |
|---|---|---|---|
| 와인목록제시 | 오른쪽에서 드린다. | 식사와 함께 와인을 하시겠습니까?<br>와인목록 여기에 있습니다. | Would you care for some wine with your meal? Would you please see the wine list |
| 와인주문<br>버터접시<br>서빙 | 왼쪽에 서서 주문받는다.<br>왼쪽에서 오른손으로 놓는다. | 화이트와인으로 하시겠습니까?<br>레드와인으로 하시겠습니까?<br>실례하겠습니다. | Would you like white or red sir?<br>Excuse me, sir |
| 빵서빙 | Cart를 왼쪽에 놓고 왼쪽에서 여쭙는다. | 빵은 ○○○가 있습니다.<br>어느 것을 하시겠습니까? | Excuse me, We have…….<br>What kind bread would you like, sir? |
| 화이트와인<br>서빙 | 상표가 보이도록 왼손에 놓고 왼쪽에서 보여드린다. | 주문하신 화이트와인—입니다. | Here s your… … .<br>Vintage year is……. |
| 레드와인<br>개방여부를<br>여쭙는다. | 상표가 보이도록 왼손에 놓고 왼쪽에서 보여드린다˙ | 주문하신 레드와인—입니다. | Here s your…….<br>Vintage year is……. |
| 서빙 | 오른쪽에서 따른다.<br>시계방향으로 돌면서 차례로 한다. | 실례합니다.<br>생수를 드리겠습니다. | Excuse me.<br>We are serving mineral water sir |
| Appetizer | 오른쪽으로 드린다. | 실례하겠습니다. | Excuse me. |
| 빈 접시 처리 | 오른쪽에서 뺀다.<br>왼손에 접시를 포갠다. | 실례합니다.<br>가져가도 괜찮겠습니까? | Excuse me.<br>Please enjoy your meal sir. |
| 수프서빙 | Soup Bowl은 오른쪽에 놓는다.<br>수프접시는 왼쪽에서 드린다.<br>왼발은 테이블 가까이 놓는다. | 실례하겠습니다. 주문하신 ○○수프를 곧 가져오겠습니다. 감사합니다. | Excuse me.<br>I ll serve the soup Ordered soon. Thank you sir. |
| 빈 접시처리 | 오른쪽에서 뺀다.<br>왼손에 접시를 포갠다. | 실례하겠습니다. 수프는 맛있게 드셨습니까? | Excuse me.<br>Did you enjoy soup. |
| 생선서빙 | 오른쪽에서 드린다. | 실례하겠습니다.<br>주문하신 ○○생선요리입니다. 맛있게 드십시오. | Excuse me. your ordered……. I hope you willExcuse me. |

| 서비스진행 | 서비스 행동 | 사용언어(국어) | 사용언어(영어) |
|---|---|---|---|
| 빈 접시 | 오른쪽에서 뺀다. | 실례하겠습니다.<br>가져가도 괜찮겠습니까? | enjoy your meal<br>May I remove your place? |
| 샤벳서빙 | 오른쪽에서 드린다. | 실례하겠습니다. 오늘은 ㅇㅇ샤-벳을 준비하였습니다. | Excuse me.<br>This is ……. sherbet, sir? |
| 샤벳처리 | 오른쪽에서 뺀다. | 실례하겠습니다. | Excuse me |
| 레드와인<br>서빙 | 오른쪽에서 따른다.<br>Cork제시는 왼쪽에서 한다. | 와인테스트를 하시겠습니까?<br>아주 좋은 와인을 고르셨습니다. 감사합니다. | Will you test your red wine? Thank you sir |
| Entree<br>Serving | 오른쪽에서 드린다. | 주문하신 ㅇㅇ입니다.<br>맛있게 드십시오. | Your ordered…….<br>I hope you will enjoy your meal. |
| 빈 접시 | 앙드레 접시는 오른쪽에서 뺀다.<br>기타는 왼쪽에서 뺀다. | 식사는 즐겁게 드셨습니까? | Did you enjoy your, sir? |
| 테이블정리 | 왼쪽에서 한다. | 실례합니다.<br>잠깐 치우겠습니다. | Excuse me.<br>I will cleaning your Table. |
| 샐러드서빙<br>샐러드<br>보울 처리 | 오른쪽에서 드린다.<br>디저트는 왼쪽에서 드린다.<br>왼쪽에서 뺀다. | 실례합니다.<br>ㅇㅇ드레싱이 있습니다.<br>무엇으로 드시겠습니까? | Excuse me.<br>We have ……. Dressing Which dressing would you like? |
| 중앙 공간 확보 | 왼쪽에서 뺀다. | 실례합니다. | Excuse me |
| 치즈 | 치즈 카트를 왼쪽에 놓는다. | 치즈를 드시겠습니까?<br>프랑스산, 스위스산등 좋은 치즈가 많이 있습니다. | Would you like cheese, sir?<br>We have French Cheese, Swiss Cheese |
| 치즈서빙 | 세팅 후 오른쪽에서 드린다. | 맛있게 드십시오. | Please, Enjoy your cheese, sir |
| 치즈접시 처리 | 왼쪽에서 뺀다. | 실례하겠습니다.<br>접시를 가져도 되겠습니까? | Excuse me, sir<br>May I take out the dish? |
| 디저트<br>메뉴제시 | 오른쪽에서 드린다. | 디저트메뉴 여기에 있습니다. 맛있는 디저트 메뉴가 많이 있습니다. | Here's Dessert Menu sir |

| 서비스진행 | 서비스 행동 | 사용언어(국어) | 사용언어(영어) |
|---|---|---|---|
| 디저트 메뉴주문 | 왼쪽에 서서 주문 받는다. | Flambee를 해드릴까요. | Would you care fore the …….flambee sir |
| 디저트서빙 | 오른쪽에서 드린다. | 감사합니다. 제가 최선을 다해 만들었습니다. 맛있게 드십시오. | Thank you very much. I did my best. I hope you like your dish. |
| 디저트 접시처리 | 왼쪽에서 뺀다. | 실례하겠습니다. 접시 가져가도 되겠습니까? | Excuse me May I take out the dish? |
| 커피 혹은 차 주문 | 왼쪽에서 서서 주문 받는다. | 커피를 하시겠습니까? 홍차를 하시겠습니까? | Would you like coffee or Tea, sir? |
| 커피 혹은 차 서빙 | 커피 잔은 오른쪽에서 놓는다. 커피는 왼쪽에서 따른다. | 실례합니다. 커피가 뜨겁습니다. | Excuse me This coffee is very hot |
| 식후음료 주문과 서빙 | 리큐르 카트를 왼쪽에 놓는다. | 식사 맛있게 드셨습니까? 코냑을 한잔하시겠습니까? | Did you enjoy your meal, sir? Would you care fore a glass of cognac. |
| 과자류서빙 | 테이블 중앙 또는 여성 고객 앞에 놓는다. | 초콜릿을 드시지요. 대단히 감사합니다. | Please, have a chocolate Thank you very much |
| 환송 | 의자를 빼준다. 인사한다. | 즐거운 시간을 보내셨습니까? 다음에 또 뵙겠습니다. | Did you have a nice time While you having your dinner I hope see you again soon |

## 2절 주문받는 요령

### 1 주문의 정의

주문이라 함은 고객으로부터 취향에 맞게 우리가 판매 가능한 상품을 제공하기 위한 고객과의 계약행위라고 할 수 있다. 이 과정에서 서비스 종사원이 취할 자세 및 예의, 행동 혹은 사용하는 언어는 고객의 입장에서 생각할 때 가장 훌륭한 방법으로 이루어지지 않으면 안 된다. 따라서 우리 모든 서비스종사원은 아래의 판매 심리학을 습득해서 항상 자신의 몸가짐, 예의, 사용하는 언어, 상품지식 등이 고객의 입장에서 판단할 때 "매우 세련되었다"라는 평판을 받을 수 있도록 항상 연구하고 배우는 자세를 갖도록 해야 한다. 즉, 판매심리학이란 ① 고객에서 상품(요리, 음료)을 팔기 전에 자신을 먼저 팔아야 한다.(Be Accepted by the Guest) ② 항상 웃음으로서 서비스와 친절(Hospitality)을 판다는 것을 잊어서는 안 된다. ③ 가격을 팔지 말고 가치를 팔아야 한다. (Sell Value, Not Price) ④ 분위기를 팔아야 한다.(Sell Atmosphere)

## 2 주문의 기법

주문행위는 크게 나누어서 자세 → 상품 추천 → 복창주문 → 추가주문

### 1) 자세

서비스종사원이 고객으로부터 고객의 취향에 맞는 상품이나 의도적으로 판매코자 하는 상품을 판매하기 위해서는 기본적으로 갖추어야할 판매가 있다.

첫째로, 고객이 자기 식당을 찾아 주신데 대한 감사표시로 서비스종사원은 인사를 빼놓을 수 없다. 그러면 과연 어떻게 하는 인사가 가장 예의 바르고 정중하게 인사를 했는지 판단할 때 서비스종사원이 인사하는 인사가 진심으로 우러나서 하는 인사라는 느낌이 들 수 있도록 노력해야 한다 물론 회사에서의 인사는 30° 각도로 머리를 숙여서 한다. 라고 일반적으로 교육시키고 있지만 인사는 머리를 숙이는 자체로 끝나서는 절대 안 된다. 인사는 사람이 진심으로 고객에 대한 감사 혹은 환대의 마음이 전달되지 않으면 안 된다.

둘째로, 인사가 끝나고 주문 받는 행위를 할 때 서비스종사원은 어떤 자세를 취하는 것이 고객으로부터 자유롭고 편안한가를 염두에 두면서 서비스종사원은 주문을 받아야 한다. 다음과 같다.

① 고객의 왼쪽에서 주문 받는다. (예외적으로 그렇지 않을 경우도 있다.)

② 판매원은 항시 볼펜과 메모 용지를 준비하고 있어야 하고 주문 받을 시는 메모 용지를 받아 적어야 한다.
③ 주문 받는 순서는 고객인 여성, 고객인 남성, Hostess, Host의 순으로 주문 받는다.
④ 주문 받을 시는 똑바로 선 자세에서 고개를 약간 숙여서 받는다.
⑤ 주문은 정확하고 잘 알아볼 수 있도록 기록하고 복창하여 재확인한다.
⑥ 당일 특별메뉴 및 준비가 안 되는 요리는 매일 점검하고 정확히 알고 있어야 한다.
⑦ 우리의 상품인 요리나 음료의 내용을 충분히 설명할 수 있도록 상품지식에 대해 평소 부단히 노력해야 한다.
⑧ 자주 오시는 꾸준한 고객은 Guest History Card에 의해서 고객의 기호를 미리 파악해 둔다.
⑨ 간단하고 정확하게 메뉴를 설명해야 한다.
⑩ 요리에 사용하는 재료 및 소요 시간 등을 알고 정확히 대답해야 한다.
⑪ 요리 주문 후에는 꼭 음료 주문을 받아야 한다.
⑫ 주문을 다 받은 후 "감사합니다. 라고 꼭 감사를 한다.

### 2) 추천

고객한테 요리(식사포함)나 음료를 추천할 경우 모든 서비스종사원은 자기 스스로가 식당을 대표하는 서비스종사원이라는 자부심을 갖고 자기가 담당한 고객의 주문 여하에 따라서 그날의 매상이 결정된다고 생각하며 요리나 음료를 주문 받아야 되겠다. 그러나 매상을 너무 의식한 나머지 고객에게 고가품을 강매하는 인상을 주어선 안 되며 서비스종사원은 항시 고객의 입장과 회사의 매상을 염두에 두면서 가장 합리적으로 주문을 받도록 해야 하며 추천하는 요령은 다음과 같다.

① 고급 고객이나 Business 고객인 경우 고가품부터 추천한다.
② 친지나 일반 가족 고객인 경우 중간 가격 상품부터 추천한다.
③ 단골 고객인 경우 기호 파악을 잘해서 고객의 기호에 맞게 추천한다.
④ 금일의 특별요리나 계절별 특산품을 추천한다.
⑤ 새로 입하된 식 · 재료 메뉴를 추천한다.

### 3) 확인

모든 서비스종사원은 상품을 추천하거나 고객이 주문한 상품에 대해서는 철저히 확인하는 습관을 갖도록 해야 한다. 왜냐하면 고객이 서비스종사원에게 상품을 주문할 경우 고객의 요구사항을 이행하지 않으면 안 되므로 확인은 상품을 주문하는 고객과의 예약내용을 확인시켜줌으로써 차후 질이나 수량에 대한 문제 발생을 사전에 예방하고 양질의 서비스를 제공하고자 하는데 그 의의가 있다.

### 4) 추가주문

상기 서술한 서비스종사원의 ① 자세 ② 추천 ③ 확인까지 서비스종사원이 모든 행위를  하였다하여서 판매행위가 끝난 것은 결코 아니다. 고객이 주문한 상품이 제대로 준비되고 있는지 혹은 질이나 양이 주문한대로 되는지를 철저히 살피고 고객이 주문한  내용대로 완벽히 상품이 제공되었다 할지라도 더 필요한 것은 없는가, 혹은 부족하지 않은가를 염두에 두면서 추가 주문 행위를 하지 않으면 아니 된다. 이 추가 주문 행위는 서비스종사원의 노력여하에 따라서 좋은 서비스를 제공한다는 측면과 유실되는 매출을 찾는다는데 그 의의가 있다 하겠다. 즉, 추가주문 요령은

① 고객과 Host가 있는 테이블에서는 음료(맥주)인 경우 Host에서 서비스하면서 추가 주문을 받는다.(고객인 Host의 입장에서 보면 고객한테 잘 접대해야 한다는 생각이 있으므로 본인보다는 고객이 우선이며 자기한테 남은 맥주를 따랐으므로 고객에게는 더 따를 맥주가 없게 되어 추가 주문을 하게 된다.)

② 요리를 드시는 고객인 경우는 식사가 거의 끝나갈 무렵(4/5)에 서비스종사원은 정중히 "더 필요하신 것은 없습니까." 라고 여쭈어 본다.

만약에 고객이 요리를 더 주문하는 경우가 있으면 "네 잘 알았습니다. 곧 준비하겠습니다." 라고 대답을 하고 더 필요 없다고 하면 그 말이 끝나자마자 곧바로 디저트를 추천해서 추가 주문하도록 한다.

## 3절 서비스자세 및 고객 불평

### 1) 서브(Serve)에 임하는 자세

고객은 항상 쾌적한 환경에서 안정된 마음으로 자신의 피로를 회복시키고 원기와 기력을 돋우어 주고 안락하고 편안하게 쉴 수 있는 장소의 제공을 원활하고, 호텔과 식당은 필요한 시설을 갖추고 인적 · 물적 서비스를 제공하여 이에 대한 대가를 목적으로 하는 것이다.

따라서 종사원이 서비스에 임하는 자세는 고객의 입장에서 호텔이나 식당은 고객입장에서 나는 무엇을 어떻게 해야 할 것인가를 생각해야 하고 행동을 하여야 한다.

### 2) 고객의 불평불만사례와 대응

① 고객이 예약을 했는데 직원(연회예약, 판촉, 현장 등)이 통보를 하지 않았을 때

· 대응 : 연회부서의 확인 후 고객에게 사정을 이야기하고 재빨리 고객의 예약 상태를 해결하도록 하여야한다.

② 고객의 주문대로 준비가 안 되었을 때

· 대응 : 고객 중 누가 결정권자인가를 확인 고객이 원하는 내용을 빨리 해주어야 하고 나중에 문제를 파악해서 책임소재를 알아본다.

③ 예약인원(지불 보증인원) 보다 적게 왔을 때

· 대응 : 지배인에게 통보하고 해결 방안을 찾는다.

④ 서비스도중 음식물을 고객에게 쏟았을 때

· 대응 : 당황하지 말고 실수를 인정하고 최선을 다해서 고객을 도와야 하며 닦아주어야 한다.

· 참고 : 고객으로부터 불평불만이 발생되었을 때는 고객의 입장에서 말을 경청해야 하며, 종사원은 예의 바르게 올바른 화법과 행동으로 고객의 불평을 최소화시켜야 할 것이다.

· 결론 : 훌륭한 시설과 좋은 서비스를 고객에게 제공하기 위해서는 자신의 마음가짐 이 제일 중요하다고 하겠습니다.

ㅇㅇ호텔에 출근하여 진심어린 마음으로

고객에게는 고마움을

회사에게는 감사를

동료에게는 존경을

자신에게는 발전을 생각하며

좋은 직장이 되도록 매일 매일 최선을 다하도록 노력 하여야겠습니다.

# M·E·M·O

# chapter 06 테이블 세팅

## 1절 영업 준비(Mise-En-Place)

종사원이 레스토랑에서 고객에게 식사를 제공할 때는 다음과 같은 사전준비가 완전하게 이루어져야 한다.

① 업장의 정리정돈과 고객용의 소모품의 확보
② 충분한 공급량의 서비스기물
③ 당일 제공될 메뉴의 숙지
④ 지배인 및 캡틴에 의한 최종점검 등이며 이중 어느 한 가지라도 소홀히 취급된다면 아무리 훌륭한 요리가 제공되더라도 요리의 가치는 떨어지게 되므로 각별히 유의한다.

## 1 영업 준비의 업무

보통 오전 업무를 말하며 이때 업장의 전반적인 확인 및 준비, 관리 등을 다음과 같이 실시하게 된다.

① 출근과 동시에 업장의 열쇠를 수령하여 시건장치를 푼다.
② 업장의 구석구석을 전반적으로 살핀다.
③ 전일의 저녁영업 결과를 확인한다.
④ 전일의 저녁영업종료후의 업무 미비를 보충한다.
참고적으로 예약테이블의 배치와 꽃 확인, 업장의 청소, 전등, 전화, 음향기, 제빙기, 환풍기 등의 동작여부 확인, 비품, 집기, 소모품의 확인 및 배치
⑤ 준비가 완료된 뒤 출근 종사원의 회의
⑥ 영업장 개방(예, 호텔, 일반식당 등)

## 2 영업종료 후의 업무

### 1) 점심종료 후의 업무

점심영업의 종료시간 이후 사인보드를 저녁영업시간으로 교체한다. 호텔이나 식당영업 종료시간 후에도 고객이 있다면 영업은 진행되며 고객이 퇴장했을 때, 비로소 영업이 종료되는 것이다. 이후업무는 다음과 같다.

① 테이블의 청소 ② 업장의 소등 ③ 바닥 청소(진공청소기) ④ 테이블 준비 ⑤ 냅킨정리 ⑥ 집기, 물품, 소모품의 수령 및 배치 ⑦ 설탕체크 ⑧ 테이블 소스체크 ⑨ 꽃 정리 ⑩ Dinner의 예약 확인 및 테이블 배치 ⑪ 고객 불평 및 견해일지 작성 ⑫ 이용객 수 및 매상기록관리 ⑬ 테이블 세팅 ⑭ 린넨 반납 및 수령 ⑮ 각종 서비스 기물세척 및 정리 ⑯ 조미료 세트 체크 ⑰ 알코올 준비 등이 있다.

### 2) 저녁영업종료 후의 업무

저녁영업의 종료시간은 ○○이며, 종료 시간 후에도 고객이 모두 퇴장할 때까지는 영업이 진행되어야 한다.(업장에 형태에 따라 정한다.)

종료 후의 업무는 다음과 같다.

① 사인보드교체(예, 호텔) ② 테이블의 나머지 음식과 세팅 수거 및 청소 ③ 테이블 세팅 ④ 알코올 수거 ⑤ 고객 불평 및 의견일지작성 ⑥ 이용객 수, 매상, 기록 관리(Log Book 작성) ⑦ 업장의 최종점검 ⑧ 업장의 자물쇠 채움 ⑨ 열쇠의 반납

## 3 영업 준비의 내용

### 1) 테이블의 준비

① 수평을 유지하고 흔들리지 않아야 한다.
② 언더크로스는 주름이 생기지 않도록 평평하게 고정시켜 깐다.
③ 테이블크로스가 한쪽으로 치우치지 않도록 평평하게 깐 다음 전체적으로 균형을 확인한다.
④ 테이블 다리에 먼지나 오물을 제거하고 또한 녹이 슬지 않았는가. 확인한다.
⑤ 테이블 위에 남아 있는 오물 때문에 깔아진 크로스가 불룩 튀어나오지 않았는가. 확인한다.
⑥ 세팅의 중앙과 옆 좌석 세팅의 중앙과는 60cm 정도의 사이를 유지하여야 한다.
⑦ 늘어진 크로스와 의자는 수직이 되도록 한다.

### 2) 의자의 준비

① 먼지를 제거한다.
② 쿠션(Cushion)의 작동과 오물을 확인하여 세척한다.
③ 흔들림이 없나 확인해서 흔들리는 것은 교체한다.
④ 다리의 오물을 확인하여 세척한다.
⑤ 등받이의 쿠션을 확인한다.
⑥ 먼지 제거는 폐품 처리된 리넨이나 혹은 비고객용 낡은 냅킨을 사용한다.
⑦ 이상이 없는 의자는 세팅의 중심에 맞추어 배치한다.

### 3) 테이블 세팅의 준비

① 식탁용 은기물류는 Salad Fork, Meat Knife, Meat Fork, Soup Spoon, Dessert Spoon, Dessert Fork, Tea Spoon, Butter Knife 등이 세팅되며 이 기물들은 광택이 나야하고, 홈이 있는 것은 사용을 금하며, 오염이나 손자국이 나지 않도록 주의하므로 기물은 언제나 손잡이를 잡고 취급하도록 준비되어야 한다.

② 식탁용 도자기류는 Bread Plate, Tea Cup, Tea Cup Saucer 등은 고객용 식탁에 세팅되며 그밖에 뷔페테이블에도 여러 종류의 도자기류가 준비된다. 이들 도자기류는 사전에 오점이나 혹은 이가 빠졌는가, 금이 가지 않았는가를 확인하며, 특히 뒷면을 잘 살펴야 한다.

### 4) 냅킨(Napkin)

① 각 영업장의 규정된  모양으로 접는다.
② 접어진 냅킨은 각이 져 있어야 한다.
③ Knife와 Fork의 중앙에 세운다.
④ 힘이 없어 기울어져서는 안 된다
⑤ 실밥이 뜯어진 것은 사용을 금한다.

### 5) Cream Pitcher

① 광택이 나야한다.
② 오염이 있는 것은 사용을 금한다.
③ 2인용 식탁에는 Pitcher에 1/3의 신선한 크림을 준비한다.
④ 4인용 및 6인용 식탁에는 Pitcher에 2/3의 Fresh Cream을 준비한다.
⑤ 신선한 크림은 미리 담아 차가운 곳에 보관한다.
⑥ 고객이 착석하면 즉시 식탁의 중앙에 놓는다.

### 6) Sugar Bowl

① 광택이 나야한다.

② 설탕이 Bowl의 8부정도로 채워 넣는다.
③ 설탕이 굳어있는가. 오물이 들어 있는가를 확인한다.
④ Sugar Ladle에 설탕이 묻어 있지 않은가 확인한다.
⑤ Ladle을 꽂아 뚜껑을 닫고 테이블 중앙에 놓는다.

### 7) 재떨이 (Ashtray)

오늘날은 금연석과 구분하여 다음과 같이 한다.
① 사용한 흔적 없이 말끔히 닦여져 있어야 한다.
② 물기가 없어야 한다.
③ 이가 빠졌거나 금이 간 것은 사용을 금한다.
④ 2인용 식탁은 1개의 재떨이를 중앙에 놓는다.
⑤ 4인용 및 6인용 식탁은 2개의 재떨이를 놓는다.
⑥ 직사각형의 테이블인 경우에는 마주 앉은 중앙에 놓는다.
⑦ 4인용의 정사각형 및 원탁인 경우에는 옆 좌석 사이에 놓는다.
⑧ 상표가 있을 때는 바르게 놓는다.

### 8) Bill Box

① 호텔 및 식당의 선전효과를 나타낼 수 있다.
② 테이블 위에서 자주 이동되지 않도록 고객의 불편함이 없는 곳에 위치해야 한다.
③ 위치는 테이블의 배치에 따라 다르게 된다.
④ 창가의 직사각형 테이블에는 창가 쪽에 위치한다.
⑤ 홀 중앙에 4인용 정사각형이나 원탁일 경우에는 중앙에 위치한다.
⑥ 2인용의 정사각형 및 원탁인 경우에는 고객의 불편이 없는 바깥쪽에 위치한다.
이러한 것을 주일 단위로 세탁하여 관리한다.

## 4 보조 테이블(Side Table)

서비스를 할 때 좀 더 빠르고, 편리하고, 정확하게 하기 위하여 홀의 사이사이에 배치된 서비스 테이블을 말하며 다음과 같은 것들을 하게 된다.

### 1) 린넨의 보관

Side Table의 가장 아래 칸에 준비되며 보관되는 종류는 다음과 같다.

① 테이블크로스 ② 도일리 ③ 냅킨 ④ 스커트 ⑤ 암타올 ⑥ 언더크로스

이때 자주 사용하는 린넨과 자주 사용하지 않는 린넨, 접어진 냅킨 등을 별도로 구별해서 보관하면 편리하다.

### 2) Plate와 글라스보관

이것은 Side Table의 중간에 위치하고 테이블 세팅에 필요한 종류는 다음과 같다.

① Bread Plate ② Tea Cup & Saucer, Coffee Cup & Saucer ③ Tea Cup & Coffee Cup ④ Water Goblet ⑤ Wine Glass 등을 준비하여 홀에 별도의 온 열기(Warmer)가 있으며 Coffee Cup과 Entree Plate를 보관하면 좋다.

### 3) 기물 보관

Side Table에 특별히 서랍형식으로 짜여 있어 종류별로 준비하면 좋다. 보관할 종류로는 다음과 같은 것들이 있다.

① Meat Knife ② Ice Cream Spoon ③ Meat Fork ④ Sugar Ladle ⑤ Dessert Fork ⑥ Serving Spoon ⑦ Dessert Spoon ⑧ Serving Fork ⑨ Soup Spoon ⑩ Cake Server ⑪ Butter Knife ⑫ Tea Spoon

### 4) 소모품 및 양념

서랍 윗간에 별도의 용도별 서랍을 설치하여 준비하는 것이 좋으며, 이때 서랍 입구에 보관품목을 적어 놓으면 편리할 것이다. 그 종류는 다음과 같다.

① Cocktail Napkin ② 이쑤시개 ③ 메모지 ④ Table Mat ⑤ Paper Napkin ⑥ Bill Holder ⑦ Condiment ⑧ 겨자(Mustard) ⑨ Parmesan Cheese

### 5) 그 밖의 Side Table 준비물

자주 사용하기 때문에 취급을 쉽게 하기 위하여 가장 위에 준비하게 되며 그 종류는 다음과 같다.

① Service Tray ② Warmer ③ Water Pitcher ④ Service Towel(Arm Towel) ⑤ Table Sauce ⑥ Hot Sauce ⑦ A-1 Sauce ⑧ Tabasco Sauce ⑨ 57 Sauce ⑩ Tomato Catchup ⑪ Chilly Sauce

소스의 관리와 제공 법은 영업이 시작되면 냉장고에서 Side Table로 준비하고 Side Table에 배치할 때는 깨끗한 상태로 고객이 원할 경우 테이블 앞에서 뚜껑을 열어 드리고. 병뚜껑과 주둥이는 항상 깨끗하게 소스는 항상 채워 놓고서 영업이 끝나면 다시 채워 냉장고에 보관한다.

## 5 테이블

식당의 규격, 좌석 수, 가격결정에 비례하여 크기와 종류가 달라진다.

① 테이블의 성격에 맞게 먼저 배치한다.

② 테이블 다리가 정확하고 확실하게 펴졌는가를 확인한다.

③ 테이블과 테이블을 연결했을 때 이음새가 차이가 나지 않는가를 확인한다.

④ 펴진 테이블 위에서 힘을 가해도 튼튼한가를 재확인한다.

⑤ 테이블이 흔들리지 않는가를 반드시 확인한다.

## 6 그 밖의 및 가구 및 집기의 준비

가구나 놋쇠 기물은 영업 전후에 반드시 광택이 나도록 닦아야 하고 파손여부도 영업 전에 미리 체크하여 수리해서 보완한다.

### 1) 체크해야 할 가구의 종류

① Reception Desk ② Service Wagon ③ 출입문 ④ 홀의 벽 ⑤ Cashier's Desk ⑥ Side Table

2) Check 할 집기의 종류

① Sign Board ② Reserved Tag ③ Wine Basket ④ 대걸레(mop) ⑤ Champagne Cooler Set ⑥ 빗자루 ⑦ Ice Tongs ⑧ 쓰레받기 ⑨ Soup Tureen ⑩ Cash Tray(chit Tray) ⑪ Soup Ladle ⑫ 이쑤시개 Case ⑬ Punch Ladle ⑭ Bill Holder ⑮Alcohol Lamp ⑯ Paper Napkin Holder ⑰ 진공청소기

3) 그 밖 고객용 소모품 종류

① 압침 ② 메모지 패드 ③ 판매봉투 ④ 칵테일 냅킨 ⑤ 편지지 ⑥ 코스트 ⑦ 젓가락 ⑧ 종이우산모형 ⑨ 젓가락포장지 ⑩ 칵테일 핀 ⑪ 메모지 ⑫ 머들러(Muddler) ⑬ 이쑤시개 ⑭ Birthday Candle 받침 ⑮ Cake Knife(plastic) ⑯ 빨대 ⑰ Birthday Candle ⑱ 알코올 ⑲ 재떨이 ⑳ Cake 포장

## 2절 테이블 세팅의 원칙

테이블 세팅은 고객이 식사를 할 수 있도록 식탁이나 기물을 정확하게, 사용하기 편리하게 배열함으로써 성의 있는 식당으로 평가받게 된다. 따라서 테이블 세팅은 다음과 같은 기본원칙을 준수하여야 한다.

### 1 테이블 세팅의 기본원칙

1) 테이블 및 의자(Table & Chair)

테이블은 움직이지 않아야 하며 의자는 제 위치에 있어야 하며 깨끗하고 흔들리지 않아야 한다. 식탁과 식탁간의 간격은 정확히 유지되어야 한다.

### 2) 테이블 · 클로스 및 냅킨(Table Cloth & Napkin)

테이블클로스는 깨끗해야 하고 구멍 뚫린 곳이 없어야 하며 깨끗하게 다림질이 되어 있어야 한다. 또한 냅킨은 깨끗하게 접혀져 있어야 하고 테이블클로스와 잘 조화되어야 한다.

### 3) 쇼 · 플레이트(Show Plate)

항상 깨끗하게 닦여져 있어야 하며, 실버플레이트(Silver Plate)인 경우는 광택이 나야하고 차이나웨어(Chinaware)인 경우는 깨진 곳이 없어야 한다.

### 4) 디너나이프(Dinner Knife)

칼날은 안전하게 안쪽으로 향하게 하고 수직으로 놓고 쇼 플레이트 오른 쪽 가장 안쪽에 놓아서 고객이 오른쪽으로 사용하기 편리하도록 한다. 디너나이프도 쇼 플레이트 같이 테이블 테두리에서 1인치 정도 떨어지게 놓는다.

### 5) 디너포크(Dinner Fork)

나이프와 균형을 맞추어 한쪽으로 치우치지 않게 적당한 간격으로 왼쪽에 보기 좋게 음식이 닿는 부분이 위로 향하게 하여 수직으로 놓는다.

### 6) 피쉬 나이프와 포크(Fish Knife & Fork)

피쉬 나이프를 세팅 할 때는 디너 나이프에 붙여서 세팅하고 디너 포크의 끝열에 피쉬 포크 중간 열을 맞춘다.

### 7) 샐러드 나이프와 포크(Salad Knife & Fork)

샐러드를 먹기 위해서 사용하는 기물로 피쉬 나이프와 포크에 붙여서 세팅한다.

### 8) 수프 스푼(Soup Spoon)

수프 스푼은 음식을 떠먹는 부분이 위로 향하게 하고 오른손으로 사용하도록 오른쪽에 세팅하는데 나이프와 동일한 방법으로 세팅한다.

### 9) 에피타이저 나이프와 포크(Appetizer Knife Fork)

에피타이저를 먹는 용도로 세팅의 가장 외부에 위치하고 세팅의 요령은 다른 코스의 나이프와 포크의 세팅 방식과 같이 세팅한다.

### 10) 브레드 플레이트와 나이프(Bread Plate & Knife)

브레드 플레이트는 왼쪽의 포크를 세팅하는 가장 외부의 기물과 접하게 세팅하고 포크상단에 휘어진 부분에 브레드 플레이트를 걸쳐서 세팅한다. 브레드 나이프는 브레드 플레이트의 $\frac{1}{4}$정도 되는 위치에 오른쪽으로 다른 나이프와 동일한 방법으로 세팅한다.

### 11) 디저트 스푼과 포크 (Dessert Spoon & Fork)

디저트 스푼, 포크는 쇼 플레이트 상단에 위치하도록 세팅, 디저트 스푼은 손잡이가 오른쪽으로 오게 하여 오른손으로 손잡이를 잡게 한다. 디저트 포크는 손잡는 부분이 왼쪽으로 향하게 하고 스푼이 포크의 위쪽으로 향하게 하는데 이것은 왼쪽보다는 오른쪽이 먼저라는 통념에 따라서 스푼이 위로 오고 수평으로 세팅한다.

### 12) 글라스류(Glass Ware)

유리컵은 얼룩진 곳이 없이 항상 깨끗하게 닦여져 있어야 하며 입술연지 묻은 것, 깨진 것이 없어야 한다. 글라스를 취급 할 때에는 항상 목 아래 부분을 잡아야 한다. 유리컵을 세팅 할 때에는 육안으로 잘 보이지 않는 얼룩이 있으므로 유리컵을 들어서 전등불이나 밝은 곳을 향하여 바라보면 얼룩진 것을 쉽게 발견 할 수가 있다.

### 13) Castor Set(Salt & Pepper)

항상 내용물이 차 있어야하며 응고되어 있지 않는가를 확인하여야하고, 구멍이 막히지 않았는가를 점검하여야 한다.

### 14) 기타 테이블용 기물류

꽃병은 항상 깨끗하게 닦여져 있어야 하며 시들지 않는 꽃이 꽂혀 있어야 하고 재떨이는 깨끗하게 닦여져 있어야 한다.

## 2 테이블 세팅의 순서

① 테이블 및 의자를 점검한다.
② 테이블크로스를 편다.
③ 쇼 · 플레이트(Show Plate)를 놓는다.
④ Dinner Knife & Fork를 가지런히 놓는다.
⑤ Fish Knife & Fork를 가지런히 놓는다.
⑥ Soup Spoon & Salad Fork를 가지런히 놓는다.
⑦ Appetizer Knife & Fork를 가지런히 놓는다.
⑧ Bread Plate를 놓는다.
⑨ Butter Knife를 놓는다.
⑩ Dessert Spoon & Fork Show를 Plate 위쪽에다 놓는다.
⑪ Water Goblet 및 White & Red Wine Glass를 놓는다.
⑫ Castor Set를 놓는다.
⑬ Flower Vase 및 Ashtray를 놓는다.
⑭ 냅킨을 편다.
⑮ 테이블세팅을 전체를 점검한다.

## 3절 메뉴별 테이블 세팅 종류

테이블 세팅(Table Setting)이란 테이블위에 요리를 내놓고 판매하기 위한 준비 작업이다. 즉 식사제공에 필요한 일절의 준비기구인 테이블(Table), 의자(Chair), 테이블크로스(Table Cloth), 냅킨(Napkin), 은기물류(Silver ware), 차이나류(Chinaware),글라스류( Glassware) 및 각종 테이블용 기물을 바르게 갖추어 놓는 것을 말한다. 정확하고 깨끗한 테이블 세팅을 하기 위해서는 영업장에 알 맞는 적절한 테이블 배치와 그에 알맞는 테이블 세팅을 함으로서 고객에게 완벽한 테이블 서비스를 제공할 수 있고, 고객이 식사 할 수 있는 분위기를 만들어 주어야 하며 또한 식탁의 배열은 어느 정도 여유가 있어야 하고, 서비스하는 종사원의 필요공간이 유지되어져야 한다. 서비스의 종류에 따라서 약간씩 달라지나 일반적으로 테이블과 테이블 사이의 간격은 고객들 간의 대화의 보안이 유지될 수 있어야 한다. 테이블 세팅은 식당의 종류 및 식사의 형태에 따라서 다양하게 펼쳐지나 일반적으로 기본적인 세팅은 ① 기본 세팅(Basic Setting) ② 일품요리 세팅(A La Carte Setting) ③ 정식 세팅(Table D' Hote Setting) ④ 조식 세팅(Breakfast Setting)과 같다.

앞에서 설명한 4종류의 테이블 세팅은 양식당의 기본적인 세팅 방법이고 호텔에서는 각 식당별로 고유한 테이블 세팅의 형태를 갖출 수 있다.

### 1 기본 세팅(Basic Setting)

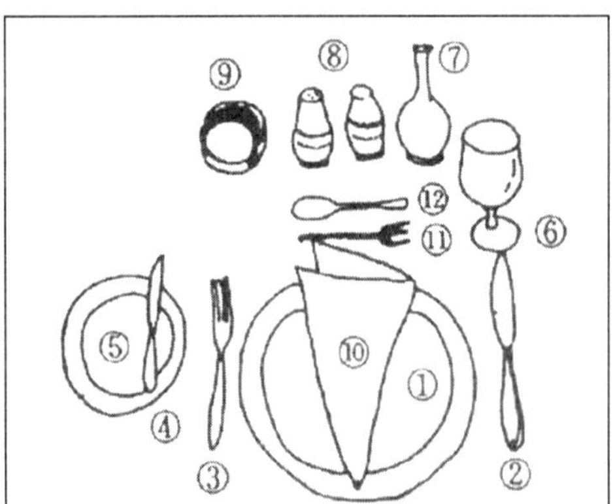


① Show Plate
② Dinner Knife
③ Dinner Fork
④ Butter Knife
⑤ B & B Plate
⑥ Water Goblet
⑦ Flower Vase
⑧ Castor Set
⑨ Ashtray
⑩ Napkin
⑪Dessert Fork
⑫ Dessert Spoon

### 2 일품요리 세팅(A La Carte Setting)

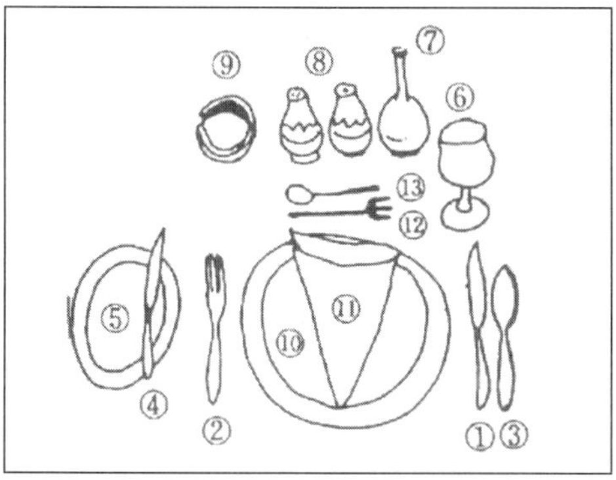

| | |
|---|---|
| ① Dinner Knife | ⑧ Castor Set |
| ② Dinner Fork | ⑨ Ashtray |
| ③ Soup Spoon | ⑩ Show Plate |
| ④ Butter Knife | ⑪ Napkin |
| ⑤ B & B Plate | ⑫ Dessert Fork |
| ⑥ Water Goblet | ⑬ Dessert Spoon |
| ⑦ Flower Vase | |

### 3 정식 세팅(Table D' Hote Setting)

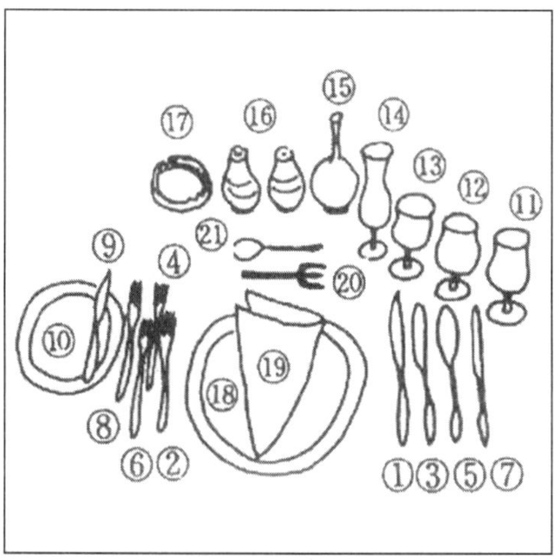

| | |
|---|---|
| ① Meat Knife | ⑫ White Wine Glass |
| ② Meat Fork | ⑬ Red Wine Glass |
| ③ Fish Knife | ⑭ Champagne Glass |
| ④ Salad Fork | ⑮ Flower Vase |
| ⑤ Soup Spoon | ⑯ Castor Set |
| ⑥ Fish Fork | ⑰ Ashtray |
| ⑦ Appetizer Knife | ⑱ Show Plate |
| ⑧ Appetizer Fork | ⑲ Napkin |
| ⑨ B & B Knife | ⑳ Dessert Fork |
| ⑩ Bread Plate | ㉑Dessert Spoon |
| ⑪ Water Goblet | |

### 4 조식 세팅(Breakfast Setting)

테이블 세팅은 고객이 식사를 할 수 있도록 식탁이나 기물을 정확하게, 사용하기 편리하게 배열함으로써 성의 있는 식당으로 평가받게 된다. 따라서 테이블 세팅은 다음과 같은 기본원칙을 준수하여야 한다.

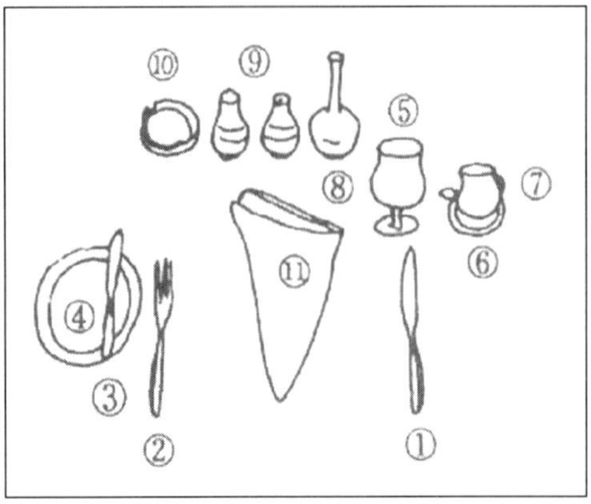


① Dinner Knife ⑦ Coffee Spoon
② Dinner Fork ⑧ Flower Vase
③ Butter Knife ⑨ Castor Set
④ B & B Plate ⑩ Ashtray
⑤ Water Goblet ⑪ Napkin
⑥ Coffee Cup & Saucer

chapter 07

# 집기의 종류 및 취급방법

## 1절 은기물류(Silver Ware)

식당에서 사용하는 집기 비품은 식당 종류에 따라서 완전히 달라질 수 있으나 일반적으로 양식당에서 소요되는 집기, 비품이 종류별로 다양할 뿐 아니라 모든 식당의 대표적이며 기본적인 집기, 비품이라 할 수 있으므로 양식의 은기물류를 알아본다.

1) Silver Ware 종류의 크기 비교

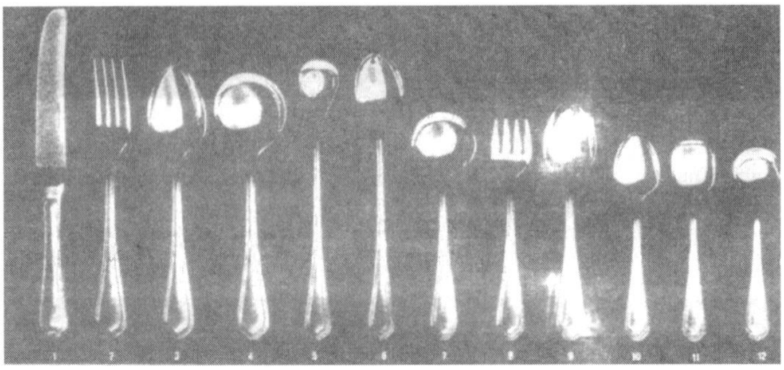

1. Dissert Knife 2. Dessert Fork 3. Dessert Spoon 4. Dessert Soup Spoon 5. Soda Spoon 6. Ice Tea Spoon 7. Bouillon Spoon 8. Oyster Fork 9. Fooding Spoon 10. Tea Spoon 11. Ice Cream Spoon 12. Ice Cream Spoon

13. Grape Fruit Spoon 14. Strawberry Spoon 15. Butter Knife 16. Tea Cake Fork 17. Salad Fork 18. Coffee Spoon 19. Tea Spoon 20. Cocktail Fork 21. Cake Fork 22. Butter Spread 23. Sugar Laddle 24. Sauce Laddle

25. Fish Knife  26. Fish Fork  27. Fish Sauce Spoon  28. Fruit Knife  29. Fruit Fork  30. Table Knife  31. Table Fork  32. Table Spoon  33. Table Soup Spoon  34. Service Spoon  35. Service Fork

36. Salad Service Spoon  37. Salad Service Fork  38. Cake Server  39. Carving Knife  40. Carving Fork  41. Carving Steel  42. Cake Tongs  43. Ice Tongs  44. Sugar Tongs  45. Soup Laddle(50cc)  46. Soup Laddle(120cc)

### 2) 서비스트레이 및 기타

1. Show Plate

2. Vegetable Dish Oval
   14″(L)×10″(W)×5″(H)
   11″(L)×10″(W)×5″(H)

3. Ice Bucket
4. Ice Tongs

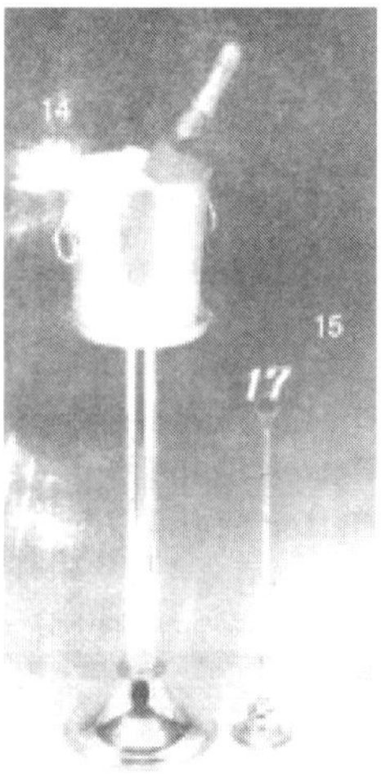


5~6. Water Pitcher
7~11. Coffee or Tea Pot

12. Sugar Bowl
13. Milk Pitcher

14. Champagne Cooler W/Stand
15. Number Stand

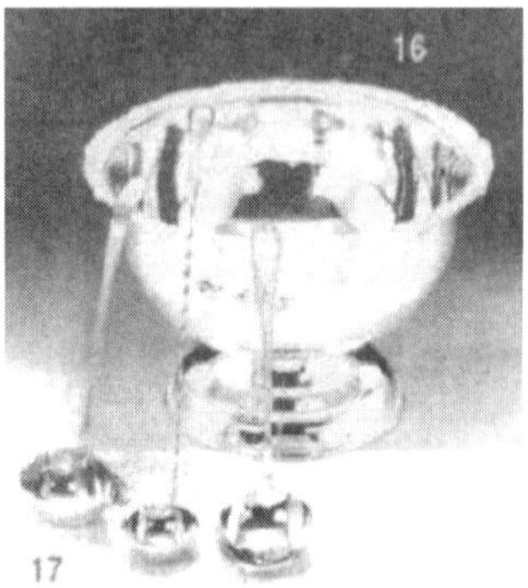

16. Punch Bowl 12″(ø)14″(ø)
17. Punch Laddle

18. Wine Cooler

19. Rechard lamp
20. Coffee Warmer

21. Round Platter W/Stand
24″(ø)
22″(ø)
20″(ø)
18″(ø)

22~24. Ice Cream Cup
25. Shrimp Cocktail Bowl
26~27. Butter Bowl

28. Platter Stand Oblong
29. Platter Stand
30. Platter Stand Roung

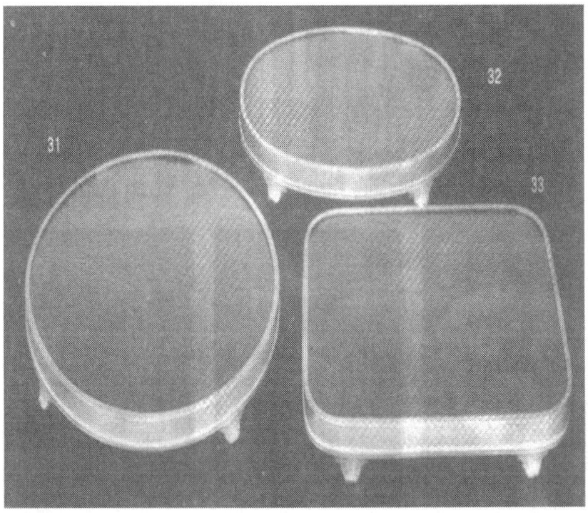


31. Mirror Tray Round
18″(ø)30″(ø)
32. Mirror Tray Oval
28″(L)×21″(W) 26″(L)×19″(W)
24″(L)×17″(W) 22″(L)×16″(W)
20″(L)×15″(W)
33. Mirror Tray Oblong
28″(L)×20″(W) 26″(L)×19″(W)
24″(L)×17″(W) 22″(L)×16″(W)
20″(L)×15″(W)

34. Chinese Plate 10″(ø) 12″(ø) 14″(ø)

35. Fruits Stand

40. Coffee & Tea Warmer

41. Salmon Board
35″(L)×8″(W)
22″(L)×5″(W)

42. Food Cover
9″(ø) 10″(ø) 11″(ø) 12″(ø)

43~44. Soup Warmer
45. Soup Laddle W/Bucker

46. Viking Board

47. Vegetable Dish Oblong
14″(L)×11″(W)×5″(H)
12″(L)× 9″(W)×5″(H)

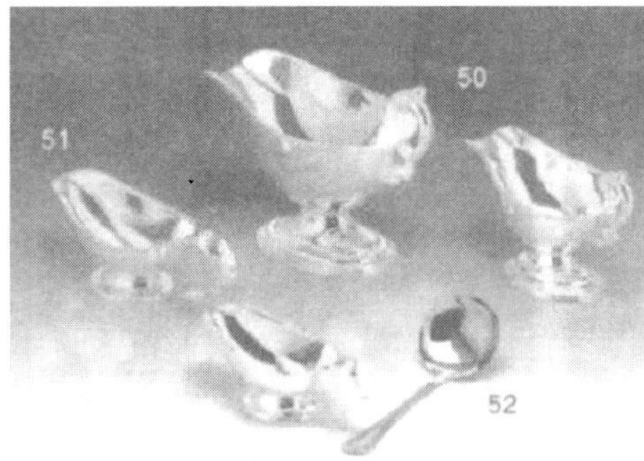


48. Soup Tureen
49. Soup Laddle

50. Sauce Boat
51. Sauce Boat
52. Sauce Laddle

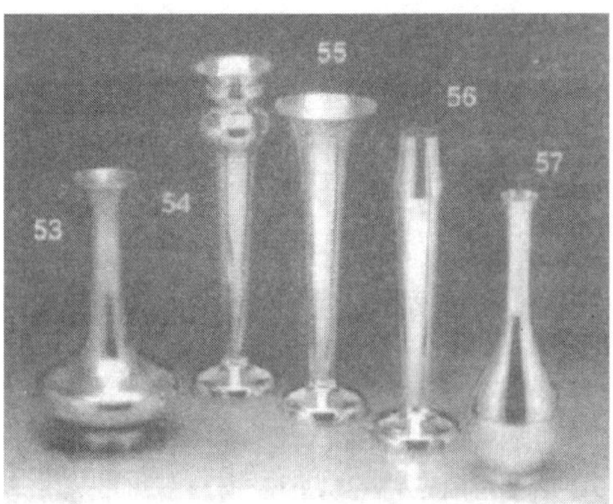

53~57. Flower Vase

58~59. Saark's Bowl

60. Rice Wine Kettle
61. Rice Wine Cup & Saucer
62. Beef Rib Stew
63. Chak Juk Bowl
64. Chonbok Juk Bowl

65. Punch Bowl W/Cups
14″(ø) 12″(ø)

66. Dry Reilsh Stand 10″(H)
67. Dry Reilsh Stand 14″(H)

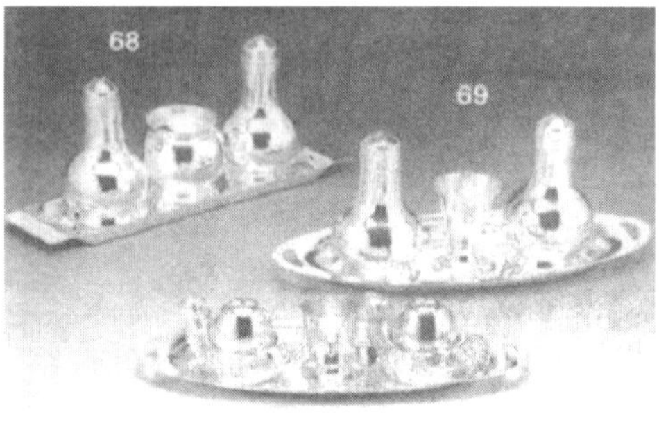


68~69. Caster Set

70. Sabu Shabu Bowl 12″(ø)×17″(H)
71. Sabu Shabu Bowl 10″(ø)× 6″(H)

72. Dry Reilsh Plate W/Foot
73. Dry Reilsh Plate

74~77. Bread Basket

78~79. Candle Stand 5 Arms
80. Candle Stand W/Flower
81~83. Candle Stand Single

84~86. Napkin Holder
87~88. Menu Stand
89. Napkin Ring

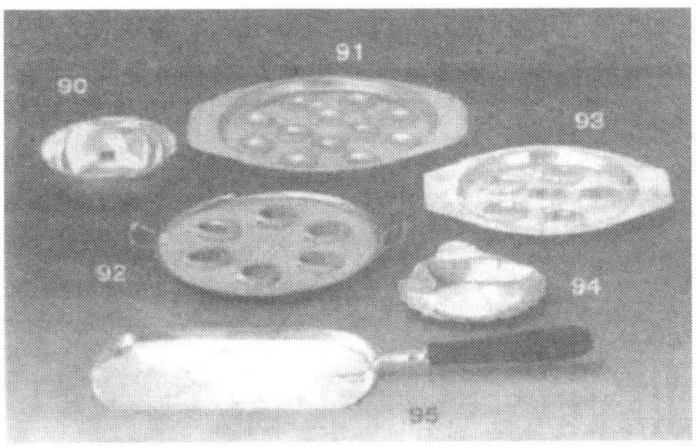

90. Finger Bowl
91. Snail Dish.12 Hois
92. Snail Dish W/Handle 6 Hols
93. Snail Dish 6 Hols
94. Coquille Dish
95. Dust Pan

100. Sin Sun Ro 10 Person
101. Sin Sun Ro 4 Person
102. Sin Sun Ro 2 Person

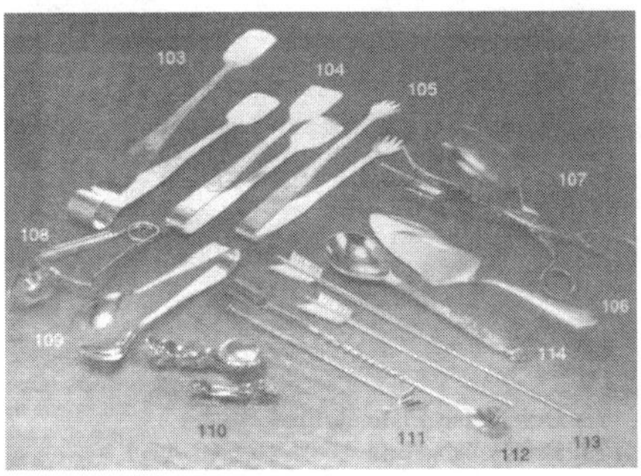


103~104. Muddle
112. Bar Spoon 113. Skewer
103~104. Bread Tongs
105~108. Ice Tongs
107. Pie Server 106. Server
108. Snail Tongs 110. Spoon Holder
114. Chinese Soup Spoon

115. Buffet Stand 3-Top
27″(ø)×29″(H)

116. Chafing Dish Oblong
22″(L)×15″(W)×12″(H)
18″(L)×12″(W)×12″(H)
15″(L)×10″(W)×10″(H)

117. Roll Top Cover Chafing Dish Round
15″(ø)×19″(H)

118. Roll Top Cover Chafing Dish Oblong
22″(L)×14″(W)×19″(H)

119. Cake Stand 18″(ø) 16″(ø)
120. Cake Knife

121. Oblong Platter W/Stand
38″(L)×20″(W) 30″(L)×20″(W) 28″(L)×19″(W)
26″(L)×19″(W) 24″(L)×18″(W)

### 1) 은기물류 취급법(Silver Ware)

은기물류는 순 은제 기물과 은도금 기물의 두 종류가 있는데, 대부분 호텔에서는 은도금을 사용하고 있다. 은도금 기물은 고급 식당에서 많이 사용하고 있으며 원가가 대단히 비싼 편이다. 일반 식당에서는 품질 좋은 스테인리스 기물을 많이 사용하고 있다.

### 2) 은기물류의 취급요령

① 사용된 은기 물은 한 군데에 모은다.
② 모여진 은기 물은 Dish Washer에서 뜨거운 물로 세척액을 사용하여 충분히 씻어낸다.
③ 세척된 은기 물을 종류별로 모은다.
④ 뜨거운 물을 용기에 따로 준비한다.
⑤ 종류별로 분류된 은기 물을 왼손에 적당량을 잡고, hand towel을 오른손에 잡아 용기에 있는 뜨거운 물을 사용하여 신속하고 깨끗하게 닦는다.
⑥ 잘 닦여진 은기 물을 종류별로 가지런히 정리해 놓는다.

### 3) 은기물류 취급이 유의할 사항

① 여러 종류의 은기 물을 닦을시 큰 기물부터 닦는다.
② 닦여진 기물을 사용하여 테이블세팅을 할 때는 음식이 닿는 기물부분을 손으로 잡거나 만져서는 안 된다.
③ 손잡이 부분을 모로 잡고 가능한 한 지문이나 손자국이 나지 않도록 해야 한다.

## 2절 도자기류 및 글라스류(Chinaware & Glassware)

1. Coffee Cup & Saucer
2. Soup Cup(Bouillon) & Sauce
3. Creamer
4. Tea pot
5. Coffee Pot
6. Onion Soup Bowl
7. Pepper / Salt > haker
8. Snail Plate
9. Egg Cup
10. Toothpick Holder
11. Salad Bowl

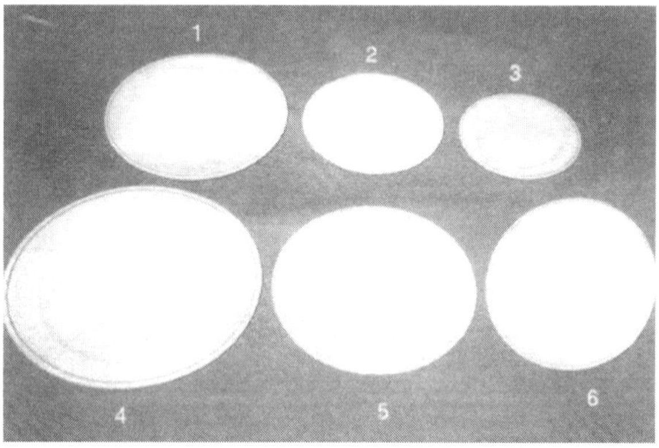

1. Soup Plate
2. Dessert Plate
3. B. B Plate
4. Dinner Plate(31cm)
5. Meat Plate
6. Oval plate

1. Cordial
2. Socer Glass
3. Pilsner
4. Pilsner
5. Parfait
6. Thortry Wine
7. Wine Glass
8. Water Gablet
9. Lrigh Coffer

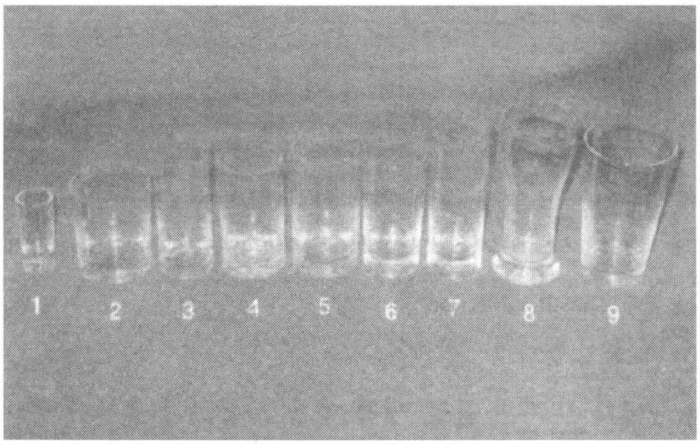


1. Liqueur
2. Old Fashion
3. High Ball(6 oz)
4. High Ball(8 oz)
5. High Ball(10 oz)
6. Tumbler
7. Zumble
8. Bear Glass
9. Mixing Glass

1. Bear Mug
2. Cocktail Glass
3. Champagne Glass
4. Bolla Glande
5. Coupette Glass
6. Brandy
7. Juice Jug

### 1) 도자기류 취급법(China Ware)

접시류는 운반과 취급시 깨어지지 않도록 상당한 주의를 요하며 운반하는 방법에는 (2, 3, 4, 5)개 드는 법과 여러 개를 한꺼번에 운반하는 방법이 있는데, 접시를 운반할 때에는 접시를 왼쪽 몸에 밀착시키고 왼손으로 접시 바깥부분을 잡은 다음 오른손으로 역시 접시 오른쪽 밑 부분을 잡고 운반한다.

*첫째는 도자기류 취급요령(Take out)이다.

① 먼저 잡은 접시를 왼손 엄지와 새끼손가락을 접시위로 올리고 나머지 손가락으로 접시 밑을 바친다.

② Fork는 엄지손가락에 잡고, Knife는 Fork 밑으로 끼운다.

③ 접시를 왼쪽 팔목 부분에 올려놓고 Knife를 손에 든 접시에 나란히 끼우고 음식물을 Fork로 접시 밑 부분에 쓸어 담는다.

④ 그 다음 접시도 같은 요령으로 하여 운반한다.

둘째는 접시류 취급시 유의할 사항이다.

접시와 접시끼리 부딪히지 않도록 하여야 하며, 운반시 한꺼번에 많은 양을 취급하지 말아야 한다.

### 2) 글라스류 취급법(Glass Ware)

유리컵은 취급시 깨지기 쉬우므로 상당한 주의를 필요로 한다. 유리컵을 운반하는 방법에는 손으로 운반하는 법, Tray로 운반하는 법이 있는데, 유리컵을 손으로 운반할 때에는 어떠한 경우에도 손가락이 안으로 들어가서는 안 되며 유리컵을 잡을 때 항상 밑부분을 잡도록 하며, 손잡이가 달린 잔은 반드시 손잡이를 잡도록 한다.

손으로 운반할 때에는 손잡이 부분(Stem)을 손가락 사이에 끼워서 윗부분이 아래쪽으로 향하게 둔다.

Tray로 운반할 때에는 항상 유리잔이 미끌리지 않도록 냅킨(Napkin)을 깔고 그 위에 올려놓는다. 한쪽으로 쏠리지 않도록 하며, 한꺼번에 많은 양을 운반할 때에는 Glass Rack을 사용하기도 한다.

### 3) 글라스 세척 방법

① Glass Rack을 사용하여 Dish Washer에서 세척한다.
② 용기에 뜨거운 물을 따로 준비한다.
③ 세척된 유리컵에 수증기를 쏘인다.
④ 냅킨을 엄지손가락으로 잡은 다음 왼손 바닥으로 유리컵 밑 부분을 감싸준다.
⑤ 오른손으로 한쪽 냅킨을 글라스 안쪽에 넣고 엄지손가락을 갖다 대고, 나머지 손가락은 글라스 바깥부분을 완전히 잡는다.
⑥ 냅킨을 돌려가면서 글라스 안팎을 닦은 후 글라스 손잡이를 닦고 밑바닥을 닦는다.
⑦ 수증기를 쏘여도 얼룩이 충분히 닦이지 않을 때에는 뜨거운 물에 담갔다가 닦는다. 유리컵을 닦을 대에는 무리한 힘을 가하지 말아야 하며 닦으면서 유리컵이 깨지지 않았는가를 확인하고 실시한다.

### 4) 기물 취급방법

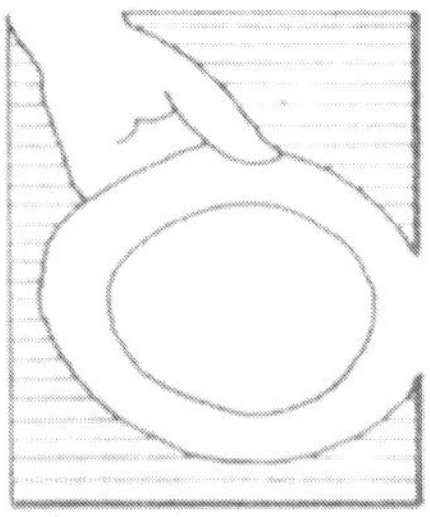

Right

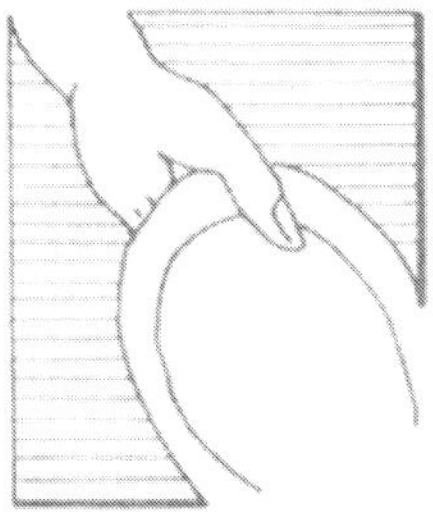

Wrong

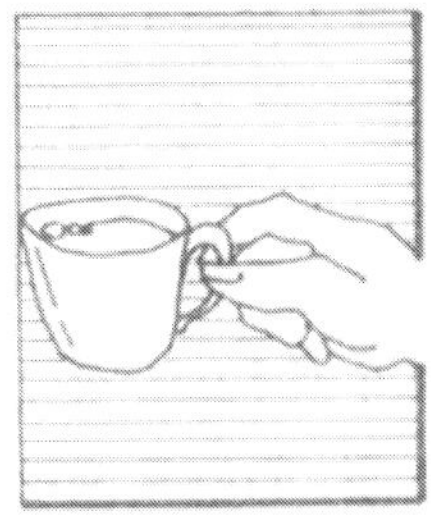

Right

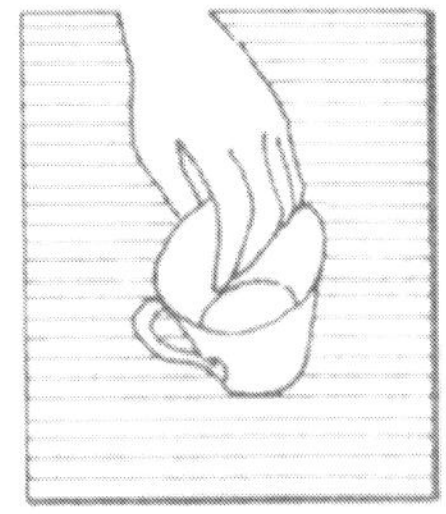

Wrong

Right

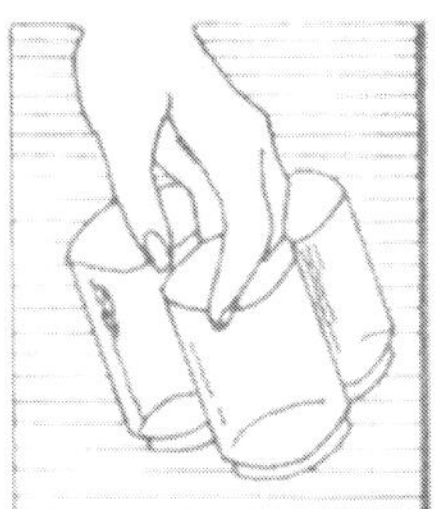

Wrong

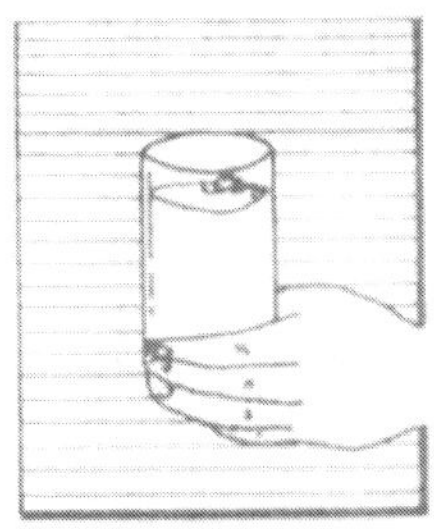

Right

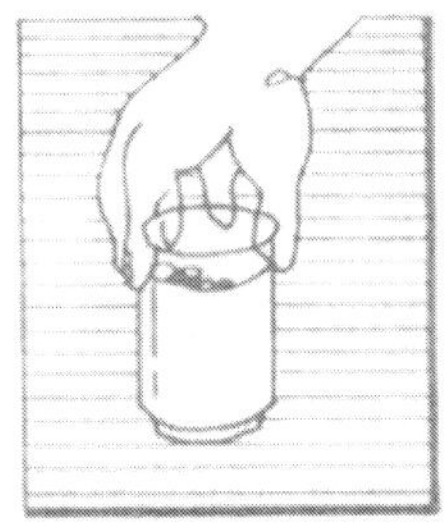

Wrong

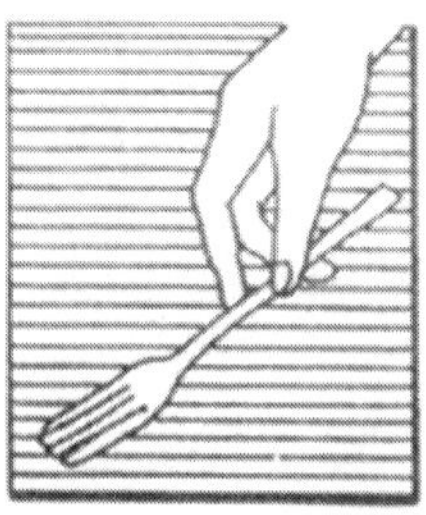

Right

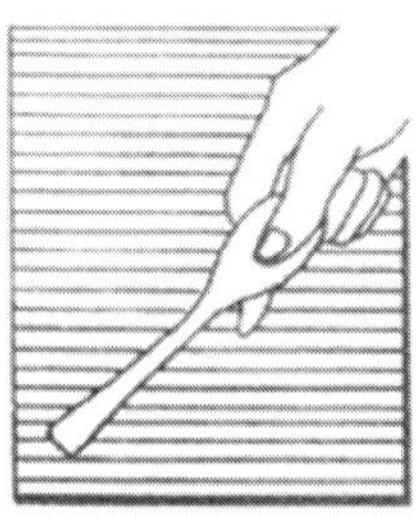

Wrong

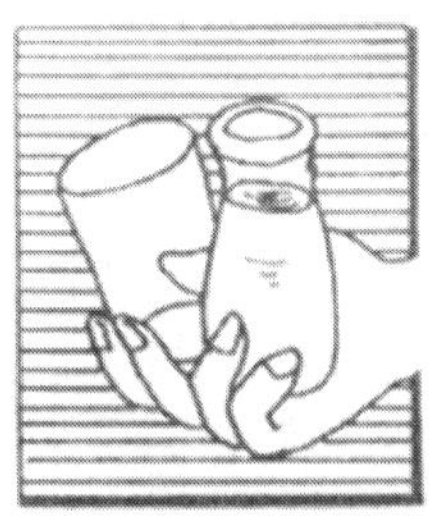

Right

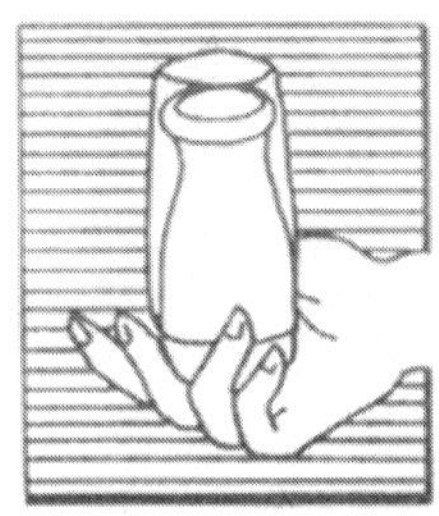

Wrong

Right

Wrong

Right

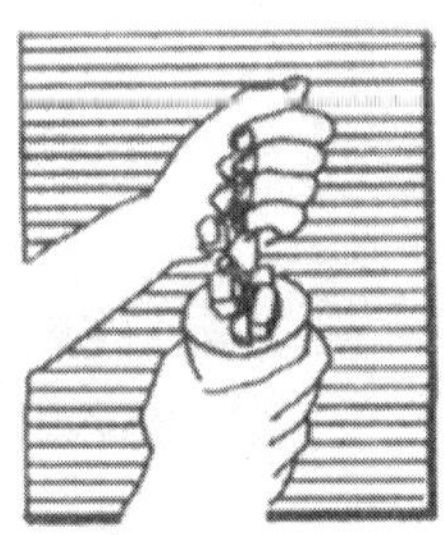

Wrong

# 3절 장비류

## 1 장비류의 종류

Banquet Bar Trolley

Bar Trolley

Dessert Trolley

Flambe Trolley

Food Service Cart

Pastry Trolley

Service Trolley

Wine Trolley

Gueridon Trolley

### 1) 종류

① Service Wagon : 고객용 음식을 운반할 때 사용한다.
② Gueridon : 고객 앞에서 직접 Carving 하고 Wine Serving시 사용한다.
③ Cheese Trolley : 각종 Cheese를 Display 해놓는 Trolley이다.
④ Dessert Trolley : 고객에게  후식을 제공할 때 사용한다.
⑤ Prime Rib Car : Prime rib을 고객에게 Carving Serving할 때 사용한다.
⑥ Flambee Wagon : 고객에게 직접 조리를 해줄 때 사용되는 Car이다
⑦ Afrer Dinner Drink Trolley "고객에게 직접 Cognac 및 Liqueur"를 제공할 때 사용되는 Car이다.

### 2) 준비요령

(1) Service Wagon은 다음과 같은 준비물이 갖추어져 있어야 한다.
  ① White Napkin : 16장
  ② Serving Gear : 각각 30개 (Spoon & Fork)
  ③ Square Tray : 1개
(2) Gueridon은 고객 앞에서 직접 Carving 해 줄 때 쓰는 Cart로서 Serving Spoon 20개, Serving fork 20개를 가지런히 정돈한다.
(3) Cheese Trolley는 Cheese Serving Plate 20장, Cheese Knife, Cheese, 도마 등이 갖추어져 있어야 한다.
(4) Dessert Trolley는 Dessert Plate 30장, Doily 20장, Underliner 20장, Dessert Spoon & Fork 20개, Fruit Cocktail용 15개를 정리정돈 해야 한다.
(5) Prime Fib Car 에는 Carving용 Knife, Fork가 늘어져 있어야 하고 특히 소화기, 알코올(고체 알코올) 등이 갖추어져 있어야 한다.
(6) Flambee Car에는 알코올이 채워져 있어야 한다.
(7) After Dinner Drink Trolley 에는 Liqueur 및 Cognac Glass 20개를 정돈한다.

### 3) 사용법

모든 Trolley는 고객 앞에서 직접 사용되어야 하므로 모든 영업 준비(Mise-en-place)가 완전히 갖추어져야 한다. 그리고 모든 Trolley를 사용할 때에는 안전 관리에 유의하여야 하며 다음사항을 준수해야 한다.

① 난폭 운전 금지
② 체중을 싣지 말 것.
③ Cart에 무리를 주는 짐을 싣지 말 것.
④ Service Wagon은 Carving을 필요로 하는 음식(Dover Sole, Lamb등)은 상단에 싣고 그 밖에 것은 중간에 싣는다.

## 4절 린넨류

### 1 린넨의 종류

#### (1) 테이블 크로스(Table Cloth)

보편적으로 백색 크로스가 주종을 이루고 있으나 분위기에 맞도록 유색크로스에 무늬를 넣어서 사용하는 경우가 많아졌으며 크로스를 이중으로 깔아서 식탁의 장식을 화려하게 하는 레스토랑이 많아지고 있다. 식탁의 길이가 90cm×90cm인 경우 크기가 150cm×150cm로서 식탁에서 늘어지는 길이가 약 30cm 정도면 가장 알맞다.

#### (2) 언더 그로스(Under Cloth)

Felt(털로 다져서 만든 천)와 Flannelet(면 종류의 천)으로 만들어 테이블크로스 밑에 깔아서 식기나 기물류를 놓는 소리를 줄여주는 역할을 하고 크로스의 수명을 연장시키는데 도움을 준다.

#### (3) 미팅 크로스(Meeting Cloth)

주로 Felt(털로 다져서 만든 천)로 만들어져 있으며 보편적으로 Green과 Brown Color를 사용하고 있다. 회의 및 예약에 사용하여 촉감 및 색상이 부드러워서 장시간 앉아있을 때 피로 도를 감소시켜 주어야 한다.

### (4) 냅킨(Napkin)류

냅킨은 접는 모양에 따라 레스토랑의 전체적인 분위기를 잘 나타낼 수 있으며 또 고객에게 새로운 인상을 주기 위하여 여러 가지 모양을 바꾸어 변화 있는 냅킨을 세팅하는 것도 바람직하다. 고객의 입을 닦는데 사용하기 때문에 특히 위생적으로 잘 관리를 해야 한다. 규격은 52㎝×52㎝ 크기가 적당하지만 식당에 따라 다소 차이가 있다.

### (5) 크리닝 타월(Cleaning Towel)

기물이나 집기류를 닦을 때 사용하며 별도의 색상 및 디자인을 구분하여 만들어서 사용 하는게 바람직하다.

### (6) 탑 크로스(Top Cloth)

탑 크로스는 테이블크로스 위에 깔아 테이블 크로스가 쉽게 더러워지는 것을 방지하고 식탁의 품위를 높여 준다.

### (7) 암 타월( Arm Towel)

서비스 타월이라고도 하는데 서비스 할 때 필요한 면 직류나 마직류로 만들어 3, 4등분하여 종사원이 왼쪽 팔에 휴대하여 뜨거운 접시나 플래터를 운반할 때 혹은 아이스 워터를 서비스할 때, 고객이 식탁에서 음식을 엎질렀을 때 신속하게 상용하기 위해 근무 중에 항상 소지한다.

### (8)바 크로스(Bar Cloth)

바에서 주로 사용하는 크로스로 글라스를 닦거나 배열하는데 주로 사용하고 깨끗하게 보이기 위하여 백색의 린넨을 원칙으로 사용한다.

### (9) 에이프런(Apron)

접객원이 서브할 때 사용하는 어린이용 냅킨을 말한다.

### (10) 스커트(Skirt)

뷔페나 회의 테이블을 꾸밀 때 하단 부분이 보이지 않게 하게 위해서 두르는 천이다.

(11) 도일리(Doily)

음료를 제공할 때 접시 대용으로 사용하는 밑받침이다.

## 2 린넨의 관리법

① 테이블의 규격에 맞는 크로스를 사용해야 한다.
② 사용 목적 이외에는 사용을 하면 안 된다.
③ 린넨에 기름이나 녹이 묻지 않도록 하여야 한다.
④ 세탁이 끝난 린넨류는 보기 좋게 접어서 사용하기에 편리하도록 규격별로 정돈해서 보관해야 한다.

## 3 냅킨 접는 방법

1) 접기 순서(돛단배형 : The Sail Boat)

| | |
|---|---|
| 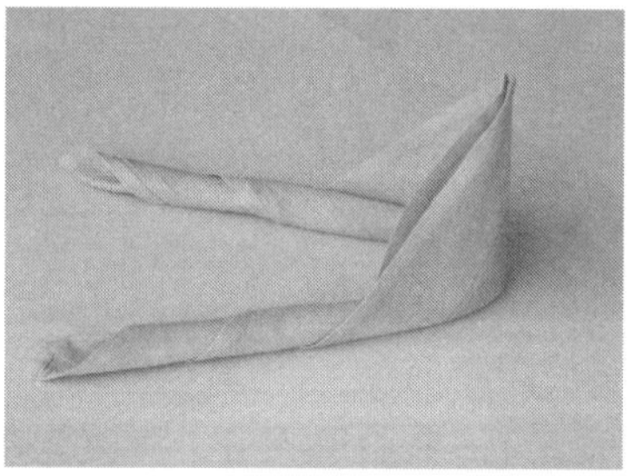 | 남긴 모서리 부분이 위로 향하도록 세운다. |
| 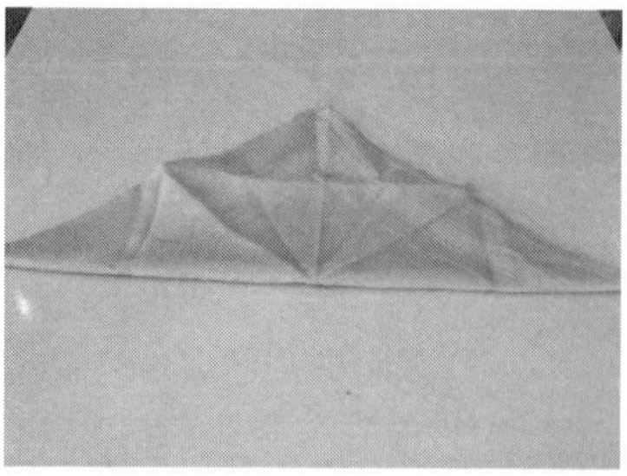 | 삼각형으로 접는다. |

| | |
|---|---|
|  | 냅킨을 2등분 접는다. |
| 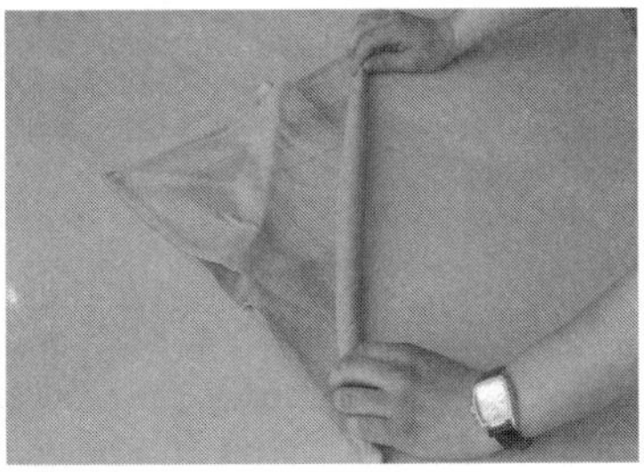 | 아랫부분을 조금남기고 말아 들어간다. |
| 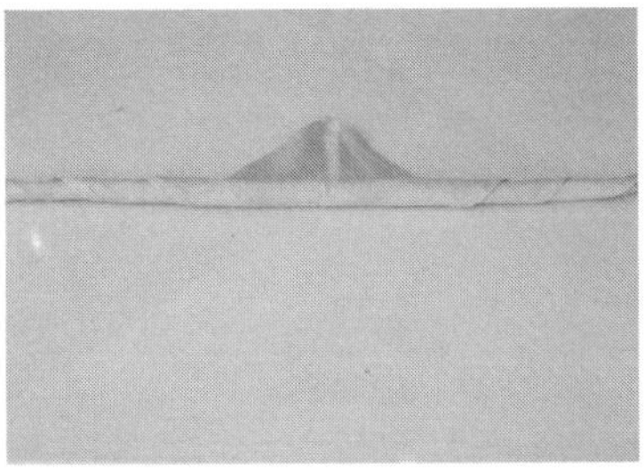 | 윗 모서리 부분을 조금 남기고 팽팽하게 감은 다음 중간을 살짝 찍는다. |

## 2) 접기 순서(바이킹 모자형 : Viking Hat)

| | |
|---|---|
| 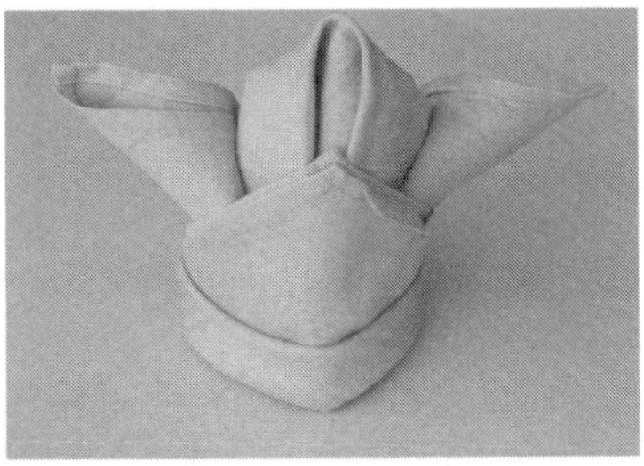 | 아래 양쪽 모서리를 뒤로 돌려서 한쪽을 안으로 끼워 넣어 둥글게 손질한 다음 곧게 세운다. |

| | |
|---|---|
| 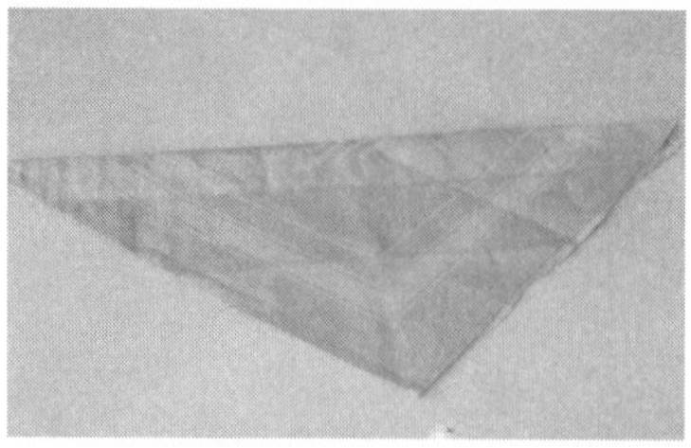 | 냅킨을 다이아몬드형으로 펼쳐서 반 접어 내린 다음 양쪽 부분을 아래쪽에 부분으로 접어 내린다. |
|  | 우측에서 아래쪽으로 접는다. |
|  | 아래의 갈라진 양쪽 부분을 잡고 중간부분까지 접어 올린다. |
|  | 우측위로 접는다. |
|  | 좌우측으로 접는다. |

| | |
|---|---|
|  | 아래 부분을 접어 올린다. |
|  | 양쪽 부분을 기준으로 접어 올린다. |

### 3) 접기 순서(방패형 : The Shield)

| | |
|---|---|
|  | 완전히 접은 다음 중간에 기물을 끼워서 사용한다. |
| 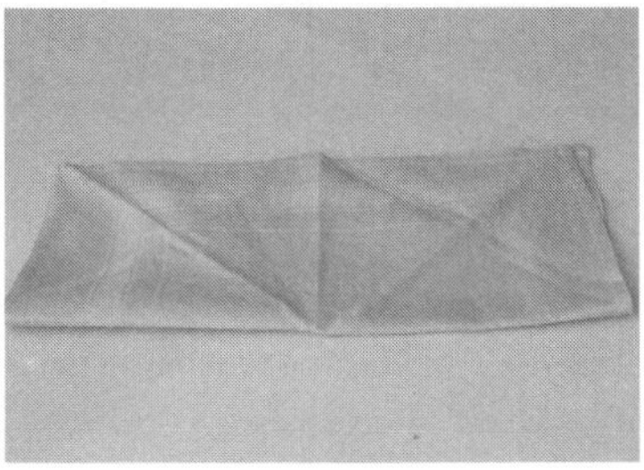 | 2등분으로 접는다. |

| | |
|---|---|
|  | 4등분이 되도록 접은 다음 다이아먼드형으로 놓는다. |
|  | 위에서 아래쪽으로 접는다. |
|  | 가운데를 중심으로 삼등분하여 좌우 귀퉁이 부분을 뒤로 접는다. |

### 4) 접기 순서(벼슬형 : Cock' s Comb)

| | |
|---|---|
|  | 주름 잡힌 속 부분을 한꺼풀씩 당겨 올려서 곧게 세운다. |

| | |
|---|---|
|  | 2등분이 되도록 접는다. |
| 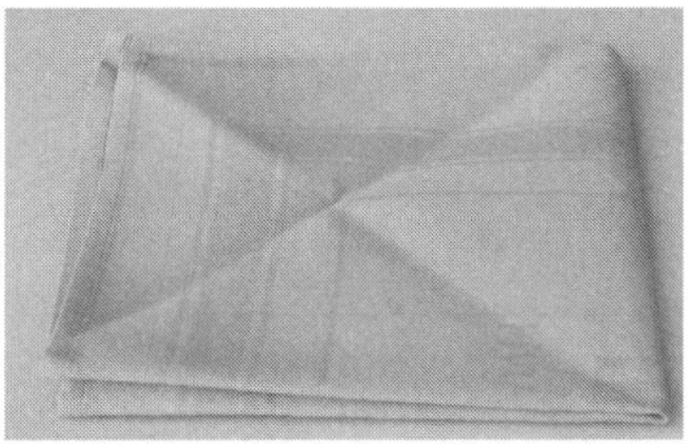 | 4등분이 되도록 접는다. |
|  | 삼각형이 되도록 접는다. |
| 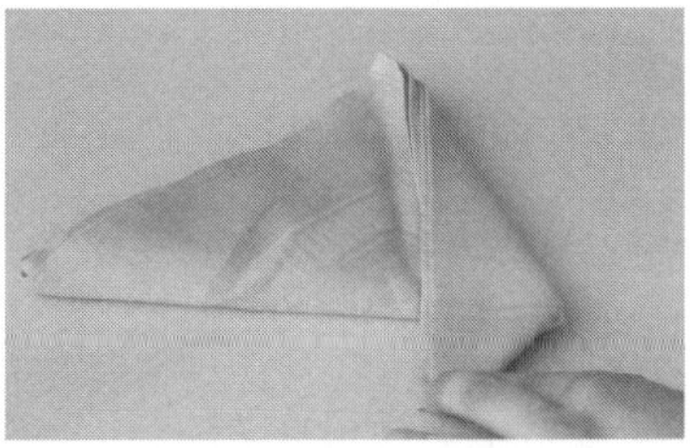 | 우측에서 아래로 접는다. |
|  | 아래 양쪽 부분을 뒤로 꺾어 접는다. |

| | |
|---|---|
| 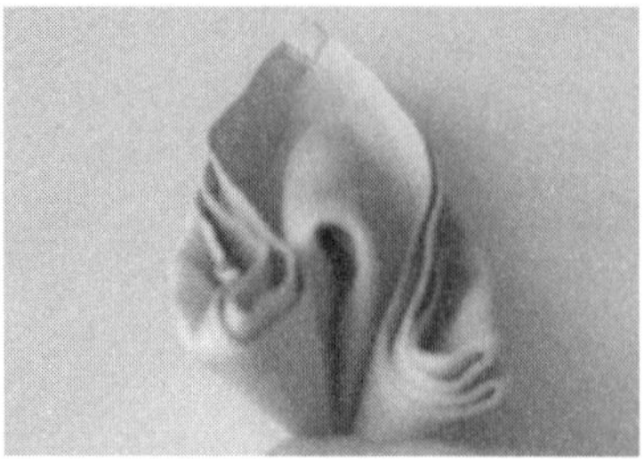 | 가운데를 꺽어 접는다. |

5) 접기 순서(벌형 : Star)

| | |
|---|---|
|  | 부채모양이 되도록 펼쳐 세운다. |
| 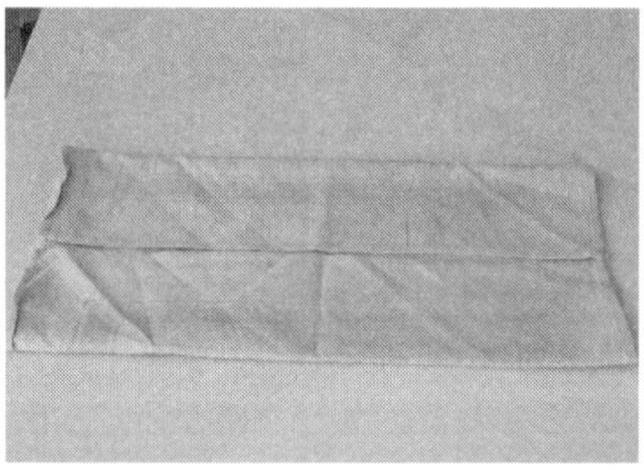 | 2등분하여 접는다. |
| 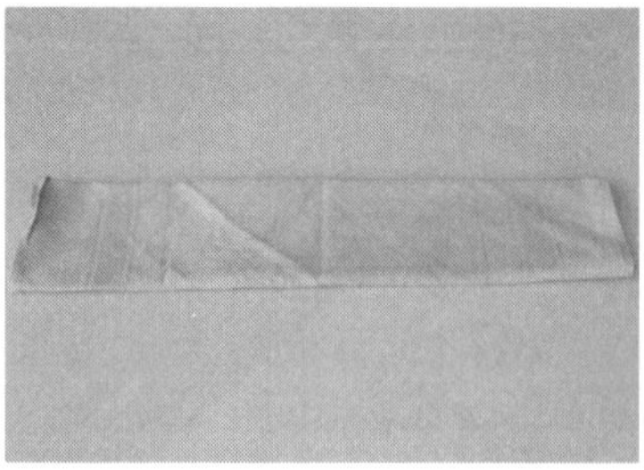 | 다시 반 접는다. |

| | |
|---|---|
|  | 우측에서 접는다. |
| 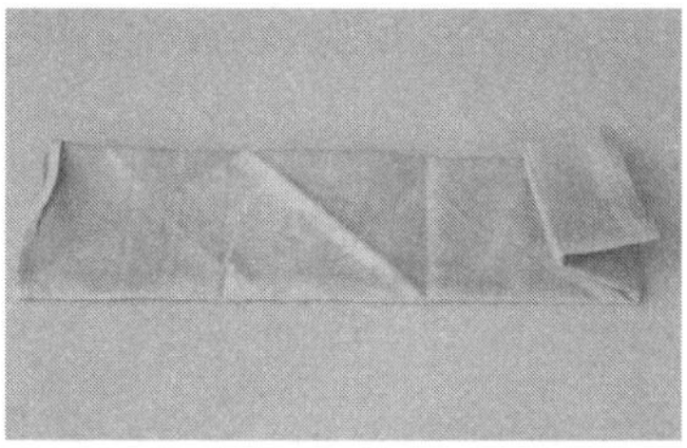 | 우측에서 아래와 같이 접는다. |
|  | 한손으로 밑 부분을 움켜잡아 고정시킨다. |
| 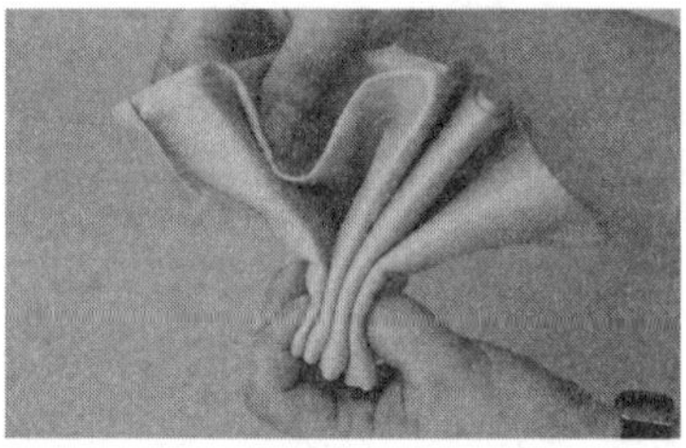 | 접힌 주름을 한꺼풀씩 꺾어서 접어 내린다. |
| 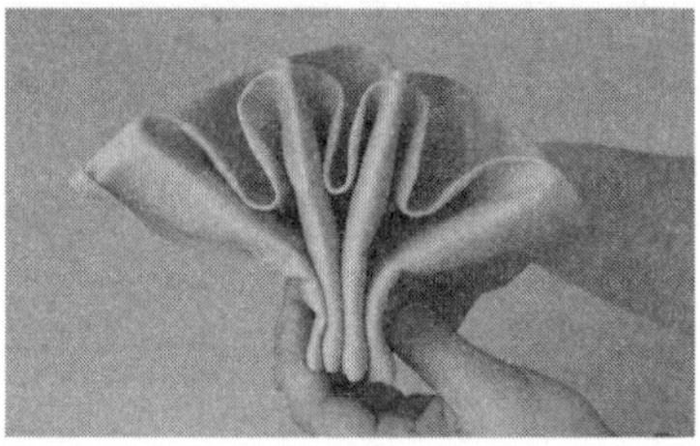 | 반복한다. |

| | |
|---|---|
|  | 냅킨으로 돌려서 |
| 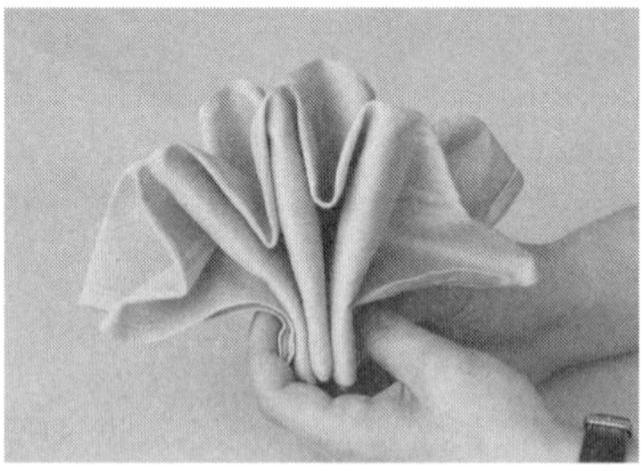 | 접힌 주름을 한꺼풀씩 꺽어서 접어 내린다. |

## 6) 접기 순서(서있는 부채형 : Standing Fan)

| | |
|---|---|
|  | 꼬리부분의 바깥쪽으로 향하고 주름 연결 부분을 밀착시켜 부채모양이 되도록 펼쳐서 세운다. |
| 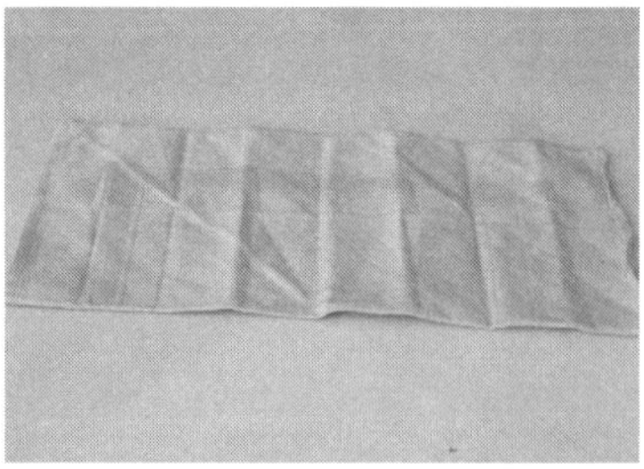 | 2등분으로 접는다. |

| | |
|---|---|
|  | 4등분으로 접는다. |
| 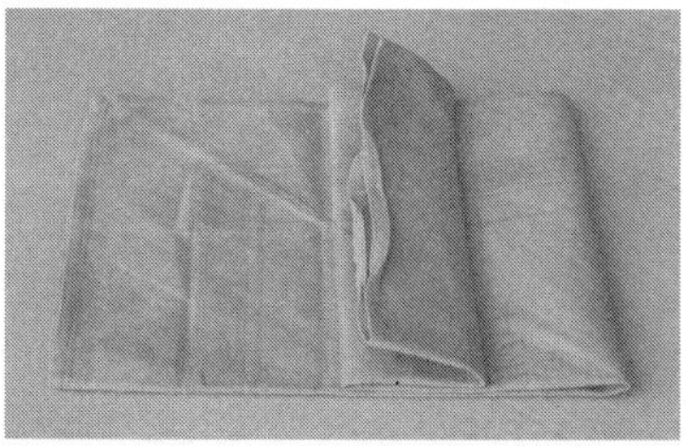 | 우측끝 $\frac{1}{4}$은 남겨두고 좌측 $\frac{3}{4}$을 왼쪽부터 부채모양으로 접어 나간다. |
| 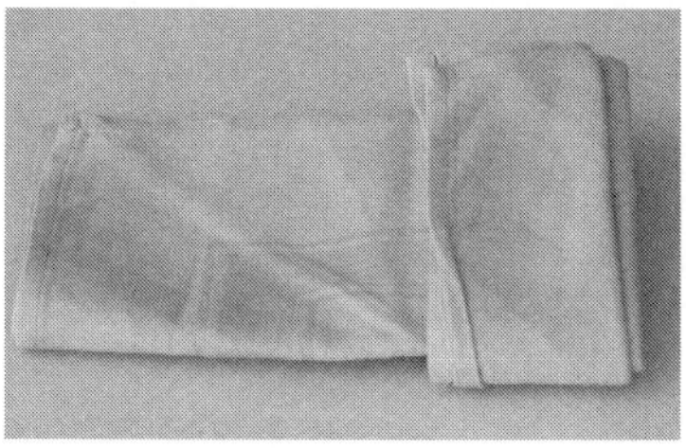 | 2등분으로 접어 올린다. |
| 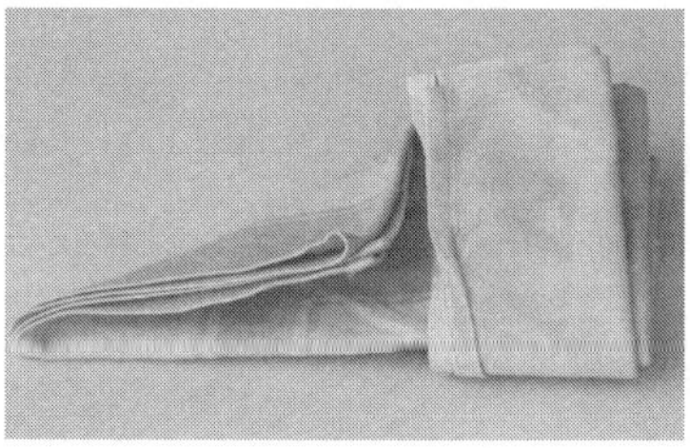 | 주름잡지 않은 우측 $\frac{1}{4}$부분은 아래 삼각형으로 접고 접은 반은 안으로 집어 넣는다. |

## 7) 접기순서(소용돌이형 : Swirl)

| | |
|---|---|
| 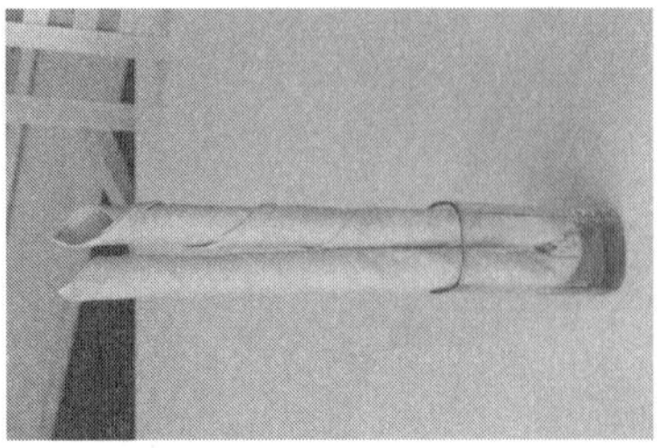 | 가운데서 꺽어서 글라스레 살짝 끼워서 세운다. |
|  | 냅킨을 완전히 펼쳐서 한쪽에서부터 말아 들어간다. |

## 8) 접기순서(왕관형 : The Crown)

| | |
|---|---|
|  | 돌려서 둥글게 손질하여 곧게 세운 다음 양쪽 모서리 부분을 날개 모양으로 펼친다. |
|  | 냅킨을 삼각형으로 접는다. |

| | |
|---|---|
|  | 다이아몬드형으로 접는다. |
|  | 좌우 끝부분을 윗 모서리와 만나도록 각각접어 올려 다이아몬드형이 되게 한다. |
| 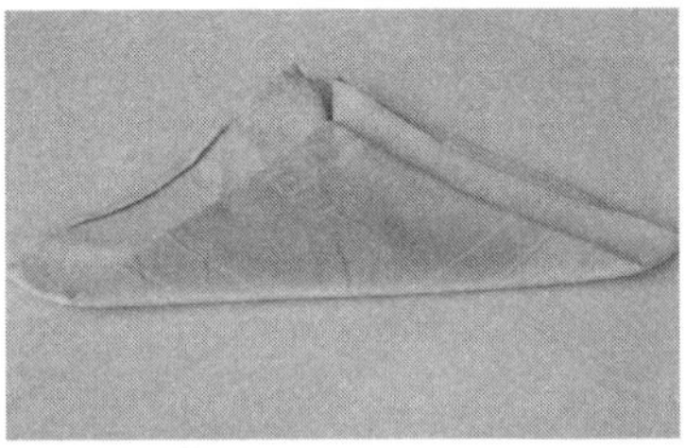 | 위에서 3cm정도 아래까지 아래 부분을 접어 올린다. |
| 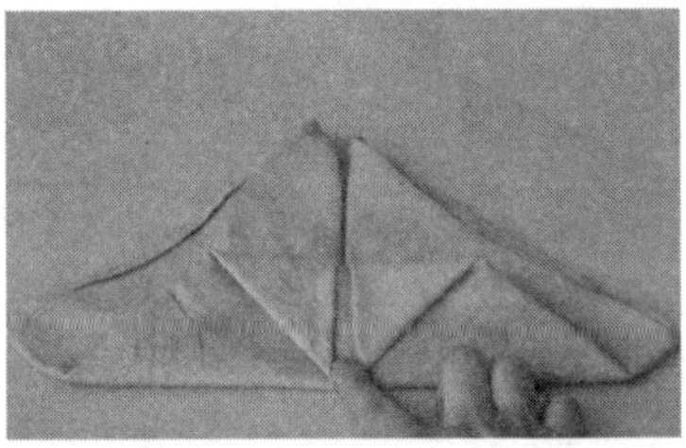 | 접어 올렸던 부분을 아래 끝부분까지 접어 내린다. |
|  | 뒤집어 양족 모서리 부분을 잡은 다음 한쪽을 안으로 끼운다. |

| | |
|---|---|
| 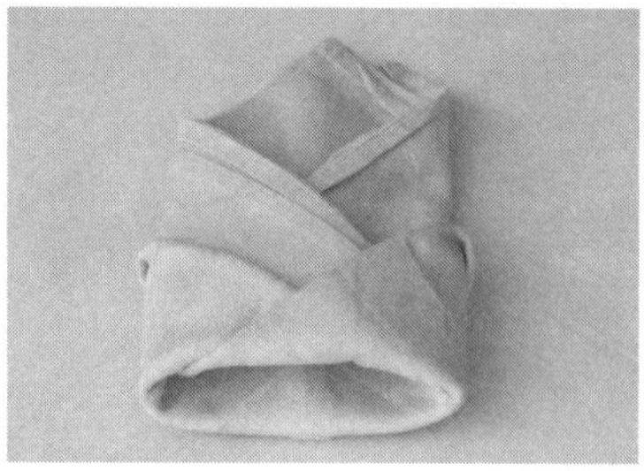 | 돌려서 둥글게 손질하여 곧게 세운 다음 양쪽 모서리 부분을 날개 모양으로 펼친다. |

### 9) 접기순서(정장모자형 : Cocked Hat)

| | |
|---|---|
|  | 둥글게 손질하여 곧게 세운다. |
|  | 반을 접어 내린다. |
| 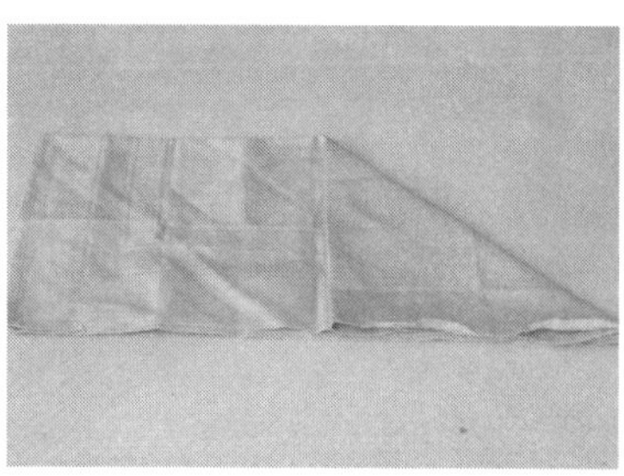 | 가운데를 기준으로 오른쪽 부분을 반 접는다. |

| | |
|---|---|
| 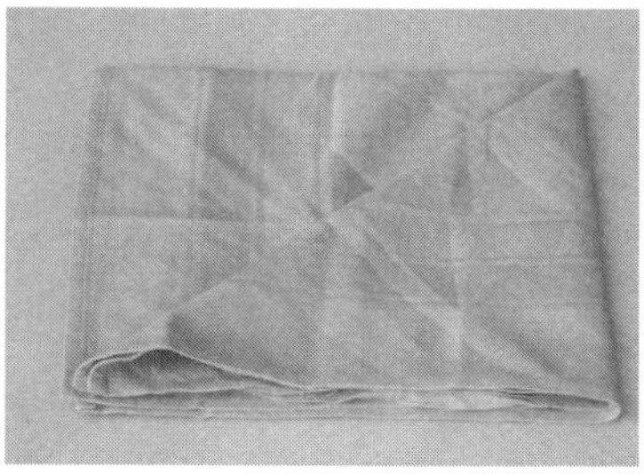 | 가운데를 왼쪽으로 접으면서 주름지지 않도록 한다. |
| 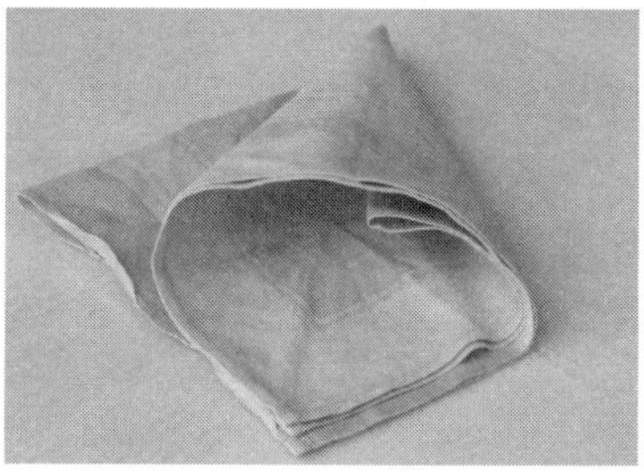 | 원뿔이 되도록 접는다. |
|  | 위의 것을 누른다. |
|  | 아래쪽 귀퉁이를 몸쪽으로 향하도록 약간 돌려서 윗부분만큼 접어 올린다. |

## 10) 접기순서(주교모자형 : Bishop' s Hat)

| | |
|---|---|
|  | 뒵집어서 나머지 부분도 3번과 같이 반복한 다음 둥글게 손질하여 곧게 세운다. |
|  | 반을 접는다. |
|  | 우측에서 아래쪽으로 반씩 접는다. |
| 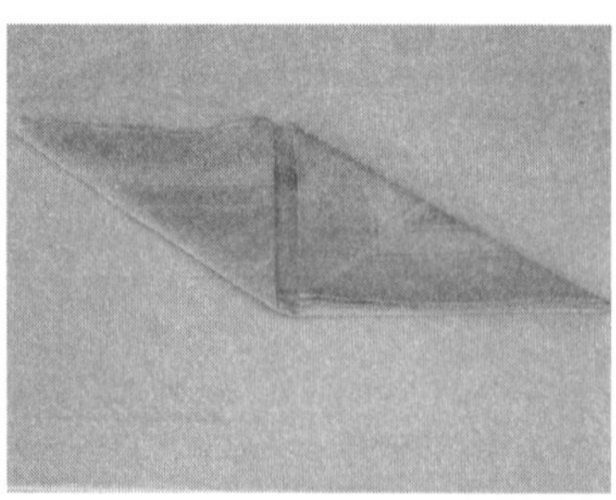 | 좌측에서 위쪽으로 반씩 접는다. |

| | |
|---|---|
| 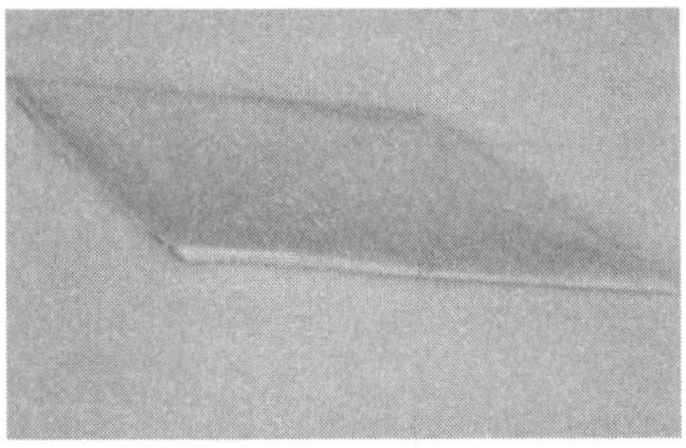 | 뒤집고 |
| 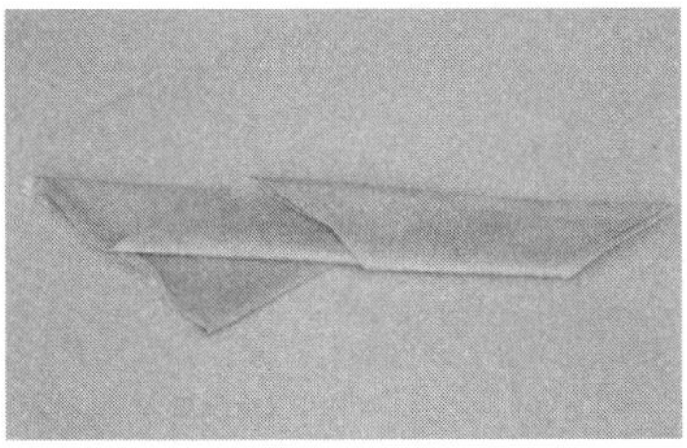 | 반을 접는다. |
| 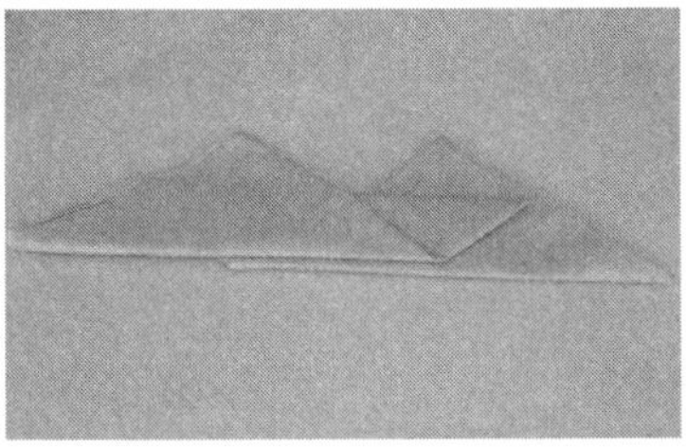 | 뒤 집는다. |
| 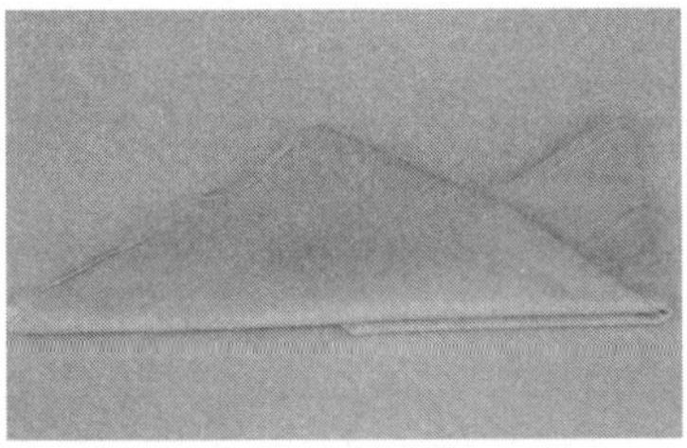 | 좌측에서 우측으로 우측에서 좌측으로 |
|  | 좌우 끼운다. |

11) 접기순서(주머니형 : Pocket)

| | |
|---|---|
| 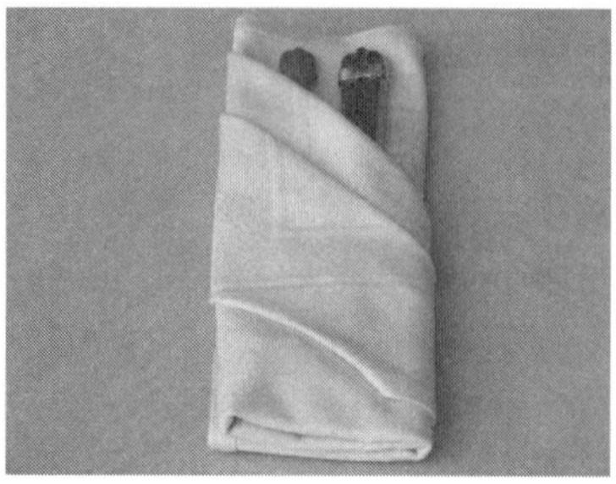 | 뒤의 모서리 부분을 안으로 끼워서 풀리지 않도록 한 다음 기물을 집어넣는다. |
|  | 냅킨 펼친다. |
| 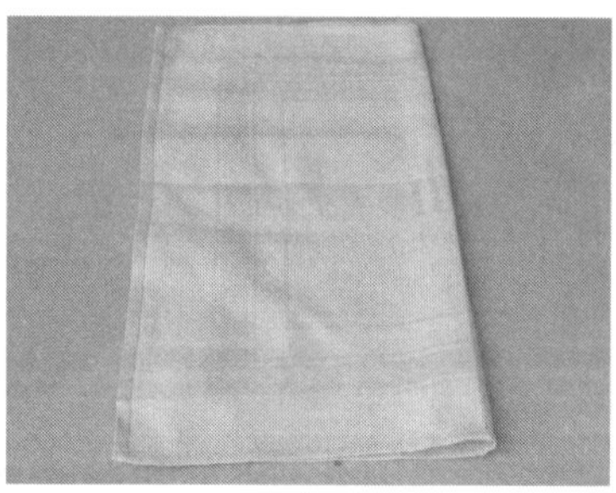 | 2등분으로 접는다. |
|  | $\frac{1}{4}$로 접는다. |

| | |
|---|---|
|  | 우측에서 모서리로 조금 접는다. |
| 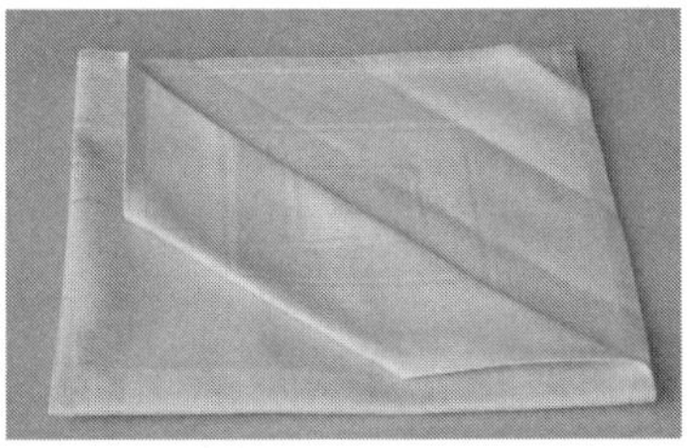 | 아래쪽 모서리는 접는다. |
| 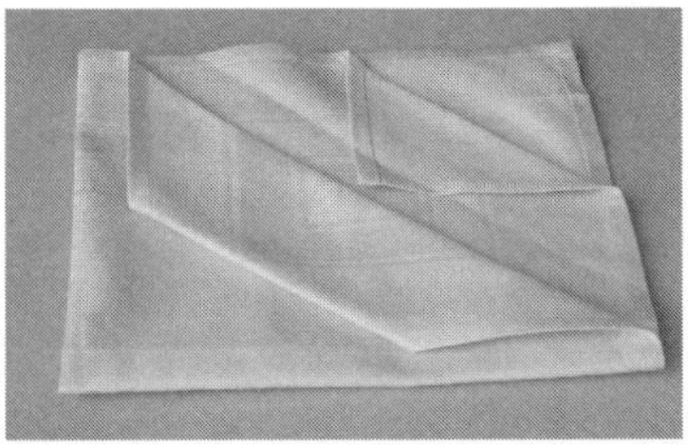 | 두 번째도 접는다. |
|  | 세 번째도 접는다. |
|  | 3등분하여 접고 뒤로하여 끼운다. |

12) 접기순서(촛불형 : The Candle)

| | |
|---|---|
| 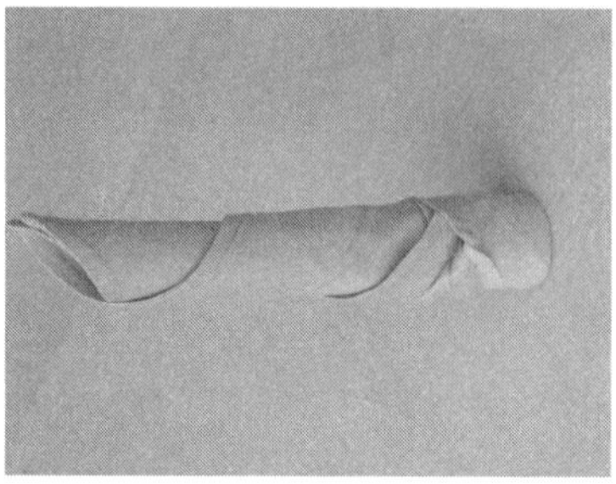 | 끝부분을 끼운 다음 곱게 세운다. |
|  | 삼각형으로 접는다. |
|  | 3cm정도 접는다. |
|  | 뒤집는다. |

| | |
|---|---|
| 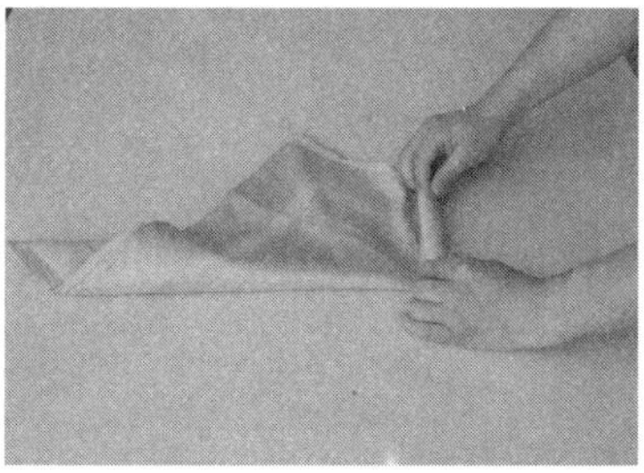 | 한쪽 끝부분을 둥글게 말아들어 간다. |

13) 접기순서(추기형모자형 : Cardinal' s Hat)

| | |
|---|---|
| 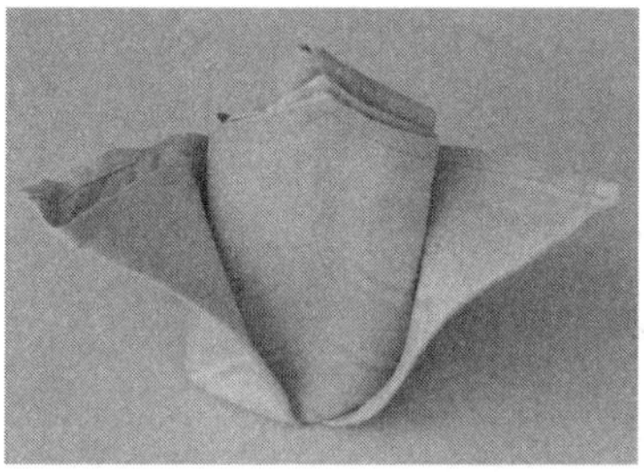 | 양손으로 좌우 모서리 부분을 잡고 뒤로 돌려서 한쪽을 안으로 끼워 둥글게 손질해서 곧게 세운다. |
|  | 삼각형으로 접는다. |
|  | 우측에서 접는다. |

| | |
|---|---|
| 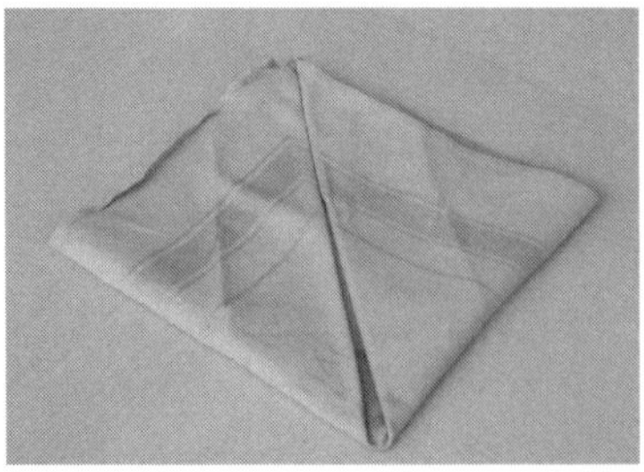 | 다이아몬드형으로 접는다. |
|  | 삼각형으로 접고 좌우측으로 접는다. |
|  | 좌우측으로 끼운다. |

## ④ 얼룩 제거 방법

1) 음식이나 입술연지 같은 것이 냅킨에 묻는 경우에는 물론 씻기만 하면 되지만, 그래도 얼룩이 남는 경우에는 액체 세제에 담궈 제거한다. 기름기가 얼룩진 경우에는 냅킨을 빳빳하게 잡아당긴 채로 아주 뜨거운 물에 휘젓는다.
2) 커피나 홍차의 얼룩이 묻은 경우에는 가급적이면 신속하게 찬물에 적신 다음 말리면 되지만, 촛농이 냅킨이나 식탁보에 떨어진 경우에는 왁스를 바른 다음 충분히 문질러 벗기고 나서 종이 타월 2장 사이에 넣고 얼룩진 부분을 다림질하여 종이 타

월에 왁스가 다 스며들면 냅킨을 물에 씻는다.

3) 붉은 색깔의 술이 냅킨에 묻는 경우가 가장 제거하기 어려우며, 이런 것은 물로 씻기 전에 냅킨을 우유에 담가야 하지만, 그 얼룩 위에 흰 색깔의 술을 부어두면 더욱 효과적이다. 만일, 흰색 술이 없다면 식초에 헹구거나 농축세제에 적셔서 얼룩진 곳을 부드럽게 문지른 다음 그 천이 견딜 수 있는 가장 뜨거운 물로 씻어낸다.

# M·E·M·O

chapter 08

# 메뉴 코스별 서비스

## 1절 전채 요리(Appetizer; Hors D' oeuvre)

### 1 전채요리의 정의

전채요리는 식사 전에 제공되는 모든 요리를 총칭하는 요리로서 불어로는 Hors는 "앞"을 뜻하며 D' oeuvre는 식사를 의미한다. 따라서 영어로는 Appetizer, 북유럽에서는 Smorgasbord, 러시아에서는 자이쿠스키(Zakuski), 이태리어로는 Antipasti' 라고 불리어진다. 이 요리는 본 요리를 더욱 맛있게 먹을 수 있도록 식욕을 돋우어 주기 위한 목적으로 제공되는 요리이기 때문에, 모양이 좋고 맛이 있어야 하며, 특히 자극적인 짠맛이나 신맛이 있어 위액의 분비를 왕성하게 하여야하고 분량이 적어야 한다. 전채란 식욕을 촉진시킬 수 있는 요건을 갖추고 있어야 한다.

## ② 전채의 특징

1) 소량이어야 한다.

2) 침의 분비를 촉진시킬 수 있도록 짠맛 또는 신맛이 있어야 한다.

3) 맛과 요리가 균형이 있어야 한다.

4) 계절감이 있으며 지방색을 가미해야한다.

## ③ Appetizer의 종류

### 1) 온도에 의한 분류

① Hot Appetizer(더운 전채요리)

달팽이요리(Snail), 구운 굴 요리(Baked Oyster), 튀긴 양송이 요리(Fried Mushroom) 등이 있다.

② Cold Appetizer(찬 전채 요리)

거위간 요리(Goose Liver), 철갑상어알(Caviar), 훈제연어(Smoked Salmon), 생굴요리(Fresh Oyster), 신선한 과일(Fresh Fruits)등이 있다.

### 2) 가공 형태에 의한 분류

① 가공되지 않은 전채요리(Plain Appetizer)

햄(ham), 올리브(Oliver), 시리얼(Cereal), 생굴(Oyster), 소시지(Sausage), 치즈(Cheese), 과일(Fruits) 등이 있다.

② 가공된 전채요리(Dressed Appetizer)

카나페(Canape), 고기완자(Meat Ball), 게살요리(Crab Meat), 과일쥬스(Fruit Juice), 달팽이(Snail) 등이 있다.

### 3) 조리형태에 의한 분류

① 바케트(Barquette)이란 배 모양의 반죽 치즈, 생선의 알젓, 육류, 계란 등을 으깨어 만든 Pie이다.

② 보우세(Boucheé)란 밀가루에 치즈, 계란 등을 반죽하여 주사위 같은 모양이나, 만두같이 만들어진 것이다.

③ 카나페(Canapé)란 빵을 토대로 만드는 조그만 샌드위치처럼 그 모양이 가지각색으로 만들어진다. 재료로는 Bread, Toast, Cracker, Pastry 등으로 생선, 육류, 야채, 햄, 치즈 등이 사용된다.

④ 그리게 알라(Gre que ala)란 쌀, 과실향, 건포도 등을 재료로 만든 그리스형이다.

⑤ 브로채(Brochet)이란 육류, 생선,야채 등을 꼬치에 끼워서 익혀낸 요리로 만들어진 것이다. 이외에 스트라스 보우그(Stras Bourgeoise) 레리쉬(Relish)등을 들 수 있다.

## 2절 수프(Soup)

수프의 정의는 일반적으로 육류, 생선 닭 등의 뼈나 고기 조각을 야채와 향료를 섞어서 끓여낸 국물 즉, 스톡(Stock)을 기본으로 하여 각종 재료를 넣어 만들어진 것을 말한다. Stock의 종류는 모든 Soup는 Stock을 기본으로 하여 만들어진다.

Beef Stock은 White Stock(소뼈, 무릅뼈, 정강이 뼈 등을 야채다발과 향료를 넣고 3~4시간 끓여 낸 국물)이며, Brown Stock(소뼈, 무릅뼈, 정강이 뼈 등을 야채와 같이 볶다가 갈색으로) 상기와 같이 한 것) Fish Stock은White Stock(생선의 뼈나 머리고기, 지느러미를 야채와 함께 넣고 갈색이 되도록 볶은 후 물을 붓고 다시 1-2시간 끓인 후 Seasoning(양념)을 한 후 걸러낸 국물이다. Poultry Stock은 White Stock(각종 가금류의 뼈와 야채 등을 넣고 2-3시간 끓인 후 간을 맞추어 걸러낸 국물), Brown Stock(각종 가금류의 뼈를 야채 등과 같이 갈색이 되도록 볶은 후 상기와 같이 한 것)이다.

## 3 수프의 분류

### 1) 맑은 수프(Clear Soup)

맑은 수프 즉, 콘소메(Consomm)로 불리는 수프로서 고기, 닭, 생선 등의 한 가지 재료를 넣고 끓인 강한 Stock(Bouillon)을 맑게 한 후 양념(Seasoning) 한 것이다. 맑은 수프를 만들 때에는 뷔용(Bouillon)에 고기를 잘게 썰어서 넣고 야채다발(Bouquet Garni) 및 향료(Thyme, Parsley)를 넣고 Stock Pot에서 서서히 끓이면서(Simmering) 국물 및 향기를 우려낸다. 이렇게 하여 만들어진 Consomme는 2중 용기에 담아서 보관하여야 한다.

#### (1) 콘소메 브르노와즈(Cosomm Brunoise)

당근, 무, 파, 샐러드를 아주 작은 주사위모양으로 잘라 버터를 살짝 볶아서 소고기 콘소메에 띄운 것이다.

#### (2) 콘소메 셀레스티네(Cosomm Celestine)

토피오카(Topioka: 식용녹말)를 약간 넣은 콘소메는 밀가루, 계란, 우유, 소금 및 후추로 만든 크레이프(Crepe: 얇게 부친케이크)를 살짝 구워 좁게 잘라 콘소메에 띄운다.

#### (3) 콘소메 쥬리인네(Cosomm Julienne)

당근, 무, 양파, 파, 샐러리, 양배추 등을 썰어서 버터로 볶은 것을 콘소메에 띄운다.

### 2) 진한 수프 (Thick Soup)

#### (1) 크림수프(Cream Soup)

Bouillon에 루(Roux)를 넣어 우유 혹은 생크림을 넣고 함께 끓여서 만든 수프이다. 루(Roux)란 것은 밀가루와 Butter를 1:1로 넣고 볶은 것을 말한다. (무게)

(2) 퓌레 수프(Purée Soup)

야채수프가 대표적인 것으로 Beef Stock, Fish Stock, Poultry Stock등에다 야채를 볶아서 넣고 Tomato Paste 등을 첨가한 후 끓인 Soup이다.

(3) 벨루테 수프(Veloute Soup)

Bouillon(뷔용)에 루(Roux)를 넣고 계란과 야채, Milk등을 넣고 끓여서 만든 Soup, Goulash Soup 등이 있다.

## 3절 생선요리(Fish)

생선요리는 수프다음에 제공되는 정식요리의 두 번째 코스로서 알려져 왔으나 요즈음에는 앙뜨레(Entree)를 대신한 주 요리(Main Dish)로서의 역할이 크다.

생선요리는 다른 요리와 달라서 신선도가 맛의 절대적인 영향을 끼치는바 조리하기 전 신선하여야 함은 물론 생선전체에는 응집력이 없으므로 서비스 할 때에는 조심스럽게 다루어져야 한다. 또한 제공할 때에는 머리 부분은 고객의 좌측으로, 배 부분은 고객의 앞쪽으로 가도록 항상 놓아야 한다.

생선요리는 지방 성분이 적고, 응집력이 없으며, Vitamin과 Ca(칼슘)이 매우 풍부하므로 많은 사람들이 건강식으로 즐겨 찾을 뿐만 아니라 여성들도 즐겨 찾으며 또한 종교적인 관계로 인하여 육류대신으로 많이 찾기도 한다. 일반적으로 생선은 육류보다 섬유실이 연하고 소화가 잘되나, 저장에 있어 부패하기 쉬운 결점이 있음에도 유의하여야 한다. 그러므로 인간의 생리상 주 요리가 제공되기 전에 소화가 잘되는 연한 생선으로 위를 달래고 나서 육류로 들어가는 것이 소화촉진에 좋은 것이다.

### 1 생선의 종류

생선을 크게 분류하면 Sea Fish와 Fresh Water Fish의 2종류로 나누어지는데 종류별로 세분화하면 다음과 같다.

#### 1) 바닷물 고기류(Sea Fish)

Cod(대구), Anchovy(멸치), Cracker(민어), Herring(청어), Seabream(도미) Seabass(농어), Tuna(참치), Sardine(정어리), Halibut(넙치), Sole(박대) 등.

#### 2) 조개류(Shell fish)

Abalone(전복), Mussel(홍합), Scallop(가리비), Clam(대합), Oyster(굴) 등

#### 3) 갑각류(Crutacean)

Crab(게), Prawn(왕새우), Lobster(바닷가재), Shirimp(새우), Sea urchin(성게) 등

#### 4) 연체류(Mollusca)

Cuttle Fish(오징어), Octopus(문어)

#### 5) 담수어(Fresh Water Fish)

Carp(잉어), Forg(개구리), Sweet Fish(은어), Trout(송어) 등.

### 2 기본 조리법

식품을 재료로 해서 사람이 먹기에 안전하고 소화가 잘되고 맛이 좋도록 식품에 열을 가하여 만드는 것을 조리라 한다.

#### 1) 베이킹(Baking)

식품을 Oven에 넣고 140℃~250℃정도의 열로서 조리하는 방법이다. 생선인 경우 Butter를 넣은 Pan 위에 올려놓고 Pan 채로 Oven에 넣어 10~15분 익혀내는 방법이다.

### 2) 보일링(Boiling)

식품을 물이나 다른 용기 속에 넣어 그 용기가 계속적으로 끓어서 그 온도로 조리하는 방법으로서 생선을 조리할 때에는 지방이 많은 생선을 주로 물이나 생선 Stock에 넣고 약한 불로 끓여 낸다.

### 3) 브레이징(Braising)

식품을 뜨거운 기름에 약간 익힌 후 브레이징 · 팬에 물이나 스톡을 넣고 뚜껑을 덮어 완전히 익을 때까지 직접 열로 서서히 조리한다. 이때 식품의 표면이 마르지 않도록 국물을 계속하여 발라준다. 생선을 조리할 때에는 백포도주를 약간 넣기로 한다.

### 4) 브로일링(Broiling)

식품을 복사와 대류 에너지로 구성된 직접 열로 조리하는 방법으로서 육류나 생선을 팬서 약간 익힌 다음 버터를 바른 후 아래에서 직접 열이 닿을 수 있는 거리만큼을 두고서 180℃~200℃에서 장시간 조리하는 방법이다.

### 5) 그릴(Grilled)

육류나 생선을 석쇠나 쇠꼬챙이를 사용하여 직접 열로서 조리하는 방법이다.

### 6) 뫼니에르(Meuniere)

Pan Fry하는 방법의 일종으로서 밀가루를 생선에 발라서 버터를 팬에 넣은 후 구워내는 방법이다.

### 7) 프라잉(Frying)

① Pan Frying은 기름을 얕은 팬에 넣고 생선을 조리하는 방법 이때 생선이 1/3가량 기름에 잠긴다.

② Deep Frying 는 기름을 깊은 팬에 넣고 생선을 조리하는 방법 이때 생선이 완전히 기름에 잠긴다.

### 8) 로스팅(Roasting)

식품을 오븐 속에 넣고 직접 열로서 조리하는 방법으로 식품의 가치나 맛을 완전히 보완하는 방법으로서 140℃~210℃의 오븐 속에 넣고 조리 방법 중에서 가장 힘들고 우수한 방법이다.

### 9) 소테(Sauting)

표면이 연한 육류의 간이나 내장 또는 야채를 약한 불에서 뜨겁게 달구어진 팬에서 급히 익혀내는 방법으로 고기나 야채의 표면조직을 익혀 내부의 영양분이 밖으로 흘러나오지 않도록 하는 방법이다.

### 10) 스티밍(Steaming)

식품을 수증기의 압력으로 조리하는 방법이다. 육류, 조류, 해산물, 야채, 과일 등 모든 식품을 조리할 때 사용되며, 사용온도는200℃~250℃이다.

### 11) 스튜잉(Stewing)

식품을 뚜껑이 있는 용기에 물이나 스톡을 붓고 조리하는 방법으로서 Stewed 한 음식을 바로 서비스할 수 있다.용기에 식품을 넣고 110℃~140℃의 온도로 조리한다.

### 12) 스모킹(Smoking)

연한 생선을 주로 조리할 때 많이 쓰이는 훈연 조리방법으로서 연어, 장어, 송어 등의 종류가 해당된다. 훈제 실에 따로 있어 그 안에서 연기 냄새가 베이도록 조리한다. 이때의 온도는 보통 25℃이며 그 후 다시 1주간정도 서서히 말려서 조리해내는 요리방법이다.

13) 그라팅(Gratining)

Broiling 같은 방식이나 이 조리방법은 위 불로 익히는 방법이며 생선에 버터 및 치즈가루를 뿌려서 굽기도 하며 베샤멜소스(Bechamel Sauce)를 바른 후 치즈가루를 뿌려서 굽기도 한다.

## 4절 앙뜨레(Entrée)

호텔이나 일반식당에서, 육류로서 많이 제공되고 있는 것은 쇠고기(Beef), 양고기(lamb), 돼지고기(Pork), 송아지(Veal) 등이다.

육류요리는 Entrée로 제공될 수 있는데, Entrée란 영어로 Entrance란 뜻으로 정찬 중간코스 혹은 Main Course를 의미하였으나, 오늘날에 와서는 주 요리로서 제공되는 모든 요리를 Entrée(앙뜨레)라고 부른다. 육류요리는 거의 품목이 따뜻하게 제공되어져야 하므로 접시도 따뜻하게 데워 놓는다. 고객에게 제공될 때에는 뜨거운 야채와 함께 Food Cover를 씌워서 서비스한다.

### 1 육류요리의 종류

1) 육류(Meat)의 분류

① Beef는 선홍색이 짙을수록 양질의 소고기이다. (Bright Red Color)
② Veal은 우유 빛같이 짙을수록 양질의 송아지고기이다.
③ Lamb은 적홍색이 짙을수록 양질의 양고기이다. (Dark Red Color)
④ Pork는 연분홍색이 짙을수록 양질의 돼지고기이다. (Pink Color)

### 2 소고기(Beef)

호텔에서 가장 많이 쓰이는 육류요리로서 스테이크를 들 수 있는데 부위별로 잘 살펴보면 다음과 같다.

## 1) 안심 스테이크(Tenderloin Steak)

① 샤또브리앙(Chateaubriand)

소의 등뼈 양쪽에 붙어 있는 안심 중에서 가운데 부분의 안심(Center Cut)4~5cm잘라서 굽는 최고급 스테이크이다.

② 뛰어느도(Tournedos )

"눈 깜박할 사이에 다 된다."라는 뜻으로 안심부위 중간 뒤쪽 부분의 스테이크이다.

③ 필렛미뇽(Filet Mignon)

"아주 예쁜 소형 안심스테이크"라는 뜻으로 안심부위 뒷부분으로 만든 스테이크이다.

[그림 8-1] 소의 각 부위

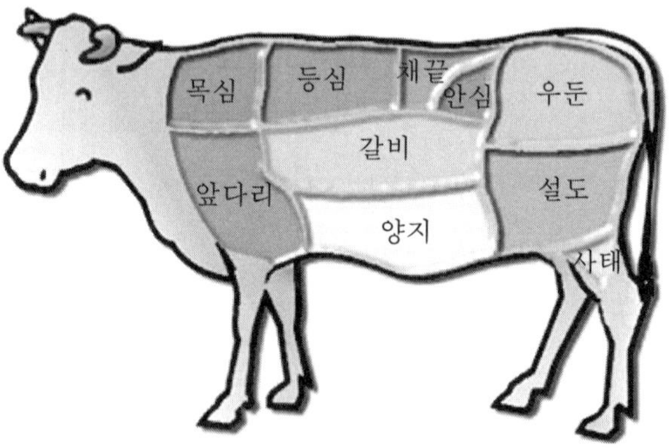


## 1) 안심(Tenderloin)

[그림 8-2] 미국식〈안심의 부위별 설명〉

1. Head
2. Chateaubriand
3. Filet
4. Tournedos
5. Filet Mignon
6. Filet Tip

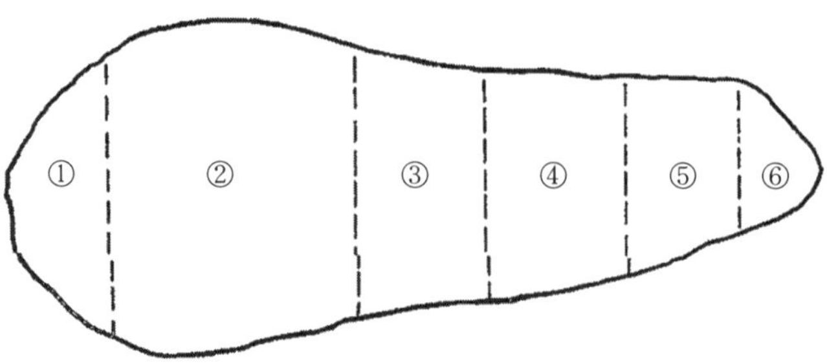

[그림 8-3] 프랑스식〈안심의 부위별 설명〉

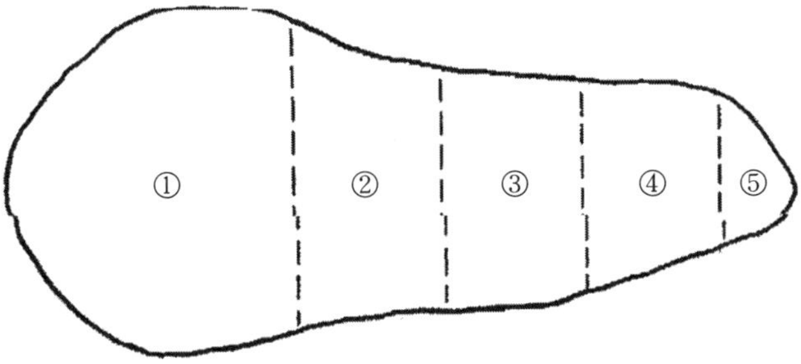


1. Chateaubriand
2. Filet
3. Tournedos
4. Filet Mignon
5. Filet Tip

### 2) 등심 스테이크( Sirloin Steak)

영국의 왕 찰스 Ⅱ세가 즐겨먹던 고기로서 이 스테이크가 남작의 작위를 수여할 만큼 훌륭하다하여 Loin에 Sir를 붙여 설로인 스테이크(Sirloin Steak)이라고 불린다.

### 3) 립 스테이크(Rib Steak)

등 쪽에 있는 부위로서 두터우며 지방분이 많다.

Rib Steak는 Rib Eye Steak, Rib Roast, Prime Rib 등이 있다.

은 총 13개의 갈비 중 6번째부터 갈비까지 7개의 갈비로 이루어져있다.

### 4) 포터하우스 스테이크(Porter House Steak)

허리부분, 윗부분에 안심과 뼈를 같이 잘라낸 큰 스테이크를 말한다. 포터하우스 스테이크를 잘라낸 다음 조금 작게 자른 것이 T-Bone Steak라 부른다.

이외에도 럼프 스테이크(Rump Steak: 엉덩이 부분), 라운드 스테이크(Round Steak: 허벅지 부분), 플랭크 스테이크(Flank Steak: 배부분) 등이 있다.

## 3 송아지 고기(VEAL)

송아지는 생후 12주를 넘기지 않은 것으로 어미 소의 젖으로만 기른 것이 적은 지방층과 많은 양의 수분을 갖고 있어 연한 맛이 있다.

송아지 고기 요리를 살펴보면 다음과 같다.

### 1) 스칼로삐네(Scaloppine)

다리부분에서 잘라낸 작고 얇은 고기로써 소금 후추로 양념하여 밀가루를 뿌린 후 소테(Saute)하여 마테리아 소스를 곁들인다.

### 2) 빌 커틀렛 (Véal Cutlet)

뼈를 제거한 송아지 고기를 얇게 저민 후 소금, 후추를 뿌리고 밀가루를 뿌린 후 계란가루를 입힌 다음 Butter에 소테(Saute)하여 Veal Sauce와 함께 제공한다.

## ④ 양고기(Lamb)

1년 이하의 어린양고기(Lamb)는 육질이 부드럽고 맛이 담백한 반면 1년 이상 자란 양고기(Mutton)는 Lamb에 비하여 섬유질이 많아 약간 질기며 맛도 담백하지 못한다.

양고기 요리는 신앙문제로 인하여 중동 지역 인이나 유태인들이 즐겨 찾는다. 양고기 요리를 살펴보면 다음과 같다.

### 1) 랙 어브 램(Rack of Lamb)

허리부분의 뼈 달린 부분을 잘라서 양념을 뿌려 소테(Saute)한다. 오븐에서 익혀 껍질을 벗긴 다음 버터를 바른 뒤 향료를 양고기에 덮어서 양념(Salamander)에 색깔을 내어 조리하는 것이다.

### 2) 램 찹(Lamb chop)

1년 이하의 양고기 로스 부분을 얇게 잘라서 적포도주, 양파, 샐러리, 올리브기름으로 잰 후 고기를 소테(Saute)한 다음 백포도주로 조리해서 둥글게 썰어 놓는다.

## ⑤ 스테이크 굽는 정도(Steak Temperature)

고객의 기호에 따라 스테이크는 굽는 주문에 차이가 있는데, 이것은 스테이크를 굽는 정도에 따라서 맛과 영양이 달라짐으로 세심한 조리 능력을 갖추어야 한다. 스테이크를 익히는 것은 불의 온도에 따라서 시간이 틀리지만 다음과 같다.

### 1) 레어(Rare)

연하게 영양분을 파괴하지 않고 먹을 수 있는 방법의 스테이크 내부의 온도를 50℃~52℃에서 2~3분정도 익히면 속에는 붉은 피가 서려있을 정도로 겉부분만을 살짝 굽는다.

### 2) 미디엄 레어(Medium Rare)

미디엄 레어는레어(Rare)보다는 좀더 익히고 미디엄(Medium)보다는 덜 익혀 자르면 피가 보이도록 굽는다. 조리시간은 3~4분정도 고기 내부의 온도는 55℃ 정도로 절반 정도보다 덜 익히는 방법이다.

### 3) 미디엄(Medium)

스테이크 내부의 온도를 65℃로 정도하여조리시간은5~6분정도로 약 60% 정도 익히는 것으로 자르면 안쪽은 붉은 색이 되어야 한다.

### 4) 미디엄 웰던(Medium Well-done)

스테이크 내부의 온도를 65℃로 정도하여8~9분정도로 약 80% 정도 익히는 것으로 자르면 가운데 조금 붉은 색이 있어야 한다.

### 5) 미디엄 웰던(Medium Well-done)

스테이크 내부의 온도를 70℃로 정도하여 10~12분정도로 익히는 것으로 자르면 속까지 완전히 익히는 것이다.

## 6 돼지고기(pork)

돼지고기는 소고기 다음으로 많이 소비되는 것으로 햄, 베이컨, 소시지 등의 가공식품뿐만 아니라 특히 중국식당, 뷔페식당에서 많이 제공한다.

[그림 8-4] 돼지고기의 부위별 명칭

① 폭찹(Pork Chop)

돼지고기 갈비 부분을 뼈가 붙어 있는 상태로 1~1.5㎝의 두께로 자른 후 소금, 후추를 뿌린 다음 밀가루에 묻혀서 처리한 베베규 소스와 함께 제공한다.

② 폭 커틀렛(pork Cutlet)

돼지고기를 얇게 저민 후 소금, 후츠를 뿌린 다음 밀가루, 계란, 빵가루를 입혀 튀겨낸 요리이다.

③ 햄 스테이크(Ham Steak)

햄을 적당한 두께로 자른 후 뜨거운 팬에 버터를 녹이고 양쪽을 살짝 익힌 후 백포도주를 뿌린다.

## 7 가금류 요리(Poultry)

가금류 요리도육류요리와 마찬가지로 Entrée로 제공될 수 있는 요리로서 영양분이 풍부하여 육류요리를 싫어하는 고객이 즐겨 찾는다. 일반적으로 양식당에서 많이 쓰이는 가금류로는 닭(Chicken), 오리(Duck), 거위(Goose), 칠면조(Turkey)등이다. 이외에도 비둘기(Pigeon), 메추리(Quail)등이 있으나 모든 가금요리는 지방질이 많아서 조리할 때 많은 주의를 요한다. 가금류를 요리할 때 많이 쓰이는 요리방법으로는 보로이링(Broiling), 로스팅(Roasting), 프라잉(Frying)등이 있다. Chicken을 제외한 Duck, Goose, Turkey 등은 대부분 통째로 로스트(Roast)하여 고객의 주문에 따라서 Carving 하여 제공되거나 주문이나 특별 행사시 고객 앞에서 직접 썰어주기도 한다.

## 5절 샐러드(Salad)

야채요리 즉 Salad란 라틴어(SAL) 소금에서 비롯된 말로서 싱싱한 야채를 주재료로 하여 소금을 가미하면 되는 것이다. 그러나 오늘날에 이르러서는 Salad의 의미는 여러 가지 종류의 야채와 과일, 생선, 육류, 조류 등을 주재료로 하여 여러 가지 특성의 Dressing과 함께 제공되기도 한다.

Salad에는 비타민 A와 C가 풍부하기 때문에 많은 사람이 즐겨 찾는다. Salad란 크게 분류하면 순수 샐러드(Simple Salad)와 혼성 샐러드(Combined Salad)로 나누어진다. 순수샐러드는 Fruit, Fish, Meat, Poultry 등으로 세분화시킬 수 있다. Salad는 Entrée Course 다음에 제공 되어지는 것이 원칙이나 요즈음에는 Entrée 전에 되어 지기도 하고, 때로는 Entrée와 함께 곁들여지기도 한다. 샐러드는 반드시 차게 해서 제공되어져야 하며 항상 신선한 상태를 유지하여야 한다.

### 1 샐러드(Salad)의 분류

#### 1) 순수 샐러드(Simple Salad: 순수한 야채로만 만든 샐러드)

##### (1) 그린 샐러드(Green Salad)

순수한 Green색으로만 구성된 야채샐러드 양상추(Lettuce), 시금치(Spinach), 피멘

토우(Pimento), 그린오이(green cucumber), 아스파라가스(Asparagus)등

(2) 리프 샐러드(Leaf Salad)

식용으로 쓸 수 있는 잎으로 구성된 야채샐러드, 양상추(Lettuce), 치코리(Chicory), 꽃상추(Endive), 겨자(Cress)등

(3) 야채 샐러드(Vegetable Salad)

여러 가지 야채로만 혼합하여 만든 샐러드 , Turnip, Carrot, Celery Mushroom등

### 2) 혼성 샐러드(Combined Salad: 여러 가지 야채와 함께 과일, 생선, 육류, 조류 등이 혼합된 샐러드)

(1) 과일 샐러드(Fruit Salad)

야채와 함께 과실이 제공되는 샐러드, 신선한 과일샐러드(Fresh Fruit Salad)

(2) 생선 샐러드(Fish Salad)

야채와 함께 생선이 제공되는 샐러드, 참치고기샐러드(Tuna Fish Salad), 바다가재 샐러드(Lobster Salad), 게 고기 샐러드(Crab Meat Salad)

(3) 미트 샐러드(Meat Salad)

야채와 함께 육류가 제공되는 샐러드, 쇠고기샐러드(Beef Salad)

(4) 가금류 샐러드(Poultry Salad)

야채와 함께 조류가 제공되는 샐러드, 칠면조샐러드(Turkey Salad)

## ② 드레싱(Dressing)의 종류

좋은 샐러드에도 좋은 샐러드드레싱이 함께 제공되어야 한다. 드레싱은 샐러드의 맛을 한층 높여주는데 없어서는 안 될 필수적인 것이다. 좋은 샐러드드레싱은 최상급의 초

(Vinegar) 즉 식초(Wine Vinegar)와 샐러드오일(Salad Oil)을 기본으로 만들어진다. 기본적인 샐러드드레싱을 살펴보면 다음과 같다.

### 1) 프렌치 드레싱(French Dressing)

식초(Wine Vinegar), 올리브(Olive), 소금(Salt), 후츠(Pepper), 겨자(Mustard), 보일에그(Boiled Eggs: or herb)를 섞어서 만드는 것이 원칙이나 우스타셔스(Worcester-shire) 또는 칠리소스(Chilly Sauce), 토마토케첩(Tomato Catchup) 등을 섞어서 만든다.

### 2) 아메리칸 프렌치 드레싱(American French Dressing)

식초(Wine Vinegar), 파브리카(Paprika), 소금과 후추(Salt & Pepper), 설탕(Sugar), 분말마늘(Garlic Powder), 계란노른자(Egg yolk), 영국식겨자(English Mustard), 오일(Oil)등을 재료로 한 드레싱이다.

### 3) 다우전 아일랜드 드레싱(1000 Island Dressing)

마요네즈(Mayonnaise), 토마토케첩, 오리브유, 양파, 피클, 샐러리, 레몬주스, 백포도주, 파브리카, 소금, 후츠 등을 혼합한 드레싱으로 양파와 피클 등이 많아 섬같이보인다 하여 천개의 섬을 가진 소스라고 부른다.

### 4) 로크포로 드레싱(Roquefort Dressing)

Original French 드레싱에 염소 젓치즈(Roquefort Cheese)를 첨가하여 만든다.

### 5) 러시안 드레싱(Russian Dressing)

1000 Island Dressing에 캐비어(Caviar), 연어알, 삶은 계란, 양파, 피망, 올리브, 피클, 레몬주스, 소금, 후츠 등 을 혼합한 드레싱이다.

6) 머스타드 크림 드레싱(Mustard Cream Dressing)

크림겨자(Cream Mustard)에 레몬주스(Lemon Juice)를 넣어 만든다.

7) 마요네즈 드레싱(Mayonnaise Dressing)

크림(Cream)과 마요네즈(Mayonnaise)를 만든다.

8) 과일샐러드 드레싱(Fruit Salad Dressing)

마요네즈(Mayonnaise) 또는 크림(Cream)에 Red Current, 젤리(Jelly), 레몬주스(Lemon Juice)를 섞어 만든다.

9) 안초비 드레싱(Anchovy Dressing)

안초비페이스트(Anchovy Paste), 삶은 계란(Hard Boiled Egg),영국식겨자(English Mustard), 오일(Oil), 레몬주스(Lemon Juice), 설탕(Sugar), 파브리카(Paprika), 크림수프(Soup Cream)등을 고루 섞어 만든다.

지금까지 설명한 9가지의 샐러드드레싱 외에도 재질의 사용 여부에 따라서 여러 가지 종류의 드레싱을 만들어 질 수 있다.

드레싱을 제공하는 요령은 드레싱의 상태를 점검한 후 Sauce Boat에 담아 고객의 왼쪽에서 이름과 맛을 간단히 설명한 후 떨어지지 않도록 조심스럽게 제공하여야 한다.

## 3 야채 자르는 법

야채를 자르는 방법은 여러 가지가 있으나 양식에서 사용되고 있는 야채의 종류 및 방법을 살펴보면 다음과 같다.

1) 야채의 종류

시금치, 양상추, 치커리, 샐러리, 청경채, 그린비타민, 적채, 레드치커리, 케일, 로즈마리 등이 있다.

### 2) 야채 자르는 방법

(1) Allumette(알루메트) : 성냥개비 모양으로 자르는 방법으로 주로 Shoting Potato 요리에 많이 쓰인다.

(2) Battonne(바토네) : 성냥개비보다 굵게 재목처럼 자르는 방법으로서 주로 Cocktail이나 Hors D' Oeuvers용으로 Relish Tray에 담기는 야채를 자를 때 많이 감자일 때는 Frites로 불린다.

(3) Brunoise(부르노와즈) : 야채를 네모반듯하게 주사위 모양으로 자르는 것을 말한다.

(4) Chatezi(싸또) : 작고 둥글게 잘려진 모양을 말한다. 홍당무, 무, 호박등 비교적 단단한 야채를 자를 때 많이 쓰인다.

(5) Collerette(콜레르테) : 둥근 문고리 모양으로 자르는 방법을 말한다.

(6) Cornet(코르넷) : 피리모양으로 둥글게 말린 모양으로 만들어 자르는 방법.

(7) Domino(도미노) : 얇은 직사각형 모양으로 약 1~2Cm 두께로 자른다.

(8) Emincer(에민서) : 아주 얇게 썬 모양으로 약 0.2~0.3Cm로 자른다.

(9) Emincer Ronde(에민서 론데) : 아주 얇게 둥글게 썬 모양으로 주로 Vichy Carrots나 Potato Chip을 만들 때 많이 쓰인다.

(10) Hacho(아초) : 잘게 써는 방법으로 Onion이나 Pimento 등을 썰 때 많이 쓰인다. (Chop)

(11) Julienne(쥴리앙) : 실처럼 가늘게 채로써는 방법을 말한다.

(12) Olive(올리브) : Chateau보다 작게 Olive 모양으로 자르는 방법으로서특히 감자일 때는 Tournierte 라고 부른다.

(13) Paysanne(페이잔느) : Domino보다는 작은 장방형으로 약 1Cm의 크기로 얇게 사른나.

(14) Printaniere(프린타이에르) : 약 1Cm 크기의 주사위 모양으로 자르는 것을 말한다.

(15) Ruban(루반) : 리본 모양으로 자르는 방법을 말한다.

(16) Salpicon(살피콘) : 네모반듯하게 잘려진 모양을 말한다.

(17) Tranche(트란체) : 크기, 모양, 길이가 똑같게 한 조각으로 자르는 것을 말한다.
이 외에도 잘린 모양에 따라서 부르는 명칭이 여러 가지가 있으나 일반적으로 양식당에서 사용하는 용어를 다루었다.

## 5절 디저트(Dessert)

디저트(Dessert)는 주 식사가 완전히 끝난 후 제공되는 순서로서 감미로운 것을 음미하나 때로는 치즈(Cheese)종류가 디저트로 제공되기도 한다.

### 1 콜드 디저트(Cold Dessert)

#### 1) 아이스크림(Ice Cream)

우유, 생크림, 설탕, 향료 등을 주원료로 하고 여기에 연유, 분유, 무염버터를 첨가해여 교착제로 젤라틴, 계란, 물엿 등을 배합 냉동 시켜서 만든다. 종류는 바닐라아스크림(Vanilla Ice Cream), 딸기아이스크림(Strawberry Ice Cream), 쵸크렛아이스크림(Chocolate Ice Cream) 등이 있다.

#### 2) 샤베트(Sherbet)

불란서어로는 Sorbet라고 불리 우며 과일 주스와 약간의 Liqueur로 만든 액체를 냉동 시켜하면 된다. 종류로는 크라쉬(Kirsch), 럼(Rum), 레몬(Lemon), 오렌지(Orange), 샴페인(Champagne), 샤베트(Sherbet) 등이 있다.

#### 3) 아이스 푸딩(Ice Pudding)

아이스ㅌ크림(Ice Cream)에 여러 가지 과일을 갈아 넣고 달걀노른자를 섞은 다음, 적당한 용기에 채운 다음 냉동시켜 찬 소스(Cold Sauce)를 차려 낸다.

### 2 핫 디저트(Hot Dessert)

#### 1) 크렙(Crepes)

먼저 달걀, 밀가루, 우유 또는 생크림, 설탕, 향미료, 녹인 버터를 더하여 만든 직경

15cm쯤 되는 매우 얇고 작은 팬 케익(Pan Cake)을 양쪽 가장자리에 버터를 묻혀 색으로 구워, 겹치거나 둥글게 말거나 속을 넣어 만들고 이것을 오렌지 버터(Orange Butter)와 백설탕(Sugar Powder)을 녹인 Pan에 다시 Orange를 짜넣고 Orange Juice를 첨가한 후 뜨겁게 하여 만든다.

### 2) 체리 쥬블레(Cherry Jubilee)

달고 묽은 시럽(Syrup)에 담긴 체리(Cherry)와 그 시럽(Syrup)을 달군 펜(Pan) 위에 Butter와 Sugar Powder를 녹인 다음 붓고 데운다. 잠시 후 Syrup이 적당량으로 줄어들면 Cognac으로 Flambe를 한 다음 생크림이나 Wapping Cream을 섞어 미리 준비된 Ice Cream에 얹어 Serve 한다.

### 3) Show Eggs

설탕을 넣은 달걀흰자를 충분히 저어 걸쭉하게 한 것을 덮고, 가장자리를 높게 한 기름 친 Pan에다 Spoon 혹은 둥근 파이프 모양의 것, 혹은 달걀형으로 떨어뜨려서 뜨겁고, 달게 하고, 바닐라 향을 넣은 밀크로 덮어 반숙하여 꺼내서 굳히고, 식혀서 우유를 넣어 만든 찬 비닐과 Sauce를 덮은 것.

## 3 FRUIT

과일은 신선한 계절과일을 그대로 Serve하며 또는 익히거나 잘게 썰어서 Cold Dessert나 Hot Dessert에 곁들여 나가기도 한다.

## 4 치즈(Cheese)

우유나, 산양유 등을 Rennet(치즈 제조에 쓰이는 송아지의 제 4위의 내막)에 유산균을 작용시켜 지방, 유당 및 무기물 등과 함께 응고시킨 후 발효시켜서 만든 것을 일반적으로 Cheese라고 부른다.

Cheese의 종류는 세계적으로 약 500여종이 있으나 크게 분류하여 다음의 3종류로 나뉜다.

1) 연질치즈(Soft Cheese) : 모잘렐라 치즈(Mozarella Cheese), 카망벨 치즈(Camembert Cheese), 브리 치즈(Brie Cheese), 크림치즈(Cream Cheese) 등이 있다.
2) 반경질 치즈(Semi Hard Cheese) : 던롭 치즈(Dunlop Cheese), 체다 치즈(Cheddar Cheese), 그뤼에르 치즈(Gruyére Cheese)등 이 있다.
3) 경질치즈(Hard Cheese) : 팔 메산 치즈(Parmesan Cheese), 로마노 치즈 (Remano Cheese)등이 있다.

위와 같은 Cheese 중에서도 가공된 모양이나 형태에 따라서 Blue-Viened Cheese 혹은 Processed cheese, Smoked Cheese 등으로 부르기도 한다.

## 7절 음료(Bevrage)

### 1 음료의 의의

음료는 식후에 최종단계에서 마시는 음료로 알코올이 들어가는 브랜디를 비롯하여 다양한 리큐르가 있고 비알코올 음료 있는 기호음료로는 커피와 홍차를 마신다. 후식이 끝나면 음료를 선택하게 하는 서비스도 훌륭한 서비스이다.

### 2 커피의 특성

커피는 쓴맛, 떫은 맛, 신맛, 구수한 맛이 잘 조화되어 만들어진 기호음료로서 커피는 피로감을 없애주고 머리를 깨끗하게 하고 혈액순환이 잘 되도록 해주는 성분과 함께 특유의 맛과 향이 있어 커피가 발견된 이후 수백 년 동안 커피 애호가들에 의해 애용되고 있다.

## 3 커피의 역사

커피는 처음 발견되어졌을 때부터 기호음료로 쓰인 것이 아니고 오랫동안 음료품이나 의약용품으로 사용되어 오다가 차츰 그 맛과 조리방법이 개발되어 오늘날의 커피로 발전되었다. 기원전 6세기경, 이디오피아의 아비니시아공원에서 야생으로 자라던 커피열매를 산양이 먹고 취해있는 것을 바그다드의 의사인 "다레스"가 발견하여 약용으로 사용하였고 1세기 후 아라비아의 의학자이자 철학자인 "아비센나"가 커피를 최초로 기호음료라고 불렀다.

그 후 유럽으로 전해진 것은 약 300년 전의 일이며 이웃나라 일본에 상품으로 들어온 것은 약 100년 전의 일이며 우리나라에서는 19세기말 궁중에서 첫 선을 보인이래. 8.15 해방과 6.25동란을 거치면서 일반인들에게 알려졌으며 이때부터 커피의 대중화는 시작되었다고 볼 수 있다.

## 4 커피 제조방법

커피를 끓이는 방법에는 여러 가지 방법이 있을 수 있으나 커피를 알맞고 맛있게 끓이려면 다음과 같은 원칙이 지켜져야 한다.

1) 커피를 끓일 때는 항상 신선하고 깨끗한 물을 사용하여야 한다. 알칼리성 물이나 철분이 많이 들어 있는 물은 사용하지 말아야 한다.
2) 커피의 양과 물의 양이 알맞아야 한다.
3) 커피는 항상 신선한 것을 사용하여야 한다.
4) 커피 끓이는 기구는 항상 깨끗하게 보관하여야 한다.
5) 커피 종류에 따라서 알맞은 기구를 사용하여야 한다.

커피는 크게 3가지로 분류되는데 볶은 원두 그대로의 배전두커피(Roasted Bean)와 볶은 원두를 분말이나 과립(Granule)의 형태로 건조시킨 3가지로 나뉠 수 있다. 이것들은 각 커피의 특색에 따라서 제조방법을 달리하고 일반적으로 커피를 끓이는 방법에는 다음과 같은 6가지로 나누어진다.

## 5 커피 끓이는 방법

① 드립 방법(Drip) : 일명 휠터 법이라고 불리며 휠터를 드립(Drip)에 부착시킨 후 물을 붓고 추출시킨다.

② 사이폰 방법(Siphon) : 가는 관(Siphon)을 통하여 커피를 추출하는 방법으로 커피와 물을 따 로 분리해 놓고 열을 가하면 위에 서 커피에 증기가 가해져 커피가추출되는 방법이다.

③ 퍼클레이터 방법(Percolator) : 퍼쿨레이터를 이용하여 불위에서 직접 끓이는 방법으 로도 호텔에서보다는 일반가정에서 많이 쓰인다.

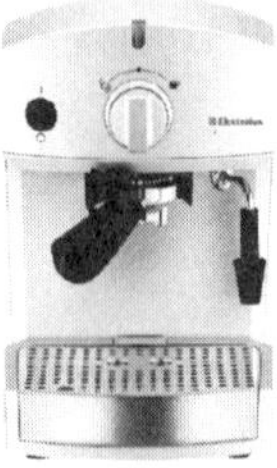

④ 에스프레소 방법(Espresso) : 이탈리아식 커피로Espresso Machine 을 이용하여 커피의 농도를 진하게 추출 해내는 방법이다.

⑤ 보일링 방법(Boiling) : 가장 일반적인 방법으로 커피와 물을 함께 넣고 직접 열을 가하여 끓여내는 방법이다.

⑥ 전자동 방법(Bunn Automatic) : 전동커피 기구를 이용하여 전열기에서 순간적으로 끓는 물을 중앙관을 통하여 드립(Drip)속의 커피에 분출시켜커피를 추출하는 방법으로서 현재 호텔에서 가장 많이 쓰이고 있는 방법이다.

## 6 커피의 종류

호텔 또는 일반휴게음식점에서 상품으로 제공될 수 있는 커피는 비알콜성 커피와(Non Alcoholic Coffee)와 알코올성 커피(Alcoholic Coffee)로 크게 2종류로 나누어 질 수 있는데 각 종류별로 살펴보면 다음과 같다.

### 1) 비알콜성 커피(Non Alcoholic Coffee)

술이 첨가되지 않은 순수 커피로서 만드는 방법이나 재료의 종류에 따라서 명칭을 달리한다.

에스프레소 커피(Espresso Coffee), 카프치노 커피(Cappucino Coffee), 라떼 커피(Latte Coffee), 비엔나 커피(Vienna Coffee), 러시안 커피(Russian Coffee), 아이스 커피(Ice Coffee), 커피 플로트(Coffee Float) 등……

### 2) 알콜성 커피(Alcoholic Coffee)

술이 첨가되는 커피로서 첨가되는 술의 종류에 따라서 그 명칭을 달리한다.

아이리쉬 커피(Irish Coffee), 스페니쉬 커피(Spanish Coffee), 프렌치 커피(French Coffee), 터기 커피(Turkish Coffee), 로얄 커피(Royal Coffee), 커피 콩퀘스트(Coffee Conquest), 커피 디아블(Coffee Diable) 등……

이 외에도 카페인이 없는 생커 커피(Sanka Coffee)를 제공하기도 한다.

## 7 커피 서비스 방법

커피는 향을 즐기는 기호음료이므로 커피를 제공할 때에는 맛과 향이 살아있도록 세심한 주의를 요한다.

커피를 서비스할 때 한잔의 양은 10㎖ 정도이고 적정온도는 80~83℃이며 설탕과 크림을 넣었을 때 60~63℃가 유지되어야 만이 커피의 맛이 가장 좋다. 따라서 커피를 서비스할 때에 커피가 뜨거워야 함은 물론 커피 컵도 뜨겁게 되어져 있어야 하며 크림은 너무 차갑게 제공되지 않아야 한다. 커피는 한잔 이상 마시는 사람이 많으므로 고객의 커피 잔이 비워져 있을 때는 반드시 더 드실 것인가를 물어 보아야 한다. 또한 커피를 마실 때 담배를 피우는 사람이 많으므로 커피를 제공할 때는 반드시 재떨이 유무를 확인하여야 한다.

## 8 홍차(TEA)

홍차는 커피나 코코아 같이 강한 맛은 없지만 섬세하고 미세하고 우아한 향에 특성이 있다. 홍차의 풍미는 떫은맛이 풍부하게 풍긴다. 홍차는 특유한 풍미를 잃지 않도록 끓일 때, 서비스할 때 세심한 주의를 요하며 고객의 기호에 따라서 레몬을 넣기도 하고, 밀크를 넣기도 하는데 레몬과즙에 포함된 향기와 홍차의 풍미가 잘 조화되며 밀크를 넣으면 떫은맛(탄닌)의 강한 맛을 제거시켜 부드러운 맛으로 변하게 한다. 홍차를 제공할 때에는 커피와 마찬가지로 홍차 컵이 뜨거워야 한다.

## 8절 소스(Sauce)

호텔이나 식당에서 일반적으로 사용하는 소스는 식품 본래의 맛과 향기를 유지하면서 음식의 맛을 돋우어 주는 것이다. 소스는 라틴어의 SAL(소금)에서 나온 것으로 이는 소금을 기본으로 하여 만들어 졌다는데서 유래되었다고 한다. 오늘날 사용되고 있는 소스는 수백 종에 이르지만 대개 처음 만들어낸 사람의 이름이나 지명, 재료 등에 따라서 이름이 달라지고 있다. 따라서 소스의 모든 종류를 다 기억하기란 매우 어려우므로 몇 가지 기본이 되는 소스를 정확하게 조리하여 그 파생되는 소스를 알면 되는 것이다.

소스는 크게 뜨거운 소스와 찬 소스로 나누어진다. 이중 가장 많은 종류를 이루고 있는 것이 뜨거운 소스이다.

가장 기본이 되는 소스의 종류를 살펴보면 다음과 같다.

### 1) 6대 기본 소스

① 마요네즈 소스(미색) ② 베샤멜소스(미색) ③ 에스파뇰소스(갈색) ④ 벨루데 소스(흰색) ⑤ 홀랜다이즈 소스(미색) ⑥ 토마토소스(적색)

### 2) 파생되는 소스의 종류

#### (1) 베샤멜소스(Beachman Sauce)

베샤멜소스는 루이 14세의 요리장 베샤벨이 창안한 소스로서 소스의 기본이 되는 White 소스이다.

주로 생선이나, 야채에 많이 사용되는 소스로서 밀가루를 버터에 볶은 White Roux (Roux Blanc)에 우유를 넣고 끓이면서 소금, 후추, 양파, 넛맥(Nutmeat), 월계수 잎 (Bay Leaves) 등을 넣은 후 45분~1시간쯤 끓여낸 후 체에다 받쳐낸다.

① 모네이 소스(Mornay Sauce)

베샤멜소스에다 계란 노른자(Egg York)와 그리에 치즈(Gruyere Chesse)를 넣은 소스이다.

② 크림소스(Creme Sauce)

베샤멜소스에다 크림을 넣고 끓인 것이다.

③ 수비즈 소스(Soubise Sauce)

베샤멜소스에다 양파(Onion Emience)를 썰어서 넣은 것이다.

④ 파리지엔느 소스(Parisienne Sauce)

베샤멜소스에다 크림과 양송이 다진 것을 넣어서 만든다.

⑤ 챤틀리 소스(Chantilly Sauce)

베샤멜소스에다 휘핑크림을 첨가하여 만든다.

⑥ 아르르 소스(Aurore Sauce)

베샤멜소스에다 크림을 넣어서 만든 크림소스에 토마토 페이스트(Tomato Paste)를 넣어서 만든다.

(2) 에스파뇰소스(Espagnoll Sauce)

에스파뇰 소스는 갈색 소스(Gravy)로서 주로 육류에 많이 사용되어지는데 브라운 스탁에다 양파, 버섯, 셀러리, 당근을 볶아서 넣고 Brown Roux를 넣고 토마토 퓨레(Tomato Puree)를 가미하여 2-3시간 끓여서 만든다.

① 다이안 소스(Dianne Sauce)

양파 다진 것과 통후추와 적포도주를 적당히 혼합한 후 Gravy를 붓고 Fresh Cream을 가미한 다음 계란 흰자와 Truffle을 넣는다.

② 마드리아 소스(Madere Sauce)

갈색 Gravy에 포르투칼산 포도주 Madeira와 양파 다진 것을 넣고 만든다.

③ 피쿠안 소스(Piquznce Sauce)

양파 다진 것과 백포도주, 식초를 Gravy에 혼합한 후 미국 고추를 넣고 오미자 다진 것과 향료(Taragon)을 넣어서 만든다.

④ 로버트 소스(Robert Sauce)

양파 다진 것과 백포도주와 Gravy와 잘 혼합하여 끓인 다음 겨자와 레몬주스를 넣는다.

⑤ 진가라 소스(Zingara Sauce)

양파 다진 것과 백포도주와 토마토소스를 Gravy와 잘 혼합하여 끓인 다음 오미자 다진 것, 햄, Tongue 등과 향신료와 타라곤을 넣어서 만든다.

⑥ 포트 소스(Au Porto Sauce)

그레비에 Port Wine을 넣어서 만든다.

### (3) 벨루테 소스(Veloute Sauce)

벨루테 소스는 야채를 버터에 볶은 후 White Roux(Roux Blanc)를 넣고 White Stock을 넣고 1시간~1시간 30분 정도 끓인다. 생선스톡(Fish Stock)을 넣고 끓이면 Fish 벨루테가 되고 Chicken Stock을 넣고 끓이면 Chicken 벨루테가 된다.

주재료에 따라 Fish 및 Poultry의 종류에 곁들여진다.

① 카푸레 소스(Carpes Sauce)

벨루테 소스에 계란노른자와 크림을 넣고 레몬주스를 넣은 다음 서서히 끓인 후 Caper의 식초를 넣는다.

② 챰피온 소스(Champignone Sauce)

양송이를 볶아서 넣는다.

③ 쉬브리 소스(Chivry Sauce)

생선에 쓰이는 소스로 Veloute에 타라곤, 파슬리 등을 다져 넣어서 만든 소스이다.

④ 리키 소스(Riche Sauce)

벨루테 소스에 크림, 버터, 레몬주스 등을 넣고 끓인 후 트리플섹과 양송이를 넣는다.

⑤ 베로씨 소스(Beroy Sauce)

다진 양파를 짜서 끓인 생선 스톡에다 넣고 백포도주와 버터, 파슬리 다진 것을 가미한다.

⑥ 안쵸비 소스(Anchovy Sauce)

White Wine Sauce에 버터를 가미한 멸치젓(Anchovy)을 넣은 것이다.

### (4) 토마토 소스(Tomato Sauce)

Tomato Sauce는 Red Sauce로서 주로 밀가루 음식에 많이 쓰이는데 White Stock에 Tomato Paste와 여러 가지 야채, Bacon 등을 Brown Roux와 함께 넣고 끓이면서 양념을 넣은 후 2시간쯤 끓인 다음 설탕을 첨가한다.

① 포르투칼 소스(Portugaise Sauce)

양파 다진 것을 Olive Oil에 살짝 익힌 후 Tomato에 마늘을 꽂아 넣어 뚜껑을 덮고 잠시 끓인 후 Tomato Paste와 다진 Parsley, Butter를 가미한다.

② 프로벤샬 소스(Provencale Sauce)

양파 다진 것, White Wine, 껍질을 벗긴 Tomato, 마늘을 꽂아서 Tomato Paste를 넣고 끓인 다음 Olive, Mushroom, Parsley 다진 것을 넣는다.

### (5) 홀랜다이즈 소스(Hollandaise Sauce)

홀랜다이즈 소스는 식초, 부추, Egg Yolk, Onion 등을 넣고 혼합하여 물을 넣고 Lemon Juice, Salt, Pepper를 가미하여, 양념한 다음 천으로 걸러낸다.

① 모슬린 소스(Mousseline Sauce)

Hollandaise Sauce에 Whipping을 얹어서 제공한다.

② 말타이즈 소스(Maltaise Sauce)

Hollandaise Sauce에 Orange Juice와 잘게 채 썬 Orange 껍질을 넣어 만든다.

### (6) 마요네즈 소스(Mayonnaise Sauce)

마요네즈 소스는 계란 겨자를 넣고 Salt, Pepper, Worcestershire Sauce를 혼합하여 레몬 Juice를 넣고 Salad Oil를 서서히 부으며 같은 방향으로 휘 젓는다. 어느 정도 저으면 Mayonnaise Sauce가 된다. 주로 야채에 곁들여지는 Sauce이다.

① 안달루즈 소스(Andalouse Sauce)

Mayonnaise Sauce에 Tomato Paste와 Red Pimanto를 썰어 넣어 만든다.

② 타르타르소스(Tartar Sauce)

Mayonnaise Sauce에 Caper, Pickle, Onion, Parsley, Herbs 등을 넣어서 만든다.

③ 티놀리앙 소스(Tyrolien Sauce)

Mayonnaise에 Tomato Ketchup, Cream, White Wine, Lemon Juice, Salt Pepper 등을 함께 넣어서 만든다.

### (7) 기타 Sauce

앞장에서 살펴본 양식당에서 사용하는 일반 Sauce 외에도 이미 만들어져 병속에 담겨져 있는 Sauce도 있다. 그 종류를 살펴보면 다음과 같다.

① 하인즈 57소스(Heine 57 Sauce)

Tomato, Vinegar, Sugar, Salt, Apple, Oil, 향초, Turmeric(상환뿌리, Curry가루용) Onion Powder, Garlic Powder 등을 재료로 만들어진 Sauce로서 Steak나 Ground Beef, Barbecue, Chicken 요리 등에 제공된다.

② A-1 소스(A-1 Sauce)

Tomato Paste, Vinegar, 건포도, Salt, Orange, Orange Peel, Garlic, Herbs 등을 재료로 만들어진 Sauce로서 각종 Steak, Roast Beef, Beef Stew 등에 제공된다.

③ 우스터셔어 소스(Worcestershire Sauce)

Worcester란 영국의 한 도시 명으로서 Vinegar, 당밀, Sugar, Anchovy, 콩단백, Onion, Salt, Garlic, Leek, Herbs를 넣어서 만든다. Chop Steak, Meatlopy, Hamberger 등에 쓰인다.

④ 핫 소스(Hot Sauce)

잘 익은 고추, Vinegar, Salt 등을 흰 Oak 통에 넣고 숙성시킨다. 각종 음식에 매운 맛을 낼 때 쓰인다.

⑤ 타바스코 소스(Tabasco Sauce)

Hot Sauce와 거의 동일하게 만들어지나 매운맛이 더욱 강하다.

⑥ 토마토케첩(Tomato Ketchup)

Tomato, Vinegar, Salt, Onion Powder, Herbs 등을 재료로 하여 만들어지며 여러 가지 요리에 많이 쓰인다.

# M·E·M·O

chapter 09

# 식 · 음료 위생방화 안전관리

## 1절 식 · 음료의 위생관리

위생은 살균 및 쓰레기 처리를 의미한다. 이러한 위생은 건강과 미적 관점에서 중요할 뿐만 아니라 재무적인 이유에서도 중요하다. 식당에는 위생적으로 보이지 않는다는 이유 하나만으로 매출액이 감소할 수 있다. 더군다나 고객이 어떤 레스토랑에서 음식을 먹고 식중독을 일으켰을 때 그 결과는 엄청나다. 이런 해당 레스토랑의 평판이 나쁘게 되며, 그 다음 매출의 감소, 심지어 법적 소송까지 몰고 오는 결과를 초래할 수도 있다. 그러한 결과는 중복하기에 어렵고 아주 값비싼 대가를 치른다. 한편 안전도 위생 못지않게 중요한데, 이 레스토랑에서 제대로 지켜지지 않는 경우 위생처럼 치명적인 결과를 가져올 수 있다.

### 1 식 · 음료 위생관리

호텔 레스토랑에서의 위생관리는 식음료를 계획하고 식 · 재료를 보관 · 조리하여 식음료를 제공하는 과정에서 미생물학, 식품위생학 등의 과학을 기초로 한 위생적인 안정성을 계획하여 실시하는 것이다. 이러한 위생관리의 목적은 식중독 등 식품 위생상의 사고를 방지하여 레스토랑 종사원들의 노동재해를 예방하며 레스토랑의 효율적인운영을 추진하는데 있다.

### 1) 위생관리 이론

#### (1) 설비와 배치

배치를 계획할 때 성공적인 위생관리를 위해 설비의 문자와 유형에 대해 많은 고려를 하여야 한다. 즉, 천장과 벽은 물로 청소를 할 수 있는 재료를 사용하여야 하며 물이 흘러들어 갈 수 있도록 중앙 배수구 쪽으로 경사를 지도록 한다. 최근에는 이동장비를 많이 사용하는 관계로 바닥을 평평하게 하기 때문에, 습기가 찰 수 있는 조리장 주변에 솔로 세척할 수 있는 하수구를 만든다. 또한 과거 바닥 가까이부터 장비를 설치하여 청소하기 어려웠던 점을 감안하여 무릎높이 이상에 선반 · 오븐 · 장을 설치하고, 벽에 붙박이 형태로 기계를 설치함으로써 청결이 용이하게 되었다. 많은 기구들이 해체가 가능하여 부분청소는 할 수 있게 되었고, 캐비닛의 서랍장은 청소를 위해 분리가 되도록 만들어져야 한다. 시설이 오래된 주방에서는 위생적인 조리가 될 수 있도록 장비들을 살펴보아야 한다. 즉, 나무로 된 테이블의 틈새에 새로운 박테리아가 서식할 수 있으며 카운트 밑의 틈새에는 습기가 찰 수 있기 때문에 그러한 것들은 봉해져야 한다. 또한 패였거나 구멍이 난 포트와 팬(pot and pan)은 위생상의 문제를 야기 시키기 때문에 버려야 한다.

#### (2) 식음료의 취급과 저장

성공적인 식음료의 위생관리는 식 · 재료의 구매, 검수 및 저장에도 적용된다.

1) 구매

① 식음재료 납품업자의 점포는 위생적이고 신용 있는 업자를 선택하도록 한다.

② 식음재료 납품시의 사용용기 등은 납품업자들로 하여금 항상 청결하게 하여 사용토록 한다.

③ 식음재료 납품의 검수 시에는 납품업자들로 하여금 직접 조리실이나 저장고에 출입하지 못하도록 한다.

### 2) 검수

뚜껑 없이 운반되는 경우, 제조일 · 유효기간의 여부, 차량운반시의 청결 문제는 검토되어야 하며, 차량운반 및 창고보관에 있어 냄새가 난다든지 부패한 색채를 띠고 있을 때는 사용하지 않아야 한다.

① 운반해 오는 차량의 외관상태, 즉 진흙, 먼지, 물, 기름 등이 얼마나 묻어 있는지 살펴보아야 한다. 만약 운반차량이 냉동을 해야 하는데도 이를 위반하여 운반했다면 음식물이 새면서 오염될 가능성이 높기 때문이다.

② 차량에서 냄새가 나는지 확인한다. 불결한 냄새가 날 경우 음식물을 싣기 전에 제대로 청소를 하지 않았거나 관리가 잘못되었을 가능성이 크기 때문이다.

③ 포장상태를 점검한다. 만약 파손되었거나 깨졌을 경우에는 운반 과정에서 문제가 생겼던 것으로 추정해야 하며, 그러한 것은 오염되었을 가능성이 높다.

④ 물품검수가 끝나면 곧바로 분류하여 창고 또는 주방으로 입고시켜야 한다. 이는 검수한 후 오랜 시간 방치되면 오염될 가능성이 높아지기 때문이다.

### 3) 저장

저장 식음재료는 항상 주의를 가지고 살펴보아야 한다. 저 장시 온도나 습도를 잘못 관리하면 육류나 해산물이 부패하거나 캔 종류는 부풀게 된다. 일반적으로 캔 종류 식품은 상당한 일수를 15.5℃에서 21℃로 저장하면 비타민 성분을 잃는데, 이것들은 10℃에서 12.7℃로 저장되어야 한다. 버터는 다른 식품과 함께 저장하면 다른 식품의 냄새를 흡수한다. 우유의 경우 살균되었다할지라도 따뜻하게 보관하여서는 안 된다. 냉장고는 음식의 중심부까지 완전히 차가워질 수 있도록 냉장고의 두께가 일정하며 엷아야 한다.

박테리아는 적절한 온도, 습기 및 영양분이 있으면 번성한다. 이러한 이유로 식품에 대해서는 따뜻하고 습기 찬 계절에는 좀 더 주의를 기울어야 한다. 돼지고기와 기타 육류는 조리 뒤에 일정기간 방치하면 박테리아가 번성한다. 이러한 고기들은 따뜻하더라도 계속 냉장고에 보관하여야 한다.

돼지고기는 선모충 병의 가능성 때문에 충분히 조리되어야 한다. 열대 및 아열대 지방에서는, 상치 및 유사 종류는 아메바에 의하여 야기되는 이질과 같은 병을 방지하기 위하여 염소 소독 물로 철저하게 세척되어야 한다. 미리 제조된 포장 고기와 기타 포장식품의 사용은 취급할 때 보호가 되어 있기 때문에 더 나은 위생 상태를 유지할 수 있다.

① 박테리아

질병을 만들어내는 대부분의 박테리아는 체온 상태에서 최고로 번식한다. 이러한 박테리아는 비록 일부가 71.1℃이상에서도 생존하지만, 대부분의 경우 높은 온도에서 죽는다. 냉동의 경우 박테리아는 죽지는 않지만 번식하지 못하며, 햇볕을 직접 쬐면 죽는다. 일부의 경우 공기 없이 살아가지만 대부분의 박테리아는 공기를 필요로 한다. 일반적으로 박테리아는 영양분, 온도 및 습기를 필요로 하는데, 그것들은 우유, 달걀, 육류, 가금류, 조개류 및 물에 체류한다. 온혈 동물에서 병을 유발시키고 음식을 부패시키는 박테리아를 포함하는 대부분의 유기체는 10℃에서 60℃에서 최고로 번식한다. 낮은 온도는 박테리아의 번성을 억제하나 그것들을 죽이지는 못한다. 박테리아는 번식에 적합한 온도에 따라 세 가지로 분류된다.

a. 열에 강한 박테리아 종류의 박테리아는42.2℃에서 82.2℃의 온도에서 번식하며,55℃에서60℃에서 최고로 번식한다. 통조림 식품의 부패를 유발한다.
b. 중간 온도의 박테리아 종류의 박테리아는 42℃와 82℃온도 사이에서 번식하며 30℃에서 37℃온도에서 최고로 번식한다. 이러한 유기체는 인간에게 질병을 유발시키는데 야채, 육류 및 우유를 가끔 부패시키는 박테리아가 여기에 포함된다.
c. 낮은 온도의 박테리아 종류의 박테리아는0℃와 32.2℃온도 사이에서 번식하며3.9℃와20℃온도사이에서 최고로 번식한다. 이것들은 가끔 냉장저장소에서 부패를 유발하며,1.7℃에서 7.2℃사이의 냉장온도에서 퀴퀴한 냄새를 나게 한다.

온도 외에 고려하여야 할 요인으로 박테리아가 번식하는 매개체의 산성도이다. 과다 산성도는 박테리아 세포의 정상기능을 방해한다.

대부분의 박테리아는 중성인 영양분이 있는 액체에서 잘 번식한다.

② 기타 유기체

박테리아와 바이러스 외에 백선, 다양한 폐병 및 무좀을 유발시키는 곰팡이 같은 유기체가 있는데, 이러한 것들은 말라리아, 이질 및 수면병을 유발시키는 유기체이다. 이 밖에도 십이지장충 같은 선충류 벌레들이 일으키는 질병들이 있다.

4) 식음료 서빙(Serving)

수프에 엄지손가락을 담구고 서빙 하는 직원의 예는 위생적으로 서빙하는 방식을 우회적으로 표현하고 있다. 그러나 우리들은 카운트 직원이 맨손으로 고객들에게 전달되는 롤빵, 도넛 혹은 케이크를 만지는 것을 종종 본다. 포장된 크랙 커와 과자 그리고 미리 준비된 샌드위치가 인기가 있는 이유는 이러한 것들이 위생적이기 때문이다. 식음료가 위생적으로 보호되지 않는 경우 서빙기구(나이프, 포크 등)가 음식을 서빙 할 때 사용되어야한다. 유리잔이나 종이컵은 가장자리에서 멀리 떨어져서 잡아야 하며, 또 자기 컵은 손잡이를 잡아야 한다. 서빙장소에서 접시의 커버 사용은 음식을 따뜻하게 유지시킬 뿐만 아니라 오염을 방지한다. 이 원리는 병원에서 환자에게 음식을 전달할 때 적용되는데, 특히 감염에 노출될 가능성이 있는, 사람의 통행이 잦은 복도를 통행하는 층별 주방으로부터 트레이(tray)가 운반될 때 그러하다.

## 2 기물 세척에 따른 관리

### 1) 기물의 세척 목적

식당에 종사하는 종사원은 기물 세척에 대한 올바른 지식을 가지고 업무에 임하여 위생적인 측면에서 어떻게 세척을 하여야 하며 기물의 보호 및 좋은 상태의 유지를 위해서는 어떤 약품을 올바르게 사용하는가를 알아야 한다.

### 2) 식중독을 일으키는 박테리아

| 박테리아 | 원 인 | 증 세 |
|---|---|---|
| 살모넬라균 | 육식동물, 닭의 내장 | 구토, 설사 |
| 포도상 구균 | 사람의 상처, 코, 식도 | 고열 |
| 보툴리스균 | 고기, 생선의 부패 | 고열, 구토 |

*박테리아를 없애기 위해서는 뜨거운 물과 약품처리가 있다.

### 3) 기물의 보호 및 관리

① 은기물 및 스텐인레스를 구분하여 보관하여야 하며 약품을 사용해서 세척할 때도 반드시 구분하여야 한다. 특히, Knife류는 날과 손잡이 세척에 유의하여야 한다.
② 기물을 넣을 때는 보관함에 던져 넣지 말아야 한다.
③ 기물을 사용하고 난 후에 세척함에 넣을 때는 분류를 해야 한다.

* Spoon, Knife, Fork 세척함을 준비하여 분류해서 넣어야 한다.

④ 보관할 때는 물기를 완전히 제거한 후 보관토록 한다.

Service Towel로 물기를 제거하여 사용에 편리하도록 보관하여야 한다.

⑤ 접시 드는 방법을 통일하여 기물분리에 편리하도록 해야 한다.

a. Knife를 아래로 Fork는 위로하여 바닥에 기물이 떨어지는 것을 방지해야 한다.

b. 음식찌꺼기는 별도 Plate에 기물로 밀어내고

c. 몸 쪽 Plate에 접시를 올려놓는다.

d. 기물세척 통은 Spoon, Knife, Fork를 넣을 수 있도록 통을(물에 비누 물을 섞어 넣음) 준비하여 분류할 수 있도록 한다.

e. 음식찌꺼기는 오물통에 넣는다.

f. Plate를 Dish Washer Table에 올려놓는다.

## 3 직원의 교육

레스토랑의 위생관리는 관련 직원들의 교육에 의해서 높은 성과를 거둘 수 있다. 레스토랑에서 질병이 감염되는 세 가지 경우가 있는데 그것들은 다음과 같다. 첫째는 호흡기 질환, 둘째, 내장이 질환, 셋째, 피부질환을 들 수 있다.

이 세 가지 경우는 대부분 감염된 식음료 취급자들에 의해 전달된다. 이 중 일부분은 고객들에 의해 전달되나 식음료, 조리기구 및 조리시설을 취급하는 것은 직원이다.

다행히 대부분의 식음료는 조리과정에서 살균된다. 공중보건에 관한 기록을 보면 식중독 사건은 적절한 조리시설이 갖추어져 있고 표준 위생기준이 유지되는 외식업소에서는 잘 발생하지 않는 것으로 나타났다. 그럼에도 불구하고 감염의 가능성을 피하기 위해 예방조치가 취해져야 한다.

### 1) 의료 검진

식당에서 첫 번째로 하여야 할 조치로는 직원들이 좋은 건강상태를 유지하고 있고 전염병을 옮기지 않도록 해야 한다. 흉부 X레이 및 혈액검사를 포함하는 직원들의 의료검진은 행정당국에 의해 의무화되어 있다. 그러나 의료검진을 받은 직원이 그 후에 감염되지 않는다는 보장은 없다. 따라서 경영자는 직원들의 건강을 계속 점검하여야 한다.

### 2) 응급처치 시설

칼에 베인 상처 및 화상이 감염과 심각한 상태로 이르는 것을 방지하고 즉각적으로 치료할 수 있도록 응급처치 시설이 구비되어야 한다.

### 3) 종사원의 협조

종사원들의 태도가 일반적으로 인식되는 것보다 더 많이 식당위생에 역할을 한다. 직원들의 협조적인 태도를 유발하기 위해 직원들이 위생에 관한 예방조치의 필요성을 이해하도록 하여야 한다. 이것은 교육의 문제이고 직원이 채용될 때부터 시작되어야 한다. 또한 식음료 위생에 관한 교육프로그램이 계속적으로 제공되어야 한다.

### 4) 직원들이 지켜야 하는 규칙

식당업소 종사원들은 다음과 같은 위생규칙을 준수하도록 한다.

① 깨끗한 유니폼을 항상 입도록 한다.
② 기침이나 잔기침을 할 때 손수건을 사용하도록 한다.
③ 손은 자주 씻도록 하며, 특히 손수건을 사용한 뒤와 화장실에 갔다온 후에 그러하다.
④ 주방이나 카운트 뒤에서 금연하도록 한다.
⑤ 모자나 망을 사용하여 머리카락이 음식에 떨어지지 않도록 한다.
⑥ 근무할 때 코 등의 얼굴부분을 손으로 만지지 않는다.

### 5) 종사원 교육

식당 위생의 중요성은 직원회의를 통해 증진될 수 있으며 그 밖의 포스나 사진 등을 이용하도록 한다. 결국 종사원들이 위생관리에 관심을 가지기 위해서는 경영진이 관심을 가져야 한다.

## 2절 방화관리

### 1 방화교육훈련은 왜 하는가?

건축물의 시설이 잘 되어 있고 영업이 잘 된다 해도 한번 화재가 발생하면 많은 인명피해 및 막대한 재산손실을 가져올 수 있다. 또 아무리 훌륭한 소방시설이나 소방계획이 되어 있어도 그 시설을 활용 못하면 무용지물이 되고 만다. 그러므로 전 종사원이 화재예방에 노력하여 식당의 안전에 만전을 기해야 하겠다.

### 2 화재발생 요인 및 취약점

1) 건물 내 화기 취급 장소(도시가스, 알코올, 전열기구 등)가 많아 부주의로 인한 화재
2) 고객의 불법화기 취급(음주 후 흡연, 취침, 전열기, 버너, 촛불 등) 및 방화로 인한 화재
3) 건물 보수 및 기타 시설 작업(용접, 페인트 등)시 부주의로 인한 화재
4) 건물 내 가연성 물질(목재가구, 카펫, 커튼, 벽지 등)이 많아 화재가 발생할 경우 전파속도가 빠르다.
5) 고층건물이므로 피난이 곤란하여, 인명피해의 우려가 있고 소화 작업이 곤란
6) 종사원 및 고객이 많고, 불특정 투숙객이므로 화재 발생 시 소요로 인한 인명피해 우려

### 3 화재의 종류

1) A급 화재(유류화재) – 종이, 섬유, 나무 등과 같은 가연성 물질에 발생하는 화재로 연 소후 재로 남는다.
(적용소화기에는 백색바탕에 "A" (일반화재용) 표시가 있다.)
2) B급 화재(유류화재) – 페인트, 알코올, 휘발유, 가스(L. P. G) 등의 가연성 액체나 기체에 발생하는 화재로 연소로 재가 남지 않는다.

(적용소화기에는 황색바탕에 "B" (유류화재용) 표시가 있다.)

3) C급화재(전기화재) - 모우타, 두꺼비집, 전선, 전기기구 등에 발생하는 전기화재
(적용소화기에는 청색바탕에 "C" (전기화재용) 표시가 있다.)

화재의 종류 및 소화기의 적응표시

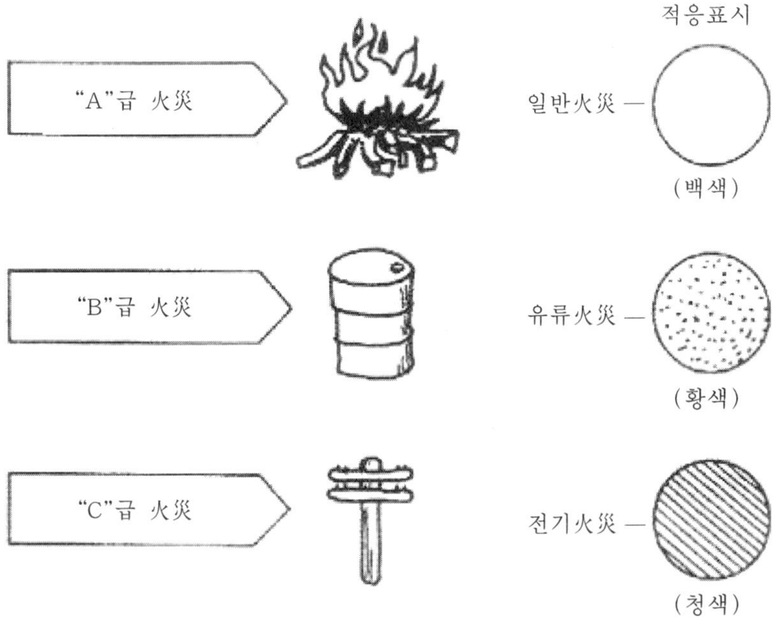


## 4 소화기의 종류

### 1) 분말소화기

① 구조 : 축압식 용기 안에 불연성 가스를 측압하여 필요할 때 레버조정만으로 분말 소화 약재가 방출된다.

② 사용법 : 압력장치의 안전핀을 빼고 노즐을 불쪽으로 향한 후 레버를 누른 뒤 비로 쓰는 것 같이 방출하되 바람을 등지고 사용해야 한다.

③ 주의할 점 : 직사광선과 습기가 없는 곳에 비치되어야 한다. 한번 사용한 소화기는 재충전하여야 한다.

④ 적응화재 : A. B. C급 화재

### 2) 하론(HALON)소화기

① 구조 : 축압식 용기 안에 Halogen 액화가스를 충전하여 필요할 때 노름판 조정만으로 방출된다.

② 사용법 : 분 사구를 화점에 낸 후 노름판을 눌러 짧게 몇 번씩 분사 또는 계속 분사할 수 있다.

③ 주의할 점 : 직사광선, 열, 충격을 피할 것(보관 시)

④ 적응화재 : A. B. C급 화재

### 3) 포말소화기

① 구조 : 내부용기(내통: 황산알미늄 $Al2(So4)3$)와 외부용기(외통: 중조($NaHCo3$))가 각각 다른 약품이 넣어져 있어 용기를 거꾸로 들어 흔들면 약품의 혼합과 화학반응이 빨리되며 배합이 쉽게 높아져 포말이 품어 나온다.

② 사용법 : 소화기를 화재 현장까지 가지고 간다. 용기를 거꾸로 한 후 노즐의 끝을 누르고 용기를 흔들고 난 후 노즐을 화점 방향으로 하여야 한다.

③ 주의할 점 : 약재가 얼어붙거나 넘어지지 않게 보관하고 반드시 1년에 1회 약재를 교환한다.

④ 적응화재 : A. B. C급 화재

## 5 옥내 소화전 사용방법

1) 화재발신기 스위치를 누른다.

2) 비상전화로 비상 관 제실에 통보한다.

3) 호스가 꼬이지 않도록 화재현장까지 연결한다. (호스 1개 길이 15m)

4) 개폐 밸브를 좌측으로 돌려서 개방한다.

5) 압력이 약할 경우 가압 펌프스위치 ON(빨강색)을 누른다.

6) 완전 소화 후 가압 펌프스위치 OFF(파랑색)를 누른다.

7) 개폐 밸브를 우측으로 돌려서 닫는다.

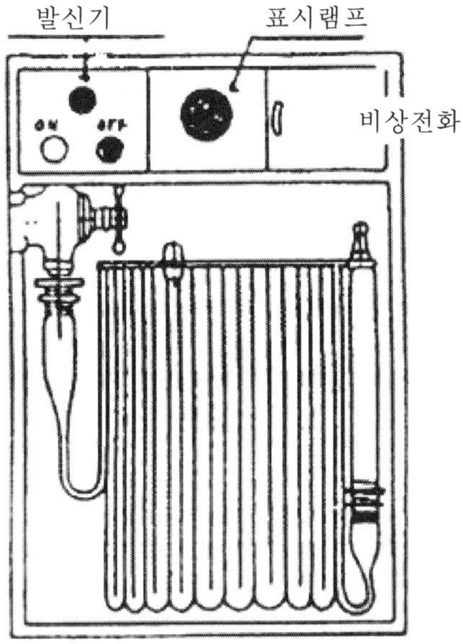


## ⑥ 화재 발생시 조치방법

### 1) 발생 초기

(1) 침착하게 행동한다.

(2) 주위 근무자에 통보한다.(불이야……)

(3) 소화기구(방화사, 소화탄, 소화기)를 사용하여 초기소화 한다.

(4) 초보시설을 이용 비상관제실에 통보한다.
(구내전화, 비상전화, 발신기)

### 2) 확대시

(1) 소화전, 연결송수관을 사용 소화

(2) 고객을 비상통보로 대피유도(군중심리 억제)

(3) 안전조치(가스벨브, 알코올, 석유, 전기기구 등 폐쇄)

(4) 확대방지(방화문, 방화샷다 닫기)

(5) 배연구, 배연창 조작(필요시)

# 3절 안전관리

## 1 안전관리

### 1) 연회장 관리

#### (1) 벽의 보호

① 안내문 또는 홍보용 용지를 임의로 부착하여 벽지의 파손을 가져오지 않도록 한다.
② 전시용 액자, 장식물을 설치하기 위하여 문을 막아서는 안 된다.
③ 각종 장비류를 비치할 때는 벽과의 간격을 30㎝ 띄우도록 한다.
예) Table, Stacking chair 등
④ 벽면을 이용한 뷔페용 아이스 카빙을 세팅할 때는 물 튀김 방지용을 벽면에 비치한다.(벽지 파손을 막기 위해)

#### (2) 식당 안전수칙

① 맨 처음 출근자는 먼저 가스 누출과 냄새가 나고 있는지의 여부를 확인한다.
② 소방시설물 부근에는 장애물을 두지 말아야 한다.
③ 소화기는 잘 보이는 곳에 비치하고 사용 가능한 소화기 인가를 확인한다.
④ 미끄러지기 쉬운 바닥은 청소를 해서 상해사고를 미연에 방지해야 한다.
⑤ 근무 중에는 이상한 냄새, 연기, 소리 등에 주의를 기울여야 한다.
⑥ 이상이 있을 때는 크고 작고를 가리지 않고 응급조치를 한다.
⑦ 위험물 및 유해물은 식품과 별도로 안전한 곳에 보관한다.
⑧ 최종 근무자는 화기단속 및 모든 사항을 확인한다.

#### (3) 바닥의 보호

① 각종 장비로의 이동시 밀거나 끌어당기지 않는다.(바퀴용품 제외)
② 각종 전시회 때 카펫 마모를 방지하기 위하여 비닐을 깐 후 작업
예) 꽃꽂이 준비에 물이 떨어져서 카펫의 손상을 주어서는 안 된다.

③ 카펫 위에서 목재작업을 할 때는 꼭 카펫 보호용 천을 깐다.
예) 무대 설치를 위한 목재 작업

(4) 천장의 보호

① 긴 도구를 이용할 때는 사전에 측정한 후 사용
② 유압사다리를 이용할 때는 제 기능을 발휘하는가를 꼭 확인토록 하며 안전하게 운전하도록 관리자가 감독한다.
③ 모든 작업을 진행시는 사전에 지배인의 허락을 받는다.

## 2) 화재 예방

① 음식을 서빙 할 때 사용하는 알코올의 관리는 사전 체크하며, 소화기 및 석면포, 불연성 물질을 꼭 준비한다.
② 전기선을 사용할 때는 롯데 규격품을 사용토록 한다.
③ 각종 연 회시 외부로부터 반입 사용되는 전기 기기 및 전 선류는 용량에 맞는지 전 선류는 회사 규격품인가를 확인하여야하며 전기기사의 사전승인이 있어야 한다.
④ 휴지 및 담배꽁초, 가연성 물질을 분리해서 처리하도록 한다.
⑤ 불을 이용한 기구를 사용 시는 꼭 직원이 입회하도록 한다.

## 3) 전기 안전 수칙

① 콘센트에 플러그를 완전히 삽입하고, 접촉 부분에서 열이 발생되지 않도록 할 것.
② 스위치 및 콘센트, 플러그의 고정나사가 장기 사용으로 풀려 흔들릴 경우 위험하니 사용 중지할 것.
③ 한 개의 콘센트에서 여러 개의 전기기구를 사용하지 말 것.
④ 스위치, 콘센트, 전기기구 부근에 가연물, 인화물질이 없도록 할 것.
⑤ 전기용량을 정격치보다 초과하여 사용하지 말 것.
⑥ 스위치, 콘센트에 충격을 가하지 말고 물을 뿌리지 말 것.
⑦ 물 묻은 손으로 스위치 콘센트 전기기구를 다루지 말 것.
⑧ 비닐 코드 선은 사용치 말 것.

⑨ 전기기구사용 중에는 자리를 비우지 말고 사용 후 플러그를 빼놓을 것.
⑩ 커피포트 및 전기히터 등 용량이 많은 전열기는 사용하지 말 것.

### 4) 가스 안전 수칙

① 도시가스는 냄새가 있어 새는 것을 쉽게 알 수 있으며 공기보다 가벼운 가스이므로 (L. P. G 경우는 공기보다 무겁다) 가스가 새면 높은 곳으로 몰리기 때문에 사용 전 반드시 환기를 잘 시켜야 한다.
② 연소기기 부근에는 불붙기 쉬운 가연성 물질(호스 등)을 두어서는 안 된다.
③ 가스가 새지 않나 알기 위하여 콕크와 연결부, 호스 등을 비눗물로 수시 검사해 보아야 한다.
④ 가스의 사용을 중단할 경우에는 연소 기구의 콕크 밸브는 확실하게 닫아둘 것. 야간에 가스를 사용한 후에는 주 밸브와 용기 밸브를 꼭 닫아둘 것.
⑤ 가스가 새어 냄새가 날 때는 즉시 부근의 화기를 꺼버림과 함께 코크 · 주벨브 · 용기 벨브를 모두 닫고 창이나 출입문을 열어 통풍을 시키며 비상 관 제실에 통보할 것.
⑥ 가스 사용 시 자리를 비우지 말고 끓이는 것이 끓어 넘쳐 불이 꺼지지 않도록 감시하여야 한다.
⑦ 가스가 나오면서 호스, 배관 등에 화재가 났을 경우 먼저 가스 중간벨브를 차단하고 소화기로 소화한다.
※ 가스가 나오는 상태에서 불을 끄면 폭발화재 위험이 있음.

### 5) 기계설비 안전 수칙

① 제반 작업은 운전 및 작업 기준에 준하여 행할 것
② 모든 기구는 정확하고 철저한 점검을 행할 것
③ 기계설비 작업 및 운전방법은 정확하게 숙지할 것
④ 각종기기의 이상한 음과 타는 냄새에 주의할 것
⑤ 운전 중인 모든 기계는 기준치대로 가동 중인가를 확인할 것
⑥ 교대 및 인수인계를 확실히 할 것
⑦ 근무지를 무단이탈 또는 졸지 말 것

⑧ 흡연 및 음주를 금할 것
⑨ 항상 자기주변을 깨끗이 청소하고, 폐기물은 지정된 장소에 버릴 것
⑩ 공동 작업 시는 상호간 연락 및 신호를 확실하게 할 것
⑪ 출입이 제한된 곳에는 지정된 자 외에는 출입을 금지할 것
⑫ 작업지시와 보고 계통을 확립하고 준수할 것

### 6) 일반 사무실 안전 수칙

① 흡연 장소에서만 흡연할 것
② 재떨이는 완전히 불이 꺼진 것을 확인하고 버릴 것
③ 소화 기구는 지정된 장소에 비치 할 것
④ 소화 시설물 주위에는 장애물을 두지 말 것
⑤ 비상구 통로에 피난에 장애가 되는 물질을 두지 말 것
⑥ 방화문 셔터는 닫아 두며 주위에 장애가 되지 않도록 할 것
⑦ 화기취급 기구 주위에 가연물질, 인화물질을 두지 말 것
⑧ 전기기구 사용 후 콘센트에서 코드를 반드시 뺄 것
⑨ 최종 퇴근 자는 담당구역에서 확인한 후 퇴근할 것
⑩ 소화시설 사용방법 및 위치를 숙지할 것

### 7) 위험물 안전 수칙

① 위험물 취급자는 위험물 보안 감독자의 감독 하에 위험물을 취급할 것
② 위험물 취급자는 매 시간 순찰을 행하여 이상 유무를 확인할 것
③ 위험물 취급 장소에서는 담배를 피우거나 화기를 다루지 말 것
④ $CO_2$ 및 분말 소화기의 정비 점검을 철저히 할 것
⑤ 발화성 및 인화성 물질 또는 폭발우려가 있는 물질은 통풍을 시키고, 시설 등이 정상 작동되도록 수시 점검 할 것
⑥ 탱크에서 기름이 새지 않는지를 확인할 것
⑦ 주위를 항상 깨끗이 할 것
⑧ 위험물 취급자 외에는 출입을 금할 것

### 8) 개인안전관리

① 무거운 장비를 들 때는 사전 확인하고 무리하게 들지 않도록 한다.
　허리 및 관절에 무리가 올 경우가 있음

② 장비의 이동시는 장비의 이용수칙을 숙지한 후 실행한다.
　Table 및 Stacking Chair 등

③ 연회행사 준 비시 장비가 안전한가 반드시 확인한다.
　유압사다리, 철재사다리, 테이블 등

④ 주방에서는 미끄러움을 조심하고 뛰어서는 안 된다.

⑤ 장비의 운반이 서두르지 말고 주위에 방해물이 있는지 살피면서 운반한다.

⑥ Cart의 손잡이를 꼭 잡고 운반한다.

⑦ 글라스 및 Chinaware류가 깨진 것을 다룰 때는 맨손으로 집지 않도록 한다.

⑧ 장비 운 반시는 항상 장갑을 착용한다.

### 8) 빈틈없는 재난 예방

우리가 지켜야 할 사항

① 금연 장소에서 흡연하고 있지는 않는가?

② 재떨이는 불이 완전히 꺼진 것을 확인하고 꽁초 수거함에 버리는가?

③ 담배꽁초를 휴지통에 버리지는 않는가?

④ 소화 기구는 지정된 장소에 비치되어 있으며 주위에 장애물이 있지는 않는가?

⑤ 비상구 통로계단에 피난에 장애가 되는 것을 놓아두지는 않았는가?

⑥ 방화문, 방화샷다는 닫고 있으며 주위에 장애물은 없는가?

⑦ 화기취급기구 주위에 가연물질, 인화물질이 방치되어 있지는 않는가?

⑧ 가스가 새는 곳은 없으며 사용 후 중간 콕크 밸브를 닫았는가?

⑨ 전기기구 사용 후 콘센트에서 반드시 코드를 빼었는가?

⑩ 화기를 사용할 때 자리를 지키고 있는가?

⑪ 최종 퇴근 자는 담당구역을 점검 후 퇴근하는가?

⑫ 소방시설 위치 및 사용방법은 숙지하고 있는가?
　(소화기구, 비상전화, 옥내소화전, 연결송수관, 배연설비, 방화문, 방화샷다 등)

⑬ 소방교육훈련은 빠짐없이 참여하는가?
(평상시 방화수첩을 휴대하고 교육훈련 참석 시는 확인을 받을 것)

# M · E · M · O

chapter 10

# 메뉴관리

## 1절 메뉴의 개념

메뉴(Menu)란 단어의 어원은 라틴어의 미누트스(Minuts)에서 온 말로써, 이 말은 영어의 마이뉴트(Minut) 해당되며 그 의미는 '상세하게 기록한 것' 이다. 원래는 요리장에서 요리의 재료를 조리하는 방법을 설명한 것이라고 하며, 요리장에서 식탁으로 나오게 된 것은 서기 1541년 불란서 앙리(Henri) 8세 때 브랑위크 공작이 베푼 만찬회 때부터였다고 한다. 수인인 공작은 여러 가지 음식을 접대함으로써 생기는 복잡함과 순서가 틀리는 불편을 해소하기 위해 요리명과 순서를 기입한 리스트(List)를 작성하여 그 리스트에 의해 음식물을 차례로 즐겼는데, 연회에 참석한 손님들도 그 편리함을 깨닫고 요리표를 사용하게 됨에 따라 널리 전파되었으며, 그 후 19세기에 이르러 프랑스의 파리에 있는 팔레스 로얄(Palace Royal)에서 메뉴의 명칭이 일반화되어 사용되었다고 한다. 메뉴의 정의의 대해서(Webster' s Dictionary)는 메뉴를 "식사에서 제공되는 음식의 상세한 목록"으로 설명하고 있고, 『The Oxford Dictionary』에서는 "연회나 식사에서 제공되는 요리의 상세한 목록"으로 설명되어 있다.

메뉴란 라틴어 "MINUTUS"에서 유래한 것으로 아주 작은 표 "Small, Small List"라는 뜻으로 즉, 식사의 종류를 나열해 놓은 작은 차림표를 말한다.

현대 호텔경영에 있어서 메뉴란 단순히 품목과 가격을 기록한 것에 그친 것이 아니라 고객과 기업체를 연결하는 판매촉진의 모체로서 판매원의 역할을 할뿐만 아니라 고객과 호텔 간의 식음료를 제공하는 계약서의 역할도 하며 고객에게 식음료를 판매하는데 있어서 설명을 해주는 설명서의 역할을 겸하고 있으므로 현시대의 호텔 식음료 경영에 있어서 메뉴는 매우 중요한 부분인 것이다.

"메뉴"란 고객이 알아보기 쉽도록 식음료의 품목과 가격을 작성 기록하여 고객이 식음료를 주문하는데 필요한 정보를 제공하여 고객과 호텔 간의 식음료 제공을 약속하는 "차림표"라 할 수 있다. 이는 "판매상품의 이름과 가격 그리고 상품을 구입하는데 필요한 조건과 정보를 기록한 표" 로서 단순히 상품의 안내에만 그치는 것이 아니라 고객과 식당을 연결하는 판매촉진의 매체로서 기업이윤과 직결되며, 식당의 얼굴과 같은 중요한 역할을 하고 있다.

## 2절 메뉴의 역할

메뉴란 고객과의 커뮤니케이션에 사용되는 가장 중요한 마케팅 도구이며, 식음료 업장의 단골 고객 화에 대한 고객의 잠재적 욕구에 가장 큰 영향을 주고 있어, 식음료 경영에 주요한 부분을 차지한다. 또한 메뉴로서 소개되는 제품 및 서비스는 고객의 메뉴선택에 많은 영향을 주며, 식음료 업장의 경영방법 및 서비스 방법 등을 결정한다.

### 1) 메뉴의 기능

① 메뉴는 판매도구이다. 메뉴에는 영업품목과 가격, 서비스 제공방법이 상세히 기록되어 있기 때문에 웨이터의 상세한 서비스 보다 메뉴를 대함으로써 그 식당의 분위기와 영업행위를 파악할 수 있다. 따라서 메뉴는 고객의 욕구를 충족시켜 줄 수 있는 방향으로 구성되어야 하며, 내용이나 가격설정에 있어서도 고객의 입장에서 세심한 관찰이 이루어져야 한다.

② 메뉴는 식당의 얼굴이며 상징이다. 식당경영은 메뉴를 개발하고 세분화하여 시장

차별화 전략을 통해 고객의 욕구를 충족시키고 이유는 창출하는 마케팅 행위가 중요하다. 식당은 메뉴로 통하듯이 메뉴는 간판이며 상징체계로서 의미를 갖는다.

③ 메뉴는 경영자와 고객을 연결해 주는 커뮤니케이션 수단이다.

④ 메뉴는 식당의 분위기를 말해 준다.

⑤ 메뉴의 형태, 색채, 크기, 문자구성 등이 식당의 분위기와 조화를 이루면서 균형을 유지하도록 노력하여야 한다.

### 2) 메뉴의 구성요소

① 메뉴는 구매하여야 할 식재료를 지시한다.

② 메뉴는 서빙(Serving)되는 식음료의 영양분 내용을 지시한다.

③ 메뉴는 주방 및 업장 종사원의 기술수준을 의미한다.

④ 메뉴에 따라 구입해야 할 주방기기가 결정된다.

⑤ 메뉴는 주방 및 업장의 디자인과 설계에 영향을 준다.

⑥ 메뉴는 업장에서 필요한 종사원을 결정한다.

⑦ 메뉴에 따라 업장의 실내 디자인 및 인테리어가 결정된다.

⑧ 메뉴는 원가통제 절차를 결정한다.

⑨ 메뉴는 생산에 필요한 상황을 지시한다.

⑩ 메뉴는 서빙방법을 지시한다.

# 3절 메뉴의 종류

## 1 식사내용에 의한 분류

### 1) 정식메뉴

최초의 여행객들이 숙박시설에서 식사를 제공받지 못하여 본인이 직접 식량을 가지고 다녔으나, 빈번한 왕래로 인하여 크게 불편을 느끼게 됨에 따라, 숙박자의 편의도모와 숙박시설의 영업적인 면이 고려되어 숙박에 식사를 곁들여 제공하는 풀 팡숑(Full pension; full board)에서 생겨났다고 볼 수 있다.

이 메뉴는 아침, 점심, 저녁, 연회 등을 막론하고 어느 때든지 사용할 수 있으며, 미각, 영양, 분량의 균형을 참작한 한 끼분의 식사로 요금도 한 끼분으로 표시되어 있어 고객의 선택이 용이하다. 또한 이 정식 메뉴는 매일 변화 있게 작성하여야 하나, 재료의 한계로 반복되는 경우도 많으므로 주기적으로 새로운 메뉴를 작성하여(사이클 메뉴) 고객의 기대와 호기심을 충족시켜 주어야만 한다. 일반적인 요리의 순서는 다음과 같다.

① 5코스 메뉴

전채요리(Appetizer) → 수프(Soup) → 주 요리(Main Dish) → 후식(Dessert) → 음료(Beverage)

② 7코스 메뉴

전채요리 → 수프 → 생선(Fish) → 주 요리 → 샐러드(Salad) → 디저트 → 음료

③ 9코스 메뉴

전채요리 → 수프 → 생선 → 샤벳 → 주 요리 → 샐러드 → 디저트 → 음료 → 식후생과자(Pralines)

④ 8코스 메뉴

전채요리(Appetizer) → 수프(Soup) → 생선(Fish) → 샐러드(salad) → 주 요리(Main Dish) → 치즈(Cheese) → 디저트(Dessert) → 음료(Coffee or Tea)

### 2) 정식메뉴의 특성

① 가격이 저렴하다. ② 고객의 선택이 용이하다. ③ 원가가 낮아진다. ④ 매출액이 높다. ⑤ 가격이 고정되어 있어 회계가 쉽다. ⑥ 신속하고 능률적인 서브를 할 수 있다. ⑦ 조리과정이 일정하여 인력이 절감된다.

### 3) 일품요리 메뉴(A la Carte Menu)

메뉴의 구성은 정식메뉴의 순으로 되어 있으며, 각 코스별로 여러 가지 종류를 나열해

놓고 고객으로 하여금 기호에 맞는 음식을 선택하여 먹을 수 있도록 만들어진 메뉴이다. 이 메뉴는 한 번 작성되면 장기간 사용하게 되므로 요리준비나 재료구입 업무에 있어서는 단순화되어 능률적이라 할 수 있다. 원가상승에 의해 이익이 줄어들 수도 있고, 단골고객에게는 신선한 매력이나 맛을 느낄 수 없게 만들어 판매량이 줄어들 수 있으므로 고객의 호응도를 감안하여 새로운 메뉴계획을 꾸준히 시도해야 한다.

#### 4) 뷔페(Buffet)

찬요리와 더운 요리 등으로 분류하여 진열해 놓은 음식을 고객이 일정한 가격을 지불하고 직접 자기의 기호에 맞는 음식을 운반하여 양껏 먹는 식사이다.

##### (1) 오픈 뷔페(Open Buffet)

불특정 다수를 대상으로 일정한 요금을 지불하면 마음껏 골라 먹을 수 있는 방식으로 일반적인 뷔페식당이다.

##### (2) 크로스 뷔페(Closed Buffet)

사전에 이용객 수와 요금이 정해지면 각종 모임이나 연회시 이용하는 뷔페식당을 말한다.

### 2 식사시간에 의한 분류

#### 1) 조식(Breakfast)

일반적으로 아침식사(breakfast)라고 하면 식당에서 판매하는 아침식사의 정식메뉴이다. 양식의 아침식사에는 다음과 같은 종류가 있다.

##### ① 미국식 조식(American Breakfast)

계란요리와 주스(Juice), 토스트(toast), 커피(coffee)를 위시해서 핫케이크(hot cake), goa(ham), 베이컨(bacon), 소시지(sausage), 프라이드 포테이토(fried potato), 콘플레이크(cornflake), 우유 등을 선택하여 먹는 식사이다.

② 대륙식 조식(Continental Breakfast)

계란요리와 곡류(cereal)가 포함되지 않고 빵과 커피, 우유 정도로 간단히 하는 식사이다.

2) 브런치(Brunch)

아침과 점심식사의 중간쯤에 먹는 식사이다. 현대의 도시생활인에 적용되는 식사 형태로서 이 명칭은 최근 미국의 식당에서 많이 이용되고 있다.

3) 점심(Lunch)

아침과 저녁 사이에 먹는 식사로 보통 정오에 하는 식사이다. 대개 점심은 저녁보다 가볍게 먹는다.

4) 애프터눈 티(Afternoon Tea)

이것은 영국인의 전통적인 식사습관으로서 밀크 티(Milk Tea)와 씨나몬 토스트(cinnamon toast)또는 멜바 토스트(Melba Toast)를 점심과 저녁 사이에 간식으로 먹는 것을 말한다. 그러나 지금은 영국뿐만 아니라 세계 각국에서 정오에 티 타임이 보편화되고 있다.

5) 저녁(Dinner)

저녁은 질이 좋은 음식을 충분히 시간적인 여유를 가지고 즐길 수 있는 식사이다. 보통 저녁식사 메뉴는 정식(full course)으로 짜이고, 음료 및 주류도 함께 마신다.

6) 만찬(Supper)

원래 격식 높은 정식만찬이었으나, 이것이 변화되어 최근에는 늦은 저녁에 먹는 간단한 밤참의 의미로 사용되고 있다.

## 3 특별메뉴

특별메뉴는 원칙적으로 매일 시장에서 특별한 재료를 구입하여 주방장이 최고의 기술을 발휘함으로써 고객의 식욕을 돋우는 메뉴이다. 이것은 기념일이나 명절과 같은 특별한 날이나 계절과 장소에 따라 그 감각에 어울리는 산뜻하고 입맛을 돋게 하는 메뉴이다. 이것의 종류로는 어린이 메뉴, 노인 메뉴, 음료 메뉴, 디저트 메뉴, 룸서비스 메뉴, 배달 메뉴, 연회 메뉴, 캘리포니아 메뉴 및 각 나라별 메뉴 등이 있다.

### 1) 식당 운영상의 장점

① 매일매일 준비된 상품으로 신속한 서비스를 할 수 있다.
② 재료의 재고품 판매를 기할 수 있다.
③ 고객의 선택을 흥미롭게 할 수 있다.
④ 매출액을 증진시킬 수 있다.

## 4 메뉴의 변화에 의한 분류

### 1) 고정 메뉴

메뉴 내용이 매일 변화하지 않는 메뉴이다.

#### (1) 장점

① 노동력 감소 ② 재고 감소 ③ 훈련의 통제용이 ④ 각 메뉴품목의 양질 성취 ⑤ 잔여음식 감소 ⑥ 원가 감소이다.

#### (2) 단점

① 주기의 변화가 빈번한 경우 메뉴에 대한 약간의 권태
② 많은 수의 메뉴 항목이 재고에 포함
③ 고도의 숙련된 인력 필요
④ 인쇄 및 잡비용의 증가 한다.

### 2) 사이클 메뉴

메뉴 내용이 매일 변화하는 메뉴이다.

#### (1) 장점

① 고정 메뉴계획 후 메뉴개발에 많은 시간을 투자할 필요가 없다.
② 정적으로 사이클 메뉴를 이용하면 식음료 준비과정이 표준화되기 쉽다.
③ 메뉴에 따라 종사원 및 주방기기의 계획표를 작성할 수 있다.
④ 주방기기가 효율적 사용이 가능하다.
⑤ 구매가 쉬워진다.
⑥ 식음료 재고자산을 통제하기가 쉽다.
레스토랑과 단체급식업체의 경우 고정 메뉴와 사이클 메뉴를 동시에 사용하고 있으며, 이러한 사이클 메뉴를 이용하면 고객의 불만을 해소할 수 있으며, 계절적 사이클 메뉴를 이용하면 식재료 원가를 절감할 수 있다.

### 3) 변동 메뉴

메뉴 내용을 계속 변화시키는 메뉴이다.

#### (1) 장점

① 메뉴의 권태로움 없다.
② 새로운 메뉴 아이디어 시장의 무한한 잠재력이 있다.
③ 계절별, 월별, 일별, 변화 가능, 잔여 음식의 처리가 용이하다.

#### (2) 단점

① 고도의 숙련된 직원의 필요하다.
② 노동비의 증가된다.
③ 메뉴인쇄 및 잡비용의 증가한다.
④ 재고 및 재고사항의 증가, 통제력이 결여된다.

## 4절 메뉴의 계획

식당에 있어서도 고객이 기호가 항상 변화하기 때문에 외식업소는 이러한 변화에 항상 탄력성 있게 대응하여야 한다. 이렇게 하기 위해서 식당은 항상 서비스와 메뉴계획에 신경을 써야 한다. 그 중 메뉴계획은 메뉴품목이 식당의 기본적이고 핵심적인 판매물이기 때문에 어떠한 품목이 고객들에게 호응을 받을 수 있나 확인하고 이를 상품화하는 과정이다. 전 세계적으로 성공한 체인은 항상 서비스 교육과 더불어 메뉴계획에 노력을 가하고 있으며, 국내에서도 성공한 체인도 예외가 아니다. 메뉴계획은 대규모 식당체인 기업에서는 별도의 메뉴계획 조직에 의해 이루어지나 중 · 소규모 식당 업소에서는 태스크포스(task force)형태로 운영되는 것이 보통이다.

### 1 메뉴개발 시 고려할 사항

#### 1) 고객의 욕구 파악

메뉴가 누구를 대상으로 계획되고 있으며, 그들이 좋아하는 것이 무엇인가를 분석하여야 한다. 그러기 위해서는 시장조사가 선행되어야 할 것이다.

#### 2) 원가와 수익성

아무리 좋은 메뉴라도 원가가 높은 식품들로 구성되어 고객에게 부담이 클 경우 그 메뉴는 실제로 사용이 불가능할 것이다. 메뉴계획자는 항상 원가의 목표율을 염두에 누고 계획함으로써 적절한 이윤을 얻음과 동시에 매출도 늘릴 수 있을 것이다.

#### 3) 식재료의 구입 여부

메뉴계획자는 메뉴에 사용되는 식 · 재료가 무엇인가를 알고 구입이 가능한 품목과 현재 보유하고 있는 재고품목을 활용할 수 있도록 하며, 재료를 구입하는 사람은 시장조건에 대한 정보를 메뉴 계획자에게 제공하여야 한다.

### 4) 조리기구 및 시설의 수용능력

메뉴계획자는 주방에서 사용 가능한 조리기구와 시설, 인력의 한계를 감안하여 계획에 임하여야 한다.

### 5) 다양성과 매력성

고객 선택의 폭을 넓히기 위해 다양한 품목을 갖추어야 하며, 호기심과 식욕을 돋울 수 있는 매력이 있어야 한다.

### 6) 영양소 요소

영양적 요소에 대한 고객들의 관심이 점점 높아지므로, 건강식에 대한 깊은 배려가 있어야 한다.

## 2 메뉴 작성 시 원칙

메뉴작성은 일반적으로 요리장(chef)에 의해 이루어질 수도 있고, 식음료 제품의 공급과 고객만족이라는 마케팅 차원에서 메뉴개발 조직에 의해 전략적으로 이루어질 수도 있다. 이러한 경우 메뉴개발조직은 마케팅 부서장, 객장 지배인, 주방장, 원가관리자, 식자재 구매 부서장으로 구성된다. 마케팅 부서장은 이 조직의 책임과 역할을 맡으며, 신 메뉴개발의 필요성 제기부터 메뉴의 완성, 상품의 촉진까지 모든 부분을 책임지고 이끌어 나아가야 한다. 객장 지배인은 고객의 욕구와 기호가 어떻게 변화하고 있는가를 가장 잘 파악하고 있어 이에 대한 조언이 필요하고, 주방장은 조리사의 문제점에 대해서 조언을 할 수 있고, 원가관리자는 원가계산으로 그 메뉴품목의 상업성 여부를 판단할 수 있으며, 식자재 구매부서장을 식자재의 원활한 수급과 가격 안정성에 대하여 조언을 할 수 있다. 즉, 메뉴개발은 레스토랑의 영업유형이나 입지조건, 고객의 욕구 등 다양한 요소에 의해 영향을 받는다는 측면에서 마케팅 요소를 고려하여 고객만족과 원가절감의 차원에서 세심한 주의가 요구된다. 다음은 메뉴를 개발할 때 고려해야 할 원칙이 있다.

① 같은 재료의 요리를 중복시키지 않는다.

② 같은 색의 요리를 반복시키지 않는다.

③ 비슷한 소스(sauce)를 중복해서 사용하지 않는다.

④ 같은 조리방법(cooking methods)을 두 가지 이상 같은 요리에 사용하지 않는다.

⑤ 요리제공의 순서는 경식(light dish)에서 중식(heavier dish)으로 균형을 맞춘다.

⑥ 요리와 곁들여지는 재료(garniture)와의 배합과 배색에 유의한다.

⑦ 계절감각과 용도별 성격, 특산물을 고려하여 작성한다.

⑧ 메뉴의 표기문자는 요리의 내용에 따른 각국의 고유문자를 사용하나, 양식인 경우 불어 표기를 원칙으로 하며 나라 명, 지방 명, 사람의 이름 등 고유명사는 대문자로 표기한다.

## 3 메뉴개발 방법

메뉴개발은 식음료와 조리방법, 서비스 방법 등에 대한 지식만 요구되는 것이 아니라, 음식에 대한 이해와 영양가, 디자인, 색상감각, 심지어 경영관리 감각, 특히 마케팅 감각까지도 필요로 한다.

전형적인 메뉴개발 절차는 [그림 10-1]같다.

[그림 10-1] 메뉴개발 작업절차

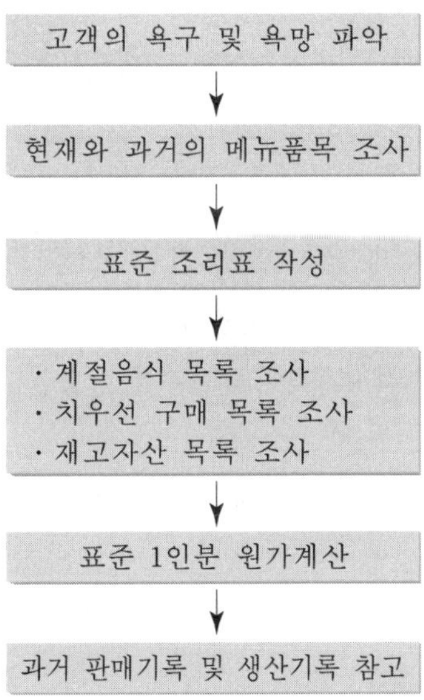

현대의 식음료 경영은 과거와는 달리 고객만족이 중요하기 때문에 고객의 욕구에 맞는 메뉴가 계획되어야 한다. 그 다음 원가, 이미지, 구입 불가능한 식재료, 부적절한 조리기구, 부적절한 조리기술 및 조리사, 품질유지의 어려움 등을 고려하여 최대한 고객의 욕구를 만족시키는 방향으로 나아가야 한다.

이러한 절차를 거치면서 식사형태를 구분하여 메뉴를 계획한다. 이러한 메뉴개발의 절차를 자세히 나타내면 다음과 같다.

### 1) 메뉴개념 만들기

식당의 메뉴개념은 영업개념으로부터 결정된다. 영업개념을 결정하기 위해서는 먼저 정해진 물건에 대한 입지조사와 상권조사를 한다. 이 조사내용을 분석함으로써 점포의 방향을 결정하게 되는데, 이것을 영업개념이라 한다. 영업개념은 어떤 상품을, 얼마에, 어떤 방문동기로, 어떤 식당 분위기에서 고객을 유치할 것인가, 즉, 업종형태, 목표시장, 방문동기, 점포분위기를 결정하는 것을 말하는데, 이러한 영업개념 내에서 메뉴방향을 확정하는 것을 메뉴개념이라 한다.

### 2) 메뉴가격의 설정

#### (1) 메뉴가격 결정의 목적

식당의 메뉴가격이 고객에게 얼마나 만족감을 주느냐에 따라 식당매출이 증가할 수도 있고, 반대로 매출이 감소할 수도 있다. 메뉴가격은 고객과 경영자 양자 간에 있어 이해가 일치되는 선에서 결정되어야 식당운영의 효율성이 높아진다. 인플레이션이 심각하거나 노동생산성의 확대가 극히 제한되어 있을 때는 적정가격의 결정은 더욱 중요한 문제로 대두될 것이다. 식당의 대 고객가치는 음식물 서비스 및 데커레이션 등의 질이 높아질수록 그리고 음식물 가격이 적정가격이 낮을수록 상승한다.

$$\text{가치} = \frac{\text{질}}{\text{가격}}$$

호텔이나 식당에서 메뉴가격 결정은 기업의 목표에 따라 틀리게 설정되는데, 다음과 같은 목적을 갖는다.

① 고객별 시장 점유율의 유지와 확대

경쟁식당보다 저렴한 가격을 책정하여 빠른 시장침투를 통하여 수요를 증가시켜서 목표매출액이나 이익률을 달성하려는 목적으로 가격을 결정한다. 이 가격정책은 초기에는 손실을 초래할 수 있지만 시장 점유율이 확대되고 규모의 경제가 달성되면 충분한 이윤을 보상받게 된다.

② 객 단가의 이익극대화

식당을 이용하는 고객에 따라 높은 가치를 부여할 수 있는 상품을 준비하여 여기에 상응하는 가격을 설정하여 높은 이윤을 실현하려는 가격결정 방법이다.

③ 현상유지 또는 가격안정의 목표이다.

현재 수요에 크게 변화를 원하지 않도록 안정되게 가격을 정하는 것으로 현상유지의 목적이라 한다. 이 가격의 주요 목적은 수요 감소 시에도 일정한 고객을 확보하려는 장기적인 안정과 성장을 추구하는 목적이다.

④ 경쟁사에 대한 경쟁에 순응하는 목표이다.

경쟁사의 가격정책을 비교 분석하여 경쟁사의 시장침투를 억제하기 위한 목표이다.

⑤ 촉진적 가격결정 목표

고객에게 인기가 있는 특정상품을 고객이 만족할 만큼의 가격으로 저렴하게 제공하는 방법이다. 그 상품에 대해서는 수익성을 기대하지만 특정상품을 구매하기 위해 방문한 고객에게 다른 상품의 제공이나 재방문의 기회를 기대한다.

### (2) 메뉴가격 결성의 방법

메뉴가격은 원가, 수익성, 경쟁력을 고려하여 결정되어야 하는데 표적고객별로 고가, 중고가, 중가, 중저가, 저가로 구별되어야 한다. 식당경영에서 메뉴가격 결정은 전통적으로 고객의 상품구입에 가장 중요한 요소이다.

① 원가기초의 가격결정법

a. 원가가산 가격결정법(Cost Plus Pricing)

제품, 서비스의 생산 및 분배에 소요되는 실제비용의 크기를 기초로 가격을 설정하는 방식으로 비용을 어떻게 식별하느냐에 따라 가격의 범위가 달라질 수 있다. 이는 단위당 원가에 미리 정해진 고정률을 가산하여 판매가격을 책정하는 방법이다. 예를 들면 티본 스테이크(T-Bone Steak)의 식 · 재료비와 노무비의 비용이 40%로 정하고 총이익을 60%로 하기로 결정한 경우에 원가 4,000원의 티본 스테이크는 판매가격을 10,000원으로 판매한다.

b. 원가비율 또는 이폭 가격결정법(Cost Percentage or Markup Pricing)

총원가에 예정된 일정한 수익률을 가산하여 가격을 결정하는 방법이다. 완제품을 재판매하는 기업에서 주로 이용되는 방식으로 특정품목의 변동비에 일정한 크기의 이폭(Markup)을 가산하거나 전체원가비율에 일정률의 이폭을 가산하는 것이다. 예컨대 불란서산 보졸레 드보 포도주 한 병의 원가가 10,000이고 10,000원의 이폭을 얻기로 하면 판매가격은 20,000원이 된다. 이 경우 이폭의 비율은 원가의 100%또는 판매가의 50%가 된다.

c. 손익분기 가격결정법(Break-even Pricing)

[그림10-2] 손익분기도표의 방법은 식당경영에 투입되는 고정비와 변동비에 대하여 사전에 구분되어 총비용이 파악되고 상이한 가격을 설정할 경우 수요량의 변화를 추정하여 최적의 가격을 설정할 경우 수요량의 변화를 추정하여 최적의 가격을 설정한다. 어느

[그림 10-2] 손익분기도표

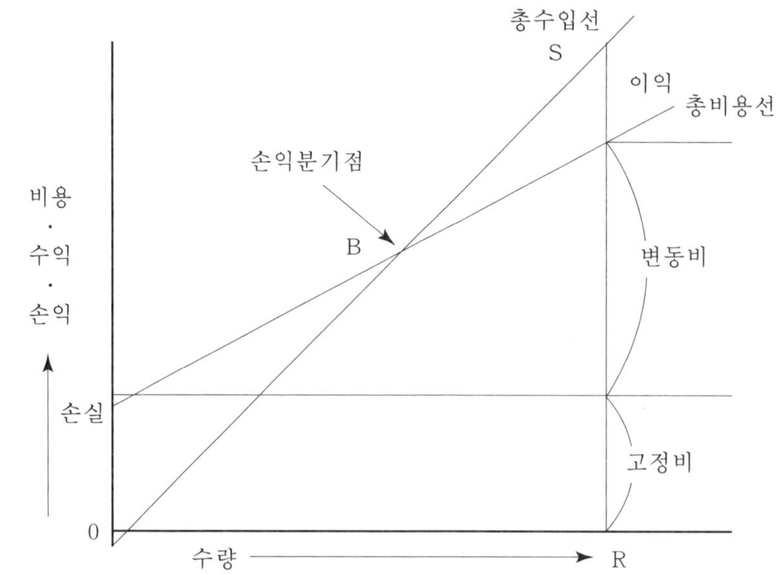

정도 크기의 판매량과 가격이 부과되면 제품, 서비스가 최소한 손익분기 수준에 도달할 것인지를 결정하고 이를 가격설정의 기초로 이용하는 방식이다.

② 수요 지향적 가격결정 방법

수요 지향적 가격설정은 원가보다는 소비자의 수요를 토대로 가격을 결정하는 방법이다. 가격에 따른 수요량을 추정하여 매출에 따른 이익이 최대가 되도록 가격을 결정한다.

a. 인지된 가치에 따른 가격결정법(Perceived Value Pricing)

이 방법은 수요기준 가격결정법이라고 하며, 구매자의 제품, 서비스에 대한 인식된 가치를 조사하고 그 평가 상태를 가격결정의 출발점으로 이용한다. 이 방법은 제품가치에 대한 소비자들의 인지도를 정확하게 측정해야만 사용 가능하므로 당연히 시장지각에 대한 정확한 측정이 전제되어야 한다. 제품의 가치를 실제보다 높이 측정하면 가격도 높게 측정되고 제품의 가치를 낮게 측정하면 가격도 낮게 측정되는 결과를 초래한다. 이러한 과오를 피하기 위해서는 마케팅 조사를 실시하여 고객의 인지도를 정확하게 파악하여야 한다.

b. 수요차별에 따른 가격결정법(Demand Differential Pricing)

수요에 기초한 가격결정의 방법으로 이는 한 제품, 서비스가 수요의 차이에 따라 두개 혹은 그 이상의 다른 가격으로 판매하는 방식이다. 고객, 장소, 시간에 따라서 차별화 된 가격을 적용하는 것이다. 수요차별 법에 따른 가격결정방법을 적용하기 위하여 다음과 같은 기본조건이 전제되어야 한다.

첫째, 각 세분시장은 자체의 고유한 수요곡선을 가져야 한다. 둘째, 각 세분시장에 책정된 가격은 차별화를 위해 투입된 광고비 및 특별비용을 포함하여 적절한 이윤이 보장되어야 한다. 비즈니스 고객과 단체고객은 가격에 대한 인식에 차이가 있고, 식당에 따라서 점심과 저녁에 방문하는 고객 수에 차이가 있어 수요차별에 따르는 가격결정방법이다.

③ 경쟁 지향적 가격설정

경쟁 지향적 가격결정은 경쟁업자의 가격을 기준으로 결정하는 방법을 제품, 서비스의 원가나 수요와 관계없이 경쟁사의 가격변동에 따라 신축적으로 가격을 책정하는 방법이다.

a. 모방 가격설정(Going-rate Pricing)

모방가격설정은 제품, 서비스의 가격을 동종업계의 평균수준에서 결정하는 방식이다.

b. 입찰 가격결정(Sealed Bid Pricing)

경쟁사의 예상입찰가격에 기초하여 자사의 가격을 책정하려는 방식이다.

④ 고객심리 중심의 가격설정

합리적 반응보다 고객의 감정적 측면에 기초하는 가격설정방식으로 흔히 소매기관에서 많이 이용된다.

a. 단수 가격설정(Odd-Even Pricing)

단수 가격설정은 가격의 끝자리 수를 일정가격 범위내의 단수로 함으로써 심리적으로 저렴하다는 인상을 주고자 하는 것으로 식사 요금을 10,000원으로 하지 않고 9,900원으로 하는 것이 그 예이다.

b. 권위 가격설정(Prestige Pricing)

특정제품 서비스가 권위나 질이 우수하다는 것을 나타내기 위해 인위적으로 높은 수준의 가격을 설정하는 방법이다.

c. 선도 가격설정(Leader Pricing)

몇 개의 제품, 서비스를 대폭 할인하여 일단 고객을 유인하여 다른 제품이나 서비스의 구매를 촉진하게 하는 방식이다.

d. 특별이벤트 가격설정(Special Event Pricing)

계절적 수요가 감퇴되었거나 특별한 의미가 있는 축제일이나 사건을 전후하여 평소보다 할인된 가격을 제공하는 것이다.

## 5절 메뉴에 의한 서비스 계획

### 1) 서비스 순서 및 준비요령

| 순서 | 메뉴 | 서비스 계획 | 행동요령 |
|---|---|---|---|
| 1 | | 고객입장 | 고객 입장 시 인사를 한다. |
| 2 | | 고객착석 | 착석을 돕기 위해 의자를 빼준다. |
| 3 | Hard Roll 및 Bread | Bread Serving | Bread Basket & Tongs를 사용 |
| 4 | | Cream Soup Plate Setting | Dish Warmer에 넣어서 Warming 한 것을 사용(손으로) |
| 5 | Cream of Carrots Soup | Soup Serving | Soup Tureen 및 Soup Ladle을 사용 |
| 6 | Tossed Green Salad | Salad Serving | Tray사용(Dressing을 미리 넣는다.) |
| 7 | | Soup Plate Remove | Tray를 사용해서 뺀다. |
| 8 | Roast Tenderloin of Beef | Main Entree Serving | 손으로 이용하여 Serving |
| 9 | | Main Plate Remove | Main Plate를 뺀다.(손으로) |
| 10 | | Salad, Butter Plate Remove | Salad Bowl 및 Butter Plate를 뺀다(Tray 사용). |
| 11 | Canasta Neapolitan | Dessert Serving | Tray를 이용하여 Serving 이때 Coffee Cup을 Turn Down |
| 12 | Coffee or Tea | Coffee of Tea Serving | Pot를 이용 Tea는 Sliced, Lemon을 Serve |
| 13 | | 고객퇴장 | 연회를 마치고 갈 때는 의자를 빼준다. |
| 14 | | 환송 | 고객이 다시 오시도록 "감사합니다." 라고 인사드린다. |

#### (1) 서비스준비요령

① 고객이 착석하기 전 테이블세팅

② Back-Side 영업 준비(준비 항목)

Tabasco Mustard 및 Ice Water를 미리 준비하여 고객이 찾으면 빨리 서빙(Serving)할 수 있도록 한다.

③ Tray(Service 인원수에 2배)

④ Bread, Basket, Soup Tureen(Warming 시킬 것)

⑤ Waiter Napkin

### (2) 주의사항

① Bread는 고객이 많을 때는 사전 서빙(Serving) 할 수 있음.

② 서비스 도중 얼음물을 추가 서빙(serving)한다.

③ 상기 서비스 계획 시는 지배인 및 Captain의 지시에 의해서 조정한다.

④ 중심의 서비스되는 물건은 우측에서 뺀다.

⑤ 좌측에 서비스되는 물건은 항상 좌측에서 뺀다.

⑥ 서비스 요원은 서비스 중 항상 고객의 필요한 사항을 받아 해결해 드려야 한다.

## 2) 정찬요리

| 순서 | 메뉴 | 서비스 계획 | 행동요령 |
|---|---|---|---|
| 1 | | 고객입장 | 고객 입장이 인사를 한다. |
| 2 | | 고객 착석 | 담당테이블에 고객착석을 돕기 위해 의자를 빼준다. |
| 3 | Melba Toast | Melba Toast | 숙녀부터 먼저 서빙 한다(Basket에 Tongs 사용). |
| 4 | Langouste Parisienne | Appetizer Serving | 숙녀부터 먼저 서빙 한다(손사용). |
| 5 | Hard Roll & Soft Roll | Bread Serving | 숙녀부터 먼저 서빙 한다(Basket 및 Tongs 사용). |
| 6 | | Appetizer Plate Remove | Appetizer Plate를 뺀다. |
| 7 | Consomme With Shrimp | Soup Cup Remove | Soup Cup은 Dish Warmer에 Warming시킨 후 사용 |
| 8 | | Soup Serving | Soup Tureen 및 Soup Ladle사용 |
| 9 | | Soup Cup Remove | Soup Cup을 뺀다. |
| 10 | | White Wine Serving | Host를 먼저 Testing 시키고 숙녀 순으로 서빙 한다. |
| 11 | Poched Filet of Turbot | Fish Serving | 생선접시서빙(손사용) |
| 12 | | Fish Plate Remove | 생선접시를 뺀다(손사용). |
| 13 | Lemon Sherbet | Sherbet Serving | 샤벳 서빙(Tray 사용) |

| 순서 | 메뉴 | 서비스 계획 | 행동요령 |
|---|---|---|---|
| 14 | | Sherbet Remove | 샤벳 서빙을 뺀다(Tray 사용). |
| 15 | | Red Wine Serving | Host에게 Testing시킨 후 숙녀순서로 서빙 |
| 16 | Hot Vegetable | Hot Vegetable Serving | Hot Vegetable Serving(Tray 사용) |
| 17 | Abalon Steak / Tenderloin | Entree Serving | Entree Serving(손사용) |
| 18 | Mimosa Salad | Salad Serving | A조는 Salad Serving |
| 19 | | Dressing Serving | B조는 Dressing을 Serving |
| 20 | | Entree Plate Remove | Entree Plate를 뺀다. |
| 21 | | Hot Vegetable Plate Remove | Hot Vegetable Plate를 뺀다. |
| 22 | | Salad Bowl Remove | Salad Bowl를 뺀다. |
| 23 | | Table Crumbing | 테이블에 빵가루 치우면서 Cheese Knife 및 Fork Turn-Down |
| 24 | | Dessert Serving | Dessert Serving하면서 Champagne Glass Turn-Down |
| 25 | Champagne | Champagne Serving | Host 에게 Testing한 후Serving |
| 26 | | Champagne Toss | Head Table 및 담당 테이블 고객들의 건 배시 일어나는 것을 돕기 위해서 빼 준다. |
| 27 | | Speech | Host 및 고객의 Speech가 끝나면 건 배가 있음 |
| 28 | Coffee | Coffee Cup Setting | A조 커피 컵의 세팅<br>B조 커피 및 설탕 크림준비 |
| 29 | | Coffee 및 Sugar Cream Serving | 식후음료를 준비한다. |
| 30 | Brandy | Brandy Service | Tray에다 브랜디, 글라스를 별노도 들 고 다니면서 주문을 별도 Serving |
| 31 | | Toothpick Serving | 접시에 Toothpick을 올려서 Serving |
| 32 | | 고객퇴장 | 의자를 빼주고 인사를 한다. |

### (1) 주의사항

고객의 인원이 적거나 VIP인 경우에는 Double 및 Tripple Underliner를 해준다.
Double Underliner를 사용할 수 있는 Course

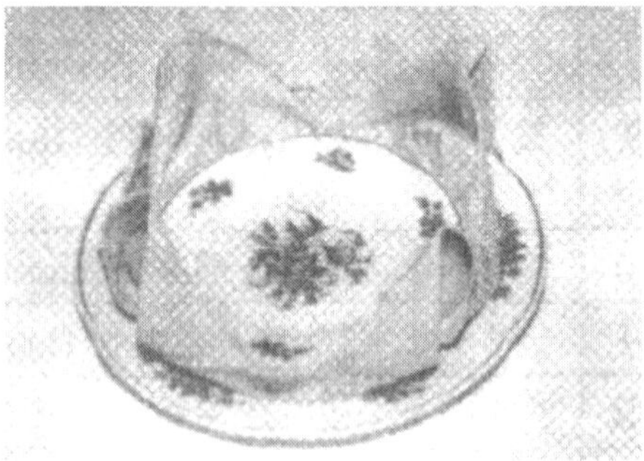

① Appetizer ② Soup ③ Sherbet ④ Dessert ⑤ Coffee 등

(2) 영업 준비(Mese-En-Place)

① 연회준비 지배인과 담당 캡틴이 완벽하게 준비토록 한다. (특히 메뉴와 Back Side 준비사항)

② Function Room 내부에도 Service Side Table을 만들어서 신속한 서비스를 할 수 있도록 한다.

· 준비 : Ice Water, Toothpick, Water, Napkin, Tray, Wine Cooler등

③ 뜨거운 음식은 뜨겁게, 찬 음식은 차게 서빙(Serving)되는가를 확인하도록 한다.

※ Service중 착안사항

① 지배인 및 Captain은 서비스는 고객과의 연결을 잘 이어 주어야 한다.

② Host의 마음을 편안하게 해주기 위해서는 담당 책임자는 항상 옆에 있어야 한다.

③ 주최자가 누구인가를 잘 파악해서 행사진행을 도와주어야 한다.

④ 언제나 주최 측을 도울 수 있다는 마음과 의사표시가 있어야 한다.

### 3) 한식요리

| 순서 | 메뉴 | 서비스 및 세팅 |
|---|---|---|
| | | Water(보리차)를 제공 |
| 1 | 기본찬 | 식기류 및 Food Color별로 잘 갖추어서 Setting |
| 2 | 수삼과 꿀 | Plate에 의한 Russian Serving, Chopstick 사용 |
| 3 | 구절판 | 직접 고객 앞에서 말아서 Serve한다. |
| 4 | 잣죽 | 잣죽 Bowl에 Underliner 사용, Tray 사용 |

| 순서 | 메뉴 | 서비스 및 세팅 |
|---|---|---|
| 5 | 전복초 | Plate에 의한 Russian Serving, Chopstick사용 |
| 6 | 대하찜 | Plate에 의한 Russian Serving, Chopstick사용 |
| 7 | 편육 | Plate에 의한 Russian Serving, Chopstick사용 |
| 8 | 신선로 | 2가지 Serving 방법<br>1. Wagon을 이용해서 두 손으로 Serving<br>2. Tray이용 1명은 들고 1명은 Serving<br>※ 고객에게 Serving시 조심을 해야 한다.(장갑을 꼭 낄 것) |
| 9 | 도미찜 | Platter에 의한 Russian Serving때 Serving Spoon & Fork 사용 |
| 10 | 갈비찜 | 찜기를 이용 Underliner를 하고 Serving Tray 사용 |
| 11 | 안심구이 | Platter에 의한 Russian Serving(Chopstick 사용) |
| 12 | 진지와 탕 | 진지와 탕을 동시에 Serving(Tray 사용)<br>Table 위에 Serving 했던 음식을 Take Out |
| 13 | 생과일 | 생과일 Serving(Plate는 개인별로 준비, Tray 사용) Fork를 동시에 제공 |
| 14 | 인삼차 | 꿀과 함께 Tea Spoon을 동시에 Serving한다. |

### (1) 서비스를 위한 준비

① 보리차를 미리 끓여 놓고 색깔 및 맛을 사전 확인하도록 하여야 한다.

② 음식서브 때 Main Dish는 Food를 Russian Serving을 해야 하며 접시를 Course별로 갈아주는 경우와 Fish와 Meat류 물기가 있는 것과 없는 경우 구분해서 서브하는 경우가 있다.

③ 양식 Fork, Knife를 별도로 준비하여야 하며 외국인 고객이 원할 경우는 세팅해서 고객이 드시기에 편리하도록 도와주어야 한다.

④ 물수건(Water Towel)은 서비스 전에 제공하며 위생적이고 신선함을 주어야 한다.

⑤ Water Towel은 Towel Warmer에 보관한다.

# M·E·M·O

chapter 11

# 주장관리

## 1절 음료의 개념

### 1 음료의정의

우리 인간의 신체구성요건 가운데 약 70%가 물이라고 한다. 모든 생물이 물로부터 발생하였으며 또한 인간의 생명과 밀접한 관계를 가지고 있는 것이 물, 즉 음료라는 것을 생각할 때 음료가 우리 일상생활에 얼마나 밀접한 것인가를 알 수 있다. 옛날 사람들은 순수한 물을 마시고 그들의 갈증을 달래고 만족하였을 것이다. 그러나 현대인들은 여러 가지 공해오염으로 인하여 순수한 물을 마실 수 없게 되었고 따라서 인공 정화 된 물만 가지고는 만족할 수 없게 되었다. 이에 따라 현대문명 혜택의 산물로 여러 가지 음료가 등장하게 되고 다양해 졌으며 각자 나름대로의 기호음료를 찾게 되었다. 우리 한국인들은 음료라고 하면 주로 비알코성 음료만 뜻하는 것으로 알코성 음료는 주로 '술'이라고 분간해서 생각하는 것이 보편적 상식이라 하겠다. 그러나 서양인들은 음료의 개념이 우리와는 다르다. 물론 음료(Beverage)라는 분류에서 알코성 비알콜성 음료로 구분을 하지만 마시는 것은 통칭 음료라 하며 어떤 의미에서는 알코성 음료로 더 짙게 표현되기도 한다. 이러한 의미는 서양인들의 다음과 같은 유머러스한 표현에서도 찾아 볼 수 있다. "와인(Wine)이 없는 식탁은 태양이 없는 날과 같다." 즉, 식사를 하는 Table에는 적어도 한 가지 이상의 Wine이 곁들여지지 않으면 좋은 식사를 하였다고 할 수 없으며, 식사를 하면서 와인을 곁들여 마시는 것이 그들의 일상 식생활이라고 할 수 있다. 또한 구미 각국에서는 고객이 방문하였을 때는 제일 먼저 술 한 잔을 권하는 것이 인사이며 고객을 접대하는 것이라 할 수 있다. 우리나라도 급속한 서구문명을 받아들임과 아울러 국민 생활이 높아지면서 중류 이상의 가정에서는 Home Bar에다 각종 음료(특히 주류)를 비치해 놓고 고객 방문시 음료접대를 하는 것이 상식화되었다. 이와 같이 음료, 특히 음료 중에서도 알코올음료가 우리들 생활에 중요한 부분을 차지하게 되었으며 특히 관광산업이 국가 전략 산업으로 부각된 지금 외래 관광객들이 즐겨 찾는 음료에 대해 잘 알고 올바르게 제공 판매한다는 것은 사회적으로나 경제적으로나 큰 의미를 가지고 있다 하겠다. 우리나라 주세법에서 주류의 정의는 다음과 같이 규정하고 있다. 술의 정의는 법에서 주류라 함은 주정(희석하여 음료로 할 수 있는 것을 말한다.)과 알코올1℃이상의 음료(약사법의 규정에 의한 의약품으로서 알코올6℃미만의 음료를 제외한다.)를 말한다. 특히 식 · 음료 부서에 근무하는 종사원들은 이 음료에 관한 풍부한 지식을 가지고 음료판매에 임하여야 할 것이다. 왜냐하면 "술은 잘 먹으면 약이요 잘못 먹으면 독이다."라는 금언과 같이 우리 서비스를 담당하는 종사원들은 귀중한 고객들에게 몸에도 유익하고 생을 더욱 즐겁게 할 수 있도록 좋은 약으로 술을 드시도록 유도할 의무도 있기 때문이다. 「쓴맛」이나 「시큼한 맛」을 가진 음료는 식욕촉진을 돕기 때문에 식전 주(Aperitif Drink)로 좋고 「단맛」의 술은 소화 촉진을 돕기 때문에 식후 주(After Drink)로 적당하다든지, 단술을 마시고 쓴술을 마시면 구토 병이 일기 쉽다든지, 또는 식전 주로 맥주 같은 포말성 음료를 지나치게 마시면 식욕이 도리어 감퇴된다는 등등 우리들이 생리학적 또는 과학적 사고를 가지고 업무에 임해야 할 것이 많다고 하겠으며 따라서 이 분야에 대한 여러분들의 끊임없는 노력이 요구되는 것이다.

## ② 음료의 분류

일반적으로 음료는 알코올이 함유되어 있는 유무에 따라 알코올성 음료와 비알콜성 음료로 구분하고 알코올성 음료는 제조방법에 따라 양조주, 증류주, 혼성주로 구분하고, 비알콜성 음료는 청량음료, 영양음료, 기호음료로 구분한다. 술의 분류는 제조방법에 양조주, 증류주, 혼성주로 구분하는데 알코올성 음료에는 위스키, 브랜디, 리큐르, 와인과 맥주 등이 있다. 양조주 와인을 보면 레드 와인은 프랑스, 화이트 와인은 독일이 유명하다. 스페인, 이태리, 미국, 포르투갈, 오스트리아, 호주, 한국 등과 같이 세계 각국에서 제조되고 있다. 맥주는 독일이 유명하고 그 외 나라 네덜란드, 영국, 미국 등도 유명하다. 증류주인 위스키에는 일반적으로 세계4대 위스키는 스카치위스키, 아이리시 위스키, 아메리칸 위스키, 캐나디언 위스키가 있다. 기타 국가에서 생산되는 위스키가 있다. 브랜디에는 꼬냑, 아르마냑, 프렌치브랜디 칼바도스, 독일브랜디, 기타 외국에서 제조되는 브랜디가 있고, 러시아 보드카, 북미유럽 아쿠아비트, 멕시코 데킬라, 럼, 진 등이 있다. 혼성주는 흔히 리큐르라고 하는데 술에 각종 약초나 향료를 첨가한 술을 의미한다.

## 2절 양조주(Fermented Liquor)

양조주는 곡류와 과실 등을 원료로 하여 조주한 술로서 당분이 함유한 원료를 이용하여 단순히 발효에 의해서 만들어지는 술로 포도주나 Cider(사과주)같은 것이 있고 또 하나는 전분 함유물을 원료로 하여 전분을 당화 시켜 주정을 얻어내는 발효공정을 요하는 것으로서 맥주와 청주가 이에 속한다. 발효라는 것은 효모균(Yeast)이 분비하는 효소가 촉매가 되어 당류가 가수 분해하여 알코올(Alcohol)과 탄산가스($CO_2$)로 전화하는 것을 말한다.

고대에는 천연의 당류가 4가지가 있었는데 그 중에 벌꿀은 오래 저장해 두면 야생의 Yeast의 작용을 받아서 벌꿀주가 생겨났다. 봉밀주(Mead and Metheglin)라는 것이 세계최고의 술이 아닌가한다. 두 번째로는 과즙이 있는데 이중에 포도의 과즙은 포도당과 과당의 함유량이 가장 많다. 더구나 포도의 과피에는 가루를 뿌린 것처럼 다량의 이스트가 군생 하고 있어 포도주를 만드는 방법은 가장 원시적이었다. 그리하여 포도주의 기원은 기원전 4,5천 년 전에 이미 발견되었다 한다. 셋째로는 발아하고 있는 곡류의 맥주를 만들었다 한다. 네 번째의 것은 누룩효모이다. 고대의 중국에서는 기장(수수의 일종:

Millet)에 효모를 이식해서 그당화 효소를 이용하여 술이 만들어 졌다고 한다. 그리하여 양조주에는 맥주, 와인 등이 이에 속한다.

## 1 맥 주(Beer)

### 1) 맥주의 역사

맥주는 보리로 만든 양조주이며, 지금은 시골의 조그마한 상점에서도 구할 수 있을 정도로 널리 알려져 있다. 맥주는 세계에서 가장 많이 마시는 술로 알려져 있으며, 우리나라도 탁주의 소비량은 갈수록 줄어드는데 비하여 맥주의 소비량은 탁주의 소비량이 줄어든 만큼 계속 늘어나고 있는 실정이다. 맥주는 우리의 탁주와 비슷한 점이 많다. 우선 만드는 원료로서 맥주는 보리, 막걸리는 쌀을 사용하고 있다. 모두 농경문화의 바탕에서 나올 수 있는 술이다. 현재 고고학자의 연구에 따르면 맥주는 B. C. 7000년경 인류가 농업을 시작함과 동시에 시작되었다고 한다. 현존하고 있는 가장 오래된 맥주에 관한 자료로서 B. C 4200년경의 것으로 추정되는 오랜 유물인 "모뉴멘트 블루"에는 맥주 양조용의 앤멜소맥(B. C. 8700년에 동부 이락의 야생종으로서 당시 소아시아 지방에 널리 야생한 소맥)을 탈곡하여 맥주 만드는 모습이 그려져 있다. 이것은 수메르인 들이 곡물로서 빵을 만들고 이 빵을 다시 가루로 만든 후에 공기 중에 있는 천연효모에 의하여 자연발효시켜 만들었다고 볼 수 있다. 이후 B. C. 3000년경부터 이집트에서는 맥주를 만들어 마시고 있었다. 그러나 근래의 맥주는 독일이 본고장으로서 독일인의 선조인 고대 게르만 민족은 기원 1세기경부터 맥주를 마셨다고 한다. 당시 게르만 민족은 와인이나 봉밀 주를 만들어 "와인은 주인이 마시는 것, 맥주는 천민이 마시는 것, 그리고 봉밀 주는 그 세대에 사는 사람들을 위하여 바치는 것"이라고 전해져 내려오고 있다. 중세기에 들어 맥주의 지위도 높아지고 "맥주는 액체의 빵", "빵은 그리스도의 육신"이라는 생각에서 교회나 수도원에서 계속 만들어져 내려온 것이다.

이것이 오늘날과 같은 맥주로서 만들어지기 시작한 것은 15세기경 독일의 일부 수도원에서 하면 발효법에 의한 맥주를 만들기 시작하면서부터이다. 16세기 독일에서는 "맥주 순수령"을 발효시켜 "맥주는 보리, 호프 및 물만으로 양조하라"라고 규제하였다. 이때부터 고품질의 맥주가 만들어지기 시작한다.

미국은 16세기 후반부터 이민하여온 사람들이 호프를 재배하여 맥주를 양조하기 시작

했다. 그리하여 오늘날 세계제일의 맥주 생산국이 되었다. 맥주의 원료는 보리와 호프, 물 그리고 알코올 발효에 필요한 효모를 들 수 있다. 맥주를 만들기 위해서는 우선 보리를 당화시킬 수 있도록 엿기름(Malt) 상태로 만들어야 한다. 이것을 뿌리를 제거하고 분쇄하여 물을 넣고 끓여 단맛이 나도록 한다. 이 단맛이 나는 액체를 여과하여 효모를 넣고 발효를 시킨 후 저장탱크에 넣고 숙성시킨다. 이 후 병입을 시키는데 이 때 살균 유무에 따라 생맥주(Draft Beer)와 병맥주(Lager Beer)로 나누어진다.

### 2) 맥주의 원료

맥주는 보리를 발효시켜서 쓴맛을 내는 호프 · 물 · 효모를 주원료로 하여 만든 알코올성 음료이다. 주원료인 보리대신 밀 · 귀리를 사용하기도 한다.

① 물

맥주의 제조 원료에서 중요한 비중을 차지하고 있는 것은 물로서 90%가 물이다. 수질이 좋지 않는 물을 사용하면 맥주의 맛을 저하시키고 좋은 맥주라 하지 않는다. 맥주의 제조되는 물은 무색 · 무향 · 무기한 것으로 유기물이어야 하고 비알카리성인 산성일수록 좋다. 적당한 양들의 이온들, 특히 칼슘이온이 필요하다. 큰병(640㎖) 1병을 만들기 위해서는 대맥 약 90g 건조시킨 홉의 열매 1g, 물 6ℓ 가 필요하다.

② 보리

맥주는 보리술이라 할 만큼 보리는 매우 중요하며 영어로 Beer라는 어언 색슨어의 보리에서 유래한 것이라 할 수 있다. 맥주를 만들 때 보리는 대맥의 맥아를 사용하는 데 맥주의 양조과정에 효소의 활성화 및 곡립의 용해와 여과 층을 형성해 맑은 맥즙을 얻어내기 위한 것이다. 맥주용 보리는 맥주보리라고 불리는 줄기 주위에 두 줄 보리알이 맺히는 두줄보리가 가장 많이 사용되고 있다. 양조용 보리로 좋은 것은 껍질이 얇고 담백한 색을 띄고 윤기가 있고 알맹이가 고르고 95% 이상 발아율이 있는 것이며 수분 율이 10% 내외로 건조된 것이고 전분함유량이 많아야 하고 단백질이 적어야 한다. 그 이유는 많으며 맥주가 탁하고 맛이 없다는 것이다.

③ 호프

호프는 맥주의 독특한 쓴맛과 향기를 주고 보존성을 증가시키며 맥아즙의 단백질을 제거하는 중요한 역할을 하는 원료이다. 호프의 원산지는 유럽에서 유명한 산지는 체코슬로비아의 사즈(Saaz) 지방과 독일의 하렐타우(Hallertau)지방이다. 호프는 봄에 싹이 트고, 5~6m의 높이까지 성장하는 뽕나무 과에 속하는 다년생 식물이다. 맥주에서 사용되는 호프는 꽃잎은 수정을 안한 암꽃을 건조하여 압착한 후 사용하고 꽃잎의 안쪽에는 로플린(lupulin)이라고 하는 노란색 꽃가루(나무진)를 이용한다. 맥주의 독특한 향기와 쓴맛을 주고 거품을 일 게하고 잡균의 번식을 막고 부패를 방지하고 여분의 담백질을 침전 · 분리시켜 맥주가 맑고 투명하게 하는 작용을 한다.

④ 효모

맥주에 사용되는 효모(Yeast)는 맥아즙 속에서 당분을 분해하고 알코올과 탄산가스를 만드는 작용을 하는 미생물로서 발효 후 탄산가스의 발생에 의해 거품과 같이 표면 위에 떠오르는 상면발효효모가 발효되면서 응집되어 밑으로 가라앉는 하면 발효효모로 구분되어진다. 맥주를 양조할 때에는 어떤 효모를 사용하느냐에 따라 맥주의 질이 달라진다.

⑤ 부원료

맥주의 제조에는 주원료인 보리 외에도 당의 함량을 조절하거나 특별한 향을 내고자 할 때 발효가 되는 부원료를 사용 할 수 있고 양은 맥아중량 50%를 초과하지 않도록 되어 있다. 부원료로 많이 사용되고 있는 것은 전분 · 옥수수 등이 있으며 담금 과정 중에 효소에서 당분이 변화되어 구수한 맛을 낸다.

### 3) 맥주의 제조과정

맥주의 제조과정은 크게 맥아제조, 당화, 발효, 저장의 4단계로 만들어진다. 맥주의 원료는 대맥과 호프와 물 그리고 알코올 발효에 필요 불가결한 것으로 효모를 들지 않으면 안 된다. "골 드소—누" 종류의 대맥을 하루반 내지 2일 정도로 충분히 수분을 흡수시켜 발아 조에 넣어 공기와 온도를 조절하여 5-8일간 발아시켜 수분이 45%정도 함유된 맥아를 약 20℃온도의 맥아 저장실에서 6주간 수분이 3%정도까지 되도록 건조한다. 이것을 분석하여 5-6배의 온수를 가하여 Mash를 만든다. 이것을 솥에 넣어 당분이 당화된 당맥아액(Wort)이 된다. 이것을 여과하여 호프를 가하여 맥즙을 낸다. 이것을 냉각기로서 약 0℃로 냉각하여 효모를 넣고 약 7-10일간 발효시킨 후 저장 탱크에 옮겨 60-90일간 약 0℃에 숙성하면 원숙한 맥주가 된다. 이것을 여과하여 통에 넣은 것을 생맥주

(Draft Beer)라고 한다. 이것은 보존성이 없기 때문에 병에 넣어서 저온으로 살균한다. 이것을 우리가 보통 마시는 병맥주(Lager Beer)이다.

### 4) 맥주의 분류

① 하면 발효 맥주(Under Fermented Beer)

염기성 효모(매우 활발히 발효하지 않는)를 사용하여 저면에서 발효되는 것으로 5-10℃ 정도의 저온을 필요로 하고 있다.

냉각 기류의 발달로 현재 널리 행하여지고 있는 양조법으로서 연 한색 맥주, 중간색 맥주, 짙은 색 맥주로 나눈다. 이 맥주의 특징은 연한색의 맥아를 원료로 하며 호프의 사용량이 많다. 미국, 체코, 덴마크, 일본, 한국 등 그 외 나라의 맥주가 대부분이 여기에 속하며 체코의 필스너맥주, 독일의 Dortmunt Bier 등이다. 짙은 색 과 연 한색 맥주의 중간색 맥주로서 연 한색 맥주보다는 짙은맛이 있다. 대표적인 것으로는 오스트리아 원산의 비인너 · 맥주가 있다. Munhen Bier의 전형적인 것으로 맥아를 건조할 때까지 까맣게 볶아서 제조한 흑맥주로서 호프의 사용량이 적으며 감미가 있다.

② 상면 발효 맥주(Over Fermented Wine)

호기성 효모(활발한 발효를 하는 효모)를 사용하여 상면에서 발효되는 것으로 10-20℃정도의 높은 온도로서 제조된 맥주이다. 냉각기류가 없었던 옛날에는 이 방법으로 제조하였다고 한다. 이 유형으로는 영국형, 독일형, 벨기형으로 나눌 수 있다.

연 한색 맥주는 일반적으로 알코올 함유량이 높고 호프에 의하여 맛과 호프향 등이 강한 맥주이다. 영국 산의 에일, 페일 · 에일 이 여기에 속한다. 중간색 맥주는 색과 향이 약간 짙으며 맛도 짙다. 영국 산의 마일드 에일(Ale)이 여기에 속한다.

짙은 색 맥주는 캬라멜화 된 맥아를 사용한 맥주로서 알콜도나 호프의 함유량이 높은 것이다. 대표적인 것으로 영국형의 포트(Port), 주정 도는 약 5%이며 스타우트(Stout)는 주정도가 8-11%가 되는 강한 맥주이다. 이 스타우트는 냉각하지 않고 마시고 있다.

독일 형으로는 "베를린 바이스 비어", "릭히텐 하이네 비어", "고오제 비어", "구렛차 비어", "다르쯔 비어"등이 있다. 벨 기형으로는 "라인 빅트 비어"가 있으며 독일 형과 흡사하다.

### 5) 맥주의 종류

① 라거 맥주(Lager Beer)

흔히 우리가 마시는 맥주로 하면발효법에 의하여 만들어진 것으로 저온살균과정을 거쳐 만들어지며 지금 생산 판매되고 있는 거의 대부분의 맥주가 여기에 속한다.

알코올 도수는 보통 4~5% 정도이다.

② 생맥주(Draft Beer)

우리가 흔히 말하는 생맥주를 뜻하며 만드는 방법은 라거 비어와 똑같고 마지막에 살균을 하지 않고 만들므로 오래 저장을 할 수가 없다.

③ 스타우트 맥주(Stout)

아주 진한 색깔의 맥주로서 상면발효법에 의하여 만들어진다. 호프의 씁쌀한 맛이 강하고 알코올 도수가 비교적 높은 것이 특징이다.

④ 에일 맥주(Ale Beer)

상면발효법에 의하여 만들어지며 일반 맥주에서 사용하는 호프보다 약 1.5~2배정도 더 많이 넣어 쓴맛이 강하고 숙성기간이 짧아 거품이 적은 것이 특징이다.

⑤ 필스너 맥주(Pilsner Beer)

하면발효법으로 만드는 맥주로서 필스너 우켈(Pilsner Urquell)이 원조이며 체코에서 만들어지는 연한색 맥주이다.

⑥ 흑맥주(Black Beer)

하면발효법에 의해서 만들어지는 진한색의 맥주로서 몰트향이 강하고 구수하며 단맛이 있는 것이 특징이다. 상면발효법에 의하여 만들어지는 진한색의 스타우트와는 다른 맥주이므로 혼돈해서는 안 된다.

⑦ 포터 맥주(Port Beer)

영국의 짐꾼(Porter)들이 즐겨 마시던 맥주로서 풍부하고 진한 거품이 있는 에일 타입이며 에일 보다는 감미롭고 스타우트 보다는 강하지 않은 맥주이다.

⑧ 몰트 비어(Malt Beer)

하면발효법에 의하여 만들어지는 맥주로서 엿기름(Malt)만을 사용하여 만든 맥주이다. 연 한색부터 진 한색까지 여러 종류의 맥주가 만들어지며 일반 맥주보다 알코올은 강하지만 호프 향이 적고 부드러운 것이 특징이다.

### 6) 맥주의 저장과 선택

생맥주는 양조장에서 출고될 때가 가장 잘 완숙된 상태이다. 생맥주(Draft Beer)는 거품이 끓어오름이 대단히 아름답고 먹음직스러워서 만족스러운 감을 준다. 취급에 있어서도 애매한 음료이므로 잘 다뤄져야 한다.

① 적당한 온도

생맥주를 파는 곳은 충분히 냉장되는 저장시설을 갖추고 있어야한다. 생맥주는 미 살균 상태이므로 온도를 적정 온도 2-3℃로 항상 유지하고 7℃ 이상으로 더워지면 맥주의 맛이 시어지게 된다. 글라스에 서비스 할 때에는 3-4℃ 정도가 적당한 온도이다.

② 정확한 압력

술통 속에 압력은 일정하게 유지하여야 하며 그 압력은 12-14 파운드로써 맥주의 온도가 3℃ 정도 때의 압력을 가지고 있다고 인정한다. 만약 압력이 12파운드 보다 낮으면 천연가스가 노출되어 김빠진 맥주가 될 것이다.

③ 순환

생매주도 역시 병맥주와 마찬가지로 신선하면 신선할수록 좋은 것이므로 오래 묵으면 그 향과 맛을 잃어버리게 되므로 재고순환(Stock Rotation)을 철저히 실행하여야 한다. 즉 선입선출(FIFO)규칙을 확실히 하여 고객으로 하여금 생맥주의 맛을 즐길 수 있도록 하여야 한다. 그러기 위해서는 배달되는 즉시 생맥주 통에 번호나 날짜를 표시하여 입고된 순서에 따라 사용할 것이다.(First in First out: 선입선출)

④ 저장

어린 맥주는 저장탱크에서 약 60~90일간 0℃서 숙성시키는데, 이를 후 발효라고 한다. 이 기간 중에 발생하는 탄산가스가 밀폐된 탱크 속에서 맥주에 녹아 들어가 효모나 기타 응고물은 침전하여 원숙한 맥주로 성장하는 것이다. 이것을 규조토 여과기로 여과하여 술통에 따라 두는 것이 생맥주(Draft Beer)이다. 이는 프레쉬(fresh)하나 장기간 보존성이 없으므로 보존성을 유지하기 위해 저온 살균 혹은 냉각 살균한 것이 보통 말하는 라거맥주(Lager Beer)이다.

## 2 와인(Wine)

### 1) 와인의 역사

와인은 인간이 이 지구상에 살기 이전에 원숭이가 먹다 남은 포도가 자연히 발효되어, 이것을 마시게 됨으로서 시작된 것으로 추측되며 이것이 언제부터인지 확실한 연대는 알 수 없으나 고대학자들의 주장에 의하면 약 1만 년 전부터 포도주가 만들어 졌다고 한다. 신구약성서에 자주 등장하는 이 포도주는 노아(Noa)시대에 포도원을 가꾸고 포도주(Wine)를 만들어 마셨다고 기록된 것으로 보면 그 역사는 아주 오래되었음을 알 수 있다. B. C 6000년경에는 메소포타미아와 아시아 사이에서 포도를 재배한 기록이 있으며 B. C 3000년에 와서는 이집트와 페니키아에서 재배되었고 B. C. 2000년경에는 그리스에서 포도를 가지고 와인을 만드는 기술이 전승되었다고 한다. 그 후 중세기에 들어오면서 기독교가 세계적으로 전승되면서 성찬 의식과 식음료로의 필요에 따라 기독교와 함께 이 포도 재배 및 와인 제조법이 세계적으로 전승되어 오늘날에 이르고 있다.

와인은 천연 효모에 의하여 자연 발효를 일으켜 그것을 여과시키는 원시적이고 간단한 방법이 오늘날에도 포도주 양조법의 원리로 되어 있다.

### 2) 와인의 대표적 산지

세계적 대표적인 와인 산지는 프랑스, 이탈리아, 독일이 와인의 생산량이나 질에서 다른 어느 나라에 비하여 우수하다고 할 수 있다. 그 이유는 포도를 재배하기에 적합한 토질, 기후, 재배기술, 국가에서 법률로 와인을 보호하는 정책 등을 통한 노하우이다,

#### (1) 프랑스 와인(French Wine)

프랑스 와인 생산량은 이태리에 이어 세계 2위 생산량을 자랑하며 그 뒤가 스페인, 포

르투갈 순이다. 프랑스는 포도의 관리와 분리, 한계를 명확하게 정해서 운영을 하고 와인을 하나의 보석처럼 다루는 정성과 감정적이면서 조직적이고 규율적인 국민성으로 와인 생산지를 보호하는 것과 동시에 와인 소비자를 함께 보호하는데 역점을 두고 있다. 프랑스는 여러 지방으로 나누고 지방을 다시 지역으로, 지역을 지구로 세분하고 그 지구에는 몇 개의 구역이 있다. 프랑스의 대표적인 6대 산지는 보르도(Bordeaux), 부르고뉴(Bourgogne), 상파뉴(Champagne), 보졸레(Beaujolais), 꼬뜨뒤론(Cotes du Rhone), 느와르(Loire)등이 있다. 프랑스 와인은 품질에 따라서 다음 같이 4등급으로 나누어 법령으로 관리를 한다. 프랑스 정부의 법률에 의해 엄격한 규제를 통하여 프랑스 와인 자체의 명성을 보호하고 그 품질을 유지하기 위하여 아펠라숑(Appellation)이라는 어구 아래 사용되고 있다.

① A. O. C-**최고급 와인**(Appellation d' origine Controled)

원산지 통제 명칭으로서 와인이 어느 지역에서 생산되었고 어떤 포도 품종으로 만들어졌으며 포도의 재배방법, 생산량 제한, 최저 알코올 함유량, 포도의 당분 함유량, 숙성의 조건 등을 규정하고 있다. 1935년 프랑스정부는 우수 포도주 생산업자 및 우수한 질의 와인을 보호하기 위하여 원산지 명칭 권을 법률로 정하였다.

② V. D. Q. S-**고급와인**(Vin Delimlite de Qualite Superieure)

1949년 정부 령으로 품질 분류상 A. O. C와인 다음 급에 속하며 규정항목으로 포도 생산 지역, 포도품종, 재배법, 양조법, 최저 알코올 도수 등을 규제하고 있다. 우수한 품질의 와인이라는 뜻으로 A. O. C와인과 같이 규정된 법률에 의해 감독 생산되는 와인이지만 그 엄격함에 있어서 A. O. C에 미치지 못하고 각 지방 포도재배연합회 관리 하에서 품질 관리한다.

③ **뱅드 빼이**(Vin de Pay)

1973년 정부 령에서 프랑스 와인 품질 상 제3급으로 분류하였으며, 규정항목은 포도품종, 알코올 도수, 양조법 등을 규제하고 있다. 라벨에는 산지명과 지주 보증마크가 기재되며 각 지방 특유의 특성을 갖고 있다. 알코올 도수는 8.5℃ 이상이 되어야 하며 반드시 와인협회로부터 지주로서의 규격에 합격해야 하며 불합격품은 뱅드 따블(Vin de Table)와인으로 판매한다.

④ 뱅드 따블(Vin de Table)

특정한 법률에 의한 통제 없이 양조된 와인을 주상(酒商, Negocian)들이 임의로 구입하여 자기들의 기술에 의해 블렌딩(Blending)하여 제품화한 후 자사의 상표를 붙여 판매하는 와인으로 9.5%이상의 알코올 도수를 유지해야 하며 의무적으로 그 도수를 병에 표기해야 한다.

㉠ 보르도(Bordeaux)지방

프랑스 보르도 지역은 남쪽에서 북으로 흐르는 가론 강과 내륙에서 서쪽으로 흐르는 도르도뉴 강이 만나서 지롱드만을 이룬 곳을 말한다.

지롱드 만 주위에 세계에서 가장 크고 유명한 포도단지가 있는데 토질은 진흙, 자갈, 모래들이 섞인 아주 훌륭한 토질로서 포도재배지로 적당하며 보르도 지방의 레드와인을 영국에서 애칭으로 클라레(Claret)이라고 한다. 보르도 지방의 와인은 크게 샤또(Chateau)와인과 네고시앙(Negociant; Shipper Wine)와인으로 구분되는데 샤또는 포도원 소유자가 자기의 포도원에서 재배한 포도를 발효 양조하여 포도원의 이름과 주소를 기재하여 와인의 전 생산과정을 그 샤또가 보증한다는 의미, 네고시란 와인은 자기의 포도원을 소유하지 않은 주상들이 아직 숙성되지 않은 와인을 여러 포도원에서 구입하여 자기의 독창적 기술로 블렌딩 한 후 병에 넣어 지하 창고에 저장, 보관했다가 자기의 이름 또는 상사의 이름을 병의 라벨에 표기하여 출고하는 와인이다. 대표적인 네고시란(Negociant)은 칼베(Calvet), 에쎈노에(Eschenauer), 드로허(Delor), 제네쎄(Ginestet), 바흐통 게스띠에르(Barton & Guestier, B & G), 시쉘(Sichel), 꼬호디에(Cordier)등이 있다. 보르도 지방의 5개 지구가 유명한데 그 지명은 메도크(Medoc), 그라브(Graves), 생떼밀리용(St-Emillion), 뽀므롤(Pomerol), 쏘테르네(Sauternes)가 있다.

① 메도크(Medoc)지구

메도크 지구의 토질은 모래와 자갈로 덮여 있고 구토, 석회암 점토가 있어 지력이 약하지만 배수가 잘되어 포도가 자라는데 매우 적합하다. 메도크(Medoc)는 하류의 바 메도크(Bas-Medoc)와 상류의 오 메도크(Haut-Medoc)로 분리되며 대부분의 명주가 오 메도크(Haut-Medoc)에서 난다.

ⓐ 생떼 에스테프(Saint-Estephe)구역

이 마을은 다른 마을에 비하면 토양에 점토질이 많고 토질이 약간 무겁기 때문에 와인의 색조가 약간 진하고 과실이 농축된 방향을 가진 묵직한 맛(Full Bodied)의 와인이 많이 생산된다.

ⓑ 뽀약(Pauillac)구역

보르도 지방에서 최고급 레드 와인을 생산하며 메도크 지구에서 가장 큰 구역으로 와인의 특성은 감칠맛이 나고 수명이 길고 풍부한 향기와 섬세한 감촉, 아름다운 색깔로 사람들의 마음을 사로잡는다.

ⓒ 셍떼 줄리앙(Saint-Julien)구역

포도재배에 알맞은 자갈 섞인 밭으로 이곳에서는 레드 와인만을 생산한다. 힘차고 자색을 띤 진황색 와인이며 해가 길수록 원숙미가 더해진다.

ⓓ 마르고(Margaux)구역

뽀약(Pauillac)못지 않은 유명한 구역으로 와인의 특징은 부드러운 감촉과 매혹적인 향기의 레드 와인(Red Wine)은 보르도 지방에서 가장 섬세하다고 평하는 사람도 있다. 메독 지역 중 가장 거친 사력층과 엷은 토양을 갖고 있어 배수에 좋은 메독의 남쪽지역에 위치하고 있다.

ⓔ 물리(Moulis)구역

마르고(Margaux)과 생 줄리앙(Saint Julien)사이에 위치 내륙 가까이에 있는 마을로 토양의 사토로 향기가 높고 부드러운 와인이 만들어진다.

ⓕ 리스트락(Listrac)구역

몰리(Moulis)의 이웃에 있는 마을로 최고 등급(Top Class)에는 못되지만 샤또 클라크(Chateau Clarke), 샤또 칸테그릭(Chateau Cantegric)같은 상당히 매력적인 레드 와인을 생산하고 있다.

② 그라브(Graves)지구

가론느(Garonne)강 내륙으로 자갈과 모래의 경사지를 그라브(Grave)라 칭한다. 그라브는 자갈이란 의미로 이 지역은 레드 와인과 화이트 와인을 생산하고 있는데, 북부지방에서는 레드 와인(Red Wine), 남부지방에서는 화이트 와인(White Wine)이 생산된다.

레드 와인은 색깔도 짙고 세련된 향기가 특징이고, 화이트 와인은 드라이(Dry)한 맛과 남쪽으로 가면서 미디엄 드라이(Medium Sweet)한데, 드라이(Dry)한 타입이 좋은 것이 많다. 주요 상품명 샤또 오 브리옹(Chateau Haut Brion), 샤또 라미숑 오 브리옹(Chateau La Mission Haut Brion), 샤또 라 뚜르 오 브리옹(Chateau La Tour Haut

Brion), 샤또 페랑드(Chateau Ferrande)들과 같은 명주가 생산된다.

③ 쏘테르네(Sauternes)와 바작(Barsac)지구

쏘테르네 지구의 와인은 아주 스위트(Sweet)한 화이트 와인으로 프랑스에서 스위트한 와인으로 이곳 와인과 비교할 만한 와인이 없다. 사용되는 포도 품종은 쎄밀리용(Semillion)종과 샤비뇽(Sauvignon)종인데 포도가 완전히 익을 때까지 기다렸다가 수확을 하기 때문에 포도의 당분이 높고 향기가 높은 와인이 되며 포도를 수확할 때 8~9번 정선하기 때문에 늦은 9월에 시작해서 12월말 까지 노블 로트(Noble Rot)가 생긴 포도 알만을 골라서 따는 것이다.

노블 노트가 생긴 포도 알만 골라서 와인을 담그면 아무리 넓은 면적이라도 적은 양의 와인밖에 낼 수 없게 되므로 스위트 와인(Sweet Wine)이 되는 것이다. 샤또급 쏘테르네 와인(Sauternes Wine)은 장수하는 특징이 있다. 처음에는 대단히 단맛이 나지만 시간이 갈수록 향취와 향미가 좋아지면서 차츰 브라운 칼라(Brown Color)로 변하면서 단맛도 서서히 감소한다.

④ 생떼 밀리용(Saint-Emillion)지구

도르도뉴강의 우측을 내려다보는 경사진 언덕에 위치하고 있다. 레드 와인 산지이며 남성적 와인이라고 불리며 맛이 강하고 색이 진하다. 보르도의 레드와인 중에서 가장 그윽한 것이 여기에서 생산되는 보르도의 보르고류라고 한다. 토질은 석화암질 토양으로 포도 품종은 메롯(Merlot)종이 주종이다.

⑤ 뽀므롤(Pomerol)지구

1923년 생떼 밀리용(Saint-Emillion)지구에서 독립한 작은 구역으로 보르도에서 25마일 동쪽으로 도르도뉴강을 끼고 위치하고 있는 세계에서 가장 구석진 곳이라 할 수 있다. 뽀메롤(Pomerol)이 특별히 어느 마을의 이름을 사용하지 않으며 집집마다 가족과 함께 와인을 생산하고 있다. 토질은 모래흙과 자갈의 토질로 동쪽으로 쌩떼 밀리용(St-Emillion)과 진흙땅이다.

ⓛ 부르고뉴(Bourgogne)지방

부르고뉴는 보르도와 쌍벽을 이루는 세계적인 와인 생산지로 부르고뉴(Bourgogne)라는 이름은 기원전 5세기경 게르만 민족의 하나인 부르군드족이 세운 부르군드 왕국의 이름에서 유래한다. 프랑스 부르고뉴는 화이트 와인이 아주 유명한데 주요 포도품종은 삐노 노아(Pinot Noir), 가메(Gamay)종으로 레드와인을 만들고 샤르도네(Chardonnay), 알

리고떼(Aligote)종은 화이트 와인을 만든다. 프랑스의 수도 파리가 머리라고 한다면 부르고뉴는 배에 해당되며, 부르고뉴의 5대 와인 생산지역을 살펴보면 다음과 같다.

① 샤블리(Chablis)지구

부르고뉴에서 최북단에 위치한 지역으로 계곡마다 갈대밭이 강을 낀 작은 지역으로서 세계적으로 드라이 와인(Dry White Wine)하면 샤블리(Chablis)를 연상할 만큼 유명한 지역이지만 밭의 면적은 4,700에이커 밖에 안된다.

전 세계 어느 고급식당에서도 샤블리 와인이 있을 정도로 이곳 와인 메이커들은 요구되는 수요에 최대한 공급을 하려고 생산을 게을리 하지 않는다. 포도 품종은 샤블리 무똥네(Chablis Mo-utonne)종으로 토질은 백악질이며 햇빛을 충분히 모두 받을 수 있는 좋은 지리적 조건이다. A.O.C법은 샤블리 와인을 4등급으로 구분하여 판매하도록 규정하는데, 특급 그랑 끄루 샤블리(Crand Crus Chablis), 1급 쁘리미어(Premier Crus), 2급 샤브리(Chablis), 쁘띠 샤블리(Petit Cablis)로 분류된다. 그 중에 그랑 끄루 샤블리(Grand Crus Chalis)는 강하고 신맛이 약간 나며 거칠지 않고 섬세하며 미네랄이 풍부하고 아주 부드러운 와인으로 10년쯤 묵히면 골든색이 매우 아름답게 된다. 변두리 밭에서 생산되는 와인으로 값이 싼 와인이지만 좋은 와인이다.

② 꼬도르(Cotes D' or)지구

꼬도르(Cotes D' or)는 황금의 언덕으로 부르고뉴 중부로 디종(Dijon)에서 상뜨니(Santeny)까지 길게 포도밭이 연결되어 부르고뉴에서 제일 큰 와인 생산 지역이다. 이 지역은 꼬드 뉴(Cote DeNuits)와 꼬뜨 본(Cote De Beaune)을 합친 지역이다.

ⓐ 꼬드뉴(Cote De Nuits)

레드 와인이 더 유명하며 지역에 가을이 되면 단풍이 든 포도잎으로 언덕의 일대가 황금빛 물결로 변하는 데서 유래한다. 저장하기 좋은 와인을 생산하며 와인이 영와인(Young Wine)일 때는 거칠지만 저장 성숙되면 비단같이 부드러워져서 아주 훌륭한 와인이 된다.

ⓑ 꼬드 본(Cote De Beaune)

꼬도르(Cote D' or)의 남쪽에 위치하며 화이트 와인이 더 유명하고 녹색을 띤 황금색으로 유연한 풍미의 부드러운 와인이다.

ⓒ 꼬드 샤로네즈(Cotes Chalonnaise)

이 지역은 꼬드본과 마꼬네즈 사이에 위치하여 레드와인(Red Wine), 스파클링 와인

(Sparkling Wine), 버건디 와인(Burgundy Wine)등이 생산되는데, 꼬르돌(Cote D'or)이 귀족적이고 보졸레이(Beaujolaise)가 서민적이면 그 중간에 속한다.

ⓓ 마콩나이즈(Maconnais)

마콩나이즈는 과일 풍미의 방향을 지닌 화이트 와인 생산지나 레드 와인과 로제 와인(Rose Wine)도 생산된다. 이 지역에서 제일 유명한 것은 푸이푸세(Pouilly Fuisse)인데, 이 와인은 드라이하면서 세계적인 유명한 와인이다.

ⓔ 보졸레이(Beaujolais)

부르고뉴의 최남단으로 토질은 화강암이며 와인 생산량도 많고 와인은 프르티(Fruity)하고 영와인(Young Wine)이 세계적으로 유명하다.

③ 꼬뜨뒤론(Cotes du Rhone)지방

꼬뜨뒤론의 토질은 화강암이고 비엔느(Vienne)에서 아비뇽(Avignon)까지 론(Rhone)강을 따라서 이어지는 포도밭이다. 약 20㎞의 길이로 길게 북에서 남으로 포도밭이 있으며 기후와 토질이 남부와 북부에 조금씩 다르기 때문에 재배되는 포도 품종도 13가지나 된다. 와인은 레드로제, 화이트가 생산되며, 화이트 와인은 북부에서 많이 생산되고 남부에서는 소량생산되는데 가볍고 알코올 도수가 높지 않다. 레드 와인은 타닌물질이 풍부하고 '태양의 자손' 이라고 부른다. 와인의 색깔이 짙으며, 알코올 도수가 기후와 풍토 포도의 품종에 의해서 다른 와인보다 좀 높다.

④ 알사스(Alsace)지방

알사스는 독일과 접경지역으로 프랑스와 독일이 서로 영토를 점령했었기 때문에 독일식 언어를 사용하기도 하지만 독일인과는 정서적으로 다르다. 약 440개의 마을 3만호의 인구가 와인 생산에 종사하고 있으며 연간 6~7천만 리터의 와인을 생산한다. 와인의 이름은 마을이나 포도밭의 이름을 사용하지 않고 포도품종의 이름을 사용하므로 A.O.C와인은 아펠라숑 알사스 꼰트롤 레(Appellation Alsace Controlee)로 단일화 되어 있고 독일와인은 당도를 중요시 하는데 비해 알사스 와인은 부케(Bouquer)와 알콜농도를 중요시한다. 포도품종은 리슬링(Riesling), 실바너(Sylvaner), 트라미너(Traminer), 게바츠트라미너(Gewurzrtaminer), 무스카떼(Muscadet)등을 사용 한다.

⑤ 르와르(Val de Loire)지방

프랑스 중앙부에서 대서양으로 흘러 들어가는 르와르 강은 화려한 고성들이 곳곳에 서있는 아름다운 유역을 '프랑스의 정원' 이라고 일컬어지고 있는데 르와르 와인의 고향이기도 하다. 르와르지방은 페이낭트(Pays Mantais)지구와 앙주, 소뫼르 지구(Anfou & Saumur)로 분류된다. 무스카 떼 종은 부르고뉴 지방의 무룡종을 이식한 것인데 낭트(Nantais)지구로 오자 뛰어난 와인을 낳게 되었다. 무스카떼(Muscadet)는 신선한 와인을 즐길 수 있는 와인으로 와이트 와인 보졸레이라고 불리며 2~3년내에 다 마시는 것이 좋다. 앙주, 소뫼르 지구(Anfou & Saumur)에서 가장 유명한 와인은 로제 와인으로 모두 핑크색(Pink)을 띤 색조로 달큰한 맛이 난다. 그리고 양질의 화이트 와인도 생산하는데 쏘테르네(Sauternes)타입의 달큰한 타입이다.

### (2) 독일 와인(German Wine)

㉠ 개요

독일와인의 주요 산지는 라인(Rhein)지역과 모젤(Mosel)지역인데, 라인 지역의 와인은 맛이 강하고 년 수가 경과함에 따라 좋은 질로 변하는 백포도주 와인이다. 모젤 지역에서 생산되는 와인은 라인지역의 와인보다 주정 함유량이 적고 산미가 더 많다.

독일은 멀리 북쪽에 위치하여 기후 조건이 맞지 않아서 다른 농작물을 비롯하여 포도가 겨우 익는 상태의 어려운 여건에서도 세계적으로 훌륭한 와인을 내고 있다. 와인을 만드는 방법은 포도의 당분과 산도를 잘 조절하는데 있다. 당분이 많고 산도가 낮으면 와인은 싱거워지고 역으로 산도가 높고 당분이 적으면 와인은 거칠어진다. 수확이 좋은 해에는 두 가지 균형이 잘 맞으나 평년작 포도는 인공적으로 당분과 산도의 균형을 잡아주는데, 이것을 브리드(Breed)라 한다. 포도 수확이 좋은 해에는 와인에 당분을 첨가하지 않는데 이것은 와인 라벨에 천연 포도주(Natur Wein; 나투어 바인)라고 표기한다. 포도 수확이 좋지 않을 때는 포도즙에 당분을 첨가하며 이 와인을 계량된 와인(Verbesserte Wein; 페어베서테 바인)이라고 하며, 늦가을이나 초겨울 영하의 기온에서 얼은 포도로 매우 스위트(Very Sweet)한 아이스 바인(Eis Wein)를 생산하는 것으로 유명하다. 그래서 독일 와인은 일반적으로 알코올도수가 낮으나 향취와 향미는 특수하다. 독일와인은 95%가 브랜드(Blended)하여 만들고 포도의 품종은 리슬링(Riesling)종과 실바너(Slvan)종으로 화이트를 내며 삐노노아(Pinot Noir)종으로 소량의 레드와인을 생산하고 질도 좋지 않은데 화이트 와인이 전체의 85%가된다. 레드 와인은 모두 국내에서 소비하고 화이트 와인은 수출만 하는데 와인 수입량은 수출의 20배에 달한다. 와인 병의 색 구분은 라인(Rhein)와인은 독일 전통의 갈색을 사용하며 모젤(Mosel)와인은 녹색을 사용하고 있으며 알코올 도수는 10℃ 정도의 순하고 부드러운 맛의 와인을 생산한다.

㉡ 독일 와인의 등급

독일 와인은 몇번의 법률 개정과 함께 1971년 7월 새로운 법률로 개정이 되어 다음과 같이 와인의 품질을 분류하고 있다.

① 타펠 바인(Tafel Wein)

일반적인 테이블 와인으로 타펠와인은 3가지로 구별한다.

ⓐ EC타펠바인(EC Tafelwein)

EC가맹국내의 와인을 섞어서 만든 것으로 EC 가맹국 어느 지역의 와인을 섞어도 상관없으나 EC 가맹국 이외의 와인은 섞을 수 없다

ⓑ 도이쳐 타펠바인(Deutscher Tafelwein)

독일 내에서 생산된 와인만을 섞어서 만든 것으로 독일 이외의 와인을 섞을 수 없다.

ⓒ 란트 바인(Land Wein)

타펠와인 중에서도 지역이 한정되고 신맛과 약간 씁쓸한 맛의 와인으로 규정하고 있다.

② 콸리떼스바인 베스팀타아 안바우게비이트(Q. B. A.: Qualitats Wein Bestimmter Anbaugebiete)

국가에서 파견한 검사관의 철저한 검사를 거쳐야 하는 품질이 우수한 와인이다. 약자로 Q. b. A라고 부르며 상표에는 콸리떼스바인(Qualitatswein)만 섞어도 상관없다.

③ 쿠발리테츠 바인 미트 프레디카트(Q. M. P: Qualitats Wein Mit Pradidat)

독일에서 생산되는 최고급와인을 말하며 약자로 Q. m. P라고 부른다. 이것은 쿠베아(Q. b. A)보다 더 엄격한 검사를 받아야 하며 당도에 따라서 다음과 같이 나누어 진다.

ⓐ 카비네트(Kabinette)

잘 익은 포도로 제조하며 포도즙 당도가 가장 적은 와인으로 맛은 섬세하다.

ⓑ 슈페트레제(Spatlese)

당도를 올리기 위해 늦게 수확한 포도로 제조한 것으로 중후한 맛을 낸다.

ⓒ 아우스레제(Auslese)

슈패트레제보다 조금 더 나은 와인으로 완전히 익은 포도 중 조금 덜 익은 포도는 골라내고 만든 와인이다.

ⓓ 베렌 아우스레제(Beeren auslese)

완전히 익은 포도 중에서도 상급 품으로만 골라서 만든 와인이다.

ⓔ 트로켄 베른 아우스레제(Trokenbeeren auslese)

포도가 괴숙되어 포도 알이 시들은 것으로 제조한 와인이다.

ⓕ 아이스바인(Eiswein)

완전하게 익은 포도를 이른 겨울까지 둔 후 약간 얼게 된 상태의 포도송이를 손으로 따서 만든 와인이다. 포도에 들어있는 신맛과 단맛이 농축된 특수한 와인이다.

ⓒ 주요 생산 지역

① 라인(Rhein)지역

독일의 포도원은 라인 강과 그 지류를 따라 분포하고 있는데 라인가우, 라인헤센, 라인팔츠 등으로 라인지역의 와인은 백포도주가 많이 생산되고, 맛이 강하며 연수가 경과함으로써 보다 양질로 변한다.

ⓐ 라인가우(Rheingau)지구

라인가우는 라인 강이 동쪽에서 서쪽으로 흐르는 지형 특성 때문에 포도밭이 거의가 남향이다. 그래서 충분한 일조량과 라인 강의 혜택으로 일교차를 줄일 수 있어 포도재배에 이상적인 입지조건이 된다. 이곳의 토질은 혼성토질이며 프랑스 보르고뉴지역과 비슷하며 리슬링 포도품종으로 독일 최고의 와인을 만든다. 리슬링 종으로 화이트 와인을 삐노 노아(Pinot Noir)종으로 레드 와인을 만드는데 와인은 가볍고 풍미는 강하다.

ⓑ 라인허센(Rheingessen)지구

라인허센은 행정구역으로 라인팔쯔에 속하며 라인팔츠에서 옆으로 구부러지며 흐르는 강을 라인 허센이라 한다. 라인허센에서는 폭 넓은 와인을 생산하는데 포도품종은 실바너(Sylvaner)종으로 묵직한 과일향이 특징이고, 여성와인이라 불리듯 그 맛이 가볍고 산미도 온화하다.

ⓒ 라인 팔트(Rhein Pfalz)지구

라인허센과 더불어 독일에서 가장 큰 포도재배지역으로 기후적 요소도 매우 좋고 땅도 비옥하여 독일의 곡창지대라고 불린다. 전원지대라는 느낌이 들게끔 끝없는 평원이 펼쳐지며, 평지에서는 감자를 주로 한 야채, 청과가 재배되며 경사면에서는 포도가 재배된다. 독일의 레드 와인의 절반가량이 이곳에서 생산되며 포도품종으로는 무스카떼(Muscadet), 실바너(Sylvaner), 리슬링(Riesling)이 있다.

② 모젤(Mosel)지역

모젤 강으로 흘러 들어가는 지류의 수는 많지만 그 중에서도 트리어(Trier)시의 상류에서 합류되는 자르(saar)강과 하류의 루버(Ruwer)마을에서 흘러 들어가는 루버(Ruwer)강을 따라서 좋은 와인이 생산되는데, 이 지역을 모벨-자르-루버(Mosel-Saar-Ruwer)라 부른다.

ⓐ 첼(Zell)지구

첼(Zell)은 셀러(Celler)를 의미하는 말로 옛날 로마인이 군의 저장고를 이곳에 갖고 있었기 때문에 유래한 이름이다. 첼 지구의 검은 고양이가 그려진 와인은 이 지구의 와인을 대표하는 것으로 유명하다.

ⓑ 바랑카스텔(Berndastel)지구

바랑카스텔 다리를 건너다보면 포도밭이 높고 길게 되어 있는데 모셀 지역의 중앙으로 와인은 향기가 깊은 엷은 골든 색의 화이트 와인을 생산한다.

ⓒ 자르, 루버(Saar, Ruwer)지구

자르와 루버는 와인의 성격이 서로 판이하게 다르다. 자르와인(Saar Wine)은 엘레강트하고 섬세하며 루버와인(Ruwer Wine)은 남성적이고 복잡한 뉘앙스가 있다.

### (3) 이태리 와인(Italian Wine)

㉠ 개요

이태리 와인 생산량은 연간 6천6백만 핵타리터로 세계1위이나 거의가 국내에서 소비하고 약 4백만 핵타리터만 해외로 수출한다. 인구의 7.5%가 와인 생산에 종사하며 1963년 주법을 개정하였는데 프랑스의 A. O. C.와 같은 D. O. C.(Denominazione Di Origine Contrallata)로 이태리 협회에서 공인함으로써 정부에서 법으로 제정하였다. D. O. C.법에 등록된 와인 생산자를 보호하고 수출을 권장하기로 하여 와인가격을 조정하고 오랜 전통을 지닌 수준급 와인으로 분리하였다. 이태리 와인의 주요 산지를 분리하면 피에몬테, 키안티, 메로나, 알토에디제 등인데 화이트 와인보다 레드와인을 더 알아준다.

㉡ 와인의 등급

① D. O. S

D. O. S의 원명은 데노미 나지오네 디 오리지네 샘플리체(Denominazione di Origine Semplice)로 단순한 원산지호칭 와인으로 기본적이고 대중적인 와인이다.

② D. O. C

D. O. C의 원명은 데노미 나지오네 디 오리지네 콘트롤라타(Denominazione di

Origine Contrallata)로 원산지 통제표시 와인으로 품질을 결정하는 위원회에 의하여 특정 포도품종, 와인제조방법, 제한된 수확량, 숙성기간 등이 갖추어진 와인에 붙여진다. 이러한 조건을 충족시킨 와인에만 정부 공인의 D. O. C 표기를 라벨에 붙일 수 있다.

③ D. O. C. G

D. O. C. G의 원명은 데노미 나지오네 디 오리지네 콘트롤라타 가란티타(Denonina zione di Origine Controllata Garantita)로 이탈리아에서 생산되는 와인중 최고급으로 분류되며, 와인의 전 생산과정을 정부가 규제하고 품질을 보증하는 와인이다.

ⓒ 주요생산지역

① 삐에몬테(Piemonte)지역

이태리 서북부하면 삐에몬테로 통한다. 이곳에서 쓰고 단맛이 나는 버머쓰(Vermouth) 와인과 수프만떼 와인(Spumante Wine)이 나는데 세계적으로 유명하다. 삐에몬테(Piemonte)란 단어는 "알프스 산의 문턱"이라는 뜻으로 알프스 산의 영향을 받아 여름은 뜨겁고 가을은 안개가 끼는 기후 조건을 지녔다. 이 지역의 유명한 와인은 바롤로(Barolo), 돌쎄또(Dolcetto), 그리롤리노(Grinolino)가 있는데 지방명과 포도명을 와인 명칭으로 사용한 것을 말한다. 바롤로(Barolo)는 알코올 도수 12~15℃의 강한 와인으로 3년을 저장해도 찌꺼기가 뜨므로 병을 세워서 저장한다. 돌쎄또(Dolcetto)는 라이트 바디드(Light Bodied)하고 미듐드라이(Medium Dry)한 까라페 와인이다. 그리롤리노(Grignolino)는 라이트 바디드(Light Bodied)하며, 독특한 향취와 향미를 지닌 와인이다.

② 끼안띠(Chianti)

이태리 중부는 토스카니(Tuscany)지역과 끼안띠(Chianti)와인을 연상할 만큼 널리 알려진 곳인데 토스카니는 곧 끼안띠 지역이다. 끼안띠는 적포도수와 백포노주를 혼합하여 만드는 레드 와인으로 보통품질의 끼안띠와 최고급의 끼안띠 클라시코가 있다. 전통적인 끼안띠 와인은 발효가 끝난 후 미량의 발효되지 않은 포도 랙을 첨가하여 색다른 방법으로 와인에 활력을 넣음으로써 포도의 신선함이 와인에 스며들게 하는 비 일반적인 방법으로 제조된다. 토질은 자갈과 모래의 언덕으로 포도와 올리브가 풍성하게 자라고 있다. 끼안띠 지역의 $\frac{1}{3}$에 해당하는 포도밭을 끼안띠 클라시코(Chianti Classco)라고 이름하며 최상급 와인이 나는 밭으로 되어 있으므로 끼안띠 와인 중에 최상급이다. 아주 좋은 끼안띠 와인(Chianti Wine)은 오크통에 오래 묵혔다가 병에 담으며 와인 병은 땅

딸막한 특수한 모양으로 보릿짚으로 병의 밑 부분을 감싸 놓은 것이 다른 와인병과 특이한 점이다.

③ 베르로나(Verona)지역

가르다(Garda)호수의 서쪽에 위치한 도시를 중심으로 하여 베르로나 계곡을 말한다. 베를나 계곡은 소아베(Soave)계곡과 연결되어 있으며 이태리에서 제일 유명한 스위트(Sweet)하거나 독한와인(Dry wine)이다.

④ 알토 애디제(Alto Adige)지역

애디재 계곡 위쪽을 말하는 것으로 이태리 동북부에 속해 있다. 베르로나 와 알토 애디제 지역은 베니스와 오스트리아의 영향을 받아 포도품종은 멜비오로(Mebbiolo)종 포도로 레드 와인을 만들며, 프로셀로(Prosello)종 포도로 드라이와 스위트한 화이트 와인을 만든다.

## 3 와인의 분류

와인의 종류는수없이 많지만 제조방법이나 색깔, 맛, 용도별에 따라 여러 가지로 분류하고 있다.

### 1) 탄산유무에 의한 분류

#### (1) 스파클링 와인(Sparkline Wine)

스틸 와인에 탄산가스를 함유하고 있는 와인을 말하며 발포성 와인이라고 한다. 탄산가스를 함유한 모든 와인을 스파클링 와인이라고 부르며 우리가 알고 있는 샴페인은 프랑스 샹파뉴지역에서 생산되는 스파클링 와인으로 세계에서 품질이 가장 우수한 것으로 알려져 있다. 다른 지역에서 생산되는 것은 샴페인이라고 부를 수 없다. 이 샴페인과 독일의 젝트(Sekt),이탈리아의 스푸만테가 대표적인 와인이다. 알코올 도수는 대체로 8~14도이며, 우리나라에서는 포말주라고 표기하기도 한다.

#### (2) 스틸 와인(Still Wine)

통상적으로 테이블 와인이라고 부르며 탄산가스를 함유하고 있지 않은 일반적인 와인을 말한다.

(2) 포티화이더 와인(Fortifed Wine)

스틸 와인에 브랜디를 첨가하여 알코올도수를 높여 만든 주정강화와인이다. 대표적인 것으로는 스페인에서 만들어지며 엑스트라 드라이하여 에피타이저용으로 잘 어울리는 쉐리와인(Serry Wine)이 있고 포르투갈에서 만들어지며 단맛이 있어 디저트용으로 잘 어울리는 포트와인(Port Wine) 등이 있다.

(3) 기타

프랑스는 뱅 페티앙(Vin Petillant), 독일은 펠바인(Perlwein)이라고 칭하고 20℃에 1~3.5기압의 약한 발포성와인이 있다.

### 2) 알코올첨가에 의한 분류

(1) 비강화 와인(Unfortified Wine)

일반적인 와인을 의미하는 것으로 다른 술을 첨가하지 않고 포도만으로 발효시켜 만든 와인이다.

(2) 강화 와인(Fortified Wine)

포티파이더 와인은 주정의 일부는 발효 때 생기며 또 일부의 주정은 2차 적으로 첨가 보강한 것으로 포르투갈 포르투(Porto)의 포트와인 (Port Wine) 마데이라(Madeira),스페인의 쉐리와인(Sherry Wine), 이탈리아의 마르살라(Maraga),프랑스의 뱅드 리퀘르(Vin de Liquore)등이 여기에 속한다. 언포티파이더 와인은 주정과 이 순수발효에 의하여 생긴 것이다.

### 3) 용도별에 의한 분류

(1) 식전 와인(Aperitif Wine)

식욕촉진을 위해 제공되는 와인으로 일반적으로 드라이 쉐리 와인(Sherry Wine)이나 베르뭇(Vermouth)을 많이 마시고, 그 외에 마데이라, 마르살라가 있다.

(2) 식사중 와인(Table Wine)

일반적으로 테이블 와인을 칭하는데, 식사 중 제공되는 음식의 종류에 따라 화이트 와인과 로제 와인 및 레드 와인을 마신다. 일반적으로 육류요리에는 레드와인, 생선요리에는 화이트 와인을 마시는 데, 최근에는 혼용하여 마시기도 한다.

(3) 식후 와인(Dessert Wine)

당분을 많이 함유한 와인을 주로 식후 와인으로 사용하는데, 식후의 입냄새 제거나 소화촉ㅈ친을 위해 마신다. 일반적으로 단맛이 나는 와인(Sweet Wine)을 마시는데, 단맛의 쉐리와인과 삼페인 및 포터 와인, 스위트와인 등을 마신다.

### 4) 색깔에 의한 분류

와인을 단지 색깔만으로 구분하면 화이트와인, 핑크와인, 레드와인, 엘로우 와인으로 나눌 수 있다. 엘로우 와인은 주로 프랑스 쥐라지방에서 생산되기 때문에 이외 지역의 와인이 노란색이라면 보관 상태가 좋지 않아 맛이 변하므로 선택에 주의를 해야 된다.

(1) 레드 와인(Red Wine)

붉은 빛이 감도는 레드와인은 포도의 껍질에 붉은 색소를 추출하는 과정에서 씨와 껍질을 그대로 함께 넣어 발효한 것으로 떫은맛을 낸다. 대부분 단맛이 없는 드라이(Dry)한 맛이 나는 것이 특징이다. 소고기, 양고기 등 육 요리에 잘 어울리는 와인이다. 일반적으로 레드와인은 화이트와인보다 저장기간이 길다. 레드와인 서비스 적정온도는 11~18℃이다.

(2) 화이트 와인(White Wine)

포도의 껍질이나 씨앗을 제거시킨 알맹이만을 가지고 만들며 신맛이나 쌉쌀한 맛이 있어 생선에 잘 어울리는 와인이다. 서비스제공온도는 8℃내외이다. 색은 엷은 무색을 띄며, 좋은 술일수록 맑은 것이 특징이다. 맛은 드라이한 맛부터 스위트한 맛까지 다양하다.

(3) 로제 와인(Rose Wine)

레드 와인과 같이 만들어 색깔이 핑크색이 될 때 화이트 와인 만드는 방법으로 발효시킨다. 주로 가금요리에 잘 어울린다. 분위기 있는 색과 부드럽고 신선한 맛으로 인해 식사 중 어느 때나 즐길 수 있는 와인이다. 시원하게 해서 마시기에 특히 여름에 즐길 수 있는 와인이다.

#### (4) 옐로우 와인(Yellow Wine)

프랑스 쥬라(Jura)지역에서 청포도로 제조되는 진한 노란색의 와인으로 최소 6년 정도 숙성시킨다.

### 5) 당분에 의한 분류

와인은 여러 가지 맛이 있지만 당도에 따라 크게 스위트 와인과 드라이 와인으로 나눌 수 있다.

레드와인은 대부분 드라이한데, 색깔이 짙을수록 드라이한 경향이 있다. 화이트 와인은 드라이한 맛부터 단맛에 이르기까지 다양한데, 보통 색깔이 엷을수록 드라이한 성향을 띤다. EU와인법의 규정에 의하면 당분의 양이나 산과 당의 차이에 의해 맛을 표현하는데. 와인 1ℓ 당 17g의 당분은 1도의 알코올을 만든다.

#### (1) 단맛와인(Sweet Wine)

완전히 발효되지 못하고 당분이 남아 있는 상태에서 발효를 중지시켜 가당을 한 포도주이다. 프랑스산의 Sauterne (보르도산의 백포도주)

#### (2) 중간 맛 와인(Medium Wine)

일반적으로 우리나라 사람들이 처음 와인을 접할 때 마시기 좋은 와인으로서 드라이 와인과 스위트 와인의 중간 맛이 나는 와인이다.

#### (3) 드라이 와인(Dry Wine)

포도과즙에 함유된 당분의 대부분이 발효에 의하여 단맛이 없는 포도주를 말하며 단맛이 아주 없는 포도주를 베리 드라이 와인이라 부른다. 프랑스의 보르도산 Red Wine, 독일 Rhein Wine 및 Moselle Wine, 이태리의 Chianti 등이 대표적인 것이다.

### 6) 저장기간에의한 분류

#### (1) 영와인(Young Wine)

1~2년 혹은 길게는 5년 미만의 와인을 칭한다.

#### (2) 중급와인(Aged Wine)

5~15년 미만의 와인을 칭한다.

#### (3) 고급와인(Great Wine)

15년 이상의 와인을 뜻한다.

### 7) 생산국가에 의한 분류

① 프랑스 와인
② 독일와인
③ 이탈리아와인
④ 스페인와인
⑤ 포르투갈와인

### 8) 바디에 의한 분류

바디(Body)란 입안에 감지되는 와인의 무게감과 점성도로 와인의 질감을 나타내고 와인의 스타일을 결정해 주는 요소를 의미한다. 요소로는 알코올, 글리세린, 당의 함량에 의해 결정된다.

① 풀 바디드(Full-bodied)
② 미디엄 바디드(Medium-bodied)
③ 라이트 바디드(Light-bodied)

### 9) 알코올 함량에 의한 분류

알코올 함량에 의한 분류하면 〈표 2-1〉와 같다.

〈표 2-1〉 알코올 함량에 의한 분류

| 종 류 | 알코올 함량 | 종 류 | 알코올 함량 |
|---|---|---|---|
| White Wine | 8~13% | Red Wine | 9~14% |
| Champagne | 9~13% | Sherry Wine | 15~18% |
| Rose Wine | 9~11% | Aperitif | 16~30% |

### 10) 기타와인에 의한 분류

이 와인을 혼합 와인 혹은 가향와인이라고 하는데, 가향와인(Flavored Wine)은 스틸 와인에 약초와 향초, 당분을 넣어 만든 것으로 혼성주에 속하는 와인이다. 대표적인 것으로는 베르뭇이 있으며 드라이 베르뭇(Dry Vermouth)과 스위트 베르뭇(Sweet Vermouth)이 주를 이루고 있다. 두 제품 모두 입맛을 돋우기 위한 에프티이저용으로 많이 사용된다.

베르뭇(Vermouth)은영어로는 버-므스, 불어로는 베르돗트, 이태리어로는 비노 베르모우트라고 한다. 1786년에 Ant, Ben, Carpano라는 승려가 제법을 전하였다고 한다. 고미재, 구충제, 강장제 등의 생성분이 포함되어 있는 약초와 그 외 10여종의 약초나 향초를 백포도주에 넣어 액기스를 빼내어 여과하여 술통에 넣어 1~2년간 저장하여 판매한다. 베르뭇의 원산은이태리 북부 Piedmont의 Torino 시가 생산의 중심지이며, 상그리아(Cancia), 진자노(Cinzano), Mortini가 이태리의 3대회사이다. Dry, Sweet, Bianco, Amaro 등의 4가지 종류를 생산하고 있다. 정밀도는 15~16% 당분은 12-15%이다. 프랑스의 베르뭇은 마르세이유가 중심으로 드라이 베르뭇은 19% 정도이다.Martini, Gancia, Cinzano, Noily Prat, Stock, Carpano 등이 있다. 베르뭇은 와인의 한 종류가 아니고 와인을 기본주로 하여 약재를 가미한 혼성주의 일종이나. 베르뭇의 명칭은 독일어의 베르무트(Wermut)혹은 앵글로색숀의 Wermod에서 유래되었으며 그 뜻은 향쑥(Worm Wood)을 의미한다. 17세기부터 이탈리아에서 만들어졌으며 지금은 세계 도처에서 생산되고 있으며, 두가지형태 즉, 드라이한 프렌치 베르뭇과스위트한 이탈리아 베르뭇으로 구분 생산된다.

베르뭇의 가장 중요한 특징은 기본주로 사용되는 백포도주이며, 다음은 여러 가지 약초들(Herbs)과 향료이다. 이 향료들은 맛이 쓴 향쑥(Worm Wood), 우술초(Hyssop), 키니네(Quinine), 고수나물(Coriander), 두송(Juniper), 클로바(Clover), 건위 흥분제인 카모밀 국화(Comomile), 오랜지 껍질(Orange Peel), 심지어는 장미꽃 잎 등 40여 종의 향료를가미한다고 하나, 그 정확한 처방(Recipe)은 각 재조 회사마다 비법으로 되어 공개되지 않고 있다. 베르뭇은 높은 향미를 가지고 있고 알코올 함유량이 17-20%이기 때문에 식욕 촉진제인 식전주(Aperitif)로 애용되며, 특히 칵테일의 ABC라고 할 수 있는 그 유명한 마티니와 맨해탄 칵테일에 없어서는 안 될 중요한 술이다.

프렌치 베르뭇은 연한 담색으로 드라이한 맛으로 지니며 대단히 인기 있는 상표로는 노일리 파트(Nolly Prat)를 들 수 있다. 이탈리아 베르뭇은 진한 적색으로 단맛을 지니며 대단히 인기 있는 상표로서는 진자노(Cinjano)를 들 수 있다.

## 4 와인 서비스하는 방법

① 주문된 포도주는 그것이 놓인 상태로 흔들리지 않게 가만히 들고 가서 고객에게 상표(Label)를 확인시킨다.
② 확인 후 와인서비스용 Wagon 위에 상표가 고객이 볼 수 있는 정면을 향하도록 세워 놓고 Cork 마개를 뽑는다.
③ 이 때 병에 가장자리에 있는 납으로 된 피막을 자르고(병 주둥이로부터 1cm 정도 아래) 그것을 완전히 떼어낸 다음 Cork 마개를 가만히 뽑는다.
④ 마개를 뽑은 후 미리 준비한 냅킨으로 병 주둥이를 깨끗이 닦는다.
⑤ 뽑아낸 Cork 마개는 포도주를 주문한 고객에게 확인시키다.
⑥ 와인을 서빙하기 전 Host 또는 와인을 주문한 고객에게 맛을 보도록 한다.
⑦ 맛은 색깔(color), 향기(Favour), 맛 또는 질(Quality) 등을 음미한 다음 서빙(Serving)한다.
⑧ 따르는 동안 병 속에서 침전물이 흔들려 섞일 염려가 있으므로 조심스럽게 다룬다.
* Red Wine은 절대로 흔들어서는 안 된다.
⑨ 서빙(Serving)을 마친 뒤 병 바닥에 남은 침전물은 글라스에 따르지 않고 고객에게 확인시킨 후 병을 빼낸다.
⑩ 와인을 서빙(Serving)하는 동안 그 온도가 항상 일정하게 유지하도록 한다.
⑪ 화이트 와인은 냉각된 상태로서 Ice Bucket에 보관하며 서빙(Serving)한다.
⑫ Red Wine은 실내온도로서 서빙(Serving)하고 고객의 요청에 따라서 1시간 또는

그 전에 Cork를 개봉하여 Wine Breathing(와인의 숨쉬기)으로 더욱 좋은 High Quality를 산출해 낼 수 있으며 Basket에 담아 테이블에 놓고 서브한다.

## 5 Food와 Wine 추천

| 코스 | 신선한 요리품명 | 와인 추천 |
|---|---|---|
| 에피타이저<br>(Appetizer) | 신선한 굴, 철갑상어, 연어, 훈제연어, 게살 혹은 새우 칵테일, 또는 생것 소량전채. | 1.산뜻하고 독한 맛의 백포도주<br>예) 샤블리(Chablis)<br>2. 드라이 쉐리(스페인)<br>3. 드라이 Maderia(포르투갈)<br>4. 드라이 버머스(이태리) |
| 수프(Soup) | Hot수프나Cold수프 | 1. 수프의 경우 와인은 생략해도 좋다.<br>2. 입에 부드러운 드라이 샴페인<br>3. 화이트와인 예)드라이모젤<br>4. 드라이 쉐리 |
| 생선(Fish) | 신선한 소스를 곁들인 요리 치즈요리구이, 크림요리소스를 곁들이지 않는 요리, Fried, Grill, Butter 구이 등. | 1. 과실향이 있는 중간에 드라이 화이트와인<br>예) Rhine<br>2. 상질의 드라이 화이트와인 |
| Poultry<br>(가금류) | 닭고기, 오리, 칠면조 | 1. 산뜻한 레드와인 예) 보졸레<br>2. 산뜻한 화이트와인 예) Alsace |
| 쇠고기<br>(Beef) | 부드러운 White Meat, 송아지고기, 양고기 로스트, 그릴, cutlet, 크림유형의 와인을 첨가한 요리, Red Meat, 쇠고기, 그릴, 크림요리 | 1. White Meat에는 가볍고 섬세한 레드와인<br>예) Staint Julian<br>2. 독일와인 중에서 신맛이 강하고 뒷맛이 있는 것이 좋다.<br>예) Johannisberger(고급백포도주)<br>3. 향이 강하고 뒷맛이 있는 최상의 레드와인<br>예) Moulin-A-Vent |
| 산과들의<br>새 짐승 | 사냥으로 잡은 비교적 떫은맛이 적은 새 또는 짐승고기, 메추리, 꿩, 산비둘기, 사냥으로 잡은 떫은맛이 강한 짐승고기 | 1. 부드럽고 담백한 레드와인 예)Medoc<br>2. 향과 질이 강하고 상질의 와인<br>예) Moulin-A-Vent Plat |

## ⑥ 기타 양조주

### 1) 사과주(Apple Wine : Cider)

포도를 원료로 하여 발효시킨 와인이라고 하고 포도 이외의 과실을 원료로 한 발효주이라 한다. 대표적인 사과주가 있다.

### 2) 벌꿀주(Mead)

벌꿀과 물에 이스트를 넣고 발효시킨 술로 자연발효가 용이하여 와인에 못지않은 오랜 역사를 지닌 것으로 생각된다.

### 3) 유주

우유, 마유, 신양유 등을 발효시켜 만드는 술이다. 몽고의 유주가 대표적이다. 유주는 우유로 만든 술로 알콜올분이 낮고 산미가 강한 맛을 낸다.

### 4) 폴케(Pulque)

멕시코산의 용설란의 발효주이다. 용설란의 일종인 마게이라는 식물의 밀크상태 수액을 밀가루죽통에 넣어서 발효시킨다. 알콜올분이 7% 전후이며 멕시코 사람들이 여기에 소금과 콜라 등을 타서 마시기도 한다. 이술을 증류하면 테킬라(Tequila)라는 증류주가 된다.

### 5) 미림

감미를 지닌 일본고유의 술로 쌀쭉 및 증미에 소주를 가하여 20%정도의 알콜올분으로 효소작용만을 이용 30~59일간 숙성시킨다. 음용보다는 조미료로서 요리에 사용되는 주류이다.

6) 호양추

중국에서 쌀을 원료로 제조되는 술이다. 호양추는 찹쌀을 원료로 보리를 이용하는 데 두충, 계피 등의 한약재를 첨가하여 발효시킨다.

## 3절 증류주(Distilled)

### 1 위스키 (Whiskey)

#### 1) 위스키 역사

위스키란 곡물을 엿기름으로 당화, 발효, 증류, 저장 숙성하여 만든 증류주를 말한다. 처음에는 위스키도 소주와 같이 무색투명하던 것이 호박색으로 된 것은 1707년 잉글랜드와 스코틀랜드가 합병을 하여 주세를 올렸기 때문에 그 당시에 위스키를 만들던 업자들이 산에 숨어 밀조를 시작하면서부터이다. 이 당시에는 단식증류기를 사용하였으며 1831년 이니어스 코페이에 의하여 연속식증류기가 발명되면서부터 오늘날 위스키의 많은 발전을 가져오게 되었다. 위스키의 어원은 라틴어의 아쿠아 비(Aqua Vitae=생명의 물)가 게르만어 우스게 베이하(Uisge-Beathe)로 변하고 다시, Uisgebaugh → Vske → Whisky로 된 것으로 북유럽의 Aquavit, 프랑스 Eau-De-Vie, 우리나라의 술을 약주라고 칭하는 것도 모두 생명수라는 같은 뜻을 내포하고 있다.

위스키는 보리 (Barley), 호밀(Rey), 밀(Wheat), 옥수수(Corn), 귀리(Oats)등 곡물을 원료로 하여, 발효 양조하고 이것을 증류하여 알코올을 만들어 낸다. 이때에 만들어진 무색투명한 알코올을 참나무와 같은 양질의 목재 통 속에 넣어 수 년 혹은 수십 년 동안 저장하여 숙성시킨 다음 혼합하여 시판하게 된다. 위스키가 찬란한 호박색과 향미 등 그 자신의 특성을 가지게 되는 것은 이 저장기간에 의해 이루어진다. 위스키의 주 생산국은 스코틀랜드, 아일랜드, 미국, 캐나다 등이며 각국 위스키의 특이한 성질은 사용하는 곡물의 종류, 처방 저장방법, 저장, 숙성 과정 등에서 결정된다.

### 2) 위스키의 제조방법

곡류 맥아의 녹말 당화 효소를 당화하여 당액을 발효시켜 이것을 증류하여 만든 최저 85℃의 증류주를 Sherry의 빈 Oak통에 넣어 5년, 10년, 30년 저장하여 성숙시킨 다음 40~43℃로 하여 병에 넣어 시판한다. 스카치위스키는 스코틀랜드에서 생산한 것이며, 아일리시 위스키는 아일랜드에서 생산한 것이고캐나디언 위스키는 캐나다에서 생산한 것이나 미국에서 생산하는 것은 아메리칸 위스키이다.

#### (1) 원료에 의한 분류증류

① 몰트위스키(Malt Whisky)

대맥 맥아를 이탄불로 건조하여 그 당액을 발효시켜 증류한 것이다. 이탄의 냄새가 술에 침투해서 스카치위스키의 독특한 풍미를 자아낸다.

② 그레인위스키(Grain Whisky)

Rye(쌀보리), Oat(귀리), Wheat(밀), Corn(옥수수)등의 곡류에다 Barley(보리)의 맥아를 15-20% 정도 혼합하여 당화 발효하여 패텐트 스틸이라는 개량된 증류 솥에서 증류한 것. 캐나디언 위스키가 이 종류의 위스키이다.

③ 블렌디드 위스키(Blended Whisky)

현재 전 세계 시장에서 인기 독점하고 있는 스카치위스키는 대다수가 블렌디드 위스키에서 대체적으로 몰트 4에 대하여 그레인 6 정도 혼합한 것이다.

#### (2) 증류방법에 의한 분류

① 포트 스틸 위스키(Pot Still Whisky)

포트 스틸로 증류시켜 만든 위스키를 말한다. 포트스틸 증류기는 아주 옛날부터 사용되어온 재래식 증류기로서 비교적 구조가 간단하고 단한번의 비교적 높은 알코올을 얻을 수가 없으므로 두세 번 증류를 해야 높은 알코올을 얻을 수가 있다. 향이 좋은 위스키를 얻고자 한다면 재래식 방법으로 증류하는 것이 좋다. 몰트스카치위스키나 아일리쉬 몰트위스키가 여기에 속한다.

② 패턴트 위스키(Patent Still Whisky)

근대적인 연속식 증류기에 의하여 조류와 정류가 여러 개의 탑에 연결된 일조로 순수에 가까운 주정을 얻으며 대량으로 생산되어 원가가 싼 장점이 있으나 향이 거의 없는 단점이 있다. 이 방법으로 얻은 위스키가 패턴트 위스키로서 아메리칸 위스키, 캐나디언 위스키가 여기에 속한다.

### (3) 생산지별에 의한 분류

㉠ 스카치위스키(Scotch Whisky)

스코틀랜드에서 생산되는 위스키를 총칭한다. 옛날에는 엿기름만을 사용하여 단식증류기로서 증류한 위스키(몰트 스카치위스키)만을 생산하다가 연속식증류기가 발명된 후에는 좀 더 깨끗한 위스키를 만들기 위하여 연속식증류기를 사용한 위스키(그레인위스키)를 만들었으며 지금 현재 생산, 판매되고 있는 95% 이상이 이 두 가지를 섞어서 만든 블렌디드 스카치위스키이다. 위스키란 곡물을 엿기름으로 당화, 발효, 증류, 저장 숙성하여 만든 증류주를 말한다. 처음에는 위스키도 소주와 같이 무색투명하던 것이 호박색으로 된 것은 1707년 잉글랜드와 스코틀랜드가 합병을 하여 주세를 올렸기 때문에 그 당시에 위스키를 만들던 업자들이 산에 숨어 밀조를 시작하면서부터이다.

이 당시에는 단식증류기를 사용하였으며 1831년 이니어스 코페이에 의하여 연속식증류기가 발명되면서부터 오늘날 위스키의 많은 발전을 가져오게 되었다. 오늘날 위스키는 크게 스카치위스키, 아일리쉬 위스키, 아메리칸 위스키, 캐나디언 위스키로 나누어 볼 수 있다. 스코틀랜드가 생산지로 지금은 2300여종으로 위스키의 60%의 생산량을 자랑하고 있다. 보리의 엿기름을 주원료로 스코틀랜드의 맑은 샘이나 시냇물을 써서 만든다. 특히 스코틀랜드의 이탄(Peat)은 제품의 구운 냄새를 강하게 하여 향기를 북돋아 준다. 순수한 볼트 · 위스키는 맛이 너무 농후하지만 이것을 혼합하여 만든다. 바로 위스키의 맛은 혼합의 기술에 있는 것이다. 스카치위스키의 대표적인 것은 조니 워커가 있는데 이것은 스코틀랜드 농민이 1820년 "길마노크"란 마을의 조그마한 상점에서 제조 판매한 것이, 그 후 2대에 이르러 "알렉산더 · 워커"가 성장하여 오늘날의 조니 워커가 되었다. 지금의 상표는 1908년에 유명한 "톰 · 브라운"에 의해 고안된 것이다.

㉡ 아일리쉬 위스키(Irish Whisky)

아일리쉬 위스키란 아일랜드에서 만들어지는 위스키를 총칭하며 위스키의 역사는 스코틀랜드 보다 더 오래 되었고 오늘날 인기를 끌고 있는 스카치위스키와 함께 많은 사랑을 받고 있는 위스키 중의 하나이다. 그러나 아일리쉬 위스키는 스카치위스키에서 볼 수 있는 피트 향은 가지고 있지 않다. 아일리쉬 위스키의 원료는 엿기름의 비중이 많이 차지하며 이외에 보리, 호밀, 밀 등을 사용하고 스카치위스키와 같이 이탄에서 나오는 향취는 없다.

아일리쉬 위스키의 제조방법, 증류법 등은 스카치위스키와 유사하며 증류하는데 있어서 스카치위스키는 2회 증류하는데 비하여 아일리쉬 위스키는 3회 증류한다.

아일리쉬 위스키는 E자를 한자 더 붙인 위스키로 표기하는 것이 상례이다. 그것은 그 나라 사람들의 철자법이 그렇기 때문이고 또한 그것을 고집하는 이유는 몰트위스키를 제일 먼저 제조한 곳은 아일리쉬라는 주장 때문이다. 아일리쉬 위스키의 제조방법, 증류법, 제조 등이 스카치와 유사하나 한 가지 다른 것은 맥아를 이 탄불에 말릴 때 몰트가 불에 직접 닿지 않도록 하여 메케한 향취가 없고 그리고 스카치는 2회 증류하는데 비하여 이일리쉬 위스키I는 3회 증류한다.

참나무통에 숙성할 때에는 최소한 4년 이상 7년 혹은 그 이상을 묵혀서 그레인위스키와 혼합하며 43℃로 희석하여 출고한다. 유명한 아일리쉬 위스키의 상품으로는 Jameson, Coleraine, Old Bushmills, John Power Irish, John Jamesor 등을 들 수 있다.

ⓒ 아메리칸 위스키(American Whisky)

미국에서 생산되고 있는 위스키를 총칭한다. 미국에서 생산되는 위스키의 종류는 수십 종이 넘지만 크게 스트레이트 위스키와 블렌디드 위스키로 나눌 수 있다. 스트레이트 위스키란 단일 곡물 51% 이상을 사용하여 만든 위스키로 대표적인 것이 스트레이트 버번위스키, 스트레이트 라이 위스키, 스트레이트 휘트 위스키 등이 있으며 버번위스키를 숯으로 여과하여 만든 테네시 위스키가 있다. 블렌디드 위스키란 두 가지 이상을 섞어서 만든 것을 말하는데 스트레이트 위스키를 섞어서 만든 것이 있는 반면 일반 주정을 섞어 만든 것도 있다.

아메리칸 위스키들은 일반적으로 2가지의 주된 부문으로 분류할 수 있으며 그것은 스트레이트위스키와 블렌디드 위스키라고 할 수 있다.

① 스트레이트 위스키(Straight Whisky)

옥수수, 호밀, 대맥, 밀 등의 원료를 사용해 만드는 주정을 다른 중성 곡물 주정

(Neutral Grain Spirits)이나 혹은 다른 위스키와 섞지 않고 그을린 참나무통에 최소한 190 Proof 이하로(일반적으로 95℃ 정도) 증류하여야 하며 저장이 완료되면 증류수로 희석하여 40℃정도로 만들어 시판하게 된다. 스트레이트 위스키는 4가지 형태로 구분된다.

ⓐ 버번위스키(Bourbon Whisky)

51%이상의 옥수수가 포함되어있는 곡물로 알코올을 그을린 새 참나무통에 넣어 4년간 숙성하는 것이 정상적이다. 색깔은 호박색이며 향기가 짙은 것이 특징이다. 버본의 원산지인 켄터키에서 증류되는 것을 Kentucky Straight Bourbon Whisky라고 하며 그 외에 일리노이, 오하이오, 펜실베이니아, 테네시, 미주리 등지에서도 생산된다.

ⓑ 레이 위스키(Rye Whisky)

51%이상의 호밀이 포함되어 있는 곡물로서 만들어지며 색상은 버본과 대단히 흡사하나 맛이 약간 다르고 더 짙은 편이다.

ⓒ 콘 위스키(Corn Whisky)

80% 이상의 옥수수가 포함되어 있는 곡물로 만들어지며 이 위스키는 보통 재사용되는 그을린 참나무통에 저장 숙성시킨다.

ⓓ Bottled In Bond Whisky

보통 미합중국 정부의 감독 하에 생산된 버본이나 레이 위스키를 말하는 것으로 Straight Whisky이다. 이 술은 미국 정부가 그 품질을 보증하는 것은 아닐지라도 정부의 감독 하에 보세 창고에서 분류하고 병에 담아져서 수출된다. 이 종류의 위스키는 적어도 4년 이상 저장되어야 하며 50℃로 병에 넣어진다.

② 블렌디드 위스키(Blended Whisky)

한 가지 이상의 Straight Whisky와 중성 곡류 주정을 섞은 것을 뜻하며 최소한 20% 이상의 Straight Whisky를 함유하여야 한다. 일반적으로 80 Proof 이상으로 병에 담아 판매된다.

③ 테니시 위스키(Tennessee Whisky)

버본과 테니스 위스키는 서로 밀접한 관계가 있으며, 거의 유사한 것 같이 보이나 서로 다르다. 근본적으로 서로 다른 것은 제조과정에서 테니스 위스키는 버블보다는 한 과정이 더 있다고 하겠다. 이 특별한 과정은 참숯 여과 과정인데 알코올이 증류기에서 나오면 그것을 숯이 채워있는 통속으로 유도되어 천천히 걸러지게 된다. 여기에 사용되는 숯인 테니스는 고산지대에서 생산되는 단단한 단풍나무로부터 만들어지는 특수한 것이다. 이 여과과정은 숙성과정을 제외한 어떠한 과정보다 오래 걸리며 이로 인하여 대단히 부드러운 위스키(Mellow Whisky)가 만들어진다.

㉣ 캐나디언 위스키(Canadian Whisky)

캐나디언 위스키란 캐나다에서 생산되는 위스키를 총칭한다.

우리가 흔히 캐나디언 위스키라고 하면 라이 위스키(Rye Whisky)를 생각하는데 이것은 캐나다에서 처음 위스키가 만들어질 때 호밀을 주원료로 하여 만들었기 때문이다. 그러나 캐나다에서는 스트레이트 위스키를 그대로 판매하지 못하기 때문에 상표에 라이(Rye)라고 적혀 있어도 전통적으로 만든 것이 아니라 중성 주정(Neutral Spirit)을 섞어서 만든 것이다.

캐나디언 위스키가 본격적으로 발전하게 된 것은 19세기 중순경부터이며 이 당시에는 호밀을 사용하여 무겁고 진한 맛의 위스키가 생산되었다.

이것이 지금의 라이트한 위스키로 바뀌게 된 것은 연속식 증류기가 도입되면서부터이며 전 세계적으로 알려지게 된 것은 미국의 금주법이 해제된 이 후부터이다.

캐나디언 위스키는 호밀, 옥수수, 대맥 등을 원료로 사용하여 만들어지는 블렌디드이며 정부의 감독 하에 캐나다에서만 생산된다. 캐나디언 위스키는 최소한 4년을 저장 숙성시켜야 하며 수출품은 대게 6년을 숙성한다. 스카치위스키는 대맥을 주원료로 사용하나 캐나디언 위스키는 호밀을 주원료로 사용하기 때문에 간혹 레이 위스키라고도 불리어진다.

대표적인 상품으로는 Canadian Whisky, Canadian Club Schenley O. F. C. Seagram' s V. O, Seagram' s Crown Royal

이 밖에 Canadian Whisky 의 유명한 상품으로는 다음과 같은 것들이 있다. "Lord Club, Lord Valvert, Mac Naughton, Seagram' s V. O"등이 있고 Rye로는 " Canadian Rye, Four Rye, Four Rose, Golden Wedding, Imperial, Three Feather, Old Forester, Old Overhalt 등이 있다.

## 2 브랜디(Brandy)

### 1) 브랜디 역사

넓은 의미에서의 브랜디란 과실로 만든 증류주 모두를 말하지만 일반적으로 브랜디란 포도로 만든 증류주를 말한다.

포도 이외의 과실로 만들 때는 Apple Brandy(사과)처럼 브랜디 앞에 과실 이름을 사용하던지 Kirsch(체리)처럼 다른 이름을 사용한다. Brandy는 영어식 표기이며 프랑스에서는 오드비(Eau-de-Vie), 독일에서는 Brantwein 혹은 Weinbrand라고 부른다.포도를 수확하여 화이트 와인을 만드는 방법으로 발효시킨 후 찌꺼기를 제거시키지 않고 증류기를 사용하여 증류한다. 증류하는 방법은 나라, 지방, 회사 등에 따라 다르며 단식 증류기를 사용한 것이 향이나 맛이 좋다. 저장숙성은 오크통을 사용하며 몇 년 또는 수십 년 동안 저장숙성을 하여 제품화한다.

유럽의 공동어로서 Brandy는 "화주" 즉 과실의 발효액을 증류한 알코올이 강한 술의 총칭이다. 이 과실주는 포도를 원료로 한 것이 단연 압도적이어서 브랜디라고 한 것은 포도가 원료이며 다른 과실을 원료로 그 후 브랜디의 앞에 그 과실의 이름을 붙인다. 그 예를 보면 Apple Brandy, Cherry Brandy, Apricot Brandy, Peach Brandy 등이 있다. 브랜디의 창시자는 스페인 태생인 의사, 연금술사인 (Arnaud de Villeneuve)로서 Wine을 증류하여 Vin Brule라고 하는 증류주를 "불사의 영주"라고 이름을 의약품으로 하였다고 한다. 프랑스에서는 부정 경쟁이나 허위표시의 방지와 증류법을 보호하기 위하여 법률을 제정하여 명칭이나 원산지 명칭을 보호하며 생산지의 명칭 관리가 특히 엄격하여 Cognac지역 이외의 것에는 Cognac의 명칭을 부르는 것을 허가하지 않고 있다.

### 2) 브랜디의 종류

#### (1) 꼬냑(Cognac)

꼬냑은 프랑스 꼬냑 지방에서 생산되고 있는 브랜디를 말하며 이 지역에서 생산된 것만 꼬냑이라는 표기를 할 수 있다.

단식증류기를 사용하여 2~3회 증류하여 만들며 향과 맛이 단연 으뜸이다. 꼬냑은 각 병마다 제품을 보호하기 위하여 V. S. O. P, Napoleon, X. O, Extra 등 기호나 문자로 등급을 표시하고 있다. 꼬냑지방은 Charente(샤란트) 지구와 Charente Inferieur(샤란트 앙페류트) 지구에 속한 프랑스법률에 따라 다음의 6개 지역으로 나눈다. Grand Champagne(그랜드 샹파뉴), Petitd Champagne(뿌치트 샹파뉴), Borderies(보르드리), Fins Bois(황 보아), Bon Bois(봉 보아), Bois Ordinaires(보아 조르디네-트) 이 6개 지역에서 만드는 브랜디만이 꼬냑이라고 표시하도록 허가하고 있다. 먼저 2개 지역에서 우수한 브랜디를 생산하고 있다.

① 원료와 제조방법

브랜디원료로 사용하는 포도는 브랜디는 생산지에 따라 다르다. 프랑스에서는 Folle Blanche 종(폴 브랑슈 종) Saint Emillon 종(상 떼미리용 종) Colomber 종(코롬바 종)이 주로 되어 있으며 그 외 5종류 가량의 품종이 있다. 브랜디의 종류는 2회 내지 3회 증류한다. 최초의 증류는 알코올분이 25%이며 이것을 Brouillis(부루이)라고 한다.

이것을 다시 하면 알코올분이 68-70%를 얻는다. 이것을 Bonne Chauffe(본누 쇼-후)라고 한다. 이렇게 2단계로 나누어 증류하여 평균 8통의 백포도주에서 1통의 Brandy가 증류된다. 여기에서 더 좋은 품질의 브랜디를 얻으려면 또 한 번 증류한다. 이 3회 때 증류는 10시간 이상 걸려 천천히 행한다. 이 브랜디는 무색투명한 액체이지만 이것을 다시 Oak통에 오래 두면 Oak통의색과 나무에서 나오는 타닌으로 인하여 향기가 색이 붙어 아름다운 황갈색으로 되는 것이다. 꼬냑은 겨울철에 증류하고 블렌딩 한 후 법적으로 2~5년 묵힌 후에 병에 입고하여 약40%정도하여 출고한다.

② 브랜디의 구분요령

저장 년 수에 따라 품질이 다르기 때문에 여러 가지 부호로서 품질을 구별하기 위하여 표시하고 법률상의 규정에 의한 것은 아니며 각 회사마다 표시가 일정치 않다. 이것은 Hannessy사에서 자기회사 제품의 급별과 품질 보증을 위하여 별 표시를 채용하기 시작하였다. 브랜디의 급별 표시의 기호는 별의 수나 영어의 약자로 표시되어 있다. V, O는 Very Old, V. S. O는 Very Special(or Superior) Old, V. S. O. P는 Very Special Old Pale X. O는 Extra Old로 구분하고 있다.

③ 브랜디 숙성도 표시

꼬냑으로 유명한 Maker 인 Hennessy사에서 3성을 Bras Arme(브와 쟈르메)라고 표시하고 있으며 Remy Martin 사에서는 Extra 대신에 Age Unknown이라는 표시를 사용하고 있다.

Martell사에서는 V. S. O. P에 해당하는 것을 Medaillon(매다이욘)이라고 부르고 있다. 이 외에 Cognac에는 Napoleon이라고 표시되어 있어 최고상품이라고 잘못 생각하는 사람도 있다. Napoleonvy시는 저장 년 수에 아무런 관계가 없다.

〈그림 11-1〉 꼬냐의 등급(숙성도)

| ☆ 一星 | 2~5년 |
|---|---|
| ☆☆☆ 三星 | 7년 이상 |
| ☆☆☆☆☆ 五星 | 10년 이상 |
| V. O.(Very Old) | 12~15년 |
| V. S. O.(Very Special Old) | 15~20년 |
| V. S. O. P.(Very Special Old Pale) | 25~30년 |
| X. O.(Extra Old) | 40~45년 |
| Extra Napoleon | 70~86년 |

④ 브랜디의 서비스

오래 전부터 애용되어 온 브랜디는 약용으로도 잘 사용되나 주로 식후주로서 이용된다.

Old Brandy나 Cognac과 같은 잘 성숙된 특별한 성질을 가진 술을 즐기기 위해서는 스니프트 글라스(Snifter Glass: 윗부분이 좁은 서양배 모양의 기둥이 있는 Glass)를 사용하는 것이 최상이다. 마시는 방법은 Snifter에 술을 1-2온스 붓고 두 손바닥으로 Glass를 어루만지듯 감싸 쥐고 먼저 향취를 음미한 다음 Straight로 마신다.

(2) 아르마냑(Armagnc)

프랑스 아르마냑 지방에서 생산되는 브랜디로 이 지역의 특산주이다. 현재 위니 블랑을 많이 사용하고 있다. 이것을 발효시키면 약 9% 정도 화이트와인이 만들어지고 이것을 다시 증류하는데 증류기는 꼬냑과 달리 저장과 숙성을 하며 숙성이 여러 원주를 섞어서 제품화된다. 이렇게 증류하여 알코올 55%전후의 증류 액을 얻어 떡갈나무로 만든 통에 아르마냑만의 특유한 반연속식 증류기를 사용하여 증류하며 1회 증류하여 만든다.

이외에 여러 나라에서 브랜디가 생산되고 있으며 이러한 제품에는 꼬냑이나 아르마냑이라는 말을 사용할 수 없으며 상표에는 단지 Brandy라는 단어만 표기할 수 있다.

아르마냑과 꼬냑이 다른점은 캬라멜을 첨가하지 않도록 드라이 하며, 스파시한 맛이 입안에 오래도록 남는 독특한 술이다.

## 3 진(Gin)

### 1) 진의 역사

일반적으로 우리가 진이라고 말하는 것은 무색투명한 증류주인 드라이진을 말한다.

1650년 네덜란드의 라이덴 대학 의학교수인 실비우스 교수에 의하여 약용(강장, 건위, 소독)으로 처음 만들어졌으며, 이때는 단식증류기를 사용하여 거친 진이었다. 이것이 영국으로 건너가 연속식증류기의 발명과 함께 지금의 깨끗한 진으로 만들어졌다. 물론 지금도 네덜란드에서는 옛날 방식으로 만든 주네브가 생산, 판매되고 있다. 이것은 주로 스트레이트용으로 많이 마시고 일반적으로 칵테일을 만들 때 사용하는 진(Gin)은 무색투명하고 깨끗한 드라이 진이다. 주로 옥수수 등의 곡물을 사용하여 만들며 쥬니퍼 베리의 송진향이 강한 것이 특징이다. 이외에 진(Gin)에다 과실, 약초 등과 당분을 넣어 만든 리큐르 스타일의 진(Gin)이 생산되고 있다.

무색이며 유리제 탱크에 사용하며 거의 숙성을 않고 시판되므로 원가가 적게 들며 시판가격도 저렴하여 칵테일 기주(Base Liquor)로 많이 사용된다.

### 2) Gin의 분류

① Dutch Geneva은 Holland에서 만든 것으로서 Genva or Schiedam이라고도 한다.

② British Gin은 영국에서 만든 Gin의 총칭 일반에서는 London Dry Gin이라고 한다.

### 3) Gin의 제조 방법

옥수수, 대맥, 맥아, 그 왜 다른 곡류(Rly, Oat)와 당밀을 배합하여 Mash를 만들어 발효하여 Patent Still로 증류하여 Alcohol 180-190 Proof의 순수한 Grain Spirits를 얻는다. 이 증류 액을 약 60%까지 섞어 Juniper Berry와 그 왜 다른 향료와 같이 Pot Still로서 재증류하여 즉시 병에 넣는다.

이상의 Gin이 Distilled Gin이며 Gin Essence 등 정유를 구입하며 알콜올에 가하여 간단한제품을 만드는 것을 Compound Gin이라 한다. 이것은 주로 미국에서 많이 사용하고 있다.

Gin은 무색투명한 술로서 Dry Gin과 Old Tom Gin으로 나눈다.

### 4) Gin의 종류

Gin들은 대개 40-47%의 알코올을 함유하고 있으며 그들의 특성에 따라 분류하면 다음과 같다.

#### (1) 드라이진(Dry Gin)

Dry란 말은 알코올 도수가 독하다는 뜻이 아니라 단지 감미가 없다는 뜻으로 사용되었다.

#### (2) 올드 탐 진(Old Tom Gin)

영국산 Gin으로 Sugar Syrup을 사용하여 감미를 더한 진으로 약한 감미를 느끼게 한다.

#### (3) Vacuum Distilled Dry Gin

일반적으로 Gin에서 느끼는 쓴맛을 제거하고 가볍고 휘발성 있는 향취를 잡기 위하여 속이 진공유리로 되어 있는 솥에서 32℃의 낮은 온도에서(보통은 100℃에서) 증류한 Special Gin이다.

#### (4) 런던 드라이진(London Dry Gin)

영국에서 사용되는 Gin을 뜻하였으나 최근에는 일반적인 용어로서 사용된다. 영국에서 생산된 Dry Gin은 다른 것들 보다 약간 진한 느낌을 준다.

#### (5) 골던 진(Golden Gin)

일종의 Dry Gin으로서 나무통 속에 숙성하여 엷은 황금색을 띄고 있는 것이다.

#### (6) 네덜란드 진(Holland Gin, Geneva Gin 혹은 Schiedam Gin)

Gin의 원산지인 네덜란드로부터 수출되는 Gin들이며 향기가 높고 풍미가풍부하여 칵테일용으로는 잘 사용되지 않으며 Straight나 on the Rock로 이용된다.

(7) 플래이버드 진(Flavored Gin)

대개 Sweet Gin이며, Orange, Lemon, Mint등 여러 가지 약초 등을 이용하여 착향시킨 Gin으로서 전형적인 Liqueur라고 할 수 있다. 이런 종류의 Gin에는 착향시킨 재료 명을 상표에 표시한다.

(8) 슬로진(Sloe Gin)

이것은 진이라고 표시는 되었으나 오히려 리큐르에 속하는 술로서 야생자두(Sloe Berries)를 사용하여 만든적색의 술이다.

유명Gin의 상표들로서는 영국의 Gordon's Gin, Beefeater, Booth's, 네덜란드의 Bols Geneva, Hulstkamp, 독일의 Schlichte, Zill 40 등을 들 수 있으나 그 외에도 우수한 Gin들이 각국에서 생산되고 있다.

## ④ 보드카(Vodka)

### 1) 보드카 역사

보드카는 러시아, 폴란드 민족의 국민주라고 할 수 있을 정도로 애음되는 무색, 무미, 무취의 증류주이다. 그 어원은 러시아 Voda(우오다)로서 영어의 Water와 같은 뜻으로서 위스키나 브랜디가 생명의 물이라고 불리는 것 같은 비슷한 어원을 가지고 있다.

주원료는 곡물이며 추운 지방에서는 곡물 대용으로 감자나 고구마를 사용한다. 곡물을 발효 양조된 술을 다시 증류하여 높은 도수의 알코올을 뽑아내고 이것을 자작나무의 활성탄과 양질의 모래로 여과하여 색과 향미를 없게 한 무색투명한 술이다. 보드카의 특징은 무색, 무미, 무취라는 것 외에 저장숙성을 하지 않고 시판하게 되므로 생산비가 적게 들고 그 가격이 저렴하다. 보드카의 원산지라고 할 수 있는 러시아와 폴란드에서는 보통 축배용으로 그리고 식전용으로 사용하며 캐비아와 가장 잘 어울리는 술이기도 하다.

시판되는 보드카들은 65 Proof(33도)로 부터 98 Proof(49도)의 높은 도수까지 다양하게 존재한다. 이상의 전형적인 것 외에 향초로 착향시킨 것(예로서 폴란드선 주브로브카 보드카)이나 혹은 숙성 시킨 것도 생산된다.

유명한 상표로는 러시아산 Stolichnaya, Stolovaya, Mouskaya, 폴란드 산의

Zubrowka, 네덜란드산 Bols, De Kuyper, 영국산 Goldon's 미국산의 Smirnoff, Samovar 등을 들 수 있다.

### 2) 보드카의 제조방법

원료는 감자나 다른 곡류를 사용하여 발효 증류하여 만든 알코올을 백화의 활성탄과 양질의 모래로서 40-45회 정도 여과하여 투명하게 한 색, 미, 향이 없이 만든 것이 Vodka이다.

### 3) 보드카 종류

① 레귤러 보드카(Regular Vodka)

일반적으로 말하는 무색, 무미, 무취의 보드카를 말하면 곡물을 발효, 증류시켜 자작나무로 만든 숯으로 여과하여 만드는 보드카를 말한다. 대표적인 상표로는 스톨리치나(Stolichnaya), 스미노프(smiroff), 모스코브스카야(Moskovskya) 등이 있다.

② 플레버드 보드카(Flavored Vodka)

보드카에다 여러 가지 약초와 향초, 과일, 씨앗 등을 넣어 향과 맛을 낸 것도 있고 리큐르 타입으로 생산된 것도 있다.

대표적인 것은 주브로우카 풀을 사용하여 만든 주브로우카(Zubrowka), 레몬의 향기를 나게 한 리모나야(Limonnaya), 검은후츠나, 흰후츠 등의 향을 가진 페르소브카(Pertsovka), 사과나 배의 잎을 침지시키고 브랜디나 포트와인을 몇 방울 넣어 와인 향이 있는 스타르카(Starka), 체리의 향과 맛을 가진 리큐르 타입의 체리 보드카(Cherry Vodka) 등이 있다.

## 5 럼(Rum)

### 1) 럼의 역사

서인도제도가 원산지인 럼은 사탕수수의 생성물을 발효, 증류시켜 만든 술로서 독특하고 강렬한 방향이 있고 남국적인 야성미를 갖추고 있으며 해적의 술이라고도 한다.

17세기경 서인도 "발바도스"라는 섬에서 Rumbullion(람바리온) 혹은 Rumbustion(람바숀) 이라고 하는 이름의 약자라는 설과 "미본시아"의 방언에서는 "괴동"이나 "흥분"이라는 의미라는 설이 있으나 명확하지는 않다. Rum의 원료인 사탕수수의 라틴어인 시카룸(Sccharum)의 어미인 'Rum' 에서 나온 설이 가장 유력하다.

럼의 원료는 사탕수수이며 롤러로 눌러 부순 뒤 여과한 당액을 그대로 쓰는 경우와 제당공정의 부산물인 당밀을 쓰는 두 가지 방법이 있는데 후자의 경우가 많이 사용된다. 원료에 이미 당분이 함유되어 있으므로 당화 공정은 불필요하다.

여러 가지로 분류하고 있지만 크게 맛에 따라 다음과 같이 나눌 수 있다.

### 2) 럼의 제조방법

#### (1) 제조방법

원료는 고구마나 사탕수수이나 오히려 사탕 공업의 부산물로서 당밀과 사탕수수의 즙 가운데 있는 Skimming(걸러낸 크림)을 사용한다.

사탕수수를 압착하여 얻은 액에 효모를 가하여 발효시켜 증류한 독특한 강한 냄새를 가진 스프리트(Spirit)로서 쉐리(Sherry)의 빈 통에 넣어 수년간 저장하여 시판한다.

미국 법률로서는 증류 후 4년간을 저장하지 않으면 판매를 금지하고 있다. 주정도수는 약 50도 전후이며 Guiana의 Demerara Rum은 75℃로 주정도수가 높은 것도 있다. 영국령 서인도 여러 섬의 것이 유명하며 자메이카 Rum은 품질이 우수하다.

### 3) 럼의 분류

① 라이트 럼(Light Rum)

화이트 럼이라고도 하며 헤비 럼보다는 향취가 적고 감칠맛의 깨끗함이 있는 세계적으로 애음되는 럼 중의 하나이다. 특히 칵테일용으로 제일 많이 사용되는 것으로서 주장에서는 없어서는 안 될 필수품이다. 라이트 럼으로는 쿠바 산이 유명하며 그 외에 푸에르토리코, 버진 아일랜드, 베네수엘라 등지에서도 생산된다. 화이트 럼주는 단기간(약 4일) 발효하여 증류하고 단기간(약 6개월간)저장하여 시판되는 것으로서 Heavy Rum 보다는 향취가 적고 단맛을 느끼지 않게 하므로 세계적으로 애음되는 Rum 종류이다. 특히 칵테일용으로 제일 많이 사용되는 것으로서 주장에서는 없어서는 안 될 필수품이다.

Light Rum으로는 Cuba산이 유명하며 그 외에 푸에르토리코(Pueritorico), 버진 아일랜드(Virgin Island), 아이티 멕시코, 베네즈엘라, 하와이, Philippine 등지에서도 생산된다. 주요상품으로는 바카디 라이트, 그린 아일랜드, 라케포드, 올드 자마이카, 핑가폰탈 등이 있다.

② 미디엄 럼(Medium Rum)

일명 골드 럼이라고도 하며 라이트 럼과 헤비 럼의 중간 스타일의 럼이다. 좋은 제품도 생산되지만 라이트 럼에 색깔만 넣은 하급 품도 생산되므로 주의해서 선택해야 된다. 기아나, 마티니크, 도미니카 등지에서 생산된다.

일명 Golden Rum이라고도 하는 중간형적인 Rum주이며 대중 품으로서 대량 생산된다. 남미의 기아, 마티니케, 도미니카 등지에서도 생산된다. 주요상품으로는 바카디 골드, 올드 오크, 네그리타 등이 있다.

③ 헤비 럼(Heavy Rum)

발효기간을 약 20일간 거쳐서 장기간 저장 숙성하여 만든 풍미가 높고 색이 짙은 럼으로서 일명 다크 럼이라고도 한다.

자마이카 산이 유명하며 품질도 우수하다. 그 외에 데메라라, 마티니크, 발바도스 등지에서도 양질의 헤비 럼이 생산된다.

발효기간을 약 20일간 거쳐서 장기간 저장하여 만든 풍미가 높고 색이 짙은 Rum으로서 일명 Dark Rum이라고도 한다.

Heavy Rum으로는 자메이카 산이 유명하며 품질도 우수하다. 그 외에 마티니께, 발바도스, 트리니다스, 플로리다 남쪽으로 내려갈수록 영어, 불어 사용지역에서 Heavy Rum이 생산하는 경향도 있다.

## 6 테킬라(Tequila)

### 1) 테킬라 역사

테킬라의 원산지는 멕시코이며 멕시코의 중앙 고원지대에 위치한 제 2의 도시인 라디아라 교외에 있는 테킬라라는 마을에서 생산되는 것만 테킬라라고 부를 수 있다. 즉, 테킬라라는 마을에서만 생산되는 한 지방의 특산주이다. 멕시코 여러 지방에서 유사한 증류주가 생산되는데 이 유사한 술의 이름은 메즈칼(Mezcal)이라고 부른다.

### 2) 테킬라 제조방법

용설란의 잎을 자르고 줄기를 증기 솥에 넣어 가열하여 당화시킨 후 발효시켜 풀케(Pulque)라는 양조주를 만든다. 이것을 다시 증류시켜 만들며 오크통의 저장 유무에 따라 무색투명한 테킬라 블랑 코와 저장하여 색깔이 호박색인 테킬라 아네호로 나눈다.

테킬라는 칵테일 조주에 많이 사용되며 멕시코에서는 차게 하여 스트레이트로 마시는 습관이 있다. 원주민들이 테킬라를 마실 때 손등에 레몬이나 라임의 즙을 바르고 그 위에 소금을 뿌린 다음 찬 테킬라를 마시고 손등의 소금을 핥아먹는다. 이것은 멕시코 지역이 열대 지방이며 건조한 지역인 관계로 염분을 섭취하고 신맛의 과즙을 섭취하기 위한 것이라고 한다.

### 3) 테킬라 종류

① 테킬라 블랑코(Tequila Blanco)

일반적으로 숙성하지 않은 무색투명하고 샤프한 향이 나는 것을 말한다. 우리가 흔히 말하는 화이트 테킬라이며 차게 하여 스트레이트로도 마시지만 주로 칵테일 주재료로 많이 사용한다.

② 테킬라 아네호(Tequila Anejo)

나무통에 적어도 1년 이상 저장 숙성하여 만든 것을 말하며 주로 스트레이트로 많이 마신다. 색깔이 진하며 향이 풍부하고 10년 이상 저장 숙성하여 만든 고급품도 있다.

이러한 주요상품으로는 쿠에르보, 엘토로, 마리아치, 사우자, 판쵸빌라 등이 있다.

### 4) 테킬라 서비스

테킬라의 원산지는 멕시코의 중앙 고원지대에 위치한 제 2의 도시인 라디아라 교외에 테킬라라는 마을이 있으며 여기서 멕시코 인디언들에 의해 생산하기 시작하였다. 테킬라의 어원도 지명에서 유래되었으며 이 지방에서 생산되는 것을 테킬라라고 한다. 멕시코 여러 곳에서 유사한 증류주를 생산하는데 이 유사한 술의 이름은 메즈칼(Mezcal)이라고 불리 운다.

테킬라의 어원은 Agave(용설란)인데 10년 정도 자란 용설란 입을 잘라내고 직경 50Cm 정도의 줄기를 반으로 잘라 증기 솥에 넣어 열을 가하면 줄기 속의 다당류가 당화되고 이 당화 액을 발효하면 멕시코 원주민들이 즐겨 마시는 풀케가 만들어진다. 이 발효주를 단식 증류기로 두 번 증류하고 증류가 끝난 원주를 화이트 오크통에 넣어 약 한 달 가량 숙성시킨 후 활성탄으로 정제하고 시판하는 것이 White Tequila이다. 드물게는 장기간(약 2년 이상)저장하였다가 판매하는 것도 있으며 이런 것들을 Gold Tequila 라고 한다.

시판되는 테킬라의 일반적인 알코올 함유량은 40-52%이다.

테킬라 주는 칵테일 조주에 많이 사용되며 멕시코에서는 차게 하여 스트레이트로 마시는 것이 습관이다. 원주민들이 테킬라를 마실 때 손등에 레몬이나 라임의 즙을 바르고 그 위에 소금을 뿌린 다음 찬 테킬라를 마시고 손등의 소금을 핥아먹는다. 이것은 멕시코 지역이 열대 지방이며 건조한 지역인 관계로 염분을 섭취하고 신맛의 과즙을 섭취하기 위한 것이라고 한다.

## 7 아쿠아비트(Aquavit)

### 1) 아쿠아비트의 역사

아쿠아비트는 곡물이나 감자를 주원료로 해서 아니스(Anise) 카라웨이(Caraway) 등으로 향을 낸 증류주로 북유럽의 특선주이다. 노르웨이는 Aquavit, 덴마크는 Akvait, 스웨덴은 두 단어 모두를 사용한다. 15세기 스톡홀롬이 재정보고서에 의하면 아구아비트는 당시는 독일에서 와인이었는데, 16세기 이르러 생산량이 줄면서 18세기부터 감자로 대체하기 시작하였다.

### 2) 아쿠아비트의 제조과정

아쿠아비트는 감자 엿기름으로 당화시켜 연속식 증류법으로 증류하여 95%이상의 고농도의 알코올을 얻는다. 그 후에 물로 희석하여 각종 성분을 첨가하여 재증류하는데진의 제조법과 유사하다. 진이 쥬니퍼 베리향이 강하다면 아쿠아비트는 카라웨이 향이 강하다. 아쿠아비트는 무색투명하고 차게 하여 스트레이트로 많이 마시며, 시전주로 적당하다.

상품의 종류로는 올보그, 길트타팰, O. P앤더슨, 스카네 등이 있다.

## 4절 혼성주(Compounded)

### 1 리큐르 역사

리큐르는 스피리트(Spirit)에 과실, 과즙, 약초 등을 넣어서 사탕이나 그 왜 다른 감미료나 착색료 등을 증가하여 만든 혼성주이나 프랑스에서는 리큐르를 최초로 만든 사람은 Arnaud de Villeneuve(아르노드 비르누브 1235-1312)와 그 제자 레이몬류드(1235~1315)라고 알려져 있다. 최초는 자극제나 소화촉진 및 의약으로 사용하였다. 리큐르란 혼성주 중에도 증류주만 사용하여 만든 술이다. 즉, 증류주에다 초, 근, 목, 피, 과실, 씨앗 등을 넣고 당분을 첨가하여 단맛이 나도록 만든 것이다. 리큐르의 역사는 오래 되었지만 지금과 같은 방법으로 만들기 시작한 것은 13세기경부터이다. 원래 약용으로 마시다가 식사 후 스트레이트로 마시는 것이 대중화되었다. 만드는 방법으로는 증류주에 과실이나 여러 가지 약초, 향료, 과실 등을 설탕과 함께 넣어 자연적으로 색과 향 그리고 맛이 우러나오도록 하는 침출법과 먼저 침출한 것을 다시 증류하여 만드는 증류법, 원료의 진한 엑기스를 뽑아서 만드는 에센스법의 3가지를 들 수 있다. 다양한 색깔의 리큐르가 많이 생산되며 이것은 자연적인 것과 인공적인 것으로 착색을 하여 생긴 것이다. 지금은 칵테일의 색깔을 내기 위하여 많이 사용한다.

### 2 리큐르의 제조방법

1) 증류법(Distilled Process)

방향성의 물질인 식물의 씨, 잎, 뿌리, 껍질 등을한 주정에 담가서 부드럽게 한 후에 그 고형물질의 전부 또는 일부가 남아있는 채 침출액을 증류하는 것이다. 이렇게 하여 얻은 향기 좋은 주정적 음료에 설탕 또는 시럽(Syrup)의 용액과 무해한 야채 엑기스나 태운 설탕의 형태로 된 염료를 첨가하여 감미와 색을 낸다.

#### 2) 에센스 제조(Essence Process)

독일에서는 이 방법을 쓰는데 주정에다 향료를 증가하여 여과한 후에 사카린(Saccharine)을 첨가해서 만든다. 이 제품은 품질이 좋지 않고 가격도 싸다.

#### 3) 침출법 (Infusion process)

이 방법은 신선한 스피리트(Spirit)에 설탕을 첨가하여 만들어진다. 이렇게 만들어진 혼성주를 코디 알이라고 부른다. 리큐르의 주정 도(℃)는 아브상(Absinthe)와 같이 80℃에서 아니제트(Anisette)와 같은 27℃정도가 되는 것도 있다.

### 3 리큐르의 종류

#### 1) 과실 계

① 에프리코트 브랜디(Apricot Brandy)

알코올이 강한 증류주에 살구와 기타 향료 그리고 당분을 넣어 만든 살구 향이 강한 달콤한 리큐르이다.

② 크렘 드 바나니(Creme de Banane)

바나나 맛이 있는 술로서 스피리트(Spirit)에 신선한 바나나, 당분을 첨가하여 만든 리큐르이다. 리큐르 드 바나나라 하여 판매되는 제품도 있다.

③ 체리브랜디(Cherry Brandy)

체리 맛이 강한 술로서 킬쉬와써 또는 중성 주정에 체리를 주원료로 하여 시나몬, 글로브 등과 당분을 함께 침지한 후 여과하여 숙성시켜 만든 리큐르이다.

④ 끄앙뜨루(Cointreau)

오렌지 향과 맛이 좋은 술로서 화이트 큐라소 중에서도 고급품으로 알려져 있으며 스피리트(Spirit)에 비터 오렌지와 스위트오렌지의 껍질을 주원료로 하여 만들었다.

⑤ 큐라소(Curacao)

오렌지로 만든 대표적인 오렌지 리큐르로서 일반적으로 오렌지의 껍질을 주원료로 하여 만들었으며 신선한 과일 향이 풍부한 것이 특징이다. 화이트 큐라소, 블루 큐라소, 그린 큐라소, 레드 큐라소, 오렌지 큐라소의 다섯 가지가 만들어지고 있다.

⑥ 마라스키노(Marascrino)

체리 맛이 강한 술로서 스피리트(Spirit)에 이탈리아와 유고슬라비아의 국경지대에서 많이 재배되고 있는 마라스카종의 체리와 당분을 섞어서 만들었으며 무색투명한 리큐르이다.

⑦ 캄파리 비터(Campari Bitter)

이탈리아의 가스파렛 캄파리에 의하여 만들어진 이탈리아를 대표하는 리큐르 중의 하나이다. 비터 오렌지의 껍질을 주원료로 하여 코리앤드의 씨앗과 캐러웨이의 씨앗 등을 사용했으며 쓴맛이 강하기 때문에 입맛을 돋우기 위하여 많이 마신다.

⑧ 오렌지 비터스(Orange Bitters)

스피리트(Spirit)에 비터 오렌지의 껍질을 주원료로 하여 10여 종류의 초, 근, 목, 피의 엑기스와 당분을 함께 침지하여 만든 리큐르이다. 향과 맛을 내기 위하여 소량으로 몇 방울 정도만 사용한다.

⑨ 피치 리큐르(Peach Liqueur)

복숭아 향과 맛이 강한 술로서 스피리트(Spirit)에 복숭아, 당분을 함께 침출하여 만든 리큐르이다. 복숭아로 만든 리큐르 전체를 의미하며 크렘 드 피치라는 이름으로 판매되는 상품도 있다.

⑩ 트리플 섹(Triple Sec)

미국에서 생산되는 트리플 섹은 프랑스에서 생산되는 끄앙뜨루, 네덜란드의 화이트 큐라소와 동일한 제품이다. 칵테일을 만드는데 없어서는 안 될 제품이다.

⑪ 슬로우 진(Sloe Gin)

새콤달콤한 야생자두의 맛이 있는 술로서 드라이진에 유럽에서 자라는 야생자두와 당분을 함께 침출하여 만든 리큐르이다.

⑫ 그랑 마르니에(Grand Marnier)

오렌지 큐라소의 대표적인 상표로 3~4년 된 꼬냑에다 비터 오렌지를 넣어 오크통에 저장 숙성하여 단맛이 나게 한 리큐르이다.

⑬ 블랙베리 리큐르(Blackberry Liqueur)

스피리트(Spirit)에다 검은 딸기와 당분을 넣어 만든 달콤한 리큐르이다. 블랙베리 또는 블랙베리 플레버드 브랜디라고 부르기도 한다.

⑭ 멜론 리큐르(Melon Liqueur)

멜론이 주로 재배되는 곳은 아프리카, 중동 아시아, 중국 등이다. 유럽에서 식후에 디저트로 많이 먹는 머스크멜론을 사용하며 스피리트(Spirit)에 멜론, 당분을 함께 침지하여 만든다.

⑮ 말리부(Malibu)

근래에 만들어진 리큐르로서 자마이카산의 라이트 럼에 카리브해 지역에서 생산되는 코코넛과 당분을 넣어 만든 무색투명한 리큐르이다.

⑯ 서선 컴프트(Southern Comfort)

미국을 대표하는 리큐르로 19세기 뉴올리언즈에서 만들어졌다. 저장 숙성한 버번위스키 원액에다 복숭아와 여러 가지 과일의 향과 맛을 나도록 한 달콤한 리큐르이다.

### 2) 약초, 향료계

① 아브상(Absinthe)

브랜디나 스피리트(Spirit)에 여러 가지 약초와 향료를 넣고 침출한 후 이것을 다시 증류하여 당분을 첨가하여 만든 리큐르이다. 초록색이 나는 이 리큐르에 물을 타면 우유같이 하얗게 변하기 때문에 "초록색의 마주"라고도 부른다. 지금은 생산되지 않는다.

② 애니제트(Anisette)

스피리트(Spirit)에 아니스 씨앗을 주성분으로 넛멕, 캐러웨이, 레몬 껍질, 시나몬, 코리앤더 등과 함께 당분을 넣어 만든 리큐르이다. 아브상 대용품으로도 사용 가능하고 화이트 아브상 이라고도 부른다.

③ 베네딕틴(Benedictine)

프랑스 베네딕트 수도원에서 사용되는 미사주이다. 중성 주정에 쥬니퍼 베리, 시나몬, 클럽, 넛멕, 바닐라 등 많은 종류의 약초와 향초를 주원료로 하여 꿀과 함께 침지한 후 증류하여 통에 숙성하여 만든 리큐르이다. 병 상표에 있는 D.O.M이란 Deo Optimo Maximo 의 약자로 "최대 최선의 신에게"란 뜻이다.

④ 샤르뜨뢰즈(Chartreuse)

프랑스에서 만든 세계적으로 유명한 최고급품의 리큐르이다. 샤르뜨뢰즈 수도원에서 만들어지던 것이 민간 기업으로 이양되면서 대중화되었다. 제조 방법은 공개되어 있지 않으나 스피리트(Spirit)에 약 130여종의 약초와 함께 당분을 넣어 만든다.

⑤ 크렘 드 멘트(Creme de Menthe)

중성 주정에 박하 잎에서 추출한 박하 오일과 당분을 함께 넣어 만든 리큐르이다. 무색투명한 화이트와 녹색의 그린 두 가지 제품이 생산되고 있다. 화이트는 맛을 내는데 주로 사용하고 그린은 색깔을 내는데 주로 사용한다.

⑥ 드람브이(Drambuie)

스코틀랜드의 유명한 술인 스카치위스키를 기본으로 하여 만든 리큐르로, 평균적으로 15년 이상 숙성된 하이랜드 몰트 위스키와 약 60여 종류의 스카치위스키에 약초와 향초를 배합하여 꿀로서 단맛을 나게 한 리큐르이다.

⑦ 갈리아노(Galliano)

이탈리아의 전쟁 영웅인 장군 이름을 딴 리큐르로 스피리트(Spirit)에 약초와 향초, 바닐라, 당분을 첨가하여 만들었다. 약초의 쓴맛과 향 그리고 바닐라 맛의 조화가 잘 이루어져 있다.

⑧ 큠멜(Kummel)

큠멜은 독일어이며 영어로는 Caraway(회향품의 일종)라고 한다. 스피리트(Spirit)에 캐러웨이를 주원료로 하여 코리앤더, 큐민 등과 당분을 첨가하여 만든 리큐르이다.

⑨ 아로마틱 비터스(Aromatic Bitters)

스피리트(Spirit)에 약초와 향초 등을 사용하여 쓴맛이 나게 한 리큐르이다. 앙고스트라 아로마틱 비터스가 시초이며 럼과 앙고스트라 나무의 껍질을 주원료로 하여 40~80여 종류의 약초와 향초를 사용해서 만들었다. 여러 제품이 생산되고 있으며 아로마틱 비터스 보다는 앙고스트라 비터스로 더 많이 알려져 있다.

⑩ 아이리쉬 미스트(Irish Mist)

아일랜드에서 생산되는 대표적인 리큐르로 아이리쉬 위스키에다 10여 종류의 향료와 히드의 꽃에서 얻은 꿀을 섞어서 만든 리큐르이다.

⑪ 파르페 아무르(parfait Amour)

제비꽃의 색(보라색)과 향을 가진 리큐르이며 스피리트(Spirit)에 아몬드, 장미, 바닐라 등과 당분을 첨가하여 만든다. 크렘 드 이벳, 크렘 드 바이올렛 등과 같은 종류의 리큐르이다.

3) 종자계

① 크림 드 카카오(Creme de Cacao)

쵸콜렛 맛이 나는 리큐르로 카카오 콩을 스피리트(Spirit)와 함께 침출한 후 증류하여 당분과 바닐라 향을 첨가하여 만든다. 화이트 카카오, 브라운 카카오의 두 종류가 생산 판매되고 있고 브라운은 착색하여 만들었다.

② 카루아(Kahlua)

멕시코에서 생산되는 대표적인 커피 리큐르이며 테킬라에 멕시코산 커피와 당분을 넣어 만든 리큐르이다.

③ 티아 마리아(Tia Maria)

커피 리큐르의 최고급품으로 럼에다 세계 최고의 커피인 자마이카산 블루 마운틴 커피를 주원료로 하여 단맛이 나게 한 리큐르이다.

④ 아마레또(Amaretto)

아몬드 향이 강한 리큐르이지만 아몬드는 일체 사용하지 않고 살구 핵을 물에 침출, 증류하여 스피리트(Spirit), 당분을 첨가하여 만들었다.

## 5절 칵테일의 정의 및 분류

### 1 칵테일의 정의

칵테일은 맛과 향기와 색채의 예술품이며 두 종류 이상의 재료를 혼합하여 맛의 조화를 잘 이루어 마시는 음료이다.

칵테일은 또한 식욕을 증진시킴과 동시에 마음도 자극하여 분위기를 창출하고 긴장된 신경을 풀어주며 근육을 부드럽게 해주고 피로한 눈에는 다이아몬드 같은 빛을, 혀에는 미끈한 움직임을 주고 우정을 두텁게 한다. 칵테일은 맛과 향의 예술이라 칭할 수 있듯이 고객의 기호에 따라 그 맛과 향을 달리 즐길 수 있는 여러 가지 재료와 기술로 독특한 칵테일을 만들어 모든 사람을 즐겁게 만들 수 있기 때문에 "칵테일은 교향악이다"라는 애주가들의 호칭도 있다. 칵테일이란 술과 술을 혼합하고 청량음료나 과일즙, 각종 향을 배합해서 여러 가지 과실로 장식하여 맛과 향을 음미하고 마시는 것을 말하며 알콜을 전혀 함유하고 있지 않은 청량음료나 과일즙 또는 주스와 주스를 섞어 만드는 것도 칵테일이다.

### 2 칵테일의 유래

칵테일 어원에 대한 설은 여러 가지가 있지만 어떤 것이 정설인지는 알 수가 없다. 국제바텐더협회에서 사용하는 것을 보면 옛날 유카탄 반도의 캄페체 항구에 영국배가 입항하여 거기에 내린 선원들이 술을 마시러 술집에 들어갔는데 그때 조그마한 소년이 껍질을 벗긴 나무 토막으로 믹스드 드링크를 만들고 있었고 술집 안에 있던 손님들은 그것을 마시고 있었다.

당시 영국에서는 술을 스트레이트로만 마시고 있었기 때문에 그것은 신기한 일이었다. 그래서 한 선원이 그 소년에게 "얘야 그것이 무엇이니?"하고 물으니 그 소년이 "예 이것은 꼬라 데 카죠(Cola de Gallo)입니다."라고 대답하였다. 선원은 드링크의 이름을 물은 것인데 소년은 그 때 드링크를 만들어 젓고 있었기 때문에 그 젓는 막대기를 말하는 것인 줄 알고 그렇게 불렀다. 꼬라 데 카죠는 스페인어로 수탉의 꼬리란 뜻으로 소년은 나무막대기의 모양이 닭 꼬리를 닮아서 그런 애칭을 사용하였다. 이 꼬라 데 카죠를 영어로 직역하면 테일 오브 콕(Tail of Cock)이 된다. 이것으로 인하여 지금의 칵테일이란 단어가 생겨나게 되었다고 한다.

## 3 칵테일의 분류

칵테일의 종류가 무한히 많다는 것은 새삼스러운 것이 아닐 것이다. 재료와 기술에 따라 얼마든지 창조할 수 있는 여지가 있다. 이러한 칵테일의 명칭은 지명, 유명인 그리고 창작자 등에 따라 다양하게 만들어낼 수 있으나 재료의 종류나 마시는 시간, 장소, 때, 방법 등에 따라 여러 가지로 분류된다.

### 1) 시간에 의한 분류

마시는 시간에 따른 분류로서 칵테일의 제 맛을 즐기기 위해서 짧은 시간 내에 마셔야 되는 것이 있는가 하면 느긋하게 시간을 두고 마셔도 되는 칵테일이 있다.

빨리 마셔야 되는 것을 숏 드링크(Short Drink)라고 하며 마티니, 바카디 칵테일 등을 말하며 10~15분 이내에 마셔야 된다. 진과 토닉, 스크류드라이버 등과 같이 롱 드링크(Long Drink)는 20~30분 정도로 시간을 두고 마실 수 있는 것을 말한다.

### 2) 온도에 따른 분류

음료는 마시는 온도에 따라 맛이 달라진다. 물론 사람에 따라 차이는 있겠지만 커피나 차등은 따뜻하게 해서 마셔야 하고 콜라나 주스 등은 차갑게 해서 마셔야 제 맛을 즐길 수가 있다. 칵테일 또한 마찬가지 차갑게 해서 마셔야 되는 것과 따뜻하게 해서 마셔야 제 맛을 즐길 수가 있는 것이 있다.

이렇게 마시는 온도에 따라 칵테일을 크게 두 가지로 나누어 볼 수 있으며 차갑게 해서 마시는 것을 콜드 드링크(Cold Drink), 따뜻하게 해서 마시는 것은 핫 드링크(Hot Drink)라고 부른다.

### 3) 마시는 방법에 따른 분류

사람의 취향이나 또는 각 음료의 개성에 따라 음료는 여러 가지로 마시는 방법이 있다. 그러나 이것을 크게 두 가지로 나누어보면 향과 맛을 즐기기 위하여 음료 그 자체를 스트레이트로 마시는 것(Straight Drink)과 마시기가 불편한 음료를 두 가지 이상 섞어서 각각의 입맛에 맞게 마시는 것(Mixed Drink)이 있다.

### 4) 계절에 따른 분류

땀을 많이 흘리는 여름과 추운 겨울에 마시는 음료는 각각 다르기 마련이다. 주로 여름에는 시원한 칵테일을 많이 찾고 추운 겨울에는 따뜻한 칵테일을 많이 찾는다. 주로 여름에 자주 마시는 것을 섬머 드링크(Summer Drink), 겨울에 자주 마시는 것을 윈터 드링크(Winter Drink)라고 한다. 그러나 지금은 여름이나 겨울 구분 없이 즐겨 마시는 경우가 많다.

### 5) 알코올 유무에 따른 분류

원래 칵테일이란 알코올을 함유한 것을 뜻했지만 지금은 두 가지 이상 섞어서 마시는 음료 모두를 포함한다. 즉 알코올이 전혀 포함되어 있지 않는 것도 칵테일이라고 한다. 알코올을 함유하고 있는 것을 알콜릭 칵테일(Alcoholic Cocktail), 알코올을 함유하고 있지 않는 것을 넌 알콜릭 칵테일(Non-Alcoholic Cocktail)이라고 한다.

### 6) 용도에 따른 분류

음식과 마찬가지로 칵테일도 각각 마시는 용도가 다르다. 좀 더 세부적으로도 분류 하지만 일반적인 분류로서는 식사 전에 입맛을 돋우기 위하여 마시는 에피타이저 칵테일(Appetizer Cocktail), 식사 후에 소화를 돕기 위하여 마시는 식후용 칵테일(After Dinner Cocktail), 식사와 상관없이 언제라도 마실 수 있는 상시용 칵테일(All Day Cocktail)이 있다.

### 7) 기타

기타 열대성 지방에서 많이 생산되는 열대성 과실이나 과실음료를 사용한 트로피컬 칵테일(Tropical Cocktail)이 있다. 이것을 열대성 칵테일이라고 한다.

## 4 칵테일의 목적

### 1) 미각적

알코올의 쓴맛을 맛있다고 하는 사람은 없을 것이다. 이런 알코올이 쓴맛을 완화시키고 단맛과 신맛을 잘 조화 시켜 각자 입맛에 맞도록 맛있게 만드는 것이 그 목적이다.

### 2) 시각적

맛을 중요시하면서도 색깔을 아름답게 하고 여러 가지 과일을 사용하여 장식을 함으로써 먹고 싶은 욕구를 느낄 수 있도록 하는 것이 그 목적이다.

### 3) 저알코올

너무 알코올 도수가 높은 술을 많이 마시게 되면 건강을 잃게 되므로 여러 가지 부재료를 섞어 도수를 낮게 하여 마시도록 하는 것이 그 목적이다.

### 4) 고칼로리

칵테일은 술로서가 아니라 리큐르, 계란, 설탕 등을 사용하여 높은 칼로리를 가지게 하여 피로회복 및 감기 등약용으로서의 효과를 높이는데 그 목적이 있다.

## 5 드링크 분류

Long Drinks에 속하는 Mixed Drinks는 사용하는 재료나 만드는 방법 등에서 공통하는 스타일을 갖는 것을 모아서 다음처럼 분류할 수가 있다.

① Buck

각종의 스피리트(Spirit)에 레몬주스와 진저 엘을 섞어서 만드는 것이 일반적인 방법이다.Buck에는 Stag의 의미가 있으며, Kick이 있는(강하다. Hard한) 음료라고 하는 것에서 이름이 붙여졌나고 생각된다.

② Cobbler

얼음을 채운 고블렛이나 와인글라스에 스피리트(Spirit)나 와인, 리큐르 혹은 설탕을 넣어서 충분히 스팅어(Stir)해서 계절에 맞는 후레쉬민트 잎 등으로 장식해서 스트로를 꽂는다. Cobbler에는 감귤류의 주스를 거의 사용하지 않는 것이 특징이나 Cobbler라고 하는 말에는 구두 가게, 구두를 고친다고 하는 의미가 있으며 더운 여름에 구두 고치는 때 목의 갈증을 풀기 위해서 만든 음료라고 한다.

③ Collins

진을 비롯한 위스키, 럼, 보드카 등이 스피리트(Spirit)에 레몬주스와 설탕 혹은 설탕시럽을 첨가하여, 소다수로 잔을 채우는 것이 기본형이다. Fizz와 닮았지만 글라스(Collins Glass)가 크고 양도 상당히 많다. Collins의 이름에는 이 Mixed Drinks의 창시자의 이름(John Collins)에서 따왔다고 하는 설이 있다. 또 Collins에는 환대에 대한 감사의 편지라고 하는 의미에서부터 전날 밤 대접에 대한 감사의 편지를 숙취가 해소되지 않은 상태에서 쓰려고 했던 사람이 이 음료를 만들어 마시면 깨끗이 해소되기 때문에 이 이름에서 따왔다고 하는 설도 널리 퍼져 있다.

④ Cooler

스피리트(Spirit)에 레몬이나 라임주스와 단맛을 가미해 소다수나 진저엘 등으로 잔을 채운다. Cooler라고 하는 것은 차고, 기분 좋은 청량감을 느끼는 음료의 의미이다. Non-Alcoholic의 것도 있다.

⑤ Cup

Punch와 마찬가지로 대중적인 파티드링크로서 만드는 방법도 비슷하지만 water jug(손잡이 달린 물잔)에서 만들며, 펀치컵 뿐만 아니라 텀블러에서도 마실 수 있는 점이 다르다. 와인에 브랜디, 리큐르, 소다수 후르츠 등을 가해서 만드는 것이 기본 Cup 에는 기독교의 성찬배의 의미와 술 혹은 음주의 의미가 있다.

⑥ Egg Nogg

보통 술, 계란, 우유, 설탕을 사용해서 만들지만 Non-Alcoholic의 Egg Nogg도 있으며 뜨겁게 해서 마시는 경우와 Cold로 마시는 경우가 있다. 원래는 미국남부지방의 크리스마스 Drinks였지만 현재에 와서는 계절에 관계없이 세계 각국에서 마시고 있다.

⑦ Fix

스피리트(Spirit)에 감귤류의 주스, 과일시럽 혹은 리큐르를 첨가한 샤워계의 Mixed Drinks 고블렛 또는 텀블러에 크러쉬드 아이스를 채워 계절에 맞는 과일로 장식하여 스트로를 꽂는다. Fix라고 하는 것은 준비한다, 매료한다고 하는 의미이다.

⑧ Fizz

진(Gin)과 스피리트(Spirit)에 레몬주스, 설탕을 넣어 쉐이커해서 텀블러에 부어서 소다수로서 잔을 채우는 것이 기본적인 방법이다. Fizz라고 하는 이름은 소다수의 탄산가스가 터질 때 나는 소리에서 따온 의성어라고 한다.

⑨ Flip

와인이나 스피리트(Spirit)에 계란과 설탕을 넣어서 쉐이커해서 Sour Glass(또는 와인글라스)에 부어서 넛메ግ을 뿌린다. 계란(노른자 또는 계란1개)을 사용하는 점은 Egg Nogg 과 비슷하지만 Flip의 경우는 우유를 사용하지 않는 것이 기본이다. Hot Drinks로 해서도 마실 수 있다.

⑩ Float

Float 라고 하는 것은 띄운다고 하는 의미이다. 술의 비중의 차이를 이용해서 하나의 술 위에 다른 술이나 생크림을 섞이지 않게끔 띄우거나 Whisky Float와 같이 물(혹은 Soft Drinks)에 술을 띄우는 방법이 있다.

⑪ Frappe

재료를 크러쉬드 아이스와 쉐이크해서 얼음도 함께 글라스에 담든가, 칵테일글라스나 소서형 샴페인 글라스에 크러쉬드 아이스를 담아 그 위에서 직접 리큐르 등을 부어 짧은 스트로를 꽂는다. Frappe라고 하는 것은 프랑스어로서「얼음으로 차게 한 것」의 의미이다.

⑫ Frozen Style

재료를 크러쉬드 아이스와 함께 믹서기(블렌드)로 블렌드해서 샤벳트 상으로 한 칵테일 크러쉬드 아이스의 양에 따라서 마무리의 견고함이 달라진다. 작가인 아네스트 헤밍웨이가 즐겼다고 하는 Frozen Daiguiri가 많이 알려져 있지만, 근래에 와서는 Frozen Norgarita 등 여러 가지 칵테일을 프로즌 스타일로 해서 즐기게 되었다.

⑬ Half and Half

2종류의 재료를 반씩($\frac{1}{2}$) 섞는다. 색이 짙은 맥주와 색이 연한 맥주를 반반으로 나누거나, 드라이 버머스와 과 스위트 버머스를 반씩 섞는다.

⑭ Highball

원래 하이볼은 스피리트(Spirit)를 비롯하여 모든 술을 베이스로 하며 소다수뿐만 아니라, 물, 진저엘, 토닉워터, 주스류 등, 각종의 Sort Drinks가 믹스(Mixed)된다. Highball 의 어원은 골프용어의 하이볼(Highball)에서 따왔다고 하는 설과 일찍이 미국의 철도에서 사용된 하이볼 신호기에서 따왔다고 하는 설 등 여러 가지 설이 있다.

⑮ Mist

주로 위스키, 브랜디 등의 스피리트(Spirit)를 쉐이커해서 얼음도 함께 올드패션글라스에 부어 넣어서 만든다. 또 크러쉬드 아이스를 가득채운 올드패션글라스에 재료를 직접 넣어서 만드는 방법도 있다. Mist는 안개로서 글라스의 표면에 아주 적은 물방울이 안개처럼 붙어 있다고 해서 따온 이름이다. Frappe 와 비슷한 스타일이다.

⑯ On the Rocks

얼음을 넣은 올드패션글라스에 재료를 넣어서 만드는 스타일 얼음을 바위로 보아서「바위위에」따르기 때문에 생긴 이름이다. 재료가 가지고 있는 맛을 살려서 섞기 쉽기 때문에 최근 마티니, 맨하탄 등 종래의 Short Drinks를 On the Rocks로 해서 만드는 데가 증가하고 있다. 최근 미국에서는 over Rocks 혹은 over ice, 또는 생략해서 over라고 불리어지고 있다. 이에 대해 칵테일글라스에 따르는 것은 Straight up 풀어서 up이라고 한다.

⑰ Pousse-Cafe

몇 종류의 스피리트(Spirit), 리큐르, 생크림 등을 비중의 차를 이용하여 순서대로 섞이지 않도록 하여 쌓아올린다. 제각각의 술의 비중(엑기스분이 많은 술만큼 비중도 커진다)을 미리(사전에) 알아 두는 것이 중요하지만 같은 종류의 리큐트라도 제조 메이커에 따라서 비중이 다른 것이 있기 때문에 주의해야 한다. 또한 엑기스뿐 이라고 하는 것은 제각각의 술에 함유되어있는 당분, 회분, 불휘발성유기산 등을 가리킨다.

⑱ Sour

위스키, 브랜디 등 각종 스피리트(Spirit)베이스로 하여 레몬주스와 설탕 등으로서 달고 신맛을 가해 만든다. Simple한 스타일이지만 밀감류의 맛을 살린 다수의 Sour계의 Mixed Drinks의 대표적인 존재(Sour타입에 대해서 리큐르나 버머스의 향미를 잘 살린 Mixed Drinks를 아로마 체크타입이라고 하는 것이 있다) 소다수를 사용하지 않는 것이 원칙이지만, 우리나라를 포함해서 미국이외의 나라에서는 소다수나 삼페인 등을 사용하는 경우도 볼 수 있다. Sour라고 하는 것은 시다의 뜻이다.

⑲ Toddy

텀블러나 올드패션글라스에 설탕을 넣어 스피리트(Spirit)를 부어 물 또는뜨거운 물로서 잔을 채우는 것이 기본적인 방법. 영국에서 추위로 부터 몸을 보호하기 위한 Hot Drinks 로서 옛날부터 마시고 있었지만 오늘날 Cold Drinks로서도 사랑받고 있다.

⑳ Zoom

벌꿀을 사용한 Mixed Drinks 이다. 좋아하는 스피리트(Spirit)에 벌꿀과 생크림 등을 섞어서 쉐이커해서 칵테일글라스에 따르는 것이 일반적인 만드는 방법으로서 Long Drinks 뿐만 아니라 Shot Drinks 로서도 마신다.

㉑ Punch

와인, 스피리트(Spirit) 등을 베이스로 하여 각종리큐르, 후르츠나 주스 등을 첨가하여 만든다. Party Drinks 로서 많은 사람들이 먹을 수 있도록 만드는 경우가 많지만 한 사람을 위해 만드는 법도 있다. Punch 는「다섯 개」를 나타내는 산스크리트(고대인도의 문장어)어의 Pancha 흰두어의 punch 등에서 왔다고 전해지며, 원래 인도 지방에서 마시고 있던 아락물, 레몬주스, 스파이스 등 다섯 가지의 재료를 섞어서 만든 음료가 기원이 되고 있다.

㉒ Rickey

스피리트(Spirit)에 신선한 라임(또는 레몬)의 열매를 짜서 소다수를 채워서 만드는 것이 기본적인 방법이다. 설탕, 시럽 등을 사용하지 않고, 19세기말 워싱턴의 슈메카라고 하는 레스토랑에서 창안되어 처음 마신 고객의 이름 Colonel Jim Rickey에 연관해서 이름 지워 졌다고 한다.

㉓ Sling

스피리트(Spirit)에 레몬주스와 감미를 하여 물 또는 소다수, 진저엘 등으로서 잔을 채운다. Hot Drinks로 만드는 경우도 있다. Sling의 어원은 인도어의 Schingen(삼킨다고 하는 의미)이 전화된 것이라고 한다.

chapter 12

# 주장의 실무

## 1절 주장의 개념

### 1 주장의 개념

주장경영이란 주장에서 동원한 모든 자원을 사용하여 업소에 궁극적인 목표달성을 하기 위해서 조직에서 노력을 하는 일련의 제반활동을 말한다. 주장경영은 과거와 달리 인건비와 운영경비의 상승으로 이윤감소, 소비심리위축으로 매출감소, 고객의 상품주기율과 가치관의 변화, 지나친 경쟁으로 인한 마케팅의 경비부담의 증가 등으로 과거와 비교되지 않을 만큼 주장에서 둘러싸고 있는 환경변화는 급변하고 있어 환경변화에 능동적으로 대처하는 경영전략이 필수라 할 수 있다. 따라서 식음료 경영에 있어서 Bar는 없어서 안 될 필수적인 부분으로 고객에게 휴식과 즐거움을 제공하는 장소가 되었다.

주장에서 의미하는 Bar는 프랑스어인 Barie에서 그 어원을 찾을 수 있다. 고객과 조주사 사이에 놓인 카운터를 Bar라고 부르던 말이 지금에 술을 판매하는 식당의 의미로 사용되고 있다.

### ② 주장의 정의

Bar는 주로 음료를 판매하는 곳으로써 식당이 음식을 통하여 고객에게 식욕을 충족시켜 주는 물적 장소라면 바는 고객에게 각종음료를 제공하면서 분위기요소를 가미한 환경적 서비스를 제공하는 정신적 장소라 할 수 있다. 따라서 Bar의 정의는 고객이 이용하기 편리한 장소에 일정한 장소에 일정한 음료 서비스를 할 수 있는 시설을 갖추어 놓고 이를 판매하는 곳이라 할 수 있다.

## 2절 칵테일 제조방법

칵테일을 만들 때 가장 중요한 것은 각각의 칵테일이 갖는 특성을 잘 이해하여 만드는 것이 중요하며 본래 칵테일 그 자체의 맛을 변화시키면 안 된다. 항상 그 칵테일의 목적에 맞는 맛, 색깔, 장식, 알코올 도수 등을 생각하여 만들어야 되며 고객의 입맛에 맞도록 임의적으로 만들어서는 안 된다. 예를 들어 신맛이 생명인 칵테일을 고객이 단맛을 좋아한다고 하여 단맛이 나는 칵테일로 만들어서는 안 된다는 것이다. 차라리 단맛이 나는 다른 칵테일을 추천하는 것이 옳은 방법이다.

이렇게 제대로 된 칵테일을 만들기 위해서는 다음과 같이 칵테일을 만드는 방법을 정확하게 알고 있어야 한다.

### ① 빌드(Build)법

칵테일을 만드는 방법 중 가장 쉬우면서도 맛을 내기가 가장 까다로운 방법이 빌드 방법으로 만드는 것이다. 쉐이커나 믹싱글라스 등의 기구를 사용하지 않고 글라스에 직접 재료를 넣고 만드는 방법을 말한다. 대표적인 것으로는 진 토닉, 블랙 러시안 등이 있으며 글라스에 얼음과 주재료, 부재료의 순서대로 넣고, 바 스푼으로 저어서 만든다. 주의할 것은 리큐르, 주스, 우유 등 잘 섞이지 않는 것은, 바 스푼으로 여러 번 저어야 되지만 탄산가스를 함유하고 있는 콜라나 토닉 워터 등은 탄산가스가 빠지지 않게 조심해서 저어서 만들어야 한다.

빌드 법은 다음과 같다.

① 글라스에 잘 냉각된 재료를 붓는다.

② 바로 얼음을 넣는다. 얼음은 크랙트 아이스 3~4개, 글라스 8부 정도까지 넣는다. 글라스에 가득 채우면 마지막에 빌드가 잘되지 않기 때문에 주의 한다.

③ 가볍게 빌드 한다. 보통 2~3회 발포성이라면 1~2회가 좋다.
우측은 보통의 빌드 이지만 빌드에는 냉각시키지 않는 것의 얼음을 넣지 않는 경우도 있다.

## 2 쉐이커(Shake)법

쉐이커 법은 칵테일을 만드는 방법 중에서 가장 기본이 되는 것이다. 계란이나 리큐르, 시럽, 크림 등의 잘 섞이지 않는 재료들은 전부 쉐이커라는 기구에 넣어 쉐이커 방법으로 만든다.

쉐이커는 세 부분(Cap, Strainer, Body)으로 나누어져 있으므로 얼음과 재료를 넣고 흔들기 전에 먼저 이 세 부분이 정확히 결합되어 있는가를 확인하여야 한다. 그리고 고객을 중심으로 30도 정도 좌측으로 비스듬히 하여 쉐이커를 하여야 한다.

항상 두 손을 사용하여 쉐이커를 해야 하며 가슴에서 곧 바로 전, 후진을 하여 흔드는 것이 좋다. 처음에는 "흔든다."는 개념으로 하지만 프로가 되기 위해서는 "섞는다."라는 개념으로 해야 된다.

쉐이커의 기술은 다음과 같다.

① 쉐이커 재료를 넣는다.

② 얼음을 쉐이커에 7~8부까지 넣는다.

③ 스트레이너를 닫은 다음 Cap를 조용히 닫는다.
순서를 반대로 하면 쉐이커 부분의 공기가 압축되어 Boby가 튀어 분리되기 때문이다.

④ Cap은 손앞으로 해서 왼손 엄지손가락으로 스트레이너를 누르고 중지와 약지의 길은 Body의 바닥 또는 가장자리에 댄다.

⑤ 우측 엄지손가락 끝은 Cap을 누르고 양손으로 쉐이커를 껴안듯이 잡는다. 등 쪽의 힘을 빼고, 양쪽 겨드랑이는 죈다.

⑥ 쉐이커한다.

횟수는 15~16회로 기준으로 하고 계란 · 생크림 등 섞이기 어려운 재료는 20~25회를 눈대중으로 한다.

ⓐ 쉐이커중 얼음이 강하게 부딪치지 않도록 직선적으로 흔들지 않도록 한다. 얼음이 깨어져 너무 싱겁세 되지 않도록 한다.

ⓑ 재료에 공기가 녹아 들어간 것 같은 기분으로 흔든다. 공기가 많이 포함된 음료는 맛이 좋다.

ⓒ 손목의 스냅을 주어 리드미컬하게 본 쉐이커를 명심한다.

ⓓ 쉐이커가 끝나면 우측 손으로 스트레이너와 Body를 누르고, 좌측 손으로 Cap을 열어 재빠르게 우측 손으로 글라스에 붓는다.

## 3 스터(Stir)법

순도가 높고 투명도가 좋은 재료는 쉐이커하여 만들면 색깔이 탁해지거나 깔끔한 맛이 없어진다. 이러한 재료를 사용하여 칵테일을 만들 때는 믹싱글라스에 얼음과 재료를 넣고, 바 스푼으로 가볍게 저어서 만들어야 한다.

믹싱글라스에 먼저 얼음과 주재료, 부재료의 순서로 넣고,바 스푼을 사용하여 천천히 저어서 만든다. 글라스에 따를 때는 스트레이너를 사용하여 얼음을 걸러 줘야 한다.

이때에 주의할 것은 너무 오래 휘젓거나 시간이 걸릴 경우 칵테일이 너무 희석되어 제맛을 내지 못하게 된다. 이 방법에 의하여 조주되는 대표적인 칵테일로는 마티니(Martini)와 맨해튼(Manhattan) 등이 있다.

스팅어법의 기술은 다음과 같다.

① 믹싱글라스에 재료를 넣는다.

② 계속해서 쉐이커 대보다 더 큰 얼음을 재료보다 얼음의 머리 부분이 조금 나올 정도로 넣는다. 재료에 닿지 않는 여분의 얼음이 있다면 물 같고, 맛없는 칵테일이 돼 버린다.

③ 믹싱글라스의 따를 때 입구는 좌측으로 하고, 좌측 손으로 아래쪽을 눌러서 고정시킨다. 이 방향으로 해두면 완성된 칵테일을 빠르게 글라스 부분에 따를 수가 있다. 바 스푼을 중지와 약지로서 나선상으로 된 부분을 사이에 끼우고 엄지손가락과 집게 집게손가락을 가볍게 잡는다. 스푼의 등은 믹싱글라스 안쪽에 닿는 상태 스푼의 끝은 믹싱글라스의 바닥에 붙은 상태로서 끌듯이 돌린다. 정확히 스팅어하면 바 스푼 자체가 회전한다. 얼음도 전부 함께 돌리며, 얼음과 얼음은 부딪치지는 않는다. 프로 바텐더는 얼음의 소리가 나지 않고 어루만지듯이 스팅어 한다. 또 글라스를 조금 기울이면 잘 섞인다. 회전시키는 횟수는 15~17회 정도이지만 양에 따라서 다르기 때문에 좌측 손의 엄지로서 적당한 온도를 판단한다.

④ 재료가 충분히 냉각되면 스푼을 얼음의 회전에 맞추어서 재빠르게 뺀다. 얼음의 회전을 갑자기 정지시키면 얼음에 재료가 닿아서 물같이 되어 버린다.(싱거워짐)

⑤ 믹싱글라스에 스트레이너를 덮는다.

⑥ 집게손가락으로 스트레이너의 중앙을 누르고, 다른 4손가락으로 믹싱글라스를 잡고 칵테일글라스에 따른다.

## 4 블렌드(Blend) 방법

블렌드란 “혼합하다”란 뜻으로 여러 가지 재료를 전기 믹서에 넣어 고속 회전시켜 만드는 방법을 말한다. 우리나라에서는 전기 믹서라고 부르고 있지만 미국에서는 블렌더(Blender)라고 부르고 있다. 주로 프로즌 스타일을 만들 때 사용하며 만들어진 칵테일은 샤벳트식으로 제공된다. 과일이 들어가는 것은 과일을 먼저 넣고 가루 얼음, 주재료 등의 순서대로 넣는다.

블렌드의 방법은 다음과 같다.

① 블렌드는 술, 과일, 주스류, 크러쉬드 아이스 등의 재료를 정해진 분량만큼 넣는다.

② 도중에 튀어나가지 않도록 확실히 뚜껑을 닿고 스위치를 넣는다.

③ 중간상태에 점검하면서 적당히 되었을 때 스위치를 끈다.

④ 글라스에 붓는다. 프로즌 스타일일 것은, 바 스푼으로 긁어내지만 글라스에 깨끗하게 담도록 주의한다.

## 5 플로트(Float)

플로트란 비중이 서로 다른 술을 색깔별로 층층이 쌓아서 만드는 것을 말한다. 주로 푸스 카페 글라스나 리큐르 글라스를 많이 사용하며 이렇게 층층이 쌓아서 만드는 칵테일을 푸스 카페 스타일이라고 한다. 플로트 할 때는 바 스푼의 뒷부분을 이용하여 밑에 재료와 서로 섞이지 않게 천천히 조심해서 쌓아야 한다.

## 6 프로스트(Frost)

프로스트란 글라스 가장자리에 레몬이나 라임 즙을 바르고 설탕이나 소금으로 장식을 하는 것을 말한다. 일명 스노우 스타일(Snow Style)이라고도 부르는데 이것은 네덜란드씩 영어 표기이다. 먼저 글라스 가장자리에 레몬이나 라임 즙을 바르고 접시에 담겨 있는 설탕이나 소금을 묻히면 된다. 스노우 스타일이라 하는 것은 소금이나 설탕을 글라스 가장자리에 묻히는 것 솔티독이나 마가리타와 같이 소금을 사용하는 것을 Salt Style 이라고도 하며 암염을 사용하는 것이 정통이라고 한다.

스노우 스타일을 한 글라스에 칵테일을 따를 때에는 8부까지 따른다.(설탕(소금)의 부분이 조금이라도 젖으면 그 부위가 넓어져 더러워지기 때문에 주의한다.)

① 글라스 테두리에 반으로 자른 레몬을 맞추어 1회전 시켜서 즙으로 바른다.
② 평편한 접시에 설탕이나 소금을 전면에 갈아서 반대로 한 글라스에 누른다.
③ 글라스를 조금 돌려서 들어올린다.
④ 여분의 설탕이나 소금은 글라스를 손으로 튀겨서 털어 낸다. 설탕은 그래뉴당, 소금은 가정용 정재 염을 사용한다.

## 7 계량컵 사용법

칵테일 만들 때의 모든 재료는 계량컵을 사용하는 것을 원칙으로 한다. 계량컵을 손으로 잡을 때는 엄지와 검지를 사용하여 계량컵의 허리 부분을 잡고 나머지 손가락은 자연스럽게 붙인다. 그리고 양을 계량할 때는 윗부분인 포니만 사용하고 아랫부분인 지거 부분은 사용하지 않는다.

술을 따를 때는 계량컵의 가장자리에 병목이 닿지 않도록 주의해야 하고 가장자리로부터 위로 약 1㎝정도 띄워서 따른다.

## 8 병 사용법

칵테일을 만들기 위하여 술병을 잡을 때는 주의를 해야 된다. 그것은 정확한 양과 고객에 대한 서비스이기도 하다. 병을 잡을 때는 무게의 중심을 잡을 수 있도록 병의 중간부분을 잡아야 하며 병목을 잡으면 안 된다. 또 상표가 고객이 볼 수 있도록 항상 상표 뒷부분을 잡아야 된다.

## 9 칵테일의 장식법

칵테일은 맛이 있어야 할 뿐만 아니라 보기에도 아름다워야 하므로 장식은 칵테일에 있어서 매우 중요하다. 칵테일을 장식하는 데커레이션(decoration)은 액세서리라고도 하며, 그것은 칵테일의 색채의 변화와 향기를 조화시키는 역할을 한다.

정통적인 칵테일에서는 데커레이션이 유무가 결정되어 있는 일이 많다. 그러나 칵테일은 재료의 배합비율이 같은 것이라도 데커레이션에 따라 그 명칭이 달라지는 것이다.

장식에 사용되는 재료는 과실류들이며, 장식하는 요령은 바텐더의 창의성과 기술에 의해서 신선한 재료를 청결한 칼로 예쁘게 썰어 칵테일의 분위기를 살려야 한다.

칵테일 장식에 있어서 유의사항은 다음과 같다.

① 과일은 잘 씻어 청결해야 하며 신선해야 한다.

② 장식은 색이나 맛에서 칵테일과 어울려야 한다. 즉 체리는 감미 타입의 칵테일에, 올리브는 쌉쌀한 칵테일에, 오렌지는 오렌지 주스가 가미된 칵테일에 장식하는 것이 좋다.

③ 장식이 조잡하거나 많은 손질이 가미된 장식은 피해야 한다.

④ 글라스 크기 및 칵테일의 양에 어울리는 장식의 크기 · 두께 등을 선택해야 한다.

⑤ 짜거나, 달거나, 신 맛 등의 인공미를 가하지 않은 원상태의 과일을 사용한다.

⑥ 과일장식 외에 잡맛이 베어서는 안 된다.

⑦ 지나친 장식이 있는 칵테일 핀은 가급적 피한다.

⑧ 지나친 장식이 있는 스트로는 가급적 피하며, 칵테일에 어울리는 스트로의 색상을 선택한다.

⑨ 과일장식을 할 경우 지나친 칼집으로 과일 장식이 떨어지거나 흐트러져서는 안 된다.

⑩ 칵테일의 전체적인 아름다움이 있어야 한다.

## ⑩ 칵테일 조주시 유의사항

칵테일은 바텐더가 조주기법에 의한 술을 혼합하여 만드는 것으로서 각각의 성분들이 조화롭게 이루어져야 한다. 전 세계적으로 헤아릴 수 없을 만큼의 칵테일이 있어 실로 비 제한적이라 할 수 있다. 칵테일 조주사 바텐더가 지켜야 할 기본적인 사항은 다음과 같다. 칵테일 조주 기구는 항상 청결하며, 정리 · 정돈이 되어 있어야 한다. 각종 기물의 사용 후 즉시 세척하여야 한다.

칵테일 조주시 표준 레시피의 용량을 지켜 칵테일의 양이 모자라거나 남아서는 안 된다. 칵테일의 재료 및 부재료는 항상 신선함을 유지해야 한다. 각종 기물 및 음료를 조심성 있게 취급해야 한다. 조주시 잡담 혹은 장난을 쳐서는 안 된다. 표준재료와 부재료를 사용해야 한다. 칵테일에 맞는 글라스를 사용해야 하며, 글라스를 올바르게 잡아야 한다. 칵테일의 장식은 조잡스럽지 않아야 하며, 가급적 손으로 만지지 않도록 해야 한다.

조주시 떨거나, 우물쭈물함이 없이 자신감 있게 신속히 조주해야 한다. 혼합되는 재료와 부재료의 성분과 특성을 충분히 고려하여 그에 맞는 조주의 강도 및 시간 등을 배려해야 한다.

바른 자세로 조주해야 하며, 올바른 조주기법(순서)을 지켜야 한다. 음료를 흘리거나, 튀거나 하여 바 카운터가 지저분하지 않도록 해야 한다. 음료의 위치를 칵테일의 조주에 용이하도록 진열하여 칵테일 조주시 음료의 위치를 몰라 찾아 다녀서는 안 된다. 공손하며, 밝은 표정으로 올바르게 서브한다. 청량음료나 과즙음료의 제공시 얼음을 과다하게 넣어 음료의 맛을 떨어뜨려서는 안 되며, 탄산가스가 주입된 음료는 쉐이커 해서는 안 된다.

각각 다른 칵테일의 조주시 온도변화가 적은 칵테일을 조주하고, 온도변화에 민감한 칵테일은 마지막에 조주한다.

진열된 글라스와 기물 및 각종 양주의 청결에 유의해야 한다.

글라스의 파손에 유의해야 하며, 글라스의 이상 유무를 확인한다. 고객의 기호에 부흥하는 조주를 해야 한다. 고객이 바텐더를 항상 지켜보고 있음을 인식하고 예의바른 몸가짐과 위생 청결에 유의하여 업무를 수행해야 한다.

## 3절 칵테일 부재료

칵테일에 아름답게 장식된 장식물, 과일이나 야채는 물론 먹어도 괜찮다지만 기술로서 칵테일을 마시면서 즐기고 싶다는 것이다. 따라서 칵테일을 만들 때 없어서는 안 될 것이기 때문에 바에서는 꼭 갖추어 놓아야 할 재료들이다.

### 1 장식과실 및 향신료

#### 1) 레몬(Lemon)

원산지는 동남아시아지만 이탈리아와 미국이 주 생산지이다. 칵테일을 만들 때 부재료로 가장 많이 사용하며 주로 생과실을 짜서 즙을 내어 이용하거나 얇게 썰어 글라스에 장식을 할 때 많이 사용한다. 신선하고 껍질이 얇은 것을 고른다. 크기는 작은 것도 있지만 45㎖ 정도 주스를 짜낼 수 있는 것으로서 칵테일 만드는데 충분하다. 장식을 할 경우에는 모양이 바르고 노란색의 것을 고른다.

#### 2) 라임(Lime)

아시아가 원산지이며 레몬과 비슷하나 완전히 익은 후에도 녹색을 띄고 있고 레몬보다 약간 작은 과실로서 과즙의 신맛은 레몬보다 훨씬 더 강하다.

#### 3) 그레이프프루트(Grapefruit)

서인도가 원산지인 자몽이 바아베이도즈에서 자연 변이 된 것으로 껍질이 매끄럽고 열매가 탄력이 있는 것이 좋으며 피로 회복이나 피부미용에 좋은 과실이다.

### 4) 오렌지(Orange)

오렌지는 많은 종류가 있으며 그 중에서도 발렌시아 오렌지가 가장 많이 알려져 있다. 지금은 미국 캘리포니아나 플로리다에서 많이 생산되고 있으며 주스용은 껍질이 얇아야 하고 장식용은 두꺼운 것이 좋다.

### 5) 파인애플(Pineapple)

아나나스 과의 식물로 원산지는 남아메리카이며 이 식물에서 열리는 열매가 파인애플이다. 장식에는 열매를 그대로 사용하는 것도 있지만 깡통으로 된 통조림을 많이 사용한다.

### 6) 체리(Cherry)

체리는 벚나무에서 열리는 열매인 버찌를 말한다. 주 생산 지역은 미국과 유럽이며 이 버찌를 가공하여 병에 넣어 장식용으로 많이 사용하는데 레드 체리와 그린 체리 두 가지 형태로 만들어지며 두 제품 모두 단맛의 칵테일에 장식한다.

### 7) 올리브(Olive)

원산지는 지중해 연안으로 올리브 나무에서 열리는 열매를 말한다. 칵테일용으로 사용되는 올리브는 익지 않은 녹색 열매의 씨를 빼고 그 안에 빨간 피망을 넣은 것을 사용하며 완전히 익은 올리브는 요리용으로 사용한다.

### 8) 어니 언(Onion)

우리나라에서는 양파라고 부르며 칵테일에 사용되는 것은 작은 구슬 크기의 양파로서 드라이한 칵테일의 장식용으로 사용된다.

### 9) 넛멕(Nutmeg)

인도네시아가 원산지로 넛멕 나무의 열매 안에 있는 씨앗을 가지고 만들며 칵테일에서는 계란이나 생크림 등의 재료를 사용한 칵테일의 비린내를 제거시키기 위하여 사용한다. 약간은 달고 우유나 생크림 냄새가 난다.

### 10) 시나몬(Cinnamon)

중국이나 인도네시아 등이 원산지이며 우리나라에서는 계피라고 부르며 칵테일에서는 주로 뜨거운 칵테일에 향을 내기 위해 사용된다.

### 11) 박하(Mint)

박하에는 멘톨이라는 성분이 있어 입안을 상쾌하게 해줌으로 여름에 시원하게 마시는 칵테일의 장식용으로 많이 사용하며 박하 향의 리큐르를 만들 때도 많이 사용한다.

### 12) 클 로브(Clove)

인도네시아가 원산지이며 우리나라에서는 정향이라고 부르며 뜨거운 칵테일을 만들 때 사용한다. 분말도 있다.

## 2 얼음 / 시럽 및 기타

### 1) 얼음

양질의 얼음을 사용하지 않으면 칵테일의 맛에도 많은 영향이 있다. 잘 녹지 않는 얼음이 아니면 칵네일이 너무 싱거워서 버린다. 수돗물은 칼크(석회)냄새가 남아 있기 때문에 가정에서 만들어 사용할 때는 미네랄워터를 사용하거나 시판되는 생수를 사용하면 편리하다.

① 큐브드 아이스(Cubed Ice)는 한 변이 3cm정도의 입방체의 얼음으로서 냉장고나 제빙기에서 만드는 일반적인 얼음으로서 정육면체 얼음이다.

② 크래트 아이스(Cracked Ice)는 큰 덩어리 얼음을 아이스픽으로 깨서 만든다. 직경이 3cm 정도의 크기로서 쉐이커나 스터에 사용하기 때문에 둥근 것이 이상적이다.

③ 크러시드 아이스(Crushed Ice)는 작게 깬 알갱이 모양의 얼음으로서 대량으로 만들면 얼음분쇄기가 편리하지만 소량이라면 다음과 같은 방법으로 만들면 된다.

㉠ 얼음을 마른 큰 타월 주머니에 넣는다.

㉡ 아이스픽의 머리 부분으로(망치)로서 전체를 골고루 두드린다.

④ 세이브드 아이스(Shaved Ice)는 크러시드 아이스 보다 더욱더 입자가 작다. 방수용으로 쓰이는 얼음과 같이 눈처럼 곱게 빻는 것이다.

⑤ 블록오브아이스(Block of Ice)는 1kg이상의 큰 얼음덩어리로서 아이스픽으로서 깨어서 사용한다. 파티 때 펀치 볼에 넣어 화려함을 즐긴다.

⑥ 럼프오브아이스(Lump of Ice)는 일반적으로 On the Rocks에 가장 적당하며 너무 올록볼록하지 않는 것이 녹기 어려워서 좋다.

칵테일에 얼음을 사용하는 이유는 칵테일을 차갑게 함과 동시에 잘 섞이게 하기 위함이다. 얼음은 여러 가지 종류가 만들어지고 있지만 칵테일용으로 적당한얼음은 공기가 들어가 있지 않고 투명한 크렉크드 아이스이다. 이것은 단단하게 얼어 있기 때문에 쉐이커나 스터법으로 만들 때 얼음이 잘 녹지 않고 칵테일을 차게 할 수 있기 때문이다. 일반적으로 업소에서 많이 사용하는 각 얼음(Cubed Ice)은 주스나 콜라를 마실 때 사용하는 얼음이다. 여름에 즐겨 마시는 트로피컬 칵테일의 시원함을 더하기 위하여 크러쉬드 아이스나 쉐이브드 아이스도 칵테일을 만들 때 사용하는 얼음이다. 이 외에 펀치, 컵 등 대용량의 칵테일을 만들 때 사용하는 블록 오브 아이스 등 많은 얼음이 칵테일을 만드는데 사용되고 있다.

### 2) 시럽(Syrup)

불어로는 시롭(sirop), 영어로 시럽(syrup)이라고 하며 사탕과 물을 넣어 끓인 시럽이나 당밀 등에 여러 가지 과즙을 넣어 맛을 내게 한 것이며 칵테일에는 주로 다음과 같은 종류를 사용한다.

① 플레인 시럽(Plain Syrup)

백설탕을 물에 넣어 끓인 것이며 심플 시럽 또는 설탕시럽이라고 한다. 과거에 칵테일을 만들 때는 가루설탕을 사용했으나 좀 더 잘 섞이게 하기 위하여 지금의 바(Bar)에서는 거의 대부분이 플레인 시럽을 사용한다.

② 검 시럽(Gum Syrup)

플레인 시럽을 오래 방치해 두면 사탕이 밑으로 가라앉아 결정체를 이루게 된다. 이것을 방지하기 위하여 플레인 시럽에 아라비아의 검(Gum)분말을 첨가하여 만든 설탕 시럽이다.

③ 그레나딘 시럽(Grenadine Syrup)

당밀에 석류의 풍미를 가한 적색의 시럽이다. 과실 향을 넣은 시럽으로 칵테일에 가장 많이 사용되는 시럽이다.

④ 라즈베리 시럽

당밀에 나무딸기의 풍미를 가한 시럽이다. 이와 비슷한 블랙베리 시럽도 있다.

⑤ 메이플 시럽(Maple Syrup)

미국, 캐나다 등지에서 재배되고 있는 사탕 단풍나무의 수액을 짜서 만든 것으로 독특한 풍미가 있다. 칵테일에는 사용되지 않으며 빵이나 케이크를 먹을 때 사용하는 시럽이다.

### 3) 설탕(Sugar)

설탕은 사탕수수로부터 만들어지는 천연 감미료를 말하며 설탕의 결정이 큰 그레뉼 설탕, 각설탕, 가루설탕 등 많은 종류가 생산되고 있지만 칵테일을 만들 때는 차가운 물에도 잘 녹는 가루설탕을 사용한다.

### 4) 계란(Egg)

계란의 크기는 여러 가지가 있지만 칵테일에 사용하는 계란은 중란을 사용하는 것이 좋다. 칵테일을 만들 때는 계란에 들어 있는 알끈은 반드시 제거시켜야 한다.

# 4절 기구 / 글라스

## 1 바기구

① 쉐이커(Shaker)

잘 섞이지 않는 칵테일 재료를 얼음과 함께 잘 섞이도록 하는 기구로서 칵테일을 만드는데 필요한 대표적인 기구이다. 주로 스테인리스로 된 것을 많이 사용하며 유리등의 다른 제품도 사용하고 있다. 일반적으로 사용하는 스탠더드 쉐이커와 보스턴 쉐이커의 두 종류가 있으며 스탠더드 쉐이커는 캡(Cap), 스트레이너(Strainer), 보디(Body)의 3부분으로 되어 있다.

② 믹싱 글라스(Mixing Glass)

쉐이커에 넣고 섞을 것 같으면 맛이 없어지거나 색깔이 탁해지는 재료를 가지고 칵테일을 만들 때 사용하는 기구이다. 주로 유리로 된 것이 많으며 스테인리스로 된 것을 사용하기도 한다.

③ 바 스푼(Bar Spoon)

칵테일을 만들 때 재료를 혼합하기 위하여 사용하는 손잡이가 긴 스푼이다. 한쪽은 스푼으로 되어 있고, 다른 한쪽은 포크로 되어 있는 것을 많이 사용한다.

④ 스퀴즈(Squeezer)

레몬이나 라임 등의 과즙을 짤 때 사용하는 기구이다.

⑤ 메져 컵(Measure Cup)

칵테일을 만들 때 주재료와 부재료인 모든 술과 주스, 크림 등의 분량을 측정하는 금속성 기구로서 윗부분을 포니(Pony), 아랫부분을 지거(Jigger)라고 부르고 있다.

⑥ 아이스 픽 (Ice Pick)

칵테일에 사용되는 얼음을 깨는데 필요한 송곳을 말한다. 얼음은 칵테일에서 절대적인 것이므로 바에서는 없어서는 안 될 기구이다.

⑦ 코크스크류(Corkscrew)

와인 웨이터(Sommelier)들이 와인의 코르크 마개를 딸 때 사용하는 기구이다. 전문가용과 일반용 등 여러 종류가 시판되고 있다.

⑧ 바 스트레이너(Bar Strainer)

믹싱글라스에서 만든 칵테일을 글라스에 따를 때 얼음 조각을 걸러주는 역할을 하는 기구이다.

⑨ 비터 보틀

비터를 사용하기 위한 작은 병이다. 아로마틱 비터를 사용할 때는 소량 사용하므로 따로 비터 바틀에 넣어 사용한다. 비터 보틀은 끝이 스포이트처럼 생겨 한 방울씩 떨어뜨려 사용할 수 있다.

⑩ 스톱퍼(Stopper)

왕관마개를 사용하는 탄산음료의 쓰고 남은 것을 보관하기 위하여 병 입구를 막아주는 보조 병마개이다.

⑪ 코스트 (Coaster)

글라스에 흘러내리는 물을 흡수하기 위한 받침대로서 안정성 유지 및 품위를 높이기 위해서도 사용된다. 물을 잘 흡수 할 수 있는 두꺼운 종이나 헝겊으로 만들어져 있는 것이 좋다.

⑫ 칵테일 핀(Cocktail Pin)

칵테일에 장식되는 과실 등에 모양을 주기 위하여 사용하는 칵테일 장식용 꼬지이다. 우산, 피에로, 학 등 여러 가지가 시판되고 있다.

⑬ 머들러(Muddler)

반제품의 칵테일에 제공하여 고객이 직접 설탕이나 레몬 등을 짜서 저어 마실 때 사용하는 긴 막대기이다. 진 토닉 등의 탄산음료가 들어 있는 칵테일에는 사용하지 않는 것이 좋다.

⑭ 스트로우(Straw)

원칙적으로 모든 음료에는 빨대를 사용하지 않지만 칵테일을 마시기 불편할 때 종종

사용된다. 여러 가지 종류가 시판되고 있으며 사용할 때는 주의를 해야 된다. 마시는 음료에 직접 닿기 때문에 손으로 잡을 때는 음료에 닿지 않는 부분을 잡아야 된다.

⑮ 포우러(Pourer)

비중이 가벼운 증류주의 양을 잘 조절하기 위해서 병 입구에 부착시키는 보조 병마개이다. 당분을 함유하고 있어 비중이 무거운 리큐르 종류에는 사용하지 않는 것이 좋다.

이외에도 사용되는 기구로서 장식용 과일을 자를 때 사용하는 페티 나이프(Petit Knife)와 도마, 장식을 할 때 사용하는 칵테일 핀, 와인을 냉각시킬 때 사용하는 와인 쿨러, 바 카운터에서 칵테일을 만들 때 사용하는 위생수건인 바 타월 등이 있다.

## 2 글라스

칵테일이란 맛, 색깔, 장식 등 모든 것이 조화를 이루어야 하는 하나의 예술작품이다. 그래서 이러한 작품을 담는 글라스의 선택은 작품이 갖는 내용이나 이미지에 영향을 미치기 때문에 세심한 배려가 필요하며 아주 중요한 일이기도 하다. 그리고 글라스의 모양에 따라 작품 이름이 바뀌는 칵테일도 있다. 그러므로 각각의 글라스의 특징이나 용량 등을 잘 알고 있어야 한다.

칵테일에 사용되는 글라스에는 크게 나누어 밑이 평평한 것과 Stem이 있는 Glass의 2종류가 있다. 기본적으로(밑이 평평한 글라스) 글라스 캐주얼한 분위기 stem이 있는 Glass는 페마루한 분위기를 가지며, 같은 칵테일이라도 올드패션글라스에 따르는 것과 칵테일의 경우 긴 역사 속에서 칵테일의 스타일과 이미지에 어울리는 기술을 연마해왔지만 현재에 와서는 그러한 형식에 얽매이지 않고 만드는 사람이나 마시는 사람의 자유로운 감성으로서 글라스를 선택하는 경향이 눈에 두드러진다.(띈다) 또 일반적으로 알코올 도수가 높은 술이나 짙은맛의 술은 적은 글라스에, 가벼운 술이나 Long Drinks는 큰 글라스를 사용한다. 어느 것이나 글라스에 가득 채우지 않고 마시기 쉽도록 윗부분을 조금 남겨두면 좋다.

### 1) 밑바닥이 평평한 글라스

#### ① 위스키 글라스(Whisky Glass)

위스키 등을 스트레이트로 마시기 위한 글라스, Starlight Glass 혹은 건배를 의미하는 Shot을 붙여서 Shot Glass 라고도 한다. 용량이 30mℓ인 싱글 60mℓ인 더블이 있다.

#### ② 올드패션글라스(old Fashioned Glass)

현재 텀블러의 원형이 된 고풍스러운 Glass, 위스키나 칵테일을 on the Rocks 스타일로 마실 때 사용한다. 미국이나 일본에서는 Rocks(락) Glass라고 하는 명칭이 대중적이다. 근래에 와서 다양한(여러 가지) Short Drinks를 캐주얼한 Rocks 스타일로 마시게 되었다. 용량은 180~300mℓ이 있다.

#### ③ 텀블러(Tumbler)

Highball Glass(하이볼)라고도 하며 하이볼 진 토닉 등 Long Drinks Soft Drinks 등에 폭넓게 사용되고 있다. 용량은180~300mℓ이며 더욱 더큰 것도 있다. 우리나라에서는 240mℓ의 것(8 oz텀블러)이 가장 대중적이지만, 국제바텐더 협회에서는 10 oz 텀블러를 기준 Glass로 지정하고 있다.

#### ④ 카린스 글라스(Collins Glass)

Tall Glass, Chimney Glass 라고도 한다. Tumbler에 비교해서 키가 크고, 입구의 직경이 적기 때문에 탄산가스를 보유(유지)하기가 쉽다. 카린스(Collins)스타일의 칵테일을 비롯한 탄산음료, 발포성와인 등이 들어있는 칵테일에 적당하다. 용량은 300~360 mℓ가 있다.

#### ⑤ Jug

손잡이가 달려있는 Glass 영어의 발음은 Jug이지만 일본에서는 쭉키(족키)라고 불려진다. Beer Jug와 같은 대형의 것에서부터 소형의 와인 Jug까지 다양하다. 소형의 Jug는 펀치 칵테일로서도 사용된다.

#### ⑥ Punch Cup

Punch Bowl로서 만든 Punch를 나누어 따른 손잡이가 있는 평지 Glass, Bowl과 세트로 되어있는 것도 많다. 용량 200mℓ 정도 Stem이 있는 Glass이다.

### 2) Stem이 있는 글라스

① 리큐르 글라스(Liqueur Glass)

리큐르를 스트레이트로 마시기 위한 글라스 위스키나 스피리트(Spirit)를 스트레이트로 마실 경우에도 사용된다. Bowl(액체를 넣는 부분)이 단형인 푸스카페 에 맞는 디자인의 리큐르 글라스도 있다. 용량은 30~45㎖의 것이 일반적이다.

② 쉐리 글라스(Sherry Glass)

쉐리를 마시기 위한 글라스이지만 근래에 와서는 위스키나 스피리트(Spirit)를 스트레이트로 향미(香味)를 천천히 즐기면서 마시는 경우에도 사용된다. 와인글라스 보다 조금 적고, 호리한 디자인으로서 용량은 60~75㎖가 있다.

③ 샤워 글라스(Sour Glass)

샤워 스타일의 칵테일을 마시는 글라스로서 용량120㎖정도의 중간크기의 글라스 우리나라에서는 Stem이 있는 Glass가 거의 대부분 이지만 외국에서는 평형의 Glass 사용되고 있다.

④ 칵테일글라스(Cocktail Glass)

Short drink의 칵테일을 위한 글라스는 글라스를 너무 기울이지 않아도 마실 수 있는 삼각형의 Bowl을 가진 것과 우아한 곡선의 것 등 디자인도 다양하다. 용량은 90㎖가 표준이지만 60㎖, 75㎖의 칵테일글라스도 있다. 용량 120~150㎖의 대형 칵테일글라스(large cocktail glass)는 계란을 사용한 칵테일에 사용된다.

⑤ 샴페인 글라스(Champagne Glass)

입구부분이 넓은 소서형 샴페인글라스의 입구가 좁고 글라스의 길이가 큰 플루트형 샴페인 글라스가 있다. 소서 형은 건배용으로 사용되는 경우가 많으며 탄산가스가 빨리 달아나기 쉽다. 오히려 계란을 사용한 양이 많은 칵테일이나 파르페, 프로즌 스타일의 칵테일 등에 편리한 글라스라고 하면 좋다. 플루트 형은 탄산가스가 도망가기 어렵기 때문에 식사와 함께 샴페인을 즐길 수가 있다. 샴페인이 발포성을 살린 칵테일에 어울리는 글라스이기도하다. 용량은 어느 것이나 120㎖가 표준이다.

⑥ 와인글라스(Wine Glass)

와인의 전통이 넘쳐나는 유럽의 여러 나라를 비롯한 각국에서 그 나라의 특색을 느끼는 다양한 디자인 와인글라스가 생겨나고 있다. 또 Red Wine용 White Wine용등 와인의 종류에 따라서도 디자인이나 크기도 다르다. 일반적으로 와인의 색, 향기, 맛을 보존하고 즐기기 위하여 무지 무색투명, 글라스의 테두리가 얇고 Stem이 있는 것, 글라스의 테두리가 안쪽으로 굽어서 향기를 글라스 내에 가두어 두는(묶어두는) 디자인이며, 구경이 6.5㎝이상(마실 때에 코가 글라스 내에 들어감)인 것이 이상적이다. 용량은 150~200㎖ 이상은 필요하다.

⑦ 고블렛(Goblet)

얼음을 넣은 Long Drinks나 Soft Drinks, Beer등에 사용된다. 용량300㎖가 표준이지만, 대형의 고블렛도 많이 있다.

⑧ 브랜디 글라스(Brandy Glass)

튤립형의 대형글라스로서 윗부분이 오므라진 부분에 향기가 모이도록 만들어져 있다. 스니프터(Snifter 향기를 맡는 곳)이라고도 하며 브랜디의 향미(향과맛)를 스트레이트로 맛보는 글라스 용량은 240~300㎖가 표준이다.

참고적으로 국제바텐더 협회에서 개최하는 칵테일 대회에서 사용하는 기준글라스의 용량은 다음과 같다.

- Cocktail Glass : 3oz = 90㎖
- Double Cocktail Glass : 4~5oz = 120~150㎖
- Brandy Snifter : 8oz = 240㎖
- Tumbler : 10oz = 300㎖
- Old-Fashioned Glass : 9oz = 270㎖
- Champagne Glass Flute : 5oz = 150㎖

# 5절 바텐더 기술과 경영

## 1 바(Bar)의 구조와 경영

### 1) 바(Bar)의 구조

「Bar」는 불어의 'Bariere'에서 온 말로 고객과 바(Bar)·맨(Man) 사이에 가로질러진 널판을 바(bar)라고 하던 개념이 지금에 와서는 술을 파는 식당을 총칭하는 의미로 사용되고 있다. 즉, 바(Bar)라는 것은 아늑한 분위기로 된 장소에서 바텐더(bartender)에 의해 고객에게 술(alcoholic beverages)을 팔거나 제공하는 장소를 말하며, 바(Bar)의 종류에는 다음과 같다.

① 메인 바(Main Bar)

호텔의 대표적인 주장으로서 다양한 메뉴를 확보하고 대고객 서비스에 기여함과 동시에, 각 주장의 원활한 음료의 공급과 분배를 조정·통제하는 주장이기도 하다.

② 멤버십 바(Membership Bar)

회원제로서 회원의 입회비와 연회비로 운영되므로 회원이나 회원과의 동행인만이 출입을 할 수 있는 고급주장으로서 회원에게 제공되는 여러 가지 부가적 특전이 있다. 또한 입회비와 연회비는 호텔주장마다 차이가 있으나, 지역에 따라 특1등급 관광호텔의 경우 입회비가 1,500~2,500만원 정도이다.

③ 라운지 바(Lounge Bar)

라운지의 위치와 성격에 따라 스카이라운지, 로비라운지 혹은 칵테일 라운지라고도 한다. 라운지 바는 커피숍과 같이 비알콜성 음료도 판매하기도 하지만, 식사는 제공하지 않으며, 주로 스페셜 음료와 알콜성 음료를 갖추고 고객의 만남의 장 혹은 휴식의 장으로 많이 활용된다.

④ 레스토랑 바(Restaurant Bar)

주로 양식당의 일정부분을 분할하여 주장시설을 갖추고 양식당의 각종음료를 원활히

함과 동시에, 주장고객을 확보하고, 주방의 효율성을 갖기 위해 식당내부에 주장을 함께 운영하는 주장이다. 그리고 이와 유사한 PUB 레스토랑 바는 회원제의 고급주장이 아닌 대중식당 바, 즉 선술집을 의미한다.

⑤ 나이트클럽 바(Night ClubBar)

나이트클럽은 호텔 직영과 임대로 구별되며, 호텔의 내 · 외의 고객을 대상으로 영업을 하며, 특수조명과 무대를 설치하고 무도장을 확보하여 술과 음악 그리고 춤을 상품의 구성요소로 하며, 성인용 나이트클럽에서는 여성 접대부를 고용하는 곳도 있다.

⑥ 웨스턴 바(Western Bar)

서구식 풍의 현란한 음악과 함께 주로 스툴 체어를 설치하여 가볍게 술을 즐기는 주장으로서 주로 젊은 층을 겨냥하고 있으며, 놀이시설(포켓볼, 다트 등)을 설치하고 있어 스포츠 바와의 영역의 구별이 쉽지 않다.

⑦ 스포츠 바(Sports Bar)

주장에 다트나 포켓볼, 당구대, 오락게임기 등의 스포츠 성 기기를 설치하고 이를 무료로 이용하도록 하며, 동시에 음료와 식료를 판매하는 공간으로서, 간이무도장을 설치한 영업 콘셉트의 주장도 있다. 주로 젊은 층의 고객을 대상으로 영업을 하고 있으며, 일명 엔터테인먼트 센터라고도 한다.

⑧ 이동식 바( Movement Bar)

각종 연회행사에 지원되는 임시주장과 각 주장 혹은 식당 · 객실 등에 각종 음료를 조주할 수 있고, 고객 앞에서 각종 음료를 제공할 수 있는 이동식 바이다.

⑨ 재즈 바(JazzBar)

근래에 등장한 영업 콘셉트로 젊은 층을 겨냥하여 재즈음악을 즐겨 들려주거나 재즈연주, 재즈풍의 장식으로 설비된 선술집이다.

⑩ 노천 카페( Out Door Cafe)

호텔 밖, 즉 광장 · 가든 · 수영장 등지에 간이주장을 설치하여 운영하는 주장으로서 가격이 저렴하다는 장점이 있으며, 여름이나 가을 한 철 개장하는 계절성 주장이다.

⑪ 가라오케 바(Karaoke Bar)

고객이 음악 반주에 맞춰 노래를 부를 수 있는 유흥적 요소를 제공함과 동시에, 음료를 판매하는 영업 컨셉이다. 그리고 오늘날 객실을 마련하여 동행인들만이 가무를 즐기도록 별도의 시설을 갖추고 있는 경우도 있다.

이 외에 주로 임대주장에서 운영하는 룸살롱, 단란주점, 가요주점, 카바레 등도 있다.

특히 호텔 · 바에는 시설 분위기에 있어서 호텔의 성격에 알맞은 조구와 디자인이 필요하고, 조명과 음악의 특징이 있어야 함은 물론, 조주의 기술과 서비스가 뛰어나야 한다. 조주사(bartender)는 고객과 마주서서 같이 환담을 즐기며 서비스를 제공하지 않으면 안 된다. 바에는 헤드 · 바텐더(head bartender)를 위시해 바텐더(bartender), 바 · 포터(bar porters), 셀러 · 맨(cellar man; 술관리자), 바 · 보이(bar boys; 술의 주문과 서비스를 담당)및 엑스트라(extras; 집기 세척 및 준비)등으로 인원이 구성되고 있다. 바의 카운터 · 테이블의 모형으로는 가족적인 분위기를 조성할 수 있는 클래식 형과 공간을 경제적으로 이용할 수 있는 엘(L)자형으로 나눌 수 있어, 그 카운터 테이블의 폭은 일반적으로 40㎝, 그리고 높이는 120㎝ 정도로 기준을 하여 설치하면 가장 이상적이다.

## 2) 주장종사자의 직무분석

주장경영에서 미래지향적이며 경영성과를 극대화하기 위해서는 전문성을 가진 유능한 종사자의 확보가 무엇보다 중요하며, 이는 곧 경쟁력이다. 따라서 주장에 근무하는 각 종사자들은 각종 음료에 관한 전문적인 지식의 습득은 물론, 오랜 경험을 동시에 필요로 한다. 그러므로 개개인의 업무수행이 팀워크 작업이 형성될 수 있으며, 대고객 서비스에 만전을 기할 수 있다.

주장부문 종사자의 직무를 살펴보면 다음과 같다.

① 음료부장(Beverage Director)

주장부문의 최고책임자로서 각 주장의 운영상태 파악 및 적절한 인원배치, 서비스교육, 각종 음료의 적정재고 수준유지를 위한 구매 관리 · 메뉴관리 · 원가관리 · 판매관리 등의 운영 전반에 책임을 지며, 타부문과의 유기적인 조정자의 역할을 한다.

② 주장지배인(Bar Manager)

주장지배인(bar manager)은 주장운영의 실질적인 책임자로서 고객관리 및 인사관리 · 근태관리 · 서비스교육뿐만 아니라 영업 관리의 책임을 진다. 구체적인 사항은 다음과 같다.

캡틴, 웨이터, 웨이트레스, 버스보이, 바텐더 등에 대한 교육훈련과 감독을 한다. 영업 및 서비스에 관한 제반사항을 지휘 · 통제하며, 종사자에 대한 업무와 영업 준비를 지시한다. 예약접수현황과 준비사항을 점검하고, 각 담당자의 임무에 대한 세부적인 사항을 지시한다. 종사자들의 근무시간표를 작성한다. 영업 준비물들이 적절한 수준에 있는지를 확인 · 점검한다. 호텔기업의 각 부문별 조직에 필요한 상황이 발생했을 때 필요사항을 전달하고, 상호 협조 · 조정을 한다. 고객의 영업안내를 하며, 각 서비스 스테이션의 균형유지에 힘쓴다. 고객들의 불평처리와 서비스에 대한 총괄적인 책임을 진다. 마감작업이 완전히 이루어졌는지, 또 모든 기기와 장비가 잘 정비되어 있는지를 확인 · 점검한다.

주장이 모든 서비스에 대한 지휘 · 통솔과 동시에, 주방종사자와의 협력과 조화를 이루도록 조정한다. 영업장의 영업활성화를 위한 특별행사 등을 계획 · 실시한다. 표준 레시피를 만들어 각 바텐더에게 배포 · 비치토록 하며, 교육을 담당한다.

음료의 재고관리를 감독하며 영업종료 후 영업일지 및 재고조사표를 검토 · 확인한다.

③ 부지배인(Assistant Manager)

부지배인(assistant manager)은 평상시 지배인을 보좌하며, 영업장 운영관리, 특히 대고객서비스 관리를 주 업무로 하며, 지배인의 부재 시 업무를 대행한다.

④ 캡틴(Captain)

캡틴(bar captain)을 헤드 웨이터(head waiter)라고 불리기도 하는데, 중 · 소 주장에서는 부지배인이 없고, 캡틴이 그 역할을 대신하기도 한다. 캡틴은 접객책임을 맡고 있는 책임자로서 웨이터나 실습생을 관리 · 감독하며, 식 · 음료 서비스에 있어서 주문과 서비스를 담당한다. 캡틴의 직무를 구체적으로 살펴보면 다음과 같다. 영업시작 전에 담당구역의 서비스에 대한 교육훈련을 실시한다. 웨이터에 대한 작업지시 및 감독을 한다. 고객을 영접하며, 주문을 받는다. 웨이터, 및 실습생에 대한 음료 및 서비스에 대한 교육훈련을 실시한다. 각종 집기 및 린넨류를 관리한다. 고객을 전송하며, 전송한 다음 테이블을 재정비하도록 지시한다. 신입사원 및 실습생의 교육을 담당하며 영업장 내의 행정 및 관리 업무를 수행한다.

⑤ 헤드바텐더(Herd Bartender)

헤드 바텐더(Herd bartender)는 고객과의 환담은 물론, 바 카운터의 서비스를 책임지며, 고객의 기호를 파악하여 적절히 제공하며, 고객 양주의 보관 · 관리를 책임진다. 바텐더의 교육 및 음료의 적정재고 여부를 점검함과 동시에, 각종 음료의 전문적인 지시와 경험을 바탕으로 술의 제조는 물론, 음료의 메뉴를 개발하여야 한다. 즉 음료의 생산자이자 판매자, 그리고 바 카운터의 서비스 제공의 책임을 진다. 헤드 조주사의 직무를 구체적으로 살펴보면 다음과 같다. 음료 및 부재료에 대한 적정재고를 파악하고, 보급 및 관리업무를 한다. 바 카운터 내 청결 · 정리정돈상태 등을 수시로 점검하며, 각종 장비 및 기물을 관리한다.

칵테일은 제조명세서(recipe)에 의해서 제조되어야 하며, 지정된 계량기와 글라스를 사용하여야 한다. 영업종료 후 음료재고조사를 실시하여 재고조사서를 작성보고 한다. 음료에 대한 충분한 지식을 숙지하여 바텐더나 보조 바텐더에게 교육훈련을 담당한다. 음료에 대한 지식과 경험을 바탕을 음료상품으로 개발한다.

바 카운터의 판매촉진을 향상시키도록 함과 동시에, 품목별 판매집계를 낸다. 바 카운터의 고객을 관리한다. 고객의 귀중품보관의 책임을 진다. 음료의 무전취식이나, 손실방지를 관리 · 감독한다.

⑥ 바텐더(Bartender)

조주사(bartender)는 헤드 조주사를 도와서 바 카운터의 고객서비스를 담당함과 동시에, 헤드 조주사의 부재 시 업무를 대행하며, 음료의 생산 · 판매를 담당한다. 각종 음료의 적정재고의 확보 및 바 카운터의 영업 준비와 마무리를 책임진다. 칵테일 레시피는 규정된 처방에 준하여 만들어야 한다. 항상 명랑 쾌활해야 하며, 대고객서비스에 만전을 기한다. 음료를 규정보다 적게, 혹은 많게 주어서는 안 되며, 고객이 보는 앞에서 만들어 제공해야 한다. 요금의 영수관계를 명확히 해야 한다. 주장의 기물관리를 담당하며, 소모품 등을 절약해야 한다. 헤드 조주사의 지시에 따라 업무를 수행한다. 모든 기물의 정리 · 정돈을 하며, 냉장고 · 제빙기 등의 작동유무를 확인하고, 청결을 유지한다. 고객이 음료를 보관할 경우 날짜 · 양 등을 고객 앞에서 명확히 표기하여 보관한다. 조주수의 업무지시 및 교육을 담당한다. 음료의 원활한 생산을 해야 한다.

⑦ 조주수(Bar Boy)

조주수(bar boy)는 조주사를 도와 바 카운터네 영업의 준비, 기물의 관리 및 세척, 정리정돈, 청소 등을 책임진다.

⑧ 주장접객종사자

고객의 주문을 받아 조주사에게 음료의 주문과 주방에 식료의 주문을 하여 고객에게 제공한다. 고객의 서비스를 담당하며, 주장 내의 서비스 기물 · 장비 등의 관리 · 보관 · 정리 · 정돈상태를 책임진다. 접객종사자의 구체적인 직무를 살펴보면 다음과 같다.

영업시간 전에 영업에 필요한 사항을 준비한다. 메뉴, 할당된 구역, 부수적인 업무와 테이블 번호 등을 숙지하여야 한다.

담당케이블의 영접, 음료의 주문 그리고 서비스를 담당한다. 고객이 테이블에 있는 경우에는 항시 주시하여 고객의 부름에 즉시 응한다. 고객의 요구에 따라 계산서를 제공하고, 이상 유무를 확인한다. 고객이 이용한 테이블은 다음 고객을 접대하기 위해 테이블을 즉시 재정비한다. 지배인 및 담당캡틴의 지시에 따르고, 동료직원과 협조하여야 한다. 보조웨이터, 웨이트리스에게 지시나 감독을 하며 도와주어야 한다. 서비스 스테이션의 청결 및 준비물품의 적정재고를 확보한다. 고객으로부터 주문을 받아 생산담당자에게 인수하며, 상품을 고객에게 제공한다.

담당테이블의 영접 · 주문과 올바른 순서와 제공되는 기물 · 소스 등을 제공한다. 고객으로부터 주문을 받을 경우 영업장의 상황을 고려하여 권유판매의 종류를 달리하는 감각성과 융통성을 발휘하여야 한다. 즉 고객의 주문에 의해 주방과 바 카운터에서의 상품생산이 지연될 경우 빠르고 쉽게 생산되는 품목을 권유하는 등의 상황판단과 융통성을 말한다.

이상에서 주장종사자의 직무를 살펴보았으나, 이는 일반적인 내용으로서 각 주장의 특성과 돌발 상황 등에 따라 융통성 있는 직무자세를 갖도록 해야 한다. 왜냐하면 주장은 타 부문에 비해 업무수행의 변화가 많으며, 음주의 고객을 상대로 영업을 하는 공간으로서 타부문의 영업장보다 갑작스런 상황 변화가 빈번하기 때문이다. 그러므로 성격에 맞는 구조와 Design 조명과 음악, 다양한 음료, 조주를 위한 재료 및 용구, 조주의 기술과 뛰어난 서비스는 청결과 효과적인 주류전시 등이다.

### 3) 바(Bar)의 경영

#### (1) 조주자로서의 책임

① 조주자로서의 기술

헤드 바텐더(Head Bartender)는 먼저 칵테일(cocktail)제법의 기술을 몸에 익혀야만 한다. 물론 많은 경험도 필요하지만, 이에 관한 전문적인 지식을 습득하여 이론과 실제가 균형 있게 유지되어야 한다. 경험만을 쌓은 바텐더는 기술자로서의 자격은 있어도 헤드 바텐더(Head Bartender)로서는 자격을 다 갖추고 있다고는 할 수 없겠다.

이와 같이 조주 기술은 많은 경험과 깊은 지식을 필요로 하는 것이므로 기술을 경시하거나 또는 지식을 경시하여서는 절대 안 된다. 그러나 일단 영업적인 측면에서는 바텐더의 기술이 개개인의 동작보다는 팀 · 웍(Team Work)으로써 작업이 형성되므로 팀 전원의 조화와 평균수준 이상의 기술과 지식이 배합되어야 하겠다.

② 칵테일의 표준메뉴

세계에서 애용되고 있는 칵테일의 수를 헤아리기는 어렵다. 더욱 만들기 때에 따라서 점점 더 새로운 칵테일이 만들어지고 있다. 이 모두를 알기에는 한계가 있고 또 다 알 필요도 없다. 상당한 경험과 지식을 쌓은 바텐더는 일상생활의 것 이외는 전문서적을 이용하여 수시 그 칵테일의 제법을 쉽게 찾아 응용할 수가 있기 때문이다. 비록 동일의 칵테일이 실수로 인해 용량의 측정이 달리하여 만들어졌다 하여도 고객에게는 동일한 내용의 상품으로 제공되어야 한다. 그러나 칵테일의 표준 처방으로 표준 원가를 계산하여 과학적인 방법으로 칵테일을 제조하지 않으면 아니 된다. 일반적으로 칵테일 기술은 비텐 전원이 같을 레벨로서 사용 원료와 종류, 그리고 분량과 원가계산에 대한 공통의 표준 지식을 알고 있어야 한다.

③ 칵테일의 처방

칵테일의 처방 표준 메뉴가 주어지는 대로 제법이 확정된다. 즉 조주 자는 주어진 처방에 따라서 칵테일을 만들어야 하며 자기 임의로 과거의 경험으로 인한 기술로 만들어서는 아니 된다.

칵테일은 원료비에 의해서 그 메뉴가 결정되지만, 가능한 한 표준 원료비와 실제 원료비와의 차이가 심하지 않아야 한다. 표준 원료비란 표준 메뉴로 결정된 원료비를 말하며 실제 원료비란 실제로 제공된 비용을 말한다.

### 2) 접객자로서의 책임

① 바텐더는 곧 접객자이다.

바(Bar)라는 영업 형식은 바 · 카운터(Bar Counter)가 있어 그 곳에서 고객이 자리를 잡고 술을 마시는 경우가 많다. 따라서 바텐더는 고객과 직접 대화를 할 수 있는 카운터에서 접객자로서의 역할을 다하여야 한다. 그렇지 않더라도 웨이터 또는 웨이트리스로서 간접적인 접객 역할을 망각하여서는 아니 된다. 고객은 모두 일정하지 않아 천차만별의 차이가 있어, 그들의 기분을 모두 만족스럽게 봉사한다는 것은 심히 어려운 일이나, 여하간 성심성의껏 고객과 밀착하여 생산적인 판매기술을 발휘하지 않으면 아니 된다.

② 서비스의 이원성

서비스는 고객을 만족시켜 주는 것이라면 일방적으로 고객의 편의만 제공하여 주는 봉사성일까? 그러나 영업적인 측면에서의 서비스란 곧 고객에게 만족을 줄 수 있는 행위로서, 또한 영업자로서도 이익을 보장하여 줄 수 있는 복합적인 의미를 갖고 있다고 말할 수 있겠다. 즉 고객에게 일정한 상품을 팔고 일정한 요금을 지불 받을 수 있도록 고객을 만족시켜 줄 수 있는 일체의 행위를 우리는 완전한 서비스라고 말할 수 있는 것이다.

③ 고객에게 구매의욕을 주어라.

고객에게 만족을 주는 것이 서비스라고 하였지만, 고객이 무엇을 원하고 있는지 그 구매 동기를 충족시켜 주는 것이 더욱 중요하다. 바(Bar)에서 고객은 어떤 칵테일을 마실까, 또는 어떤 것이 맛이 좋은가 하다가 비싸거나 또는 칵테일에 대한 지식이 부족하여 우물쭈물하다가 가벼운 맥주 정도로 끝내는 고객이 종종 있다. 이러한 고객에게 적당한 칵테일을 선택하여 권할 수 있는 기교가 필요한 것이다. 따라서 찬 것을 찾는 고객에게는 시원한 칵테일을 조주하여 충분한 설명과 함께 제공할 수 있는 고객의 구매의욕을 감지하여 적극적으로 권하는 것이 영업적인 측면에서 바람직한 서비스가 되는 것이다. 또한 이러한 고객에게 술로 취하는 것보다 분위기에 취할 수 있도록 무드를 조성하여 주는 것이 중요하다. 고객에게 알 맞는 대화, 음악, 실내장식, 조명, 칵테일의 장식 등으로 한 잔 두 잔 그 이상 구매할 수 있는 구매의욕을 계속적으로 충족시켜 주도록 바텐더는 노력한다.

### 3) 관리자로서의 책임

① 부하 통솔

지금까지의 책임은 바텐더로서의 필요한 책임사항들이지만, 여기서 생각할 문제는 기업의 조직 구성상 관리자로서의 헤드 바텐더의 책임을 말하고 싶은 것이다. 헤드(Head)

라고 하는 것은 조직상에 몇 명의 부하들을 통솔할 수 있는 직위인 것이다. 그러나 그가 기업의 최고 책임자는 아니다. 자기도 상관의 직접 명령을 받고 이를 수행하는 입장으로 부하의 교육 및 감독에 책임을 져야 한다. 그리하여 기업은 각기 권한과 책임의 한계를 규정하고 업무의 분담을 위해 일정한 조직도가 필요하며, 조직의 원칙은 반드시 명령의 수직화 또는 일원화에 따라 1인의 명령에 복종할 수 있는 한계가 분명해야 한다.

② 권한과 책임

조직상의 각 구성원의 직무가 확정되더라도 각 직무 사이의 상호관계가 정해지지 않으면 각 구성원의 활동을 조정할 수 없다. 어느 사람은 그 권한을 남용하거나 책임을 회피하는 경우가 생기므로 직위간의 책임?권한관계를 명확하게 하여야 한다는 원칙이 책임과 권한의 원칙(principle of responsibility and authority)이다. 수직적인 권한관계 또는 수평적인 권한관계가 명확하게 되어야 비로소 각 직무의 상호관계가 정해지고 일체적인 조직구조가 형성되는 것이다.

③ 경영자적 입장

헤드 바텐더가 관리자로서 일정한 권한을 갖고 있다고 하는 것은 경영자의 경영권의 일부를 책임진다는 의미이다. 즉 직무상 기업의 운영을 일부 맡고 있다는 것이다. 따라서 기업의 이윤추구에 적극 노력하지 않으면 아니 된다. 전에는 다만 주어진 업무만 수행하면 되었지만 책임자가 되고는 경영의 합리화를 위한 연구, 창안, 실천에 즈음하여 원가의식을 갖고 제반 경비 지출의 통제와 구매 방법의 합리화에 적극 노력하지 않으면 안 된다.

## 2 조주의 기본기법

### 1) 재료의 선택과 저장

세계의 명주라고 일컬어지는 술들을 제조하는 사람들의 기술과 방법도 중요하지만, 그것보다는 재료가 되는 곡식이나 과일, 그 지역의 수질과 풍토가 좋아야 한다. 또한 어떤 음식이든 그 맛은 만드는 조리사의 손재주보다는 그것을 만들기 위해서 사용되는 자료들의 질에 따라 결정된다. 이와 마찬가지로 우수한 칵테일을 조주하기 위해서는 좋은 재료를 선택하는 것이 무엇보다 중요하다. 훌륭한 조주원이 되려면 좋은 재료를 선택할 수 있는 안목과 미세한 맛도 구분할 수 있는 음미가 되어야 하며 아울러 술과 조주에 대한 풍부한 지식의 소유자가 되어야 한다. 그러기 위해서는 풍부한 경험과 끊임없는 노력과 연구가 필요하다.

① 기주(base liquor)의 선택

기주는 칵테일의 기초가 되는 재료인 만큼 주류의 선택에 유의하여야 한다. 대개의 경우 유명 회사 제품을 선택하는 것이 무난하겠으나, 특히바 브랜드(bar brands)로 사용할 것을 선택할 때는 무조건 원가가 싼 것만을 고를 것이 아니라 그 바(Bar)의 품위를 고려하여 가격과 질을 다 생각하며 선택하여야 한다. 고객이 기주를 지적하지 않는 한 바-브랜드를 사용하기 때문이다.

② 얼음의 선택

칵테일과 얼음은 실과 바늘처럼 떨어 질려야 떨어질 수 없는 밀접한 관계이다. 칵테일에 제일 많이 사용되는 얼음의 종류는 각 얼음(Cubed ice)이며 얼음 속에 공기가 들어가 있지 않고, 투명하고 단단한 얼음이어야 한다. 얼음은 충분히 준비하여야 하며 어떠한 경우일지라도 칵테일 조주시 재사용하여서는 안 된다. 주장에서 사용되는 얼음의 종류는 각 얼음(cubed ice)외에 가루 얼음(shaved ice or flaked ice)과 잔 얼음 (cracked ice)을 사용하며 가능한 한 덩어리 얼음(lump ice)은 사용치 않는다.

③ 탄산음료의 선택과 보관

하이볼 등에 희석용으로 주로 사용되는 탄산음료는 유명 상품을 신용 있는 공급처로부터 구입한다. 구입 시에는 병의 마개가 녹이 슬지 않았나. 확인하고 보관 장소를 살펴보고 구입하여야 한다. 사용하다 남은 탄산음료는 가스가 빠져 나오지 않는 마개를(스토퍼) 사용하여 막고 냉장고에 보관한다.

④ 과실과 과즙의 선택과 보관

과실은 잘 익고 신선하고 모양이 좋은 것을 선택하고, 신선도를 유지하기 위해서는 냉장고에 넣어 보관한다. 과실을 잘라서 과즙을 낼 때에는 칼을 잘 닦아 사용하지 않으면 과실의 본래의 맛을 버리는 경우가 있으니 각별히 주의하여야 한다. 통조림이나 병에 넣은 과실은 뚜껑을 열었으면 오래 보관하지 않는 것이 좋다. 특히 캔(can)에 오래 보관하면 캔의 특유한 비린내가 풍겨 칵테일을 못 쓰게 할 경우가 빈번히 있다.

⑤ 계란의 선택과 보관

칵테일 조제에 사용되는 계란은 선택에 각별히 주의하여야 한다. 껍질이 단단하고 신선한 것으로, 너무 큰 것을 피하고, 개당50g 내외의 것이 적당할 것이다. 계란을 사용할 때는 조제되는 재료들 속에 직접 깨어 넣지 말고 다른 용기에 깨어 넣어 신선도를 확인하고, 이물질과 알끈도 제거한 후에 쉐이커에 넣는다. 계란 보관은 필히 냉장고에 넣어 보관한다.

## 3 음료서비스의 기본

### 1) 와인과 스파클링 와인

서브시 일반적으로 레드 와인은 5~6부 1인분 큰 글라스를 사용하고 화이트 와인은 작은 글라스를 사용한다. 레드 와인은 병을 오픈시킨 후(30분~1시간) 산화시켜 서빙 된다. 와인은 오랜 동안 병 속에서 숙성되어야 하며 특히 레드 와인은 공기와 접촉시키면 그 맛이 좋아진다. 와인글라스는 절대로 차갑게 해서는 안 된다(와인 특유의 증발을 억제한다.) 와인글라스에는 와인을 반 이상 채우지 않는 것이 좋다. 와인 서빙의 적절한 온도는 화이트 와인(8~12℃), 스파클링 와인(8℃이하), 레드 와인(14~18℃)이다. 와인 저장에 적당한 온도는 실내 13℃이다.

와인병과 콜크를 수평상태로 저장하여 콜크가 마르는 것을 방지하여야 한다. 화이트 와인과 로제는 서빙 한 시간 전에 미리 차갑게 하는 것이 바람직하다. 와인은 2주간 이상 차갑게 저장해서는 안 된다.(오래 동안 지속되면 그 와인의 특성을 파괴시킬 우려가 있다.) 화이트 와인과 로제는 테이블 옆의 와인 바스켓에 담아 서브되어야 하고 레드와인은 테이블 위에 세우거나 테이블 뒤 서비스 테이블에 세워두고 서빙 한다. 숙성기간이 짧은 와인은 약간만 차갑게 해야 한다. 고객이 레드 와인을 차갑게 서브되길 원하면 약 10분가량 와인 바스켓에 담아두었다 서브한다. 그 나라의 음식은 그 나라의 와인과 함께 하면 더욱 일품이다.

### 2) 음료와 드링크 서비스의 기본

접객원은 판매하고 있는 음료의 레시피(제조법)를 항상 숙지하여야 한다. 접객원은 고객이 주문한 음료를 재확인하기 위하여 재차 묻고 특정한 품목을 메모링 한다. 모든 음료는 고객의 오른쪽에서 서빙 한다. 글라스로는 항상 깨진 것, 금간 것, 입술자국, 손자국 등이 없도록 하여야 한다. 모든 글라스류를 잡을 때에는 밑 부분을 잡아야 한다.(사용되어졌던 글라스도 내부에 손을 넣어서는 안 된다) 항상 숙녀 우선의 원칙아래 서브되어야 한다. 테이블에서 음료를 따를 때는 글라스가 테이블로부터 떨어져서는 안 된다. 음료를 글라스에 담을 때는 8/10정도를 채우면 이상적이다.(와인의 종류는 1/2정도가 이상적) 주문이 잘못되어 서브된 음료는 즉시 교체해 주어야 하며 따로 계산 받을 수는 없다. 고객의 글라스에 한 모금 정도가 남아 있거나 빈 글라스를 치우기 직전에 고객에게 두 번째 음료를 권해줘야만 한다. 호텔에서는 캔으로 된 음료나 맥주는 캔 그대로 서빙(Serving)하면 안 된다.(병은 서빙 가능함)

## 4 사전 서비스의 간결한 지시기준

### 1) 전반적인 사항

사전 서비스의 간결한 지시는 15분이 넘지 않도록 식당의 식사 이전이나 근무조가 변경되기 직전에 매일 경영 점검표를 사용하여 실시된다.

### 2) 목적

① 접객원 개개인의 전반적인 업무를 기준에 맞게 확인함에 있다.
② 효과적인 영업을 위해서 각 스테이션에 인원배치를 한다.
③ 접객원 상호간의 식음료에 대한 정보전달을 용이하게 한다.
④ 떨어진 기물이나 운용기물의 보충을 원하고 상호간에 정보전달이 이뤄진다.
⑤ 오늘의 V. I. P.나 행사에 대한 상호전달
⑥ 전일 발생된 사고나 잘못된 사항에 대한 재차 재고, 환기
⑦ 지속적인 양호한 서비스가 이뤄지기 위한 방편이다.

## 5 음료와 드링크류의 서비스 기본

접객원은 판매할 칵테일의 제조법을 숙지하고 있어야 한다. 모든 주문절차는 제의적인 판매방법으로 진행되어야 한다. 모든 주문은 고객이 원하는 것에 대한 확인방법으로 반복하여 고객에게 말해 줘야 한다. 모든 음료는 코스트 위에 서빙(Serving)되어야 한다(와인은 제외). 모든 음료가 서빙(Serving)될 때에는 그 품목을 말해줘야 한다. 모든 음료의 서브는 짜인 서비스 절차에 따라 진행된다. 모든 음료의 주문은 무료로 제공되는 안주와 함께 서브된다. 캔으로 된 음료는 캔 자체 그대로 서빙(Serving)될 수는 없고 글라스에 옮겨 서빙(Serving)된다. 칵테일의 믹스용 음료는 디캔터에 서빙(Serving)서하고 따로 주문한 음료는 그냥 글라스에 서빙(Serving) 할 수 있으나, 미네랄워터는 고객이 제품을 확인할 수 있도록 병으로 서빙(Serving)한다. 병맥주를 고객에게 따를 때는 대략2/10정도의 거품이 생기도록 서빙(serving)하는 것이 좋다. 모든 글라스류를 잡을 때는 밑 부분을 잡아야 하며, 더러운 글라스일지라도 손가락을 글라스내부에 넣어서는 안 된다. 글라스에 음료를 채울 때는 약 80%정도, 와인은 1/2정도가 좋다. 음료를 테이블에서 따를 때는 글라스를 테이블에서 들어 올려 따를 수는 없고항상 테이블에 놓인 체 따른다. 숙녀 우선 원칙으로 서브하며 잘못 가져온 음료는 즉시 주문한 음료를 교환해서 서빙(Serving)하여야 하며 따로 추가요금을 받거나 고객과 따져서는 절대 안 된다. 모든 고객의 음료가 한 모금 정도 남았거나 빈 잔을 치우기 바로 직전에 고객에게 추가하느냐고 물어봐야 한다.

## 6 서비스의 순서

### 1) 음료업장

① 항상 웃음 띤 표정으로 고객의 호칭이나 존칭어를 사용한다.(선생님, 사모님, Sir, madam)
② 테이블 안내(Follow me, please)
③ 고객에게 테이블 선택 의향을 묻는다.(Will this table be alight)
④ 고객이 다른 테이블을 원할 경우 가능한 한 고객이 원하는 테이블로 안내함이 좋다.
⑤ 고객이 특별 메뉴나 음료 메뉴를 원하면 보여 드려야 한다.

⑥ 코스트는 고객 바로 앞에다 깔아 놓는다.
⑦ 주문 받는 요령은 보다 나은 판매방식을 이용하여 권한다.
⑧ 항상 메뉴를 보여 드리고 주문을 받아야 한다.
⑨ 정해진 표준약자를 이용해서 직접 계산서에 적는다.
⑩ 주문을 반복해서 말한 뒤 "주문해 주셔서 감사합니다. 라고 이야기한다.
⑪ 주문 받은 순서대로 트레이에 옮겨 담는다.
⑫ 기준음료 서비스 진행절차에 따라서 음료를 서브한다.
⑬ 고객의 제의에 따라 음악신청서에 대해서 언급한다.
⑭ 테이블 위의 계산서 받침에 계산서를 꽂아 놓는다.
⑮ 음료판매의 증진을 위하여 더 드실 것인가를 확인하고 재떨이도 교체한다.
⑯ 고객이 떠날 때는 확실한 계산을 확인한다.
⑰ 따뜻한 웃음과 함께 "감사합니다. 즐거운 하루가 되새길 바랍니다. 라고 얘기한다.
⑱ 테이블 정리의 진행절차에 따라서 자동적으로 다음 영업 준비를 한다.

## 7 칵테일 서비스 진행절차

① 서비스 트레이 위에 술과 믹스를 각각 용기에 담고서 집게, 아이스박스, 글라스, 롱 스푼, 냅킨 등을 준비한다.
② 먼저 코스트(글라스 받침) 위에 장식물과 함께 글라스를 놓는다.
③ 고객에게 음료수에 "몇 조각의 얼음을 넣을까요?" 라고 묻는다.
④ 얼음 집게를 이용해서 고객의 요구대로 글라스에 얼음을 담는다.
⑤ 얼음 위에 술을 붓는다.
⑥ 정확하게 장식물이 원하는 부분에 위치히고 있나 확인한나.
⑦ 고객에게 믹스(혼합물)는 얼마나 부어 드릴까를 확인한 뒤 원하는 만큼을 붓고 디캔터는 트레이 위에 놓는다.
⑧ 칵테일용 냅킨을 고객의 글라스 오른쪽에 놓고 젓는 막대를 그 위에 놓는다.
⑨ 인사를 한다. "당신의 음료를 즐기세요.

## 8 바의 영업장 서비스

### 1) 바 종사원의 태도

바텐더나 바 종사원의 역할은 주장 영업에 있어서 매상과 직접적인 관련이 있기 때문에 몸가짐 관리가 특히 중요하다. 바 종사원이 올바른 몸가짐을 갖기 위해서는 우선 영업장내 동료들과 좋은 인간관계를 유지하고 서로 협동해야 하며 마음과 같은 사항을 명심하여 업무에 임해야 하겠다.

① 복장은 항상 깨끗하고 단정해야 한다.
② 머리는 짧게 깎고 손질을 자주 해야 한다.
③ 단골 고객의 기호와 성격 등을 기억해야 한다.
④ 고객과 대화 시에는 정치문제, 타인에 대한 Gossip(잡담), 개인적인 인신공격 등을 해서는 안 된다.
⑤ 항상 예의 바르고 분명한 언어와 태도로 고객을 유도해 나간다.
⑥ 고객에게 지나친 주문을 요구하지 않는다.

## 9 음료 영업장 서비스 요령

### 1) Bar 종사원의 몸가짐

Bartender나 바(Bar)종사원의 역할은 주장영업에 있어서 매상과 직접적인 관련이 있기 때문에 몸가짐의 관리가 특히 중요하다

Bar 종사원의 올바른 몸가짐을 갖기 위해서는 우선 영업장내 동료들과 좋은 인간관계를 유지하고 서로 협동해야 하며 다음과 같은 사항을 명심하여 업무에 임해야 하겠다.

① 복장은 항상 깨끗하고 단정해야 한다.
② 머리는 짧게 깎고 손질은 자주 해야 한다.
③ 단골 고객의 기호와 성격 등을 기억해야 한다.
④ 고객과 대화시는 정치문제, 타인에 대한 잡담, 개인적인 인신공격 등을 해서는 안 된다.
⑤ 항상 예의바르고 분명한 언어와 태도로 고객을 유도해 나간다.

⑥ 고객에게 지나친 주문을 요구하지 않는다.

주류는 음료와는 달라 욕망한계가 불명확하기 때문에 고객의 숙취 상태를 파악하고 있어야 한다.

### 2) Bartender의 자세

① 칵테일 조주는 규정된 방식(Recipe)에 의하여 만들어야 한다.
② 항상 명랑, 쾌활하여야 하며 "고객은 항상 옳다"고 생각해야 한다.
③ 술은 규정대로 드려야 하며, 조주는 고객이 보는 앞에서 만들어야 한다.
④ 특정의 고객이나 동료직원에게 술을 무료로 주어서는 안 된다.
⑤ Bar 카운터 내에서 취식을 해서는 안 된다.
⑥ Recipe에 있는 술이 없을 경우, 유사품을 사용하되 대치된 술의 요금을 받도록 한다.
⑦ 절대 Bar 카운터 내에서 흡연인 음주를 해서는 안 된다.
⑧ 빈병이라고 해서 함부로 손님에게 드려서는 안 된다.
⑨ 근무시간 외에는 가급적 업장 출입을 삼가야 한다.

### 3) Waiter, Waitress의 자세

음료업장 종사원의 근무는 대부분 음료를 취급하는 것, 이외는 음료업장과 동일하다 할 수 있다. 그러나 주류판매 특성에 기인된 Waiter, Waitress는 다음과 같은 행동요령에 의하여 서비스를 해야만 한다.

#### (1) 서비스 행동요령

① 단골 고객이 즐겨 드시는 술의 이름과 특징을 잘 기억하고 있어야 한다.
② 주문을 받을 때에는 반드시 복창하여 주문내용을 확인해야 한다.
③ 주문을 받으면 신속하게 서빙(Serving)를 해드려야 하며 부족한 것이 없나 고객의 주의를 살펴야 한다.
④ Bill을 작성하기 이전에 One Bill인가 Severate Bills인가를 여쭈어 보아야 한다.
⑤ 주문을 받을 때는 어느 특정고객을 정하고 시계바늘 도는 방향으로 주문을 받기 시작한다.

⑥ 글라스를 테이블 위에 내려놓을 때는 칵테일 Napkin이나 Coaster를 깔고 조용히 놓는다.
⑦ 글라스가 절반이상 비워지면 재 주문 여부를 신속히 여쭈어야 한다.
⑧ 고객이 퇴장시는 정중하고 예의바르게 인사를 한다.(진심 어린 인사)
⑨ 고객이 떠나고 나면 신속하게 테이블, 의자, 바닥 등을 청결하게 하여 다음고객 맞을 준비를 해야 한다.

## ⑩ Bar 영업 준비(MISE-EN-PLACE)

### 1) 준비조(Morning Shift)

① Front Office로부터 열쇠를 찾아 문을 연다.
② 전원 Switch를 Full 가동해 보고 전구 등의 이상여부를 확인한다.
③ 테이블을 깨끗이 닦는다.
④ 모든 글라스류 청결 상태를 점검한다.
⑤ 각종 설비, 장비 등을 청결히 한다.
⑥ Hall, Bar Counter, 출입구, 업장 주위를 깨끗이 청소한다.
⑦ 재고 상태를 파악하여 Re-Stock을 충분히 한다.
⑧ 각종 기물류 냅킨(Napkin), 코스트(Coaster), 머들러(Muddler) 등을 점검한다.

### 2) 마감조(Closing Shift)

① 업장 내외를 청결히 한다.
② 가구류(Table, Station 등)는 물기 없는 마른 헝겊으로 닦는다.
③ 모든 사용된 기물은 깨끗이 세척되어야 한다.
④ 각종 주류창고 및 냉장고 등은 잠가야 한다.
⑤ Inventory를 한다.(재고파악)
⑥ 다음날 수령할 품목을 작성해서 근무일지와 함께 F/B Office의 확인을 받도록 한다.
⑦ 전원 Switch를 내린다.(단, 냉장고 연결선 제외)
⑧ 모든 열쇠(Key)는 Front Office에 보관한다.

chapter 13

# 호텔식당별 운영실무

## 1절 한국식 식당

### 1 한국 요리의 특성

한국요리는 우리의 유구한 역사와함께 이루어진 문화유산 중의 하나로 지리적 여건과 기후 변화 등의 영향을 받으며 각 지방 해변에 따라 생산되는 다양한 농산물 및 사냥과 가축의 사육으로 향토성이 짙은 음식들이 창출되었고, 시대에 따라 전파된 종교의 영향, 외세의 침입에 따른 새로운 문물도입에 영향을 받으면서 향토음식, 궁중음식, 민간신앙음식, 관혼상제음식, 사찰음식, 계절음식, 발효음식, 떡, 과자, 등 분야별로 변화의 과정을 거치면서 독특한 조리기술 개발과 상차림의 독창적인 식문화의 변화와 더불어 우리의 식문화에 발전되었다고 할 수 있다. 따라서 오랜 세월동안 이루진 독특한 형태의 다양한 음식들이 사회구조와 외래문화의 영향으로 전통성을 잃어버린 것 도 있고, 또한 잊혀진 것들이 너무 많은 반면 끈질긴 민족 보수성으로 현재까지 쌀을 주식으로 세계 각

나라의 수출이 증대 되어가고 인기 있는 김치, 된장찌개, 불고기 등이 역사와 함께 유지되어온 것이 한국요리의 특성이라 할 수 있다.

## 2 한식의 특성

1) 품질이 우수하며 한국을 자랑할 수 있는 재료를 선택한다.
2) 음식을 담는 기물은 한국 식기를 사용한다.(양식, 일식, 중식 등의 접시나 은 기류를 사용하면 안 된다.)
3) 저렴한 가격의 최우수 상품선택
4) 파티종류와 접대방법 요리 명에 따라 크기와 모양을 다르게 하여 간결하고 깨끗하게 하여 먹기 좋게 한다.
5) 요리의 맛을 살리면서 색깔이 잘 조화될 수 있게 한다.
6) 화학조미료를 쓰지 않고 식품재료 자체가 지닌 자연 맛을 그대로 나게 한다.
7) 외국산 식품과 음료를 혼합하지 않는다.
8) 맵고 짜지 않게 하는 것을 명심하여 조리하고, 식탁에 고춧가루와 간장을 놓아 자유롭게 조절하게 한다.
9) 조리실을 위생적으로 청결하게 하고 행주, 칼, 도마를 재료에 따라 다양하게 구분하여 정리정돈을 완벽하게 한다.
10) 식료품 모양을 잘 살리도록 하고 여러 재료를 사용하더라도 맛과 색깔을 잃지 않게 한다.
11) 외국인 식생활 습성을 이해하고 불편이 없게 순서를 정한다.
12) 계절에 맞는 식품과 향기를 선택하여 식단에 변화를 준다.

## 3 한국 요리의 서비스방법

### 1) 상차림의 형식

#### (1) 반상

밥을 주식으로 하는 형식의 상이다. 식사는 밥, 탕, 김치, 간장, 조치(찌개 · 찜)등 기본식과 반 찬류 후식으로 이뤄지는데 반찬의 수를 첩수(牒數)라 하여 그 수에 따라 3첩 반상, 5첩 반상, 7첩 반상, 9첩 반상, 12첩 반상으로 한다.

또한 간단히 식사할 수 있는 일품반상과 복잡한 연회용으로 사용되는 교자상이 있다.

이상의 규칙에 따라 차림표를 작성하면 자연히 반찬의 조리법이 규정되며, 어떤 반상이든지 기본 찬은 반찬수와 항상 관련을 갖게 된다. 예로서 5첩 반상의 기본찬인 초간장은반찬수의 전유어를 가지게 되며, 7첩 이상이면 그 조리법을 거듭하여 반찬의 수를 맞추게 된다.

5첩 이상의 반상은 기본찬인 찜이나 전골이 있고 반찬으로 마른 찬이나 짠 반찬이 고루 배합되어 있어 가정을 중심으로 한 식사 상에는 적합하다. 그러나 식당 요리로 개선하는데 있어 가정 중심의 반상과 같은 조리 방법이나 재료의 중복은 피해야 하며, 외래 관광객의 기호에 맞도록 조리하고 아울러 색깔의 배합도 고려하여 식욕을 돋우도록 해야 한다. 즉 육류요리, 어류요리, 야채류, 등을 외국인 기호에 맞게 잘 조화시켜 차림표를 작성하도록 한다.

후식류는 재래 후식을 개선하여 떡종류, 한과류(다식종류, 강정류), 약과, 과일, 차종류, 화채류, 화전류 등으로 나누어 접대한다. 널리 외국에 자랑할 수 있는 한국고유의 후식이 많이 있는데도 한식식사 후에 아이스크림이나 커피 등을 후식으로 접대하는 모순은 시급히 개선되어야 하며, 호텔이나 식당에서 한식의 후식을 바르게 소개 하여야겠다.

### ① 반상의 차림도

3첩반상 차림도

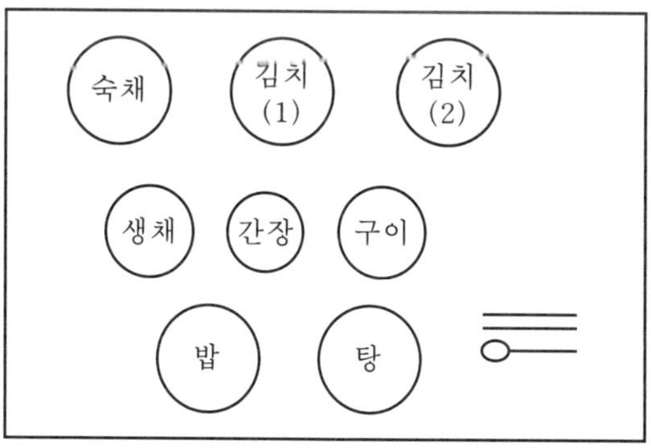


〈3첩반상〉

· 기본식 – 밥, 탕, 김치, 간장

※ 조치는 없음.

· 반찬 – 3가지 : 생채, 숙채, 구이 혹은 조림.

· 후식 – 단 것, 과일, 차

### 5첩반상 차림도

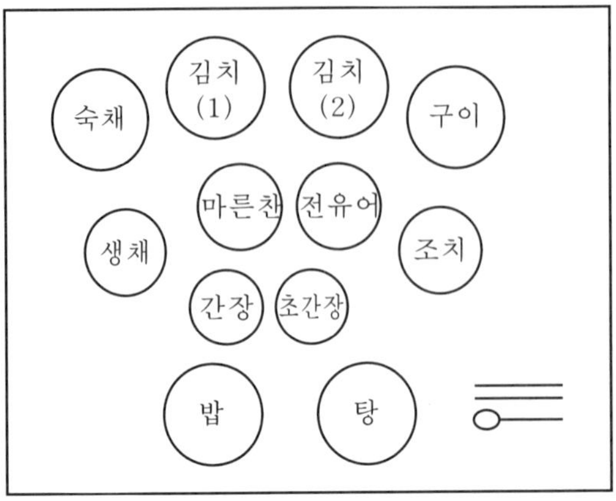


〈5첩반상〉

- 기본식 – 밥, 탕, 김치 장, 초간장, 조치1 가지
- 반찬 – 5가지 : 생채, 구이, 숙채, 전유어, 마른찬
- 후식 – 단것(떡종류, 한과류), 과일, 차

### 7첩반상 차림도

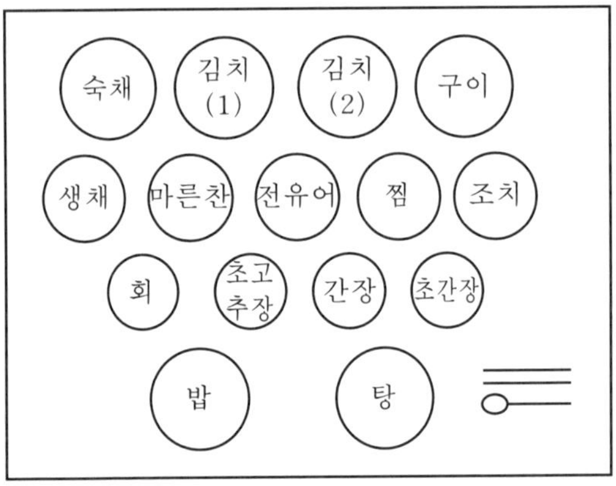


〈7첩반상〉

- 기본식 – 밥, 탕, 김치, 간장, 초간장, 초고추장, 조치, 전골
- 반찬 –7 가지 : 생채, 숙채, 구이, 전유어, 마른찬, 회, 찜
- 후식 – 떡, 한과류, 과일, 차, 화채

### 9첩반상 차림도

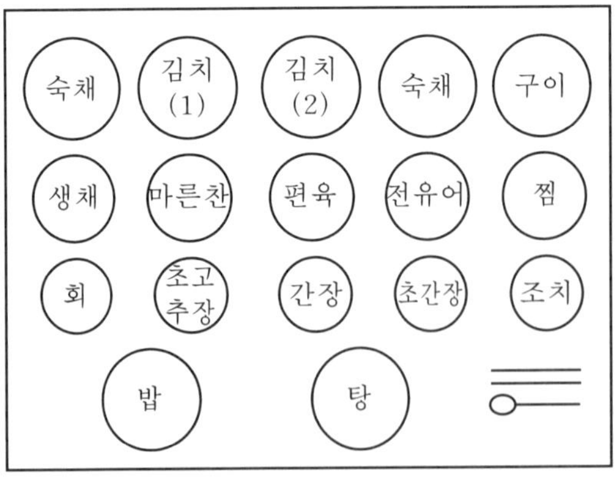


〈9첩반상〉

- 본식 – 밥, 탕, 김치, 간장, 초간장, 초고추장, 조치, 전골
- 반찬 – 9가지 : 생채, 찜, 구이2가지, 숙채, 전유어, 마른찬
- 후식 – 떡, 한과류, 과일, 차, 화채

12첩반상 차림도

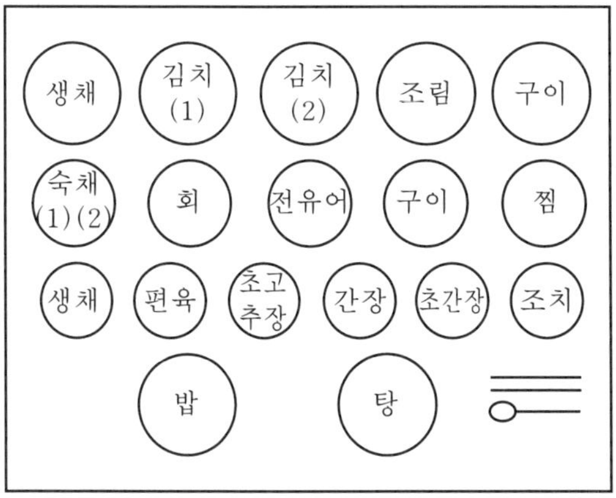


〈12첩반상〉

· 기본식 – 밥, 탕, 김차, 간장, 초간장, 초고추장, 조치, 조치
· 반찬 – 2가지 : 생채2가지, 숙채2가지, 구이2가지, 전유어
· 후식 – 떡, 한과류, 과일, 차, 화채

### (2) 주안상

주류만을 대접하기 위한 상으로 술안주가 될 수 있는 요리를 접대한다. 반상의 반찬은 술안주 요리가 안되며 술 종류에 따라 안주용 요리도 달라진다.

한식요리 중에서 양주에 잘 어울리는 요리는 몇 가지 안 되나 개선하고 연구하면 훌륭한 요리를 만들 수 있다.

예로서 Cocktail Party에 대접할 수 있는 오드블은 한식의 특성을 살린 주안상의 요리로 개선하고 발전시키면 훌륭한 오드블로 만들 수 있을 것이다.

### (3) 교자상

축하연이나 회식, 모임 등에 쓰이는 상차림이며 많은 인원이 함께 식사하는 방법으로서, 일인용으로 작은 식기에 요리를 담는 것이 아니라, 4명, 5명, 8명의 분량을 한식기에 담는다. 교자상의 차림표작성 시 주의할 점을 들어보자.

① Party이 종류에 맞는 요리를 선택한다.
② 고객의 식성과 기호에 맞도록 조리방법과 요리를 선택한다.
③ 여러 고객이 함께 식사할 수 없는 요리는 선택하지 않는다. 예로서 물김치, 탕, 초간장, 차, 화채 등 후식 종류이다.

### (4) 면상

국수 종류를 주식으로 하는 상으로 대개 연회용으로 사용한다. 온면, 냉면, 떡국 등이 주식이 되므로 마른 찬, 짠 반찬 등은 사용하지 않으며 큰 자극 없이 먹을 수 있는 요리를 준비한다.

## 4 한식요리의 종류

### 1) 주식류

#### (1) 밥

쌀만으로 지은 흰밥을 기본으로 하여 여기에 잡곡류를 섞어서 짓는 방법, 야채를 볶아서 얹거나 섞고 양념 고추장을 곁들이는 방법 등 조리법이 다양하다.

동남아의 식생활에서는 밥이 주식이 되고 있으나 양식에서의 빵과 같은 역할이 된다.

#### (2) 탕

탕은 밥의 찬으로 이용되고 있지만 외래 관광객의 기호에 맞추려면, 수프와 같은 역할을 할 수 있도록 조리 방법을 개선해야 한다. 고춧가루, 고추장, 된장 등은 소량을 사용하거나 될 수 있는 한 피하고 소금으로 조미하여 파, 마늘은 특유한 냄새가 나지 않도록 사용한다.

#### (3) 육류

소고기나 생선을 이용한 찜이나 구이요리는 주로 밥의 찬으로 사용되지만, 일품요리로 개발하여 너무 짜거나 맵지 않게 자극이 없도록 조리한다.

한국요리에서 가장 중요시하는 찜은 소고기 · 돼지고기 · 생선 등의 주재료에 여러 가지 양념과 버섯 · 밤 등을 곁들여 푹 익히는데, 주재료의 맛을 살리도록 한다.

구이 요리는 재료를 자르는 법에 주의해야 하며 노르스름하게 색을 곱게 내면서 굽는다. 재료를 양념장에 재거나 소금에 절여 숯불, 가스, 전기오븐 등에 직접 구우며 연기로 구워 훈연하기도 한다. 많은 양을 구울 때는 직접 불에 표면을 익혀 국물이 흘러나오는 것을 방지한 다음 모양을 굳혀, 오븐에서 속까지 고루 익힌다.

#### (4) 조림

육류 · 생선은 국물과 양념을 함께 넣어 익히는데 국물을 얹어가며 윤이나게 조린다.

특히 짜거나 맵지 않게 하고, 모양이 흐트러지지 않도록 주의한다. 파 · 마늘 · 실고추는 굵지 않게 깨끗이 사용한다.

(5) 전골

전골 요리는 대개 여러 가지 채소와 육류 · 생선 등을 전골냄비에 색깔을 맞춰 담고 아주 담백하게 조미한 즉석요리이다.

국물이 국처럼 많지도 않고 조림같이 아주 없는 것도 아니므로, 시간이 많이 걸려 익는 재료는 피하거나 사전에 손질하도록 한다. 또한 국물을 탁하게 하거나 자극이 심한 재료는 미리 손질하여 사용한다.

(6) 전유어

생선 · 야채 등을 물기 없이 손질하여 밀가루를 묻히고 계란을 입혀 기름에 부쳐내는 요리이다.

면실유를 조금씩 사용하여야 깨끗이 되며, 약한 불에서 부쳐야 속까지 고루 익으며 타지 않는다. 다 된 후에는 기름이 빠지도록 채반에 겹치지 않게 놓는다. 아무리 많은 양이라 해도 일단 팬에 지져낸 후에 오븐에 넣어 데우는 정도의 방법밖엔 없으므로 많은 시간을 요한다.

(7) 숙채

주로 야채류를 사용하여 기름에 볶거나 양념하여 무치는데, 주재료의 맛을 살리지도 못하며 크기 · 색깔이 깨끗하지 못하지만 가장 손쉬운 요리방법으로, 양질의 요리가 되도록 개선해야겠다.

(8) 생채

생야채를 갖은 양념으로 산뜻하게 무치는 조리이다. 서양요리의 샐러드와 같은 요리로 조미료와 식초로 맛을 돋우며, 서양요리의 생채요리보다 더욱 좋게 개선해야겠다.

(9) 산적

한국 고유의 특색 있고 볼품 있는 요리로서, 여러 가지 재료를 일정한 규격으로 썰어 양념한 후 색깔을 맞춰 꼬챙이에 가지런히 꿰어 석쇠에 굽는다. 불에 익히는 시간이 다른 재료는 살짝 데쳐 사용하며 많은 양을 다룰 때는 오븐에 굽기도 한다. 식기에 담을 때는 꼬챙이를 그대로 담거나 꼬챙이를 빼고 깨끗이 담기도 한다.

(10) 편육

소고기나 돼지고기의 큰 덩어리를 삶아내어 살이 단단해지도록 눌렀다가 얇게 써는 것이다. 많은 양을 손쉽게 조리할 수 있고 외국인의 기호에도 적합하다.

(11) 마른 찬

육류 · 생선 등의 고기를 얇게 저미거나 다져서 갖은 양념한 후, 말리거나 조려서 사용한다. 한국요리에는 밑반찬으로 사용되고 있으나 외국인 접대에는 기호를 고려하여 대접한다.

(12) 김치

한국요리의 기본 찬으로 어떤 상이든 항상 곁들인다.

배추와 무를 주재료로 하여 고춧가루와 새우젓 등을 적당히 배합하여 조리하면 외국인도 즐길 수 있는 요리의 하나가 되며, 더욱 개량하여 널리 보급시키면 맛과 영양이 풍부한 요리가 될 수 있다. 특히 계절에 따라 재료에도 변화를 주어 계절감각을 높이고, 보관 시는 온도조절에 유의하여야 한다.

(13) 후식

한국고유의 후식은 매우 환영받는 요리로서 자극이 심하지 않고 독특한 맛과 향취가 있어 신체적으로 부담을 주지 않아 더욱 호감이 가는 요리이다. 일반적으로 만드는 과정이 복잡하고, 장시간 저장할 수 없는 요리가 많지만 간편한 요리가 되도록 연구하여 널리 보급시켜야겠다.

### 2) 부식류

(1) 국

① 맑은장국: 국물이 탁하지 않게 간장이나 소금으로 간을 맞춘다. 종류로는 완자탕, 어알탕, 무맑은탕, 생선 맑은 탕 등이 있다.

② 토장국: 육수나 멸치장국에 고추장이나 된장을 풀고, 채소류와 나물류 등을 넣고 끓여 맛이 어우러지게 한다.

③ 곰국: 뼈가 있고 질긴 고기를 오랜 시간 푹 고아, 소금이나 간장으로 간을 살려 파, 후추, 고춧가루 등으로 양념한다.

※ 장국 만들기

맑은 육수를 낼 때는 고기를 덩어리째 끓는 물에 오래 삶으면 되지만 적은 양일 때는 납작하게 썰어 기름에 볶다가 물을 부어 끓인다.

멸치 장국은 냉수를 부어, 끓어오르면 3분정도 더 끓여서 받쳐서 쓴다. 오래 끓이면 오히려 맛이 없다.

(2) 나물

① 숙채: 채소를 그대로 볶던가, 삶아서 무치든가 마른 것을 불려 볶아 익힌나물을 말한다.

② 생채: 날 채소, 해초류를 그대로 초맛을 들여 산뜻하게 내는 나물을 말한다.

(3) 튀김

튀김은 고온으로 단시간에 하는 음식이므로 비타민 및 기타 영양 손실이 가장 적은 요리법이다.

① 튀김 기름의 온도를 재는데 는 200℃짜리 알코올 또는 수은 온도계를 사용한다. 과열이나 상한 기름으로 튀김을 만들면 바삭거리지가 않고 좋은 튀김이 만들어지지 않으므로 180℃의 적당한 온도에서 튀겨낸다.

② 주의사항으로는 온도가 중요하지만 튀기는 양도 중요하여 적당한 온도에서 튀김을 한 개 넣고, 다음 한 개, 다시 잠깐 쉰 후 한 개씩 넣어 순서대로 떠오르면 건져낸다. 많은 양을 한꺼번에 넣으면 기름의 온도가 내려가 튀김옷에 기름이 지적지적하게 먹어 바삭거리지 않고 수분이 많게 되므로 주의한다.

(4) 묵

① 재료에 따른 분류: 녹두, 메밀, 도토리, 율무, 감자, 옥수수, 고구마, 묵 등이 있다.

② 만들기: 녹두, 도토리, 메밀의 전 분가루에 4~5배의 물을 부어 주걱으로 자주 저으며 끓인다. 말갛게 익으면 틀에 부어 식힌다.

(5) 떡

① 만드는 방법에 따른 분류

첫째, 시루떡 : 쌀가루에 섞는 재료에 따라 무떡, 호박떡, 콩떡, 느티떡, 술떡 등
둘째, 기름에 지지는 떡 : 화전, 주악, 부꾸미
셋째, 쪄서 치는 떡 : 인절미, 절편, 개피떡
넷째, 술로 불리는 떡 : 증편
다섯째, 삶는 떡 : 경단, 단자, 송편

(6) 화채

화채는 과일 정을 설탕이나 꿀에 재우므로 맛이 알맞게 배이고 반면에 과일 정으로 부터 과일 특유의 향이 있는 증액이 흘러나와 화채 국물의 맛이 잘 어우러지게 한다.

물 1Cup에 설탕 $\frac{1}{4}$Cup정도의 기준으로 하면 과일 정에 잘 뜬다.

(7) 조과

조과란 과자류를 말하며 꿀, 엿, 설탕 등을 가루에 섞어 단맛을 내고 기름에 지지거나 꿀로 반죽하는 것을 말한다.

☞ 종류 : 강정류, 유밀과, 숙실과류, 과편, 다식류 등이 있다.

(8) 생선 구이

① 생선구이

생선을 구을 때는 강한 불에 빨리 굽는다.

비린내가 많이 나는 생선이나 기름기가 많은 생선은 10~30분전에 소금을 치고 물기를 닦은 다음 다시 한 번 소금을 뿌려 굽는다.

소금을 뿌리는 이유는 살의 탄력을 유지함과 표면을 빨리 응고시켜 맛이 좋아지게 하기 위함이다.

② 조리기

조린다는 것은 식품을 액체 속에서 가열하는 것이다.
다른 조리법에 비해 요리시간이 비교적 오래 걸리므로 영양 손실이 큰 편이다.
㉠ 조림 국물이 끓을 때 생선을 넣는다.
㉡ 알맞은 조미료 향신료를 적당히 넣는다.
㉢ 녹말을 넣으면 조림이 빨리 식지 않는다.

③ 찌기

㉠ 재료는 물이 끓을 때 넣는다.
㉡ 찜을 찔 때 찜틀 물의 분량은 찜 넣는 분량의 7~8할 가량이 적당하다.
㉢ 일반적으로 나무 그릇은 괜찮으나 금속성 그릇은 피하는 것이 좋다.
㉣ 고온가열이 필요 없을 땐 뚜껑을 비스듬히 덮어 내부 온도를 맞춰주도록 한다.

④ 생선선택법

㉠ 몸 모양을 본다. 죽을 때의 경직 현상이 남아 생선 전체가 반듯하고 힘 있게 젖혀져 있다.
㉡ 빛깔과 광택을 본다.
㉢ 눈을 본다. 파르스름하게 빛나 보인다.
㉣ 아가미: 아가미가 깨끗한 것은 선홍색이고 단단하다.
㉤ 비늘이나 껍질이 벗겨지지 않아야 한다.
㉥ 심한 비린내가 없어야 한다.

(9) 새우

몸이 투명하게 보이고 껍질이 단단한 것을 고른다

(10) 게

종류는 꽃게, 영덕게, 털게, 밤게, 참게 등이 있다.
발이 빳빳하고 무거운 것, 탄력성이 있는 것이 신선하다.

(11) 피조개

껍질 바깥쪽은 흑갈색으로 가느다란 방사 맥이 있으며 안쪽으로는 흰색을 띈다.

성수기는 겨울에서 이른 봄까지 이 산란기는 6~9월경이며, 산란 직후의 것은 맛이 없다.

(12) 전복

성수기는 여름이며 산란기는 11~12월이다.
수컷은 회 · 초무침에 적당하고, 암컷은 죽, 조림, 찜, 구이, 전 등이 좋다.
작은 것은 전복초에 많이 이용된다.

(13) 홍합

성수기는 겨울에서 봄이다.
끓는 물에 살짝 데쳐서 홍합초, 전, 볶음, 죽, 국으로 이용한다.

(14) 맛 국물내기

① 멸치 국물 만들기

깨끗이 정리한 멸치를 물에 1~2시간 담가두었다가 끓이면 좋다.
뚜껑을 덮지 않고 끓이되 끓이는 도중 위에 뜨는 기름은 거둬내고, 맑은 국물만 받아낸다.
알맞은 분량은 물 3~4 cup에 멸치 16~20마리 정도

② 다시마 국물 만들기

다시마를 젖은 헝겊으로 닦은 후 15분 정도 물에 담갔다가 물이 끓기 시작하면 다시마를 넣는다.
알맞은 분량은 물 3~4cup에 다시마 10×10㎝ 짜리 정도

## 5 한식당의 세팅 사용 집기류

### 1) 한식세팅

① Napkin ② Spoon & Chopstick Holder ③ Spoon ④ Chopstick ⑤ Leaf Tea Cup & Saucer ⑥ Ashtray⑦ Salt ⑧ Pepper ⑨ Soy Sauce ⑩ Flower Vase ⑪ Tent Card

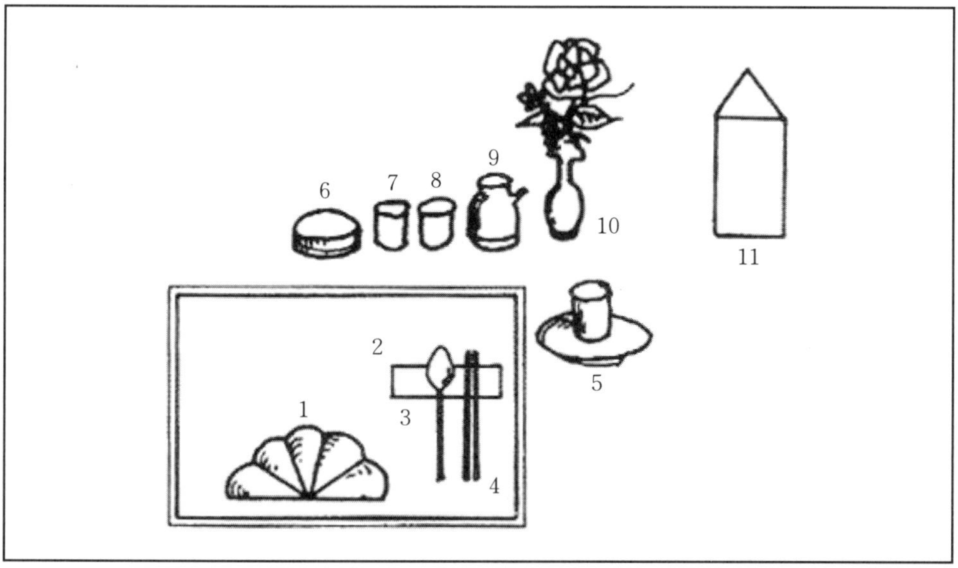


2) 사용 집기류

(1) Silver ware

① 수저(Spoon) ② 젓가락(Chopstick) ③ 작은 수저(Dessert Spoon) ④ 과일 포크 (Dessert Fork) ⑤ 수저받침(Spoon & Chopstick Holder)

(2) Chinaware

① 간장병(Soy Sauce Bottle) ② 식초병(Vinegar) ③ 꽃병(Vinegar) ④ 소금, 후추병(Salt & Pepper Shaker) ⑤ 재떨이(Ashtray) ⑥ 오차 컵 및 받침(Leaf Tea Cup & Saucer) ⑦ 정종 담는 용기 ⑧ 간장 및 고추장 종지 ⑨ 접시(Side Dish-Small Dish) ⑩ 불고기 접시 - 타원형 접시(Oval Plate) ⑪ 원형 큰 접시(Large Round Dish) ⑫ 오차 주전자(Tea Pot)

(3) Glassware

① Wine Glass ② Beer Tumbler ③ Champagne Glass ④ 6 oz. 8oz. 10oz, Glass ⑤ Cocktail Glass 3oz. ⑥ Old Fashioned Glass ⑦ Brandy Glass ⑧ Cordial Glass

### (4) Linen의 종류

① Napkin(White): 52㎝×52㎝의 흰 것을 사용 ② Doily ③ 물수건(Wash Cloth)

### (5) Center Pieces

① Flower Vase는 깨끗하게 닦고 싱싱한 꽃을 사용한다.
② Salt & Pepper Shaker Set는 $\frac{2}{3}$이상 채워서 세팅한다.
③ Ashtray는 깨끗하게 닦은 후 Shaker의 우측에 세팅한다.

## 6 한식의서비스 방법

### 1) 한식당의 서비스 방법

① 기본찬(물김치, 김치, 삼색나물, 김구이, 젓갈) 등을 오른쪽부터 순서대로 놓는다.
② 죽과 Appetizer(잣죽 또는 겨자채) 등을 낸다.
③ Appetizer를 빼고 요리를 서빙(Serving)한다.(전복초, 산적, 새우찜, 생선전, 밀쌈등) 한 접시에 놓는다.
④ 신선로를 서빙(Serving)한다.
⑤ 신선로를 뺀 후 고기류(불고기, 갈비 등)를 서빙(Serving)한다.
⑥ 고기 접시를 빼고 진지와 탕을 제공한다.
⑦ 식사 후에는 글라스만을 남겨두고 테이블 위의 모든 Dish를 깨끗이 치운다.
⑧ 후식(식혜 · 과일화채) 등을 서빙(Serving)한다.

### 2) 일반 정식 서비스방법

#### (1) 갈비구이 · 갈비찜 · 불고기 정식의 서비스 방법

① 기본찬(물김치, 김치, 삼색나물, 조림류, 젓갈) 등은 오른쪽부터 순서대로 놓는다.
② Appetizer(겨자채 또는 전유어) 등을 놓는다.
③ Main Dish(갈비구이, 갈비찜, 불고기)와 야채(상치, 쑥갓)쌈장을 곁들여 놓는다.
④ 오른쪽에는 탕, 왼쪽에는 진지를 서빙(Serving)한다.

⑤ 식사가 끝난 후 글라스만을 남겨두고 테이블 위의 Dish를 깨끗이 치운다.
⑥ 후식(식혜, 과일화채) 등을 놓는다.

### (2) 꼬리곰탕, 곰탕의 서비스 방법

① 기본찬(물김치, 김치, 삼색나물, 조림류, 젓갈) 등을 오른쪽부터 순서대로 놓는다.
② 양념간장, 고추 다대기, 소금, 파를 함께 곁들여 낸다.
③ Appetizer(겨자채 또는 전유어) 등을 놓는다.
④ Main으로 꼬리곰탕과 진지를 서빙(Serving)한다.
⑤ 식사가 끝난 후 글라스만을 남겨두고 테이블 위의 Dish를 깨끗이 치운다.
⑥ 후식(식혜, 과일화채) 등을 놓는다.

### (3) 비빔밥의 서비스 방법

① 기본찬(물김치, 김치, 삼색나물, 조림류, 젓갈) 등을 오른쪽부터 순서대로 놓는다.
② 고추장과 참기름을 곁들여 낸다.
③ Appetizer(겨자채 또는 전유어 등)를 낸다.
④ Main으로 여러 가지 나물과 고기를 담은 탕기를 서빙(Serving)한다.
⑤ 식사가 끝난 후 글라스만을 남겨두고 테이블 위의 모든 Dish를 깨끗이 치운다.
⑥ 후식(식혜, 과일화채 등)을 서빙(Serving)한다.

### (4) 냉면 정식의 서비스방법

① 기본찬(냉면김치, 물김치)을 서빙(Serving)한다.
② 양념 세트(겨자, 설탕, 다진 마늘, 고추 다대기, 식초, 참기름)등을 낸다.
③ 물냉면에서 시원한 육수, 비빔냉면에는 뜨거운 육수를 제공한다.
④ 갈비1대분을 서빙(Serving)하는 방법
⑤ Main으로 냉면을 서빙(Serving)한다.
⑥ 식사가 끝난 후 글라스만을 남겨두고 테이블 위의 모든 Dish를 깨끗이 치운다.
⑦ 후식(식혜, 과일화채)등을 서빙(Serving)한다.

## 2절 중국식 식당

### 1 중국요리의 특징

중국요리는 중국대륙에서 발달한 요리의 총칭으로 일명(一名) 청요리(淸料理)라고도 한다. 중국은 오랜 세월을 두고 넓은 영토와 영해에서 다양한 생산물과 풍부한 해산물을 얻을 수 있었으며, 이처럼 다양하고 좋은 재료를 이용한요리는 불로장수를 목표로 하여 오랜 기간의 경험을 토대로 꾸준히 다듬고 연구 개발되어 현재는 세계적인 요리로까지 발전하게 되었다. 다시 말하면 폭넓은 재료의 이용, 맛의 다양성, 풍부한 영양, 손쉽고 합리적인 조리법, 풍성한 외양 등이 중국요리를 세계적인 요리로 만들었다. 한나라의 요리는 그 나라의 역사와 전통, 기후, 풍토의 소산인 동시에 국민 슬기의 총화라 한다면 중국요리가 오늘날 세계적인 요리로 발전하게 된 것도 우연일수 없는 것이다.

일찍이 동양문화를 이룩해낸 중국인의 슬기가 광대한 영토에서 산출되는 다종다양한 산물을 바탕으로 하여 수천 년 역사 속에서 문화의 한 분야로 꾸준히 다듬고 가꾸어 온 결과라 할 수 있다. 또한 넓은 영토를 지녀온 중국은 지역적으로 풍토, 기후, 산물, 습관이 다른 만큼 지방색이 두드러진 요리를 각각 특징 있고 독특한 맛을 낼 수 있는 요리로 발전시켰다. 이처럼 독특한 개성을 지니고 발전해 온 각 지방의 요리는 옛 부터 빈번하게 있어온 민족 간의 이동과 더불어 상호교류와 보완을 통해서 오늘의 중국요리로 발전된 것이다. 중국요리를 지역별로 크게 분류하면 북경요리, 광동요리, 사천요리, 남경요리 등이 있다.

### 2 중국요리의 지역적 분류

#### 1) 북경요리(北京料理)

일명 징차이(京菜)라고 한다. 북경요리는 청조의 궁중 요리가 기본이 되며 북경은 그 옛날 요(遼)가 송(宋)을 정복하여 현재의 북경이라는 도시의 역사가 시작되었고 요는 다시 금(金)에게 멸망당하여 금은 북경을 연경(燕京)이라 불렀다. 연경은 원(元)에 정복당하여 대도(大都)로 불렸고 이러한 싸움의 역사 속에서 북경은 생겨났다. 청조에 이르러서는 번창한 수도로서 꽃을 피웠다. 북방인 만큼 연료로서 루매이(燃燒)라는 화력이 강한 석탄(石炭)을 사용하기 때문에 튀김 요리나 볶음 요리 등 농후한 요리가 발달되었다. 특히, 밀의 생산이 많아서 면류(麵類) 빵 등의 종류가 있다. 빵에는 계절의 꽃향기를 넣은 풍미가 있는 것도 있다.

### 2) 남경요리(南京料理)

중부 중국의 대표적인 요리로 난징(南京), 상하이(上海), 쑤조우(蘇州), 양조우(楊州) 등지의 요리를 총칭한다.

중국내륙의 젖줄인 양쯔강(楊子江)하구에는 오랜 옛날부터 난징(南京)을 중심으로 풍부한 해산물과 미곡을 바탕으로 한 식생활이 발달하였다. 그러나 19세기부터 밀어닥치기 시작한 서유럽의 대륙 잠식은 상하이(上海)에 조계(租界)를 다투어 설치하기에 이르렀고, 이러한 외세의 입김으로 결국 상하이(上海)는 중국 중부의 중심지가 되었다. 이 남경요리 중 구미 풍으로 국제적인 발전을 이룩한 것을 상하이 요리(上海料理)라 한다. 상하이(上海)는 따뜻한 기후와 풍부한 농산물 등 갖가지 해산물의 집산지로서 다양한 요리를 낳게 했고 특히 이 지방의 특산물인 장유(醬油)를 써서 만드는 요리는 독특한 바 있다. 상하이 요리는 간장이나 설탕으로 달콤하게 맛을 내며 기름기가 많고 진한 것이 특징이기도 하다. 돼지고기에 진간장을 써서 만드는 홍사오로우(紅燒肉)가 유명하고 한 마리의 생선을 가지고 머리에서 꼬리까지 요리하는 조리법과 양념을 달리해서 맛을 내는 생선요리도 일품이다. 바다가재로 만드는 푸룽침세, 두부로 만드는 스진사궈두부와 꽃모양의 빵인 화권(火卷)등으로 유명하다. 특히 바다가 가깝기 때문에 해산물은 많이 쓰고 간장과 설탕을 많이 써서 맛을 내며 선명한 색채를 낸 화려한 음식이 많다. 남경요리를 구미풍(歐美風)으로 하여 국제적으로 한 것을 상해 요리라고 한다.

### 3) 광동요리(廣東料理)

남부 중국의 요리를 대표하는 광동요리는 광저우(廣州)요리를 중심으로 복건(福建)요리, 조주(潮州)요리, 동강(東江)요리 등 지방요리 전체를 일컫는다. 광동요리를 흔히 난차이(南茶)라고 하는데 공조우(廣州)는 외국과의 교류가 빈번하여 16세기부터는 스페인, 포르투갈의 선교사와 상인들이 많이 왕래하였기 때문에 특이한 요리에다가 국제적인 요리관이 정착되어 독특한 특성을 이룩했고 사람들은 일찍부터 이 매력 있는 식생활의 고장을 일러 식재광주(食在廣州)라고 칭찬했던 것이다. 남쪽의 더운 지방인 광조우(廣州)의 요리는 재료가 가지고 있는 자연의 맛을 잘 살려내는 담백한 것이 특징인데 서유럽 요리의 영향을 받아 쇠고기, 서양채소, 토마토케첩, 우스타 소스 등 서양요리의 재료와 조미료를 받아들인 요리도 있다. 이러한 재료는 전통요리의 맛에 변화를 가져온 것이 사실이었고 그것을 소화하고 중국화 하는 데에 능한 그들은 서유럽 풍이 섞인 다채로운 맛의 연회 요리로 까지 발전시켰다.

대표적인 광동요리는 호유자채(壕油自菜) 고노육(古魯肉) 호유우육(壕油牛肉) 등이 있고 특수한 것도 뱀 요리, 개요리 등도 있다.

### 4) 사천요리(四川料理)

중국서쪽 서방 양쯔강 상류의 산악지대 요리를 대표하는 사천요리는 운남(雲南), 귀주(貴州) 지방요리까지를 총칭한다. 사천(四川)지방은 바다가 멀고 더위와 추위가 심한 지방으로서 옛 부터 악천후를 이겨내기 위해 향신료를 많이 쓴 요리가 발달해 왔기 때문에 매운 요리와 마늘, 파, 고추를 사용하는 요리가 많다. 또한 외지이기 때문에 소금절임 등의 보존식품이 발달하여 채소를 이용한 자차이 같은 특산물을 낳기도 했으며 산악지대에서 나오는 암염(巖鹽)은 소금절이 밑받침이 되었고 신맛과 매운맛 톡쏘는 맛과 향기가 기본을 이루었다. 두부와 다진 고기를 이용한 마또두우훠, 회교도(回敎徒)들의 양고기 요리인 양로우뀌쯔, 새우고추장 볶음인 깐사오밍샤 등이 유명하다. 사천요리는 일명 추안차이(川菜)라고도 한다. 대표적인 사천요리는(소금에 절인 중국식김치) 등이 있다.

#### (1) 일반적 특징

① 재료선택이 자유롭고 광범위하다.

일반적인 식료품 거의 모두가 재료로 이용되고 있을 뿐 아니라 제비집이나 상어지느러미 같은 특수식품도 일품요리의 재료로 이용되고 있을 만큼 종류가 다양하고 광범위하다.

② 맛이 다양하고 광범위하다.

오미(五未)를 복잡 미묘하게 배합하여 창출해 내는 맛의 다양성은 세계적으로도 유명하다. 오미(五未) 즉 단맛(甘味), 짠맛, 신맛, 매운맛(辛味), 쓴맛(若未)의 배합이되어 조미를 이루어 백미향(百味香)이라고도 한다. “오미조미백미향”이라는 말이 나왔다.

③ 조리 기구는 간단하고 사용이 용이하다.

다양한 조리 종류에 비해 조리 기구는 가지 수가 적고 사용법도 간단하다.

훠궈(火鍋: 중국남비), 사궈(砂鍋: 볶음, 튀김냄비), 도우사오(漏勺: 그물조리) 정룽외에 식칼, 뒤지개, 국자 등이 조리기구의 전부라 할 만큼 기구가 간단하다.

④ 조리법이 다양하다.

기구는 간단하지만 조리법은 아주 다양하다.

⑤ 기름을 합리적으로 많이 사용한다.

중국요리는 대부분 기름에 튀기거나, 조리거나, 볶거나, 지진 것이다. 기름이 많이 사용되며 적은 재료로 많은 칼로리를 얻을 수 있어 합리적이다. 중국요리를 요리할 때의 기름 온도는 저온 80~120℃ 중온 120~160℃ 고온 160~200℃로 하고 있다.

⑥ 조미료와 향신료의 종류가 다양하다.

중국요리의 풍부한 맛은 많은 종류의 조미료와 향신료를 적절히 이용하기 때문이라 하겠다.

⑦ 외양이 풍요롭고 화려하다.

중국요리에는 몇 인분이라는 말이 없다. 한 그릇에다재료 전부를 담아내어 덜어서 먹는다. 그러나 사람 수에 의해 요리의 양과 가지 수를 조절하는 것이 원리이다.

## 3 중국요리의 종류

### 1) 정탁요리(定卓料理)

① 일명 상(床)요리라고도 불리며 정식 코스 메뉴로서 차림표에 의하여 서빙(Serving) 된다.

② 정탁요리는 가격에 의하여 메뉴가 작성되며 5~10인분을 기준으로 하고 있다.한편

고객의 기호에 따라 정탁 메뉴가 짜여 질 때는 사전예약에 따라 더욱 신선한 재료가 구입되어 진다.

### 2) 일품요리(一品料理)

일품요리는 정탁 요리처럼 순서에 따라 먹는 것이 아니고, 식성과 양을 자유로이 선택해서 먹을 수 있는 요리이며 다음과 같은 종류가 있다.

① 냉채류 ② 제비집과 상어지느러미류 ③ 해삼, 전복, 새우류 ④ 오리고기, 닭고기류 ⑤ 쇠고기, 돼지고기류 ⑥ 야채, 두부, 잡품류 ⑦ 수프류 ⑧ 식사, 면류 ⑨ 감채류

### 3) 특선요리(特選料理)

특선요리의 특성에 따라 특별히 구성되는 차림표이며, 고객의 특별한 주문에 의하여 만들어지는 요리이다. 이 특선 요리는 일반적으로 3일전에 별도로 주문하여야 한다.

① 곰발바닥 ② 사슴 요리찜 ③ 자라 요리

### 4) 메뉴설명

#### (1) 냉반(冷盤)

① 보통 2가지 이상의 재료를 사용하여 만드는 것을 냉반(冷盤)이라 한다. 본 요리를 더욱 맛있게 먹을 수 있도록 하기 위해서, 고객에게 가장 먼저 제공되며, 이때 모양과 맛에 조화가 있어야 하고 고객의 식욕을 돋울 수 있도록 조리되어야 한다.

② 새(鳥), 용(龍), 산수(山水) 모양의 여러 종류가 있으며 냉반(冷盤)류의 재료로는 전복, 새우, 해파리, 쇠고기, 오리알, 오리고기… 등이 있다.

#### (2) 제비집(燕窩)

① 제비집은 보루네오 북해안과 수마트라 서해안, 자바 남북해안에서 서식하고 있는 제비의 둥지를 수집해서 말린 것을 말하며, 제비집의 주성분은 해초, 성질과 같으며, 바다제비는 해초를 물어다 타액을 발라 둥지를 튼 것이다.

② 제비는 뱀이나 맹조류(猛鳥類)의 침해를 피하기 위해 높은 절벽에다 둥지를 틀기

때문에 제비집을 채취하는 데는 많은 어려움이 있고, 가격도 매우 높아 중국에서는 금과 동일하게 취급될 정도로, 중국의 일류 식당에서도 제비집류가 식단(食單)에 오르면 최고의 요리라 한다.

③ 제비집은 그 자체에 맛이 있는 것이 아니고, 조리할 때 사용하는 육수와 조미료에 의하여 맛이 좌우되며, 품질에 따라 4가지 등급으로 나뉜다.

ⓐ 관연(官燕): 색이 희고 이물질이 전혀 섞이지 않은 것이 최고품이며, 모양에 따라 용아(龍牙), 연찬(燕纂)이라고도 불린다.

ⓑ 모연(毛燕): 일명 회연(灰燕)이라고 하며, 회색빛을 띄고 제비털과 이물질이 섞인 중급 품이다.

ⓒ 연사(燕絲): 형태가 흐트러지고 이물질이 많이 섞인 하급 품이다.

ⓓ 전 사연(全絲燕): 셀레베스, 자바 지방에서 채취되고 있으나, 근래에는 홍콩에서 이러한 제비둥지를 모아 건조시킨 후 정제하여 수출하고 있다.

### (3) 상어지느러미(魚翅)

상어지느러미를 말린 것으로 중국 요리가운데서 매우 소중하게 여겨지는 요리의 하나이다. 주요산지로는 아프리카, 인도, 일본 등이 손꼽히며 산지에 따라 각각 특색이 있고 종류도 매우 많다. 최고의 상품은 아프리카 산(産)으로 보통 것보다 지느러미가 매끄럽고 부드러울 뿐 아니라 굵어서 값진 것으로 꼽힌다. 형태와 부위는 다음과 같다.

① 형태(形態)

ⓐ 취만론(全翅)
지느러미를 원형상태로 말린 것

ⓑ 싼츠(散翅)
껍질을 벗기고 지느러미의 섬유질을 찢어 말린 것

② 부위(部位)

ⓐ 뻬이츠(排翅: 등심)
최고급품으로 맛이 가장 좋은 부위이다.

ⓑ 우이치(尾翅: 꼬리)
이 등품에 속하는 것으로 사용할 수 있는 부분이 많다.

ⓒ 숭치츠(胸翅: 가슴)

품질이 좋지 않으며 형태가 흐트러져 있다.

(4) 해삼(海蔘)

일명 진하이수라고 하며 영양가가 높아 바다의 인삼이라고도 불린다. 빛깔이 검고 흠이 없이 가시가 고루 퍼진 것을 상품으로 친다.

(5) 건패(乾貝)

패주(조개기둥)를 말린 것이다.

(6) 대해미(大海米)

껍질을 벗겨서 말린 새우를 말하는데 샤깐(蝦乾)또는 하이미(蝦米)라고도 한다.

(7) 하자(蝦子)

새우의 알을 말린 것을 말한다.

(8) 망유(網油)

돼지의 내장을 둘러싸고 있는 그물망 기름을 말한다.

(9) 건포(乾鮑)

전복을 말린 것인데 표면에 흰 가루가 솟아난 것을 상품으로 친다.

(10) 해철피(海哲皮)

해파리를 소금과 백반에 절인 것이다.

(11) 하병(蝦餠)

으깬 새우의 살을 쌀가루와 섞어 막대기 모양으로 만들어서 찐 다음 얄팍하게 썰어 말린 것으로 기름에 튀겨 먹는다.

## ④ 중국식당 테이블 세팅

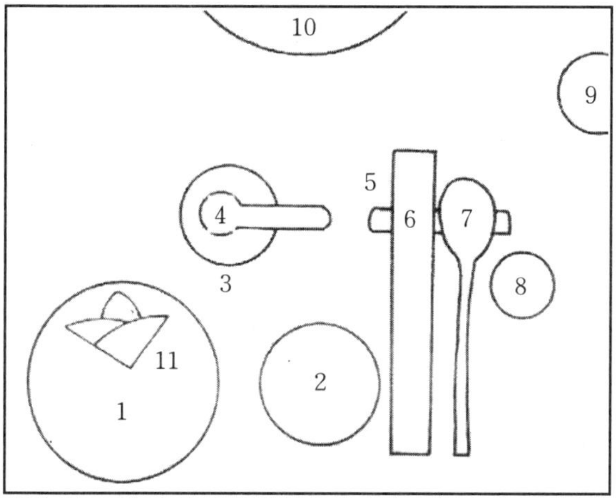


① Bone Dish ② Condiment Dish ③ Soup Spoon Underliner ④ Soup Spoon ⑤ Chopstick Holder ⑥ Chopstick ⑦ Serving Spoon ⑧ Tea Cup ⑨ Ashtray ⑩ Sauce Bottle ⑪ Napkin

## ⑤ 중식당의 영업 준비(MISE-EN-PLACE)시 유의사항

### 1) 테이블 준비

① 수평을 유지하고 흔들리지 않아야 한다.
② 언더크로스(Under Cloth)에 주름 및 오물을 제거하고 녹슬지 않았나 확인한다.
③ 테이블 다리에 먼지나 오점을 제거하고 녹슬지 않았나 확인한다.
④ 테이블 위에 남아있는 오물이 없나 점검한다.
⑤ 테이블 크로스를 사방이 똑같게 펴서 깔은 후 세팅을 한다.

### 2) 의자준비

① 먼지를 제거하다.

② 흔들림이 없나 확인한다.

③ 파손품이나 흔들리는 것은 교체한다.

④ 의자의 먼지 제거 시는 반드시 지정된 천을 사용한다.

⑤ 의자는 세팅의 중심에 맞추어 배치한다.

⑥ 의자의 먼지 및 최종점검을 다시 한다. (세팅 후)

### 3) 테이블세팅의 준비

① 젓가락(Chopstick)

② 젓가락 홀더(Chopstick Holder)

③ 차 컵(Tea Cup)

④ Tea Cup Underliner

⑤ 재떨이(Ashtray)

⑥ 소금, 후츠(Salt & Pepper)

⑦ 간장 소스 병(Soy Sauce Bottle)

⑧ 이쑤시게(Toothpick)

⑨ 이쑤시게 통(Toothpick Holder)

⑩ 꽃병

⑪ 소스용 양념 접시(Condiment Dish)

⑫ 냅킨 등을 준비하여 깨끗한 상태에서 세팅에 임한다.

### 4) Side Table 준비(Station 준비요령)

① 린넨류

② 글라스류

③ Condiment Dish

④ 젓가락(Chopstick)

⑤ 젓가락 받침(Chopstick Holder)

⑥ 차컵(Tea Cup)

⑦ 소모품 및 소스

⑧ 서비스트레이(Service Tray)

⑨ 커피포트(Tea Pot)

⑩ 서비스 타올(Service Towel) 등을 보관하며 고객에게 즉시 서빙(Serving)할 수 있도록 편리한 위치에 보관한다.

⑪ 고객서비스 스푼(Guest Serving Spoon)

⑫ Fork & Knife도 준비한다. 외국인들이 젓가락질을 못할 때 Fork와 Knife를 요청하면 제공해야 한다.

### 5) 중식당 주문받는 방법

지배인 및 안내원(Greetress)가 식당입구에서 고객의 예약사항을 확인 후 테이블까지 영접하고 고객이 업장을 찾아 준 것에 대한 고마움을 표시하고 편안하고 즐거운 식사가 되도록 최선의 노력을 다한다.

#### (1) 주문 받는 방법

① 중국요리는 1인분의 주문 방법이 아니고 접시의 양에 따라 보통 대 · 중 · 소로 나누어 분류한다.
대: 7~8 인분, 중: 4~5 인분, 소: 2~3 인분 이것은 고객 수에 알 맞는 분량을 만들어 요리가 남지 않게 하기 위한 것이다.

② 조리법이 같은 요리는 중복되지 않도록 유념하여 주문 받도록 한다.
닭튀김(炸子鷄球)과 쇠고기 튀김(炸牛肉), 팔보채(八寶菜)와 전가복(全家福) 이것은 중국요리 주문법의 정수라고도 한다.

③ 술을 즐기는 고객에게는 튀김 요리(炸), 구운 요리(燒), 절임 요리 등을 추천하도록 한다.

④ 요리의 주문을 받는 시간이 지체되어야 할 경우 우선 전채(前菜)의 주문만을 받아 먼저 주방에 주문서를 제시하고 다음 요리의 주문을 받도록 하며, 손님에게 충분한 시간을 주도록 한다.

⑤ 고객이 주문을 망설일 경우 특별요리 또는 고객의 기호를 여쭤 본 후 그에 알 맞는 요리를 추천하도록 한다.

⑥ 시간을 요하는 고객에게는 조리시간이 짧은 볶음요리를 추천하도록 한다.

⑦ 탕류, 찜류 등 시간이 오래 걸리는 요리는 사전에 고객에게 알려야 하며, 조리시간이 오래 걸리는 요리를 한꺼번에 많이 주문 받지 않도록 하여야 한다.

⑧ 요리의 양이 고객 수에 비하여 너무 많지 않도록 주의해야 한다. 외국인의 경우는 양식과 같이 생각하고 있는 경우가 있으므로 많은 양의 요리를 주문할 때는 고객에게 미리 말씀을 드린다. "고객 수에 비하여 요리의 양이 많은 것 같습니다. 괜찮으시겠습니까?"라고 확인시켜 주문을 받도록 한다.

⑨ 술 다음의 식사를 주문 받을 때는 기름진 것을 피하고 산뜻한 죽 종류나 면(麵)종류 등을 권하는 방법이 서비스의 기술이라고 할 수 있다.

### (2) 중국요리 서비스방법

#### ① 서비스형식

ⓐ Russian Service(Platter Service)

ⓑ American Service(Plate Service)

ⓒ French Service(Gueridon Service)

ⓓ 기타 서비스 … Family Style Service, Buffet Service(Self Service), Tray Service.

위와 같은 방법이 있으나 중국음식은 주로 테이블 위에 Lazy Suzan 위에 음식을 올려놓고 돌려가면서 덜어 먹는 것이 중국본래의 방법이나 요즈음은 서비스 방법의 장점을 살려서 주로 Russian Service 형태의 식당들이 많아지고 있다.

#### ② 냉채요리 서비스 방법

Host에게 요리를 보여드리고 고객 먼저 서빙하고 난 후 Host에게 서빙(Serving)한다. 서빙(Serving) 하고 남은 음식은 반드시 Label 위의 Lazy Suzan에 놓아드려야 한다. 새로운 요리를 서빙(Serving)할 때에는 반드시 사용했던 접시를 새것으로 교환해야 한다.(Bone Dish 교환)

#### ③ 수프 서비스 방법

Soup Bowl을 먼저 세팅하고 난 후 수프를 담는 그릇을 이용하여 수프를 서빙(Serving) 한다.

"덜어드릴까요"하고 여쭈어 본 뒤 국자를 사용해서 덜어 들인다. 서빙(Serving)방법은 냉채와 같은 순서로 시계 방향으로 돌아가며 서비스한다. 이때 고객의 옷에 흘리지 않도록 각별히 주의하여야 한다.

④ 요리 서비스 방법

테이블 위에나 Lazy Suzan 위에서 서빙(Serving)하는 것을 원칙으로 하나 테이블이 좁거나 특별한 상황이라면 보조테이블을 이용하여도 된다.

⑤ 생선요리 서비스 방법

머리 부분이 왼쪽, 배 부분이 고객을 향하도록 해서 서빙(Serving)한다. 회전판에 올려놓았을 때에는 한 바퀴를 돌려 고객에게 보여 드린 다음 서빙(Serving)한다.

⑥ 맑은 수프(湯) 서비스방법

탕의 서비스 차례는 식사 바로 전에 나가는 것을 중식에서는 원칙으로 하나 외국 고객에게는 반드시 "먼저 서비스할까요. 나중에 서비스할까요." 라고 여쭈어 본다.

⑦ 차 서비스 방법

차는 식전이나 식사도중에 서빙(Serving)을 하나 차가 식어 보일 때에는 수시로 뜨거운 차로 바꿔드린다.

⑧ 기타

요리를 서빙(Serving)할 때에는 필요이외의 언어는 하지 않도록 한다. 서빙(Serving) 도중에 고객이 질문을 하거나 부탁을 할 경우 손에 들고 있던 요리는 보조테이블에 놓거나 또는 "잠깐 기다려 주십시오."라고 한 두 요리를 서빙(Serving)하고 신속히 돌아와 고객에게 답변하도록 하며 요리에 침이 튀지 않도록 각별한 주의를 하도록 한다.

### (3) 중국요리의 서비스순서

① 냉채(Cold Dishes) ② 수프(Soup) ③ 해물류(Sea Food) ④ 새우류(Prawn) ⑤ 생선류(Fish) ⑥ 닭고기류 혹은 오리(Chicken, Cuck) ⑦ 돼지고기류(Pork) ⑧ 쇠고기류(Beef) ⑨ 야채류(Vegetable) ⑩ 탕류(Soup) ⑪ 식사(Meal) ⑫ 후식(Dessert) 위와 같은 순서로 서비스한다.

### 6) 중국술

중국술은 4000년 역사를 가지고 있으며 술을 좋아하는 사람들이 남, 여를 막론하고 많이 있을 뿐만이 아니라, 특히 중국 사람들은 많은 술을 마시는 것으로 알려져 있다. 그러나 술 마시는 관습이 잘 정립되어 있어 술주정을 하거나 기타 술로 인해서 사회질서를 어지럽히는 일은 많지 않다. 중국에서는 쌀, 보리, 수수 등의 곡물을 원료로 해서 그 지방의 기후와 풍토에 따라 만드는 법도 각기 다르며 같은 원료로 하여 만드는 술도 그 나름대로의 독특한 맛을 지니고 있다. 북방지역은 추운 지방이라 일반적으로 독한 술을 즐겨왔고 기후가 온화한 남방지방은 쌀을 주원료로 한 양조주를 즐겨 마시고 있다.

#### (1) 중국의 8대 명주

① 마오타이주(芽台酒) ② 렁주(冷酒) ③ 로주(老酒) ④ 고량주(高粱酒) ⑤ 오가피주(五加皮酒) ⑥ 매이퀴루주(玫塊露酒) ⑦ 인삼주(人蔘酒) ⑧ 소흥주(紹興酒)

#### (2) 종류

가) 증류주(蒸溜酒)

① 빠에주(白酒)

곡류를 원료로 하며 지방에 따라 조주법도 다르고 같은 원료로 만든 술도 나름대로의 독특한 맛을 지닌다.

빠에주(白酒)는 풍부한 쌀, 소맥, 콩류, 옥수수 등의 곡류를 원료로 하는데 덩어리진 모양의 밀이나 보리 등에 자연번식 된 누룩을 이용해서 발효시켜 다시 증류한 술이다. 주정(6%)이다.

② 마오타이주(芽台酒)

고량(高粱)을 원료로 하고 순수 보리누룩 발효 9번 정도 증류해서 독에 넣어 밀봉하여 최저 3年동안 숙성시킨다.

중국 8대 명주 중에서도 일품으로 알려져 있고 다른 종류의 백주와 비교해 보아도 독특한 풍미를 지닌 이것은 육류요리에도 매우 좋고 숙취도 없다. 산지는 귀주성 모래현이고 닉슨 전 대통령과 모택동이 국교정상화를 위해 건배했던 술로도 유명해져 있다.

주정은 약 53%~55%로 무색투명하다.

③ 렁주(冷酒)

1000년의 역사를 가지고 있는 중국8대 명주이다. 고량(高粱)을 원료로 하며 주정은 65%로 높고, 마시고 난 후의 기분은 상쾌하며 숙취가 없는 것은 마오타이와 공통점이다. 이 술은 산주성(山酒省) 지방에서 생산되고 있다. 이 술은 Sherry Glass로 마시는 것이 좋고 칵테일 재료로서 Gin처럼 사용할 수가 있다.

④ 랑초안 빠에 지이우(凌川白酒)

대연시 지방에서 만들어지고 있는 링초안 빠에 지이우는 예로부터 류마치스 예방효과에 있어 중국에서 유명하다. 해산물의 요리에 특히 좋으며, 게, 해삼, 상어 지느러미 등의 요리에는 반드시 링초안 빠에 지이우를 곁들인다고 한다. 소량의 술을 알맞게 데워서 마시고 오랜 시간에 걸쳐서 천천히 마시는 술이다.(주정 55%)

⑤ 고량주(高粱酒)

중국의 증류주는 원료의 종류가 많으나 수수를 사용하여 양조한 것이 고량주이다. 이것은 전통적인 양조법으로 만들어지고 다른 나라에서 모방을 하지 못할 정도로 독자성을 지니고 있다. 누룩재료는 대맥, 작은 콩, 때에 따라 소맥, 메밀, 검은콩 등으로 대단히 폭이 넓고 증류과정의 숙성도 흙으로 만드는 독을 사용한다. 재료의 독특한 맛과 흙에서 생기는 예부터 전통적인 조주법과 천진특유의 도기 속에서 숙성하는 세 가지의 방법이 이 술의 참 맛을 더해준다.

지방성이 높은 중국요리에 없어서는 안 되는 술이며 술이 강한 사람들에게 더욱 알 맞는 술이다. 색깔이 없으며 맛도 독특하며 강한 냄새가 나며, 천진 지방의 고량주가 유명하다.

나) 양조주

① 라오주(老酒)

"로주"라고도 함. 중국에서 생산되는 주류중 빠에주에이어 제 2위를 차지하는 것이 로주(老酒)이다.

주원료는 대미, 찹쌀, 옥수수가루 등이다. 대채(大菜)를 원료로 하여 만드는 것이 대미로주(大米老酒), 찹쌀을 원료로 하는 것을 누미로주, 옥수수 가루를 원료로 하는 것을 첨미로주(尖未老酒)라고 한다. 노주 조주는 수질(水質)이 좋아야 하기 때문에 수질(水質)은 술의 품질과도 밀접한 관계를 맺고 있다. 중국에서는 각종 노주를 요리에 맞도록 선택하여 식사와 곁들인다.

② 소흥가반주(紹興加飯酒)

중국 굴지의 산지인 절강성(折江省), 소흥현(紹興縣)의 지명에 따라서 명명된 것으로 중국의 8대 명주의 하나로 들고 있다. 주 정도는 14~16%로서 황색 또는 암홍색의 황주(黃酒)로 4,000年 역사를 가지고 있어 중국에서 가장 오래된 술이라 한다. 이 술은 오래된 것일수록 향기가 난다고 한다. 주원료는 찹쌀에 특수한 누룩을 사용하는데 각각 술을 만드는 사람이 독자적인 비법을 가지고 있다. 누룩 이외 신 것, 감초, 귤껍질을 넣는다.

다) 혼성주

① 오가피주(五加皮酒)

알콜 53%의 자색~빨간색이나며 하북성(河北省), 천진(天津)에서 생산되고 있다. 고량주에 목향과 오가피등 10종류의 한방약을 침전법으로 걸러서 얼음사탕(사각)으로 맛을 낸다. 광택은 루비 색깔이 난다. 신경통, 류마티스, 간장강화에 약효가 있다. 한편 불로 장수의 술로 유명하다.

② 메이귀이루주(玫瑰露酒)

고량(高粱)주를 증류하여 그 증기를 이용하며 태양이 뜨기 전에 따낸 장미 잎의 향을 흡수시켜 만든 장미향의 풍미를 즐길 수 있는 신기한 명주이다. 무색 투명의 술로 화북성과 천진이 주산지이다. 주정은 48~50%

라) 기타

① 대국주(大菊酒)

향수와 같은 강렬한 향을 맡기만 해도 도연해지는 세계적인 명주이다. 사천(四川)성을 발상지로 하는 고급 고량주이다.

② 죽엽청주(竹葉淸酒)

대나무잎과 각종 초금목피(草根木皮: 풀뿌리와 나무껍질)를 대국주에 침투시켜 만든 최고급 스테미너주이며, 이 술은 오래된 것일수록 향기가 난다고 한다.

## 7) 중국차

중국의 고지(高地)에서 많이 생산되고 애음(愛飮)되는 차이다. 일상생활에서 차를 음용하는 관습은 중국에서부터 시작되었고 그 종류도 많아 녹차(綠茶) 홍차(紅茶), 우롱차(烏龍茶), 화학차(花香茶) 등이 있다.

마시는 방법으로는 전차(前茶 : 조리다), 중차(仲茶 : 화하다), 파오차(泡茶 : 거품나다). 옌차(流茶 : 우리다), 모차(沫茶 : 가루차), 찌유차, 나이차(好茶 : 우유를 타다) 등의 방법으로 마시고 또 찻잔에 직접 찻잎을 넣고 열탕을 부어 뚜껑을 덮은 후 얼마동안 두었다 마시는 것도 있다.

(1) 역사

중국차의 음용은 신농씨(神農氏)때부터 시작되어 5000년의 역사를 가졌으며 현재도 꽝뚱어 "차" 푸젠어의 "테"가 세계적으로 "차"란 말로 불리고 있다.

근래에 이르기까지 중국차는 세계에서 가장 질이 좋은 차의 하나였으나 최근에 인도, 스리랑카의 홍차에 그 명성을 빼앗기고 있다가 현재 다시 복용되고 있으며 특히 광둥의 잉떠 홍차(英德紅茶)는 좋은 평가를 받고 있다.

중국차가 일반화되어 세계로 널리 퍼지게 된 것이, 명(明) 나라가 멸망하면서 사라졌다. 또 중국에서는 수십 년 묵은 차에 여러 가지 한약을 넣어 민간약으로 사용하기도 한다. 이렇듯 중국차는 약차(藥茶)로 마시기 시작해서 점차로 기호차가 되었다.

(2) 중국차 종류

① 홍차(紅茶)

발효차의 대표적 품종으로 찻잎을 시들게 해서 발효시켜, 비비고, 볶고, 체로 치는 순으로 작업하여 만든다. 포젠의 궁푸홍차(工夫紅茶)와 안후미의 셰먼홍차(邪門紅茶)는 향기 때문에 특히 영국에서 호평 받고 있다.

② 녹차(錄茶)

발효시키지 않는 찻잎을 사용해서 만든 것으로 중국과 인도에서 처음으로 생산 이용되었다. 그 후 일본, 실론, 자바, 수마트라 등의 아시아 각 지역으로 전래되었으며 오늘날에는 중국에 이어 일본이 녹차의 으뜸가는 생산국으로 등장하고 있다. 새로 돋은 가지에서 딴 어린잎을 차(茶) 제조용으로 사용하며 대개 5월 7월 8월의 세 차례 걸쳐 잎을 따는데 5월에 딴 것이 가장 좋은 차가 된다. 이 차나무는 상 녹수로 비교적 따뜻하고 강우량이 많은 지역에서 잘 자란다. 녹차를 제조하려면 딴 잎을 즉시 가열하여 산화효소를 파괴시켜 녹색을 그대로 유지하는 동시에 수분을 증발시켜 잎을 부드럽게 하여 좋은 상태로 만든다.(예전에는 가마솥에서 직접 잎을 부드럽게 하여 직접 잎을 손으로 비벼 둥글게 말았다) 그 후 가열을 계속하여 수분을 거의 제거하여 어느 정도 바삭바삭하게 만든다.

근래에 와서는 증열기, 조유기, 위염기, 재건기, 정유기, 건조기 등을 사용하여 차를 제조하고 있다. 대표적인 녹차는 룽징차(龍井茶)인데 그중에서도 핑수이주치진메이차는 외국인이 즐겨 마신다.

③ 우롱차

녹차와 홍차의 중간적인 성질을 가진 반 발효차로서 원래는 중국에서 만들어졌으나 1890년경부터 타이완에서 생산하게 되었다. 빛깔은 까마귀처럼 검고 모양은 용(龍)처럼 휘어졌으므로 이런 이름이 붙었는데 보통 중국차라고 한다.

6월~8월 사이에 차나무 새싹을 사용하는데 우선 햇볕을 쬐여서 시들게 한 후 실내로 옮겨서 저어가며 수분을 제거해 발효시킨 후 솥에 볶아서 효소작용을 멈추게 한다. 이것을 잘 비빈 후 건조시켜 제품을 만드는데 이것을 달인 물이 등황색(橙黃色)을 띠며 향기가 매우 좋다.

④ 좐차차(磚茶)

건전하게 성장한 잎의 부스러기를 한꺼번에 눌러서 벽돌 모양으로 만든 茶로서 좐차(磚茶) 뭉치를 적당하게 떼어 물에 넣고 끓이면 차가 된다. 신선한 음식이 없는 몽고나 티벳 사람들에게는 필수품이며 러시아인들은 홍좐차(紅傳茶)를 즐긴다. 중앙아시아 사람들은 좐차(傳茶)에 밀크나 소금, 버터를 넣고 약한 불에서 끓인 후 버터를 녹여서 마신다.

⑤ 기타

미국인들이 좋아하며 푸젠의 무이산에서 나는 옌차는 차에 대해 전문지식을 가진 사람들에게 널리 알려져 있다.

모리화차(某莉花茶)는 우롱차 보다 약하게 발효시킨 차에 꽃봉우리를 몇번이고 갈아가면서 만든 것으로 특히 베이징(北京)에서는 샹펜차(香片茶)라고하여 많이 애음되고 있으며 고기 마늘 냄새를 없애는 작용을 한다. 샹펜차(香片茶)에는 쟈스민과의 치자나무 꽃을 혼합하거나 녹차에 국화를 혼합하기도 한다.

또 홍차(紅茶)에 리찌(荔枝)나 장미꽃을 넣고 향을 낸 것도 있다.

윈난(雲南)의 푸일차(普茶)나 토오차(沱茶)는 약차로서 런토우차(人頭茶) 빙차(餅茶)

등으로 불리는데 덩어리로 되어 있지만 열탕에 넣으면 간단히 풀어지고 본래의 차 형태가 된다.

### (3) 차 만드는 법

① 오차 주전자에 1 Spoon 정도의 중국차를 뜨거운 물에 넣어 2~3분간 둔다.

② 오차의 물이 뜨겁지 않으면 차(茶)의 잎이 퍼지면서 차(茶)의 잎이 퍼지면서 차(茶)의 맛이 나지 않는다.

③ 중국차는 끓이면 향기가 나지 않고 쟈스민 향을 잃게 되어 원래의 차 맛을 낼 수 없다.

### (4) 차(茶)서브 방법

뜨거운 물에 차의 잎을 넣어서 마시게 된 것은 고대부터라고 전해지는데 차는 뚜껑이 덮인 주전자를 사용해서 적당량의 차 잎을 컵에 넣고 뜨거운 물을 부었다가 조금 후에 마신다. 차를 더 원하는 고객은 보통 차 주전자를 뚜껑을 열어두는데 이때 서비스종사원은 새로운 것으로 교체해 두어야 한다.

### (5) 다기(茶器)의 종류

① 차치(cha chi: 茶凡): 찻잔을 올려놓는 소반을 말한다.

② 차탁자(茶卓子: cha to tzu): 차탁자를 말한다.

③ 차충(茶忠: cha chung): 茶공기

④ 차배(茶杯: cha pei): 찻잔

⑤ 차식(茶食: cha shih): 다식

⑥ 차과 칩아(茶果蝶兒: cha kuo tieh rh)

⑦ 차후(茶壺: cha hu): 차주전자

⑧ 차반(茶盤: cha pan): 찻잔 받치는 예반

# 3절 일본식 식당

## ① 일본요리의 특징

일본요리의 역사는 고대 중국으로부터 한반도를 통하여 전래 되어 온 문물과 함께 그 효시가 이루어졌으며, 문화가 발달함에 따라 일본인의 기호와 지역적 특성에 맞는 색 · 향기 · 맛을 위주로 하면서 고유한 특징을 지닌 요리로서 발전해 온 것이다.

일본요리는 일본 풍토에서 독특하게 발달하여 일본인이 일상 먹는 요리의 총칭이다. 일본열도는 북동에서 남서로 길게 뻗어 있고 바다로 둘러싸여 있어서 지형과 기후의 변화가 많다. 따라서 4계절에 생산되는 재료가 다양하고 계절에 따라 맛도 달라지며 해산물이 매우 풍부하다. 이러한 조건 속에서 일본요리는 쌀을 주식(主食)으로 하고 농산물, 해산물을 부식으로 형성되었는데, 일반적으로 맛이 담백하고 색채와 모양이 아름다우며 풍미(향기, 혀끝감촉, 씹는 맛)가 뛰어난 것이 특징이다. 그러나 이러한 특징을 너무 존중한 나머지 때로는 식품의 영양적 효과를 고려하지 않는 경우도 있었는데, 제 2차 세계대전 후부터는 구미(歐美) 식생활의 영향을 받아 서양과 중국풍의 요리가 등장하게 되면서 영양 면을 더 한층 고려하게 되었다. 또한 일상의 가정 요리도 신 식품(新式品)의 개발과 식품의 보급으로 다양하게 변화되고 있다.

## ② 일본요리의 구분

### 1) 지역에 의한 구분

#### ① 관동요리(關東料理)

관동 요리는 무가(武家) 및 사회적 지위가 높은 사람들에게 제고하기 위한 의례요리(儀禮料理)로서 맛이 진하여 달고 짠 것이 특징이다. 당시에는 설탕이 "우아미"(맛이 좋은)라고 할 만큼 귀했는데 이것을 많이 사용했다고 하는 것은 관동요리가 그만큼 고급요리 이었다는 것을 보여준다. 또한 관동지방은 외해(外海)에 인접해 있어 단단하고 살이 많은 양질의 생선이 풍부했으나 내해(內海)에 한편 토양과 수질 등이 관서지방에 비해 거칠었기 때문에 관서요리가 부드러운 맛을 창출할 것에 비해 관동요리는 농후(濃厚)한 맛을 이룩하게 되었다. 그러나 최근에는 교통의 발달 및 문화의 교류에 의해 관동요리와 관서요리의 특색 및 구별이 서서히 무너지고 있는 실정이다

② 관서요리(關西料理)

관서요리라는 말은 최근에 사용하기 시작한 말로서 그 이전에는 가미 가타(上方: 교도 부근지방)요리라고 하였다.

관서요리는 관동요리에 비해 맛이 농후하지 않고 부드러우며 비교적 설탕을 사용하지 않으며, 재료자체의 맛을 살리면서 조리하는 것이 특징이다. 따라서 관서요리는 재료의 외양과 색깔이 거의 유지되기 때문에 모양이 아름답다.

관서요리의 대표적인 것으로 교도(京部)요리와 오사카(大阪)요리가 있는데 교오도 요리가 공가(公家: 조정해 출사하는 집안)의 요리로서 양질의 두부, 야채, 밀기울, 말린 청어, 대구포 등을 이용한 요리가 많다. 최근의 관서요리는 거의가 약식(略式)이며 회석요리가 중심이 되고 있다.

### 2) 형식적 특징에 따른 분류

#### (1) 본선 요리(本線料理: 혼젠 요리)

훈젠 요리는 옛날 일본 도산 (374~400년전) 시대의 조리법으로 전해 내려오다가, 에도 시대로 들어서면서 조리법이 문화에 변천에 따라 상이 화려해지고 요리도 예술성을 띠어 정식 향연요리에이용하게 되어 지금까지 전해 내려오고 있다. 시대의 변천에 따라 조리법도 발달하여(1392~1573)간장의 발달과 병행하여 조리기술도 발달되어 오늘날의 회석요리의 원조인 훈젠 요리가 확립되었다. 1085-1830년에는 상류사회에서 하류사회에까지 화려한 생활을 연회를 통해서 즐기는 시대였으나 연회는 시간이 많이 걸려서 연회에 적합하지 않으므로 본선요리를 기본으로 하여 연구해 낸 것이 회석요리인 것이다. 회석요리는 훈젠 요리가 기본이며 간편하고 즐겁게 식사할 수 있는 연회요리이다. 연회요리는 야채, 어패류, 육류 모든 것을 사용할 수 있다. 식단의 기본은 일즙삼채(一汁三菜), 이즙오채(二汁五菜), 삼즙칠채(三汁七菜)등이 있으나 일즙오채(一汁五菜), 이즙칠채(二汁七菜), 삼즙구채(三汁九菜), 삼즙십일채(三汁十一菜)등으로 수정된 것도 있다. 또 선(膳)의 수도 여러 가지 있으며 훈젠(本膳), 니제(二 膳), 산젠(三膳), 요

젠(與膳), 고젠(五膳) 등으로 되어 있으며 이때 젠(膳) 수는 단의 즙(汁)과 채(菜)의 수에 따라 결정된다.

(2) 회석요리(會席料理: 가이세끼 요리)

① 희석요리의 종류

ⓐ 혼가이세키(本懷石)

본래는 선종의 승려들이 가루차(말차(抹茶))와 함께 먹었던 간단한 식사였다. 수행중의 승려들은 아침과 오후에 두 번밖에 식사를 하지 않기 때문에 추운 밤이면 빈속으로 잠을 이룰 수가 없어 불돌을 싸가지고 배에 대어 빈속을 견디어 냈다는데서 회석이란 말이 유래되었다고 한다. 그리고 현대에는 차도의 정식초대에는 반드시 회석요리가 나오며 차도의 취지에 따라 아침, 낮, 밤 그리고 계절에 따라 메뉴가 변한다. 회석요리 후에는 짙거나 엷은 가루차를 드는 것이 원칙으로 되어있다. 본선요리가 처음부터 요리를 전부 상에 늘어놓는데 비해 회석요리(懷石料理)는 한 가지씩 나오므로고객의 맛이 변하지 않는 동안에 먹을 수 있는 합리성이 있으며 연회에도 이런 형태를 취하는 일이 많다. 락쿠카이세키(略懷石)와 점심(도시락용)요리로 구별하므로 정식 표석을 혼 회석이라고 한다.

ⓑ 락쿠 가이세키(히라카이세키(平懷石))

정식 회석요리의 순서를 밟지 않고 차도의 중간에 요리를 맛볼 수 있다는 취지에서 나온 것으로 형식으로는 혼 회석을 약식으로 한 것이다.

관서에서 발달되어 이른바 관서 요리의 간판 격으로 나온 것이 약회석이다. 요리를 내는 법, 만드는 법이 회석 요리와 같지만 주인과 고객과의 까다로운 관계가 아니라 때로는 한 가지씩 자신이 골라 주문할 수도 있어서 변화 있게 음식을 맛볼 수 있다.

ⓒ 점심(벤도오(弁當))

차와 같이 나오는 아주 간단한 요리로서 보통 후지다가(緣高)또는 쇼오가도오(松花堂)라고 부르는 그릇에 밥과 요리가 함께 담겨 나온다(먹는 방법은 가운데 놓은 요리를 상의 앞쪽에 놓인 그릇에 가져다 먹는다).

② 회석요리의 특징

말 그대로 연회석에 나오는 요리다. 일본인들이 거의 일상적으로 가장 접할 기회가 많다고 하는데 오늘날의 일본요리 형태라고 말할 수 있다. 그러나 최근에는 카이세키 요리라는 것 가운데에서도 혼젠요리(본선요리)형식의 흐름을 이은 것과 회석요리의 흐름을 이은 것이 구별되고 있다. 전자는 대중음식점에서 쓰는 다리 달린 밥상에 요리가 차려져서 배열되어 있는 것이고 후자는 고급 식당에서 쓰는 다리 없는 상(오시끼…네모난 쟁반 같은 것)에 차례로 요리가 놓이는 것이다. 회석요리는 고객이 먹는 속도를 헤아려서 한 가지씩 내놓는 것이다. 그 이유는 따뜻한 것은 따뜻할 때 차거 운 것은 찰 때 들게 함으로써 가장 맛있을 때 먹게 한다는 요리의 정성을 소중히 하기 위해서다. 먹을 수 있을 만큼 나오는 요리 즉, 다 먹어치우게 되는 요리이다.

이상과 같은 형식을 칸사이시키(關西式: 교오도, 오오사카 지방)이나 칸사이 후우(關西風)라고 불리는 요리형식인데 이 형식이 오늘날 일반적 형식이라 말할 수 있다. 맛에 있어서는 전체적으로 엷은 맛이고 재료가 가진 본래의 맛을 살리는 요리 방법이다. 이것이 일본요리에 있어서 가장 자랑할 만한 특색이다. 요리의 구성을 보면 가장 간단한 것은 삼채(三菜)부터 시작하고, 오채(五菜)가 되면 즙물(汁物)은 이즙(二汁)이 되면 칠채(칠채), 구채(九菜), 십일채(十一菜) 등의 기수(奇數)로 증가된다. 밥은 채(菜)의 가지 수에 포함되지 않는다. 회석 요리(會席料理)의 식단은 다양하나 대략 다음과 같이 차린다.

전채(前菜) · 조림(煮物) · 맑은 장국(吸物) · 찜, 튀김(合魚) · 회 또는 초무침(向付) · 식초를 사용하여 무친 것(주物) · 생선, 큰새우, 일본식 알쌈 등의 전채(口取) · 된장국(止葬) 구이(燒物) · 술(酒), 회석요리는 육류를 전혀 사용하지 않았지만 점차로 연회를 주로 하는 회석요리로 발전해 가는 과정에서 육류 및 모든 식재료를 사용하게끔 되어있다.

③ 차회석요리(茶懷石料理: 챠가이세끼 요리)

차회석은 천형휴가 귀족사회의 훈젠요리와 정진요리(寺院料理)에서 창조한 것이다. 처음에는 검소한 식물성 요리였으나 시대가 흐름에 따라 생선도 이용되는 호화스러운 요리로 변했다. 차회석요리(茶懷石料理)는 일즙삼채(一汁三菜)가 보통이며, 밥, 국, 회종류(向付), 조림(煮物), 구이(燒物)등으로 구성된다. 그러나 약식으로 일즙이채(一汁二菜)도 있으며 일즙이채인 경우에는 구이가 생략되고 일즙일채에는 조림과 구이가 생략된다. 차회석요리(茶懷石料理)는 양보다 질을 중요시하며 재료 자체의 자연의 맛을 최대한으로 살리는 것이 특징이다.

④ 정진요리(精進料理: 쇼진 요리)

정진요리는 다도가 보급되는 전후에 서민에게 전달되었다. 불교가 전래됨에 따라 중국의 불교 승이 일본에 귀화하는 일이 많아지자 비린 냄새가 나는 생선과 수조육을 전혀 사용하지 않는 정진요리가 점차로 보급되었다. 쇼진요리(精進料理)란 뜻은 유정(有情:동물)을 피하여, 무정(無情: 식물)인 채소류, 곡류, 두류(豆類)를 이용해서 만들었다는 뜻으로 미식(米食)을 피하고 조식(粗食)하는 것을 의미한다. 불교 선종(禪宗)에서는 육식(肉食)을 금하는 것이 원칙으로 되어 있으며 식단은 쇼진요리(精進料理)로서 일즙삼채(一汁三菜), 일즙오채(一汁五菜), 이즙오채(二汁五菜), 삼즙칠채(三汁七菜)등의 기본에 따라 구성된다. 이러한 요리는 주로 사원(寺院)에서 크게 발달되었고 이의 중심지는 교또(京部)이다. 정진(精進)이라는 용어는 식물성 재료만으로 만들어진 국 또는 튀김이라는 뜻으로 이용되고 있다.

특징은 조리법에 있다. 야채는 짙은맛이 없기 때문에 좋은 맛을 내는 방법을 연구해서 독특한 조리법을 창출해 냈다.

ⓐ 오법…생것, 삶은 것, 굽는 것, 튀기는 것, 찌는 것

ⓑ 오미…간장, 설탕, 식초, 소금, 생강겨자(매운 것)

ⓒ 오색…적, 청, 황, 흑, 백

⑤ 보채요리(普茱料理: 후챠 요리)

보채요리(普茱料理: 후챠요리)는 오오바쿠요리(黃壁料理)라고도 불리며 황벽산(黃壁山), 만복사(萬福寺)의 법주(法主)였던 중(僧)이 중국에서 찾아오는 선종승(禪宗僧)들을 대접할 때 정진요리(精進料理)를 중국식으로 조리하였던 것으로서 음식명도 중국식 명칭을 따른 것이 아직도 잔존하고 있다.

## 3 일식요리의 종류

일본 요리 개요에서 밝힌 바 있으나 현재의 회석요리를 훈젠요리(本膳料理), 차회석요리(茶懷席料理)등, 과거 일본 요리의 상차림으로 비할 때 크게 다른 점은, 밥과 국에 중점을 둔 과거의 상차림과는 달리 현대에는 술을 위주로 한 상차림으로 변하고 있으며 처음에 제공되어야 할 밥과 국을 마지막으로 바꾸어 놓은 것이다. 이러한 특징을 가지고 있는 회석요리는 호텔이나 전문 식당 등에서도 보편화되어 있으며 다음과 같은 순서로 제공되고 있다. 특히 유의하여야 할 점은 같은 재료의 중복을 피해야 한다.

### 1) 오도오시(先付)식사전 별미요리(진미)

오도오시는 다른 말로는 쯔키다시(つきだし), 샤끼쯔께(先付), 고쯔게(小針)라 하는데.

이 요리는일식에서 식사를 주문하고 기다리는 시간에 제공하는 가벼운 술안주로 제공하는 음식이다.

### 2) 젠사이(前菜: 전채) 식욕촉진제

전채요리는 다음에 나올 요리를 위해 입맛을 돋우는 역할을 하므로 재료, 맛, 모양, 색깔, 용기 등에 세심한 배려가 필요하다. 전채요리는 삼채(三菜)에서 오채(五菜)까지 있으며 양이 적어야 하며 맛에 있어서도 매운 것, 신 것, 달콤한 것 등이 있는데 같이 맛이 겹치지 않도록 해야 한다.

### 3) 스이모노(吸物: 맑은국)

스이모노(すいもの)는 다량의 즙액(汁液)속에 소량의 공형(固形)식품을 넣은 장국인데 담백한 조미와 청신한 향기로서 식욕을 증진시킨다.

### 4) 사시미(刺身: さしみ)

요리는 크게 생식(生食)과 가열식(加熱式)으로 나눠는데 사시미(회;膾)는 생식(生食)에 속하는 것으로 특히 재료에 주의하여야 한다. 채소류, 과일류, 회류 등은 가열하지 않으므로 풍부한 비타민을 섭취할 수가 있으나 식품의 변질에 주의하여야 한다. 사시미는 독특한 향기와 맛을 주기 때문에 신선하고 위생적인 조건을 충분히 갖춘 것이어야 한다.

### 5) 야키모노(燒物: やきもの)

야끼모노는 재료에 높은 열을 가하여 재료의 겉 부분을 익히거나, 지방분을 알맞게 녹이면서 익히는 조리법으로 재료가 지닌 독특한 맛의 성분이나 영양분을 상실하지 않는 조리법이다. 굽는 방법에는 석쇠나 꼬챙이를 사용하여 불에 직접 굽는 직접구이와 후라이팬이나 오븐 등을 사용하여 간접적으로 굽는 간접구이가 있다.

### 6) 무시모노(煮物(にもの: 조림)

식품을 약간의 장국과 함께 가열하여 조미료로 향미를 가한 요리를 말하는데 가열하면 식품의 질이 연해지므로 소화가 잘 되고 조미료로서 향미를 주었기 때문에 식욕증진에도 도움이 된다.

조림류는 일반적으로 반찬이나 술안주로 이용되기 때문에 다른 요리와 조화를 이루어야 하고 생선이나 육류가 있는 식단에는 야채류의 조림이 좋다. 맛은 지방의 전통에 따라 특성이 있는데 특히 관동식과 관서식에서 현저한 차이가 있다. 즉, 관동풍은 일반적으로 물기가 적고 맛이 진한 것이 특징이며 관서풍은 물기가 많고 담백한 것이 특징이다.

### 7) 아게모노(揚物: あげもの)

재료가 지닌 자연의 맛을 그대로 살릴 수 있고 영양가가 높다는 점에서 튀김은 가장 뛰어난 조리법이다.

튀김옷(ころも)을 입혀 질이 좋은 식물성 기름에서 튀기므로 재료의 맛은 튀김옷에 의해 완전히 보호되고 기름이 스며들어 맛이 한결 좋아지고 영양가도 높여준다.

### 8) 스노모노(酢の物: すのもの)

신선한 생선류, 야채류, 해조류, 조수 육류 등 의 재료를 사용하여 양념한 것으로 새콤하고 산뜻한 맛이 입안을 개운하게 하고 식욕을 돋우어주므로 계절을 가리지 않고 많이 이용한다. 담백하고 맛이 있는 초회는 주로 술안주도 제공한다.

### 9) 나베모노(鍋物: なべもの)

냄비요리로서 다른 요리와는 달리 손질한 재료들을 여러 가지 방법으로 냄비에 담아서 식탁에서 직접 끓이면서 조리하는 것이다. 계절에 따라 재료를 다채롭게 사용하므로 영양가를 놓고 다음과 같이 분류된다.

① 진하게 조미하여 끓이는 것
② 담백하게 조미하여 끓이는 것
③ 국물에 조미하지 않는 것

### 10) 스시(壽司, すし)

스시는 일본 초밥으로서 쌀밥과 식초(酢)를 사용하여 만드는 일본을 대표하는 음식으로서 조리방법도 지방에 따라 다르다. 재료는 생선, 생선알, 조개, 김, 계란말이,야채 등의 선택된 생선을 왼손에 준비하여 와사비를 약간 바르고 오른손으로 초밥을 한입에 넣을 수 있는 양으로 손바닥에 올려놓아 만든다.

### 11) 후구요리(鰒: ふぐ)

참복과에 속하는 바닷물고기인 복어는 한자로 鰒(후구)라 하는데 이는 배가 볼록한데서 붙여진 이름이며 몸이 뚱뚱하고 등지느러미가 작으며 이가 날카로운 복어는 기름기가 적어 맛이 담백하고 단백질이 많은 생선이다.

복어의 맛은 11월에서 그 다음해 2월까지가 가장 좋고 봄에 꽃이 피면 복어의 독이 강해지면서 맛도 떨어지므로 가능한 한 먹지 않는 것이 좋다. 그러나 복어는 허리와 다리를 튼튼하게 하고 치질에도 효과가 있으며 쇠약한 환자에게도 복어가 좋다고 하는 이유는 우수한 단백질 때문이다. 이처럼 복어는 영양과 맛이 뛰어난 식품이지만, 그 독성은 치명적이기 때문에 복어요리는 면허 있는 조리사에 의하여 조리된 것이 안전하다.

### 12) 미소시루(味噌汁 : みそしる)

미소시루는 일본된장국을 말하며 된장을 기본으로 한 다시국물과 국건더기가 잘 조화된 일본식 된장국이다. 각 지방마다 독특한 것이 있어 단맛, 짠맛, 매운 것 등의 수십 종이 있는데 미소시루의 맛은 된장의 품질과 기본다시에 따라 달라진다.

## 4 茶(차)

### 1) 차의 역사

차의 역사는 멀리 신화시대(神話時代: 3000년 전)부터라고 하는 설이 있으나 어디까지나 전설일 뿐 과학적인 확증은 없다. 오차나무는 중국남부를 비롯하여 동부 아시아의 산지와 India 동부의 아쌈 지방에 걸쳐서(자연) 야생의 오차 나무가 분포되었다. 일본에는 서남쪽 따뜻한 지방인 서국구주산간에 자생차로 생각되어지는 산차가 있지만 그것이 일본이 원산지인지 그렇지 않으면 도래된 것인지 아직은 알 수가 없다. 다만 식물학적인 조사나 제조방법 혹은 마시는 방법 등으로 보아서 중국 의 오차와 거의 비슷하기 때문에 중국으로부터 전래되지 않았나, 추측하고 있을 뿐이다. 특히 중국동부의절강성, 안미성, 복건성 등지의 소엽종의 차나무와 많이 닮아서 이 지방들과 일본의 불교를 비롯해서 역사적인 관계가 많기 때문에 오차도 전래되지 않았나 하는 추측이 이야기되고 있지만 중국의 소엽종과 일본의 초차나무를 자세히 관찰하면 암꽃술이 조금 틀리기 때문에 일본 오차나무는 일본자생이 아닐까하는 설도 있다. 오차나무는 크게 2종류로 나눌 수 있다. 고목종류와 저목종류로 나눌 수가 있는데 일본 각지에서 볼 수 있는 나무로서 오차잎이 10cm 내외로 작고 고목종류는 나무크기가 20m, 잎이 20cm 정도로 크게 자란다.

원산지는 현재 과학적으로 규명되지 않았지만 중국의 서천성, 운남성, 운귀고성의 경계선 지역인 운귀고성의 산간지방이 원산지가 아닐까 추측하고 있을 뿐이다.

### 2) 차의 성분

#### (1) 오차의 주요성분은 "탄닌"이다.

탄닌은 차뿐만 아니라 감의 떫은맛, 밤의 떫은맛을 내는 것도 "탄닌"이다. 또한 탄닌은 색을 차색(茶色)으로 착색시키기도 하고 단백질을 응축(응고)시키는 성질도 있다. 그렇기 때문에 이것이 오차에 포함된 "탄닌"의 살균효과이다. 이 두 가지가 "탄닌"의 종류로서 떫은맛을 내는 것이 "탄닌"이고 단맛을 나는 것이 중합탄닌 이라고 한다. カテキン(중합탄닌)은 탄닌이 산화한 것으로 높은 온도를 가하거나 고온 발효시키면 변화된다. 우롱차, 홍차, 호지차의 떫은맛은, 일부의 떫은맛이 カテキン(중합탄닌)으로 변한 것이다. 오차 잎을 재배할 때 여름에 온도가 높은 때는 "탄닌" 성분이 많아지게 된다. 따라서 남쪽나라(인도 스리랑카 등)에서 재배하는 오차에는 타닌의 함유량이 많은 것이 특징이다.

#### (2) 각성(覺醒)작용이 있는 카페인이 함유되어 있다.

오차에는 탄닌과 함께 카페인 성분도 들어 있는 것이 큰 특징이다. 카페인은 오차뿐만 아니고 커피의 주요 성분이기도 하다. 각성작용(覺醒作用)이 있을 뿐만 아니라 신경을 마비시키는 힘도 있다. 두통약의 효력도 카페인에 의해서 이루어진다. 오차를 비롯해서 오차 중에서 상급차에 속하는 오차에 비교적 많이 함유되어 있다. 일본차에만 함유되어 있는 "데아닌" 일본의 맛은 데아닌과 "탄닌"이 어느 정도로 균형를 맞추고 있는가에 따라 맛이 결정된다고 할 정도로 중요한 역할을 하고 있다. 오차를 재배할 때 이"데아닌"을 많이 함유하기 위해서 비료를 주기도 하고 태양 직사광선을 차단 시켜주기도 하는 작업을 하기도 한다.

#### (3) 일본차에는 풍부한 비타민 C가 함유되어 있다.

오차를 재배할 때 비료를 주고 태양광선을 차단시키기도 하는 것 이외에 오차나무에서 잎을 따서 오차를 만들 때 발효되지 않도록 높은 온도(溫度)의 김으로 가마솥에서 짜면 효소의 활성을 없애서 녹색 그대로의 차를 만드는 것이 일본차의 특성 및 중국 녹차의 특징이다.

오차를 산화 발효시키면서 효소를 활용해서 만든 것이 일본차의 우롱차이다. 따라서 오차를 발효시켰느냐 발효시키지 않고 만들었느냐에 따라 많은 차이가 있다. 오차를 발효시키면 대부분 비타민 C가 파괴되어 소멸해 버리고 비타민 C를 그대로 존속시키기 위하여 훈기로 오차잎을 쪄서 비타민 C를 파괴하는 산화효소를 제거한 것이 불 발효 차 일본차이다. 또한 발효차 특히 우롱차에 대해서 자세히 설명하면 우롱차는 효소가 산화 발효되면서 비타민 C가 함유되어 있지 않으나 발효차에는 함유되지 않은 효소가 있어서 음식물의 소화를 도와주기도 하고 지방의 분해를 도와주는 작용을 한다. 또한 일본차와 마찬가지로 엽록소를 함유하고 있어서 엽록소만의 성분 등은 중요한 역할을 한다. 그래서 중국식당에서는 우롱차를 많이 사용하는 이유가 있다.

### 3) 차의 종류 및 용도

오차는 제조 방법에 의해서 발효차와 불발효차로 분류된다. 중국차는 녹차를 제외하고는 거의 발효차이다. 높은 온도의 김(Steam)으로 쪄서 효소의 움직임을 없애는 발효시키지 않고 녹색의 색으로 자연그대로의 색으로 만든다. 30종류의 차가 있지만 일반적인 대중 차는 6가지 있다.

① 맛차

오차 나무가 살짝 필 때 따서 고온으로 찐다음 말려서 돌절구에 갈아 고운 가루를 만들어 물은 수돗물보다는 자연생수를 사용하는 것이 오차의 진미를 더욱 느낄 수 있고 물은 항상 100℃이상 끓여서 오차 용도에 알맞게 온도를 조절한다. 맛차는 60~70℃가 알맞다.(단 음식을 곁들인다.)

② 옥록차(玉 茶)

오차 나무를 재배할 때 태양의 직사광선을 차단시켜서 오차 나무가 싹이 필 때 다시 고온으로 찐 다음 건조시켜 살짝 볶는다. 물의 온도는 60℃가 적합하며 단 음식(단과자, 단팥죽, 요깡 등)을 곁들인다.

③ 센차(綠茶)

잎이 활짝 핀 다음 따서 고온으로 찐 다음 건조시켜 살짝 볶는다. 주로 생선회를 먹을 때 사용하며 생선비린내를 가시게 하다.(물의 온도는 70~80℃)

④ 호지차

잎이 완전히 핀 다음 기계로 따서 고온으로 찐 다음 밤색 빛깔이 나타날 때가지 볶는다. 주로 식후에 사용하며 타닌과 비타민 C, 카페인이 적기 때문에 어린이에게 좋으며 일반가정에서 많이 사용하는 대중차이다.(물의 온도는 90~100℃)

⑤ 반차(番次)

호지차를 만들 때 고온으로 찐 다음 밤색 빛깔이 날 때가지 볶는 것이 호지차이고 살짝 볶는 것이 반차이다.(물의 온도는 80~90℃)

⑥ 겐마이차(亥米茶)

볶은쌀을 번차나 전차에 섞은 것이다.(물의 온도는 80~90℃)

### 4) 기타 일본차

① 사꾸라차

축하할 때 많이 사용하여(결혼, 약혼, 설날) 사꾸라 꽃 형체를 그대로이은 다음 소금에 절여 말려서 만든다.(물의 온도는 70~80℃)

② 우메차

매실과 소엽(붉은색)잎은 말려서 갈은 다음 소금으로 배합하며 입맛이 없을 때나 식전에 사용한다(식욕촉진시킴).

③ 곤부차

다시마를 갈아서 만든다. 혈압에 좋고 피를 맑게 한다(물의 온도 70~80℃).

### 5) 오차의 보존법

오차가 변질된다는 것은 오차가 갖고 있는 성분 분 탄닌의 산화와 함께 오차의 엽록소가 산화되어 분해된다. 산화된다는 것은 오차의 녹색이 엷어지고 맛과 향기가 없어져서 오차의 가치를 잃어버리는 것을 말한다.

특히 일본차처럼 자연색과 향기와 맛을 중요시하는 차는 보관에 따른 주의가 매우 중요하다고 할 수 있다. 다시 말해서 일본은 생야차(生野茶)와 같은 성질을 갖고 있기 때문에 순수한 자연의 상태대로 일본차를 보관해야만 한다. 따라서 일본차가 갖고 있는 자연의 향기와 맛 그리고 색깔을 오랫동안 보존하기 위해서는 다른 차에서는 생각할 수 없는 독특한 방법이 이용된다. 공기, 고온, 다습(습기)은 일본차의 적이다.

일본차의 향기와 맛이 변하는 원인은 공기, 온도, 습도 그리고 태양 광선을 오래 쬐면 향기와 맛이 변한다. 특히 공기와 고온은 일본차의 최대의 적이다. 습기는 일본차뿐만이 아니고 우롱차, 홍차 등 어떠한 차에도 매우 나쁘다. 또 태양광선에 의해서 엽록소가 분해 되기는 하지만 이것은 단순히 태양광선에 의한 변화이기보다는 온도에 의해서 변한다고 말할 수가 있다. 일본차의 산화 방지(防止)를 위해서 옛날에는 후지산의 동굴에 보존하기도하고 토굴에 보존하기도 했다. 또 각 가정에서는 큰항아리에 차를 담아 입을 봉해서 선반이나 토굴에 보존했지만 근래에 와서는 보존법은 진공 Pack(팩)에 넣어 섭씨 5℃ 정도의 냉장고에 넣어 보관한다. 가정용으로 판매되는 것도 거의 대부분분 진공 Pack(팩)으로 되어 있어서 그대로 냉장고에 보관하면 된다.

그러나 Pack을 개봉했을 때는 가급적 빨리 사용하거나 공기에 닿지 않도록 사용 후 잘 덮어놓는다. 이렇게 일본차 보관에 세심한 주의를 기울이는 것은 중국차의 녹차와 우롱차 홍차와 같이 제조 과정에서 대개 완전히 산화 발효시켜 만든 것과 같은 차는 저장 중에 거의 변질되지 않지만 일본차는 불 발효이기 때문에 저장 중에는 변질되기 쉽기 때문이다. 또한 어느 오차이건 후 열 작용이 있어서 저장 중에 오차의 향기와 맛이 더욱 좋아지기도 한다. 때문에 금방 제조된 오차보다는 1년간 잘 보존한 오차가 향기와 맛이 훨씬 더 좋다. 또한 오차는 냄새를 奪取(탈취)하는 성질이 강하기 때문에 냉장고에 보관할 때는 주의가 필요 한다. 가급적 Pack을 잘 꾸려서 냉장고의 생선이나 고기 기타 냄새가 배지 않도록 주의하여야 한다. 냉장고에 보관하지 않고 상자나 선반 같은데 보관 할 때는 가급적 심한 냄새가 나는 것과는 같이 보관하지 않는 것이 좋다.

## 5 일식당기본 세팅

### 1) 일식당기본 세팅

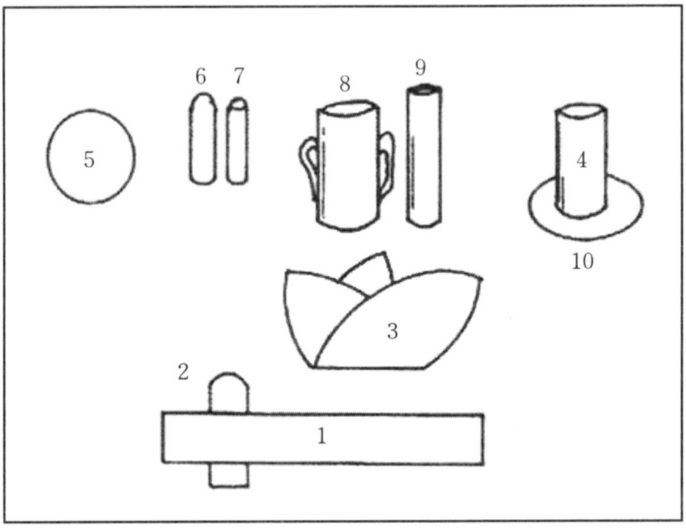


① Chopstick ② Chopstick Holder ③ Napkin ④ Tea Cup ⑤ Ashtray ⑥ Salt ⑦ Pepper ⑧ Soy Sauce Bottle ⑨ Toothpick Holder ⑩ Tea Cup Underliner

### 2) 조정식 테이블 세팅

#### (1) 조정식

① 小鉢(소량의 요리) ② 小皿(젓갈류) ③ 煮物(삶은 요리) ④ 燒物(구이 요리) ⑤ 御飯

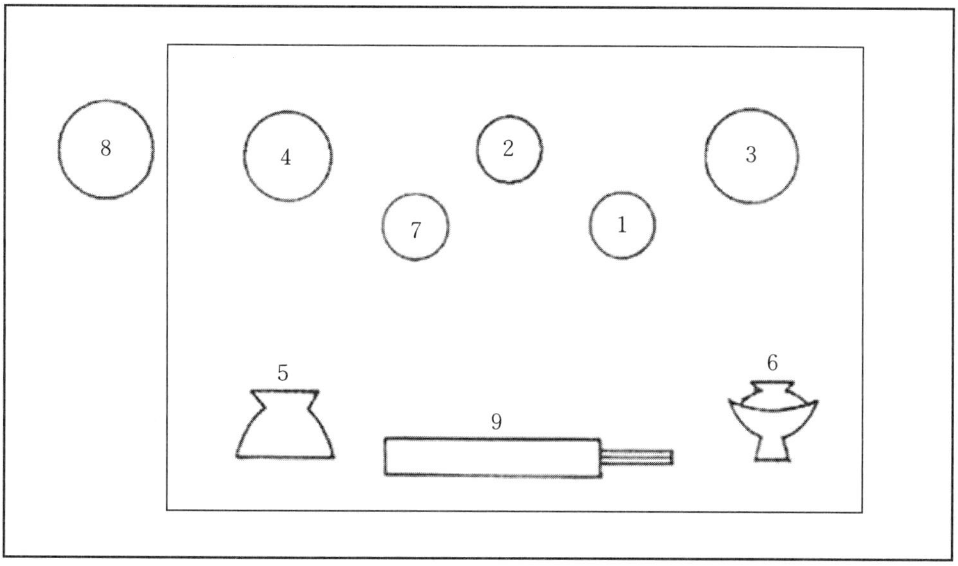


(식사) ⑥ 赤出汁(된장국) ⑦ 香の物(일본김치) ⑧ おひつ(밥통) ⑨ 箸(젓가락)

(2) 朝かゆ定食

① 小鉢(소량의 요리) ② 小皿(젓갈류) ③ 煮物(삶은 요리) ④ 燒物(구이 요리) ⑤ おかゆ(죽) ⑥ おかゆ用の御飯茶苑⑦ おかゆあん(다래종류) ⑧ 香の物(일본김치)

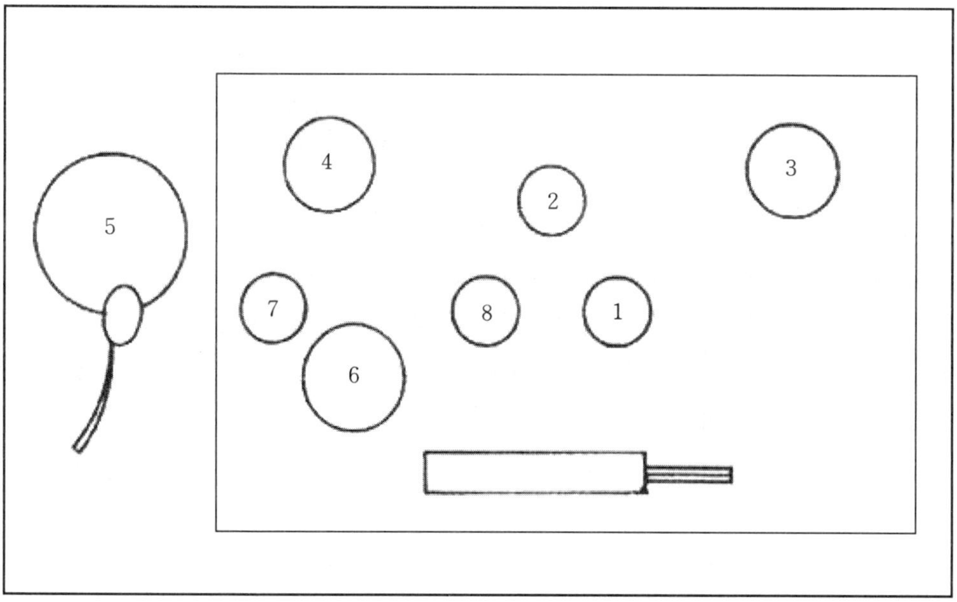

### 3) 회석요리 순서와 테이블 세팅

전채, 생선회 등은 소스 보올 과 함께 고객 앞에 서비스한다.

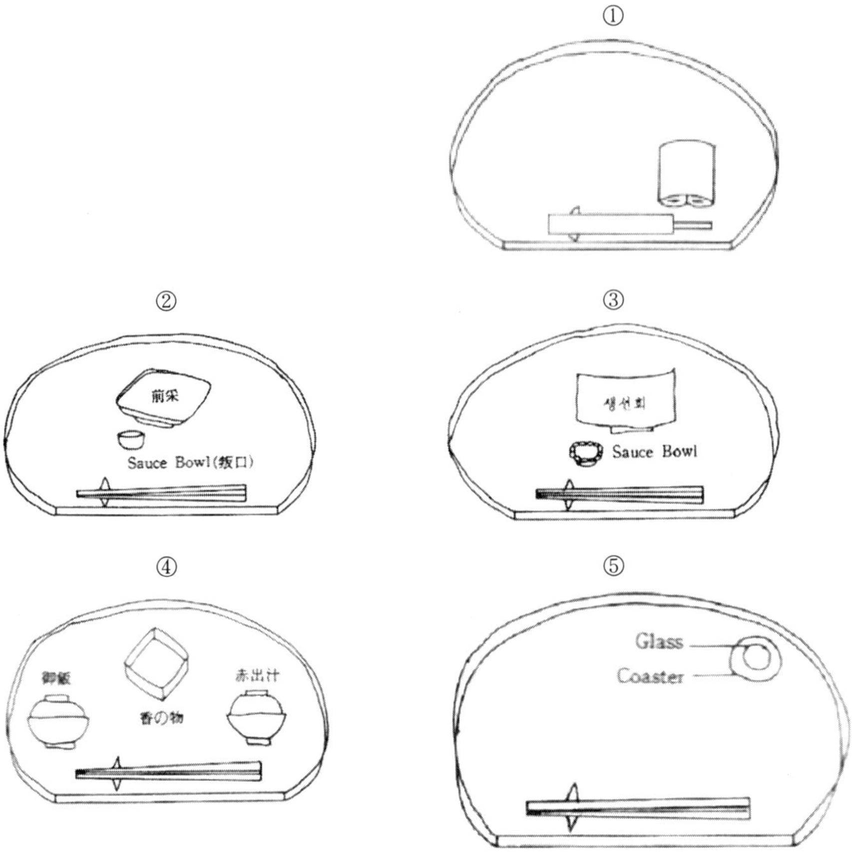


(1) 별미요리, 맑은 국, 조림, 생선요리, 초회 등은 쟁반 중앙에 놓아 서비스한다.

(2) 香の物(일본김치) 赤出什(된장국) 밥은 동시에 서비스한다.

(3) 과일 등 디저트 서비스 시 요리 쟁반 등을 치운 후 서비스한다.

① 先附(진미 별미요리) ② 前菜(식욕촉진요리) ③ 吸物(맑은물)
④ お造り(생선회) ⑤ 焚合せ(조림) ⑥ 燒物(구이요리)
⑦ 强肴(생선요리) ⑧ 酢物(초회) ⑨ 赤出汁(장국)
⑩ 香の物(일본김치) ⑪ 御飯(밥) ⑫ 果物(과일)
⑬ 水菓(일식과자)

### 4) 냄비요리 서비스방법

냄비요리는 고객식탁에서 직접 끓이면서 조리하여 거품을 잘 걷어내야 하며 고기나 야채를 덜 때 냄비에 닿지 않게 하고 거품은 처음부터 끝날 때까지 잘 걷어내야 한다.

#### (1) しやぶしゃぶ(샤부샤부)

재료는 스끼야끼와 비슷하지만 우엉과 양파가 빠진다. 끓는 물에 쇠고기를 젓가락을 잡은 후 2~3번 정도 흔들어서 고객에게 제공한다. 흔드는 행위를 “샤브샤브”라고 한다. 고마다래와 본즈를 준비해서 고기는 고마다래 야채는 본즈와 함께 먹도록 한다.

① 샤브샤브에는 다시마를 우린 국물을 사용한다.
② 국물이 끓으면 고기를 먼저 익혀 드시게 한다.
③ 불은 중간 정도로 하여야 한다.
④ 거품을 걷어 낸다.
⑤ 고기를 살짝 익혀 덜어 주고 계속 반복한다.
⑥ 떡은 맨 나중에 넣는다.(우동 넣기 전에 넣을 것)
⑦ 고기를 1/2정도 먹은 다음에 야채를 넣어야 야채가 부드러워지고 맛있게 먹을 수 있다.
⑧ 우동은 중간 불로 끓이는데 아무 양념도 넣지 않는다.
⑨ 우동을 넣기 전에 냄비에 맛소금, 후추 가루, 파를 넣는다.
⑩ 우동 그릇에 떠서 그 위에 본스를 약간 뿌려서 낸다.(고객의 취향에 맞게 서비스해야 한다.)

#### (2) 전골서비스

① 불은 중 간불 정도로 한다.
② 팬에 파를 먼저 넣어 잘 볶는다.
③ 볶은 파 위에 고기를 얹어 익힌다.
그 다음 다래 소스를 붓고 조리될 동안 계란을 풀어 고객 앞에 서비스한다.
④ 조리된 파와 고기를 서브 한 뒤 고객에게 맛이 어떤가 물어본다.
⑤ 후라이팬에 다래 소스를 넣고 죽순, 표고버섯, 우엉, 무, 당근, 당면, 느타리버섯, 두부, 곤약을 조금씩 넣어서 익힌다.

⑥ 조리된 야채를 고기를 모두 고객에게 서브한다.

⑦ 이상의 것을 서브한 뒤에 다시와 다래로 간을 맞춘다.

⑧ 쑥갓은 제일 나중에 넣는다.

⑨ 바쁠 경우에는 조리된 것을 한쪽에 밀어 놓고 한쪽에 다시 야채를 익힌다.

⑩ 고객의 기호에 따라 시찌미(七味)를 낸다.

chapter 14

# 연회장(Banquet)

## 1절 연회 업무

### 1 연회 예약(Banquet Reservation)

1) 업무분류

(1) 기능에 의한 분류

① 식 · 음료 판매

조식(Break Fast), 중식(Lunch), 석식(Dinner), 칵테일파티(Cocktail Party), 뷔페(Buffet), 티 파티(Tea Party), 리셉션파티(Reception Party)등이 있다.

② 연회장소 판매

전시회(Exhibition), 패션쇼(Fashion Show) 세미나(Seminar), 국제회의

(Conference), 연주회(Concert), 상품설명회, 간담회 등이 있다.

#### (2) 목적에 의한 분류

신사옥 준공, 회사 창립일, 신상품개발, 수상파티, 개업파티, 생일축하, 사은회, 망년회, 신년하례회, Dinner Show, 간담회 등 Hotel에서 주최하는 각종 Event

### 2) 업무개요

#### (1) 업무 접수자 자세

① 담당자와 판촉사원의 협력을 통하여 최대의 효율성을 올릴 것
② 적극적인 판매활동을 통하여 고객증대 확보에 최선의 노력을 경주
③ 최고의 시설, 특징 있는 요리, 행사장의 품위 있는 장식이 최고의 서비스와 조화를 이루도록 하고 예약 시 또 하나의 상품으로 판매할 수 있도록 유도한다.
④ 친절한 예절, 정중한 언어를 구사하여 고객의 호감과 판매 이윤 증진

#### (2) 예약 접수 경로

① 전화에 의한 예약
② 전화, Fax, 인터넷
③ 내방객에 의한 예약
④ 판촉사원에 의한 예약
특히 전화예약은 판매정신과 서비스정신을 바탕으로 심혈을 기울여야 한다.

#### (3) 연회 구성

① 견적서 제출
② 접수확인서 발송
③ 요리 및 음료관계
④ 좌석배치 및 안내문 준비
⑤ 꽃 장식 Deco류
⑥ 방송관계
⑦ VIP 참석여부 사항

### (4) 관계 부서

① 내부

· 요리 : Main Kitchen, 양식, 중식, 일식, 한식 각 주방
· 음료 : Banquet Bar
· 전기 : 조명, 방송
· 설비 : 냉난방
· 총무 : 주차, 배차
· 기타 : 꽃 장식, 사진

② 외 부

간판, 초대장, 음악, 연예인, 무대장치 및 특수조명, 특별인쇄 이외의 관련 부서와도 정확히 연락을 취하여 행사 1시간 전까지는 완성되도록 시간별로 재점검 확인하는 것이 매우 중요하다.

### (5) 연회 서비스 인계

연회예약에 의해 이루어진 Event-order를 연회 서비스에 전달하는 것은 가장 중요한 업무이다.

Event-order의 내용을 서비스 Manager에게 정확히 전달하고 변경사항 발생 시 사전에 신속히 전달하여야 한다.

모든 연회는 Event-order에 의하여 이루어짐으로 특별히 설명을 요하는 부분 등 불충분한 사항은 Meeting을 통해서 완벽하게 전달되고 이해되어야 한다.

이것만이 고객에게 만족한 서비스를 할 수 있는 최선의 방법이다.

① 연회목적, 준비내용, Memo, 서비스방법
② VIP 여부 및 특기사항 등

### (6) Event-order(연회행사 통보서)

확정된 예약사항을 상세히 기록하여 연회 서비스, 주방, Bar, 케샤, 예약사무실 등 행사 관련 부서에 통보하여 일사불란하게 행사 1시간 전까지 고객의 예약된 사항대로 준비되도록 한다.

(7) 지불보증(Guarantee)에 관한 규정 → 원가절감과 직결

① 100명-400명 미만은 10%

② 400명-1000명 미만은 5%

③ 1000명-이상일 경우는 3%

인원 정정은 최소한 48시간 전에 확정 통보하는 것을 원칙으로 한다.

(8) Billing(계산서)

케샤는 예약 시 결정한 지불조건에 따라서 계산서를 작성하여 지배인 및 담당 Caption 확인하여 당일 회사수입으로 처리토록 한다. 가능한 현금, Card 후불 순으로 처리하여 후불 시는 확인서명과 연락처, 전화번호, 성명, 주민등록번호를 정확하게 받도록 한다.

(9) Daily Event-order(금일 연회행사 예약 현황)

최종적인 예약이 확정되면 Event-order에 의하여 다음날 진행될 행사의 내용서류를 작성한다. 작성 표는 전일 15:00 전까지 사장실, 중역실, 총무, 당직 등 관련 부서에 배부하며 인력을 구성, 고객안내 및 서비스에 필요한 역할과 기능을 다한다.

### 3) Event-order(연회 행사 통보서) 작성법

(1) 요리(Food)

① 메뉴는 사전 준비된 견본 메뉴에 의하여 결정한다.

② 특별한 메뉴를 주문 받았을 시는 음식 란 상단에 상세히 기록한다.(Vegetation, 종교적, 신체적 금기 음식)

③ 뷔페식으로 예약 시는 Standing인지 Table Buffet인지를 명시하고 확정된 최종 인원은 2일전까지 통보 받을 것(예상인원은 없고 보증인원만 있음)

④ 지정된 가격의 메뉴이외에 특정한 가격의 메뉴, 특정인의 메뉴는 "Up To Chef's Discretion"(주방장 일임)이라 기록한 후에 메뉴는 주방장으로부터 통보 받는다.

⑤ 인원이 100명 이상의 중국식, 한식, 일식 등 특별한 경우의 메뉴는 주방장에게 사전 연락하여 식자재 관계를 확인하고 확정통보를 2일전까지 확정하여야 한다.

⑥ 인원이 다수일 경우는 서비스방법 등 세부계획을 서비스 지배인과 상의한다.

#### (2) 음료(Beverage)

① 예약 접수 시 알코올음료 또는 비알콜음료 등 준비한계를 고객에게 정확히 문의하고 계산은 소비량원칙으로만 하는 것으로 하나 고객의 요구에 의하여 경우에 따라 변경 할 수 있다.
② 와인, 샴페인은 고객이 좋아하는 상표가 Bar에 있는지 재고유무를 점검하며 병당 5~6잔으로 추정 계산하고 개봉한 음료의 병은 전부 계산함을 알린다.
③ 칵테일 리셉션이 고객에게 잠정적 예산은 1인당 3잔(내국인)-5잔(외국인)까지 예상토록 하고 실제 소비량대로 계산하는 방법을 설명해드리고 이해시킨다.
④ 예약 시 주최자가 반입하는 일이 없도록 최대로 규제하며 특별히 반입할 경우 테이블에 따른 반입으로 확인시킨다.(음료 매출 증진을 위하여)

#### (3) 행사 진행 계획표

행사 시작시간, 회의시간, 식사시간 등 주최자의 행사 계획표를 사전 파악함으로서 효율적인 서비스 인원관리와 서비스를 할 수 있고 특히 관련 부서와 긴밀히 협조하여 신선한 음식을 제공할 수 있는 적절한 시간을 가질 수 있다.

#### (4) 음향, 전기 등 특별사항

행사시의 특설장비, 음향관계는 사전에 충분히 검토하고 특별한 사항은 담당자와 충분한 협의가 이루어져야 한다.

### 4) 연회 고객 영접

#### (1) 고객 내방 시 업무

밝은 미소와 함께 적극적으로 반기는 마음과 자세로 “어서 오십시오, 무엇을 도와 드릴까요?” 또는 “기다리시게 해서 죄송합니다.” 라고 말하며 다음과 같이 영접을 한다.

① 현황확인 : 월, 일, 시간, 행사형식(내용)인원을 확인한 후 예약상태를 확인하여 원하는 시간, 장소를 염두에 둔다.

② 안내 : 고객이 원하실 경우는 장소를 안내하고 행사장의 적합한 분위기와 행사의 방법 등을 설명 드려 고객 자신이 결정하도록 도와드린다.

③ 자료제공 : 충분한 자료(사진, 꽃, 실물, VTR 등)를 통하여 예약에 관한 모든 사항을 고객이 쉽게 이해하여, 결정하도록 도와 드린다.

④ 가격결정 : 가격결정에 따라서 기물, 의자, 분위기, 장식 등의 차이가 있음을 설명드려 가능한 좋은 가격으로 유도한다.

⑤ 최종결정 : 이미 결정한 사항과 미결정 사항을 분류하여 행사규모에 따라서 최저 1일~3일전까지 행사에 관한 사항을 결정 통보하도록 부탁드린다(물품구매 협조와 인원의 안정적 배치).

⑥ 견적서 및 계약서 : 예상되는 견적서를 작성하여 행사를 통보함과 동시에 이것이 곧 점검표가 되며 예상 합계 금액을 서로 서명함으로 계약서를 대신한다.

⑦ 예약금 : 개인행사(가족모임, 동창회), 소규모회사, 신빙성 없는 단체일 경우는 예약담당자는 행사금액의 10%이상 예약금을 예치토록 권유한다.

⑧ 행사후의 계산 : 가능한 현금으로 유도하며, Card또는 후불로 수납처리 한다. 후불일 경우는 연락처, 성명, 주민등록번호, 전화번호, 확인, 서명을 정확히 명기토록 한다.

⑨ 행사당일 : 행사장의 준비과정을 시차별로 확인하여 준비과정이 예약사항과 부합되게 진행되는가. 확인한다.

⑩ 행사 1시간 전 : 행사의 모든 예약사항이 원만하게 준비되었는지 확인하고 주최 측이 도착하면 보조자로서 동행하여 도움이 필요한 부분은 공동 점검한다.

⑪ 고객관리 : 영속적인 고객의 창조와 계속적인 유대관계를 갖기 위하여 감사의 전화와 더불어 행사의 만족도를 점검한다.(불평불만 내용을 기록한다.)

### 5) 전화 예약시

#### (1) 첫 번째 전화가 왔을 때

① "네", "감사합니다."

② "연회예약 ○○○입니다."

(반갑고, 고마운 마음으로 기다렸다는 듯이 적극적으로)

### (2) 통화중에 전화가 왔을 때

(무엇이든지 도와줄 수 있다는 감정이 상대에게 전달되도록)

① "지금 통화 중이신데, 잠깐만 기다려 주시겠습니까?"
(가부를 정중하게 여쭈어 본다)

② "통화가 끝나는 대로 곧 바꿔드리겠습니다."

③ "죄송합니다만, 잠시만 기다려 주십시오."

④ "제가, 대신 도와드릴까요."

⑤ "오시는 대로 곧 연락드리도록 하겠습니다."
(성명, 전화번호, 용건을 메모)
(문의사항에만 응답하는 소극적인 태도를 피하고 적극적이고 감사한 마음으로 응답한다.)

### (3) 부재중 전화가 왔을 경우

① "지금, 잠깐 자리에 계시지 않습니다만"

② "지금, 고객과 행사장에 계십니다."

③ "제가 대신 도와드릴까요?"

④ "오시는 대로 곧 전화 드리도록 하겠습니다."
(연락하도록)

### (4) 전화 예약시

① 일시, 예상인원, 행사형식을 문의하여 장소가능 여부를 확인한다.

② 일, 시 등의 숫자는 착오를 방지하기 위하여 19는 열아홉, 20은 스물, 21은 스물하나로 말하며 요일도 함께 확인하여 고객에게 확인시켜 드린다.

③ 장소의 선택, 결정이 우선적으로 중요함을 말씀 드린다.

④ 행사규모에 따른 예상예산을 말씀 드린다.

⑤ 신속히 장소를 확정 시키도록 한다.

⑥ 판촉사원의 파견이나, 내방해 주실 것을 정중히 요청한다.
상기의 예약사항(특히 일, 시, 요일, 장소 등)을 다시 확인하고 자기의 직책, 성명, 전화번호를 말씀드리며 전화하여 준 것을 다시 한 번 감사드린다.

⑦ 자기의 이름이 고객에게 많이 알려지도록 노력한다.

⑧ 항상 고객이 전화만 하면 도움이 될 수 있다는 생각을 갖게 하도록 노력한다.

## 2절 연회의 준비품목관리

### 1) 린넨류

| 구분 | 품목 | 사용테이블 | 규격(mm) | 색깔 |
|---|---|---|---|---|
| Table Cloth | Rectangular″A″ | 30″×72″ | 1,400×2,500 | White |
| 〃 | Rectangular″B″ | 30″x 60″ | 1,400× 2,100 | 〃 |
| 〃 | Round Table Top | Extra Table | 2,700×2,700 | 〃 |
| 〃 | Round ″A” | 72″ | 2,500×2,500 | 〃 |
| 〃 | Round ″B″ | 60″ | 2,150×2,150 | 〃 |
| 〃 | Round″C″ | 42″ | 1,700×1,700 | pink |
| 〃 | Long Cloth″A″ | 30″×72″×5Ea | 1,400×9,800 | White |
| 〃 | Long Cloth″B″ | 30″×72″×5Ea (Double) | 2,200×9,000 | 〃 |
| Napkin Cloth | Napkin | · | 550×550 | 〃 |
| 〃 | 〃 | · | 〃 | Red, Blue, Pink |
| 〃 | 〃 | · | 〃 | White |
| Greenbelt | Meeting Cloth | 18″×72″ | 1,500×2,500 | Green |
| 〃 | 〃 | 18″×72″×5Ea | 1,500×9,800 | 〃 |
| Drapes | Table Drapes | 75cm(H) | 750×7,500 | Pink, Green |
| 〃 | 〃 | 〃 | 〃 | Yellow, Blue |
| 〃 | 〃 | 〃 | 〃 | 보라 (Bar용) |
| 〃 | 〃 | 〃 | 750×12,500 | 〃 |
| 〃 | 〃 | 〃 | 〃 | 주황 (Bar용) |
| Napkin | Cocktail Napkin | Bar용 | 250×250 | Beige |
| Under Cloth | Rectangular | 30″×72″ | 1,200×2,100 | Ivory |
| 〃 | Rectangular | 30″×72″×5Ea | 1,200×9,500 | 〃 |
| 〃 | Table Top | Extra Table | 2,200×2,200 | 〃 |
| 〃 | Round | 72″ | 2,000×2,000 | 〃 |
| 〃 | 〃 | 60″ | 1,700×1,700 | 〃 |
| Drapes | Stage Drapes | 80cm(H) | 800×15,000 | White |
| 〃 | 〃 | 〃 | 〃 | Golden |

| 구분 | 품목 | 사용테이블 | 규격(mm) | 색깔 |
|---|---|---|---|---|
| 〃 | 〃 | 40cm(H) | 400×1,500 | Golden, Blue, Red |
| 〃 | 〃 | 20cm(H) | 200×10,000 | Blue, Red |
| Towel | Water Towel | | 250×350 | White |
| 〃 | Glass Towel | 중앙줄무늬 | 500×900 | 〃 |
| Velvet | Deco사용 | | | 5 Color |

## 2) 사용 및 관리

① 린넨은 목적이외에 사용하지 않는다.
② 출장 연 회시 테이블크로스나 언더크로스 등은 보자기로 사용하는 것을 금한다.
③ 칵테일파티 및 기타 테이블에 스커트(Skirt: Drapes)를 칠 때 핀(Pin)이 박힌 상태에서 잡아당기면 안 되고 사용을 한 후 Pin은 모두 빼고 보관토록 한다.
④ 은기물류, 글라스류를 닦을 때는 세척용 글라스 타월을 사용
⑤ 린넨을 보관할 때는 규격별로, 사용에 편리하도록 비치한다.
⑥ 린넨의 사용 시 바닥에 내려놓지 않고 사용하도록 한다.(청결하게)
⑦ 린넨에는 기름 및 유성 소스가 묻지 않도록 해야 한다.(세탁 시용이)

## 3) 테이블의 종류 및 사용관리

### (1) 테이블 내역

| 종류 별 구분 | 규격 | |
|---|---|---|
| | (inch) | (cm) |
| Round Table | 42<br>54<br>60<br>72 | 107<br>137<br>153<br>183 |
| Half Round($\frac{1}{2}$) | 60 | 153 |
| Quarter Round($\frac{1}{4}$) | 30 | 76.5 |
| Rectangle | 30×60<br>30×72 | 76×153<br>76×183 |
| Meeting Table(Seminar) | 18×60 | 46×153 |
| Square | 30×30 | 46×46 |
| Crescent | 30 | 46~46 |

(2) 테이블 사용 및 관리방법

가) 사용

① 무리한 충격을 주지 않는다.
② 목재에 기름이나 물이 묻지 않도록 한다.
③ 무거운 것을 올려놓거나 올라서면 안 된다.
④ 출장 연 회시 주변 기기로 인하여 파손되지 않도록 주의한다.
⑤ 파손이 되었을 때는 즉시 수리함으로서 불량품이 되지 않게 유의한다.

나) 관리

① 장시간 보관 시는 옆으로 보관해야 하며
② 카펫 바닥 위에 세워두어 미끄럼을 방지하도록 한다.
③ 옆으로 보관 때는 간격을 잘 맞춘다.
④ 타부서에 대 여시는 차용증에 Table의 고유 번호(No)를 꼭 기입한 후 빌려준다.
⑤ 연회직원 전원은 누구라도 타부서에 테이블이 있으면 확인하여 회수토록 한다.

| No. | Table | inch | Stacking | Arm Chair | 사용구분 |
|---|---|---|---|---|---|
| 1 | Round | 45 | 2 | 2 | 테이블데커레이션장식, 칵테일테이블 |
| 2 | | 54 | 6 | 4 | 소규모연회 칵테일, 좁은 공간 |
| 3 | | 60 | 8~10 | 6 | 일반연회 사용 및 칵테일테이블 |
| 4 | | 72 | 10~12 | 8 | 일반연회 호화판용 V. I. P활용 |

(3) 테이블의 구분

가) Round Table

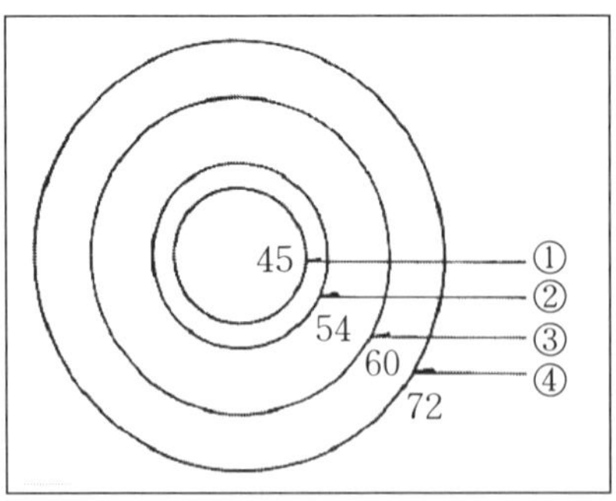


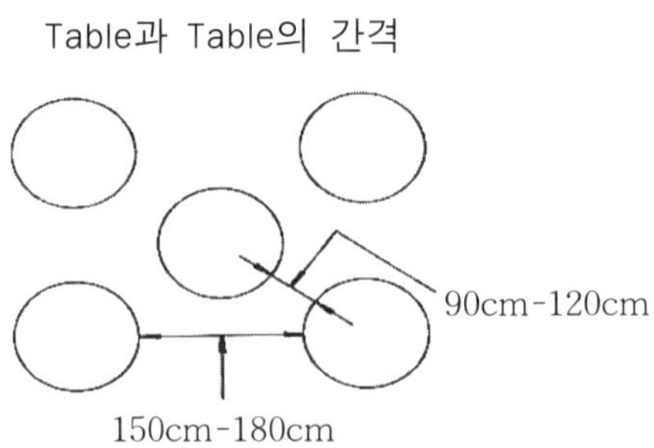

나) Rectangular Table

| No. | Table | inch | Stacking Chair | Arm Chair | 사용구분 |
|---|---|---|---|---|---|
| 1 | Rectangular Oblong | 30×72 | 3 | 2 | Food Table로 다목적 사용 |
| 2 | 〃 | 30×60 | 2 | 2 | 〃 |
| 3 | Meeting Class Type | 18×72 | 3 | 2 | Seminar와 Meeting 및 연결 |
| 4 | 〃 | 18×60 | 2 | 2 | 〃 |
| 5 | Square | 30×30 | 1 | 1 | Cake Table 및 다른 Table과 연결 |

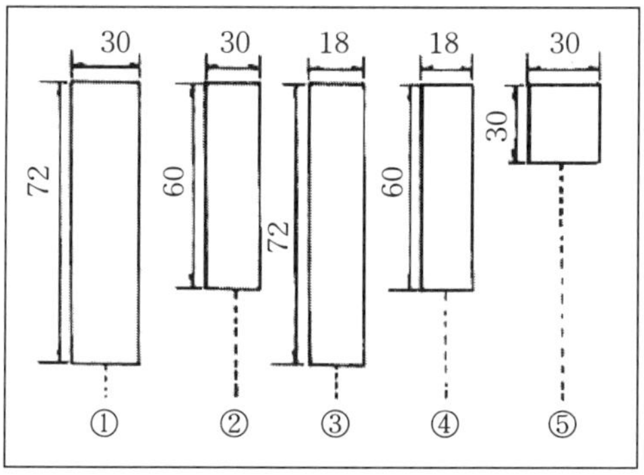


※ Table과 Table의 간격

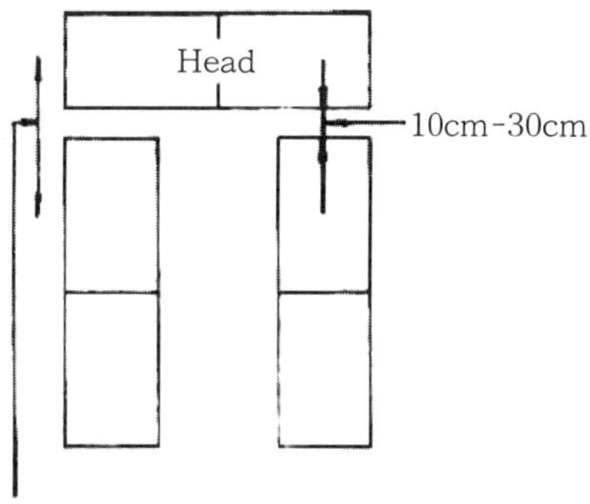


Head Table이 있을 경우 그
Table의 끝에 맞춘다.

다) 조립형 테이블

| No. | Table | inch | Stacking | Arm Chair | 사용용도 |
|---|---|---|---|---|---|
| 1 | Quarter Round | 30 | 1 | 1 | 테이블 연결 때 사용 |
| 2 | Crescent Table |  | 3 | 3 | Corner 및 테이블연결사용 |
| 3 | Half Round | 60 | 2 | 1 | 뷔페 및 테이블연결사용 |

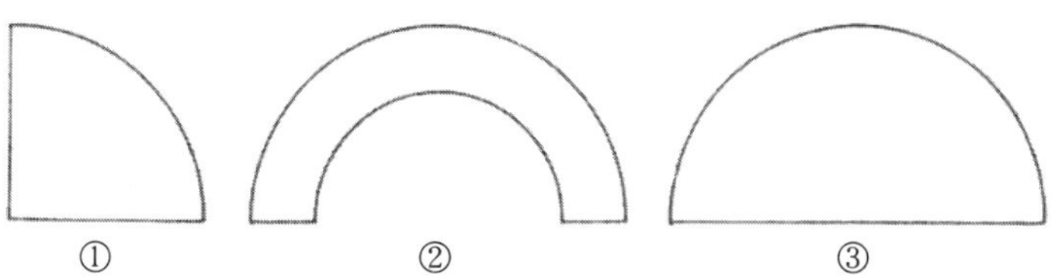

라) 테이블의 이동 방법

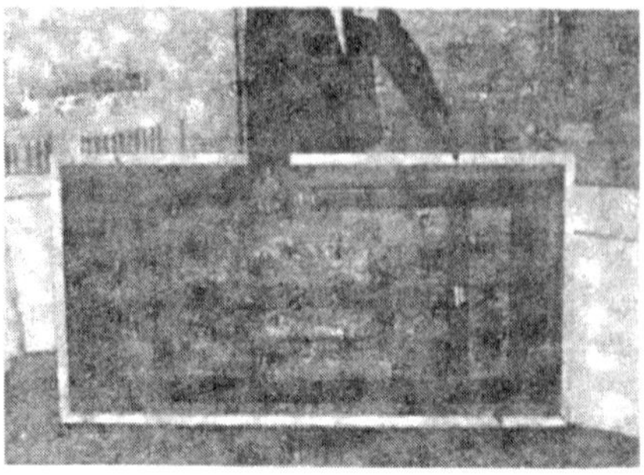

Rectangular

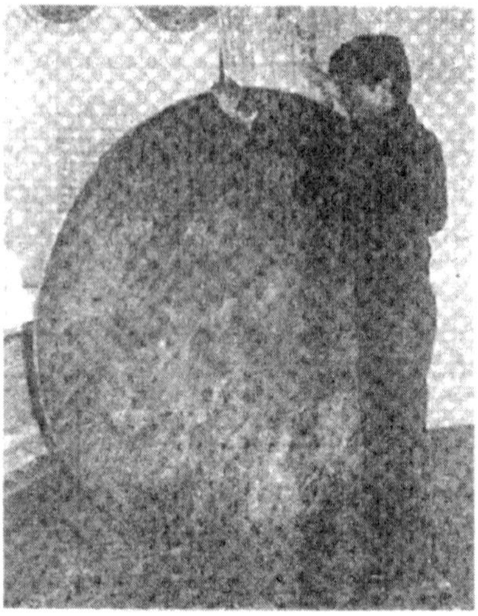

Round

ⓐ 직사각형(Rectangular)

① 손을 이용, 그림과 같이 이동할 때 벽이나 문 입구를 잘 보고 부딪쳐 파손되지 않도록 한다.

② 다리를 펼 때는 테이블을 가로로 하고 좌우측으로 편다.

③ Cart를 이용

조심하고 좌우를 살피면서 이동하며 벽, 입구 모서리에 부딪쳐 파손되는 일이 없도록 한다.

④ 장갑을 가급적 착용토록 한다.

ⓑ 원형(Round)

① 손으로 이동할 때(굴린다) 조심하고, 무리한 힘을 가하지 말아야 한다.

② 다리를 펼 때는 한 손으로 테이블을 잡고 한 손으로 편다.

③ Cart를 이용

조심하고 좌우측을 살펴서 벽, 입구 모서리에 부딪쳐 파손되는 일이 없도록 한다.

④ 장갑을 가급적 착용토록 한다.

## 3절 연회준비

식당에서 종사원이 고객에게 식사를 제공하기 위해서는 모든 사전 준비가 완벽하여야 한다.

우선 연회장내의 청결 상태로부터 정리 · 정돈, 식탁의 안정된 배치와 테이블의 고정, 린넨 및 서비스를 위한 보조테이블을 준비해야 한다.

### 1) 연회장 준비

#### ① 소연회장

Side Table을 18″×60″로 준비하여 고객이 원하는 메뉴에 의한 품목을 준비한다.

· 일반준비품목 : Ice Water, Hot Sauce, Mustard, Catchup, Tray, Waiter Napkin, Serving Fork & Knife, Crumb Sweeper

· 메뉴에 의한 준비 : Dessert Plate, Sanka Coffee, Ginseng Tea 등

외부행사시는 Soup 및 Dressing Ladle, Tray, Waiter Napkin, Coffee & Tea Pot 등 Food 서비스를 위한 준비물

#### ② 중연회장

Side Table은 18″×60″로 4곳을 준비하여 고객이 원하는 메뉴에 의한 품목을 서비스 종사원이 준비한다.

* 일반품목 및 메뉴에 의한 준비 품목은 소연회장과 동일함
  외부행사시는 소연회장과 동일

#### ③ 대연회장

Side Table을 연회행사에 따라서 수량을 결정(일반품목 및 메뉴에 의한 준비품목은 소연회장과 동일함)

외부행사시는 소연회장과 동일

이러한 것을 참고할 점은 다음과 같다.

첫째, 연회 성격에 따라서 준비가 다를 수 있고, Russian Service 때는 Dish Warmer를 준비해야 한다.

둘째, 출장 연회 때는 준비해간 품목으로 행사를 치러야 하기 때문에 철저하게 Check 하여 서비스에 차질을 가져오지 않도록 해야 한다.

### 2) 테이블계획

연회에 필요한 테이블 배치작업을 하는데 연회장의 연회내용과 참가인원수를 고려하여 분위기에 조화가 이루어지도록 신경을 서야 한다. 우선 연회용 테이블에는 크게 사각테이블과 원형테이블로 두 가지로 나눌 수 있다.

테이블 배열에는 직사각형, 원형, 정사각형, T자형 등 여러 가지 형태가 있는 데 이들의 배열은 장소와 분위기에 알맞게 해야 한다. 연회장의 공간을 최대한 활용하여야 하며, 연회성격에 따라서 테이블 배치가 달라지는데, 극장식 배치, U자형, E자형, T자형, 이사형, D자형, 말굽형, 고리형, 교실형, 원형테이블 배치 등의 형태가 있다.

#### ① 원형테이블 배열

가족연회, 디너쇼, 패션쇼 등 다수의 인원을 유치하여 식사와 함께 제공하는 형태의 연회를 할 때 테이블을 배열하는 방법이다. 테이블간의 간격은 3.3m정도이고, 양쪽 통로는 60cm공간을 유지하도록 한다. 테이블 무대를 중심으로 중앙부분을 고정된 뒤 앞줄부터 맞추면서 배열하면 되나 뒷줄은 앞줄의 중앙부분이 보이도록 지그재그 식으로 맞춘다. 원형 테이블은 2~14인용까지 있으며, 테이블을 지그재그로 배열하면 수용인원을 더 늘릴 수 있다.

원형 테이블

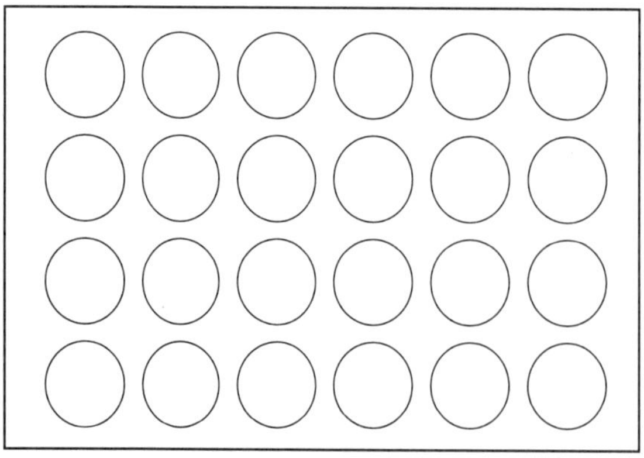

U형 테이블

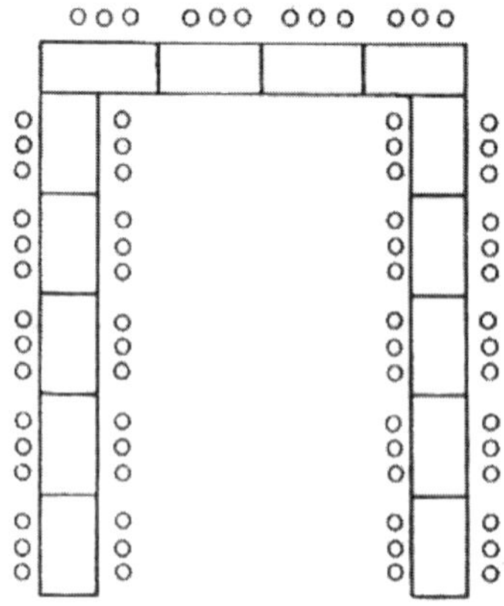

② U자형 배열

U형에는 일반적으로 60″×30″의 직사각형 테이블을 사용하는데 테이블전체의 길이는 연회 행사 인원수에 따라서 다르며, 일반적으로 의자와 의자 사이에는 50~60cm의 공간을 유지하며 식사의 성격에 따라 더 넓은 공간을 필요로 할 경우도 있다. 테이블클로스 양쪽이 균형 있게 내려와야 하며, 헤드 테이블 앞쪽에는 스커트를 쳐서 다리가 보이지 않아야 한다.

③ E자형 배열

U자형 같은 배열을 취하나, E형은 많은 인원이 식사를 할 때 이용되며 테이블 안쪽의 의자와 뒷면 의자 사이에 다니기에 편리하도록 120cm 정도의 간격을 유지하여야 한다.

④ T자형 배열

헤드 테이블을 중심으로 T형으로 길게 배열할 수 있으며 주빈이 많을 경우에는 적합하다. 상황에 따라서 테이블의 폭은 2배로 늘릴 수 있다. T형은 가장 흔히 사용되는 테이블 배열형이다. 다만 60명 이상의 모임인 경우에는 부적합하다. T형 배열도 U형과 마찬가지로 헤드테이블 앞부분에 스커트를 쳐서 다리를 가리도록 한다.

T형 테이블

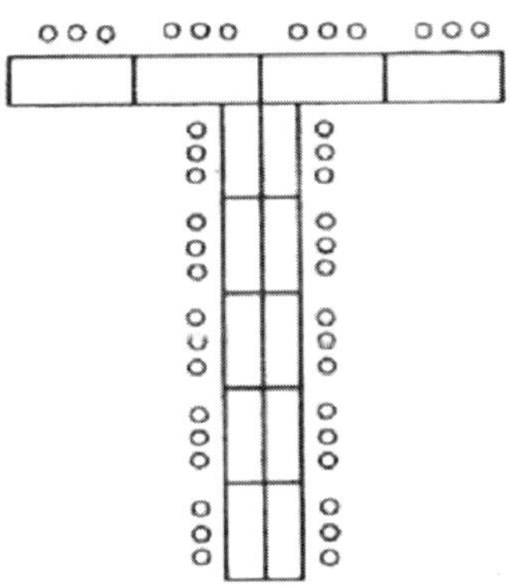

E형 테이블

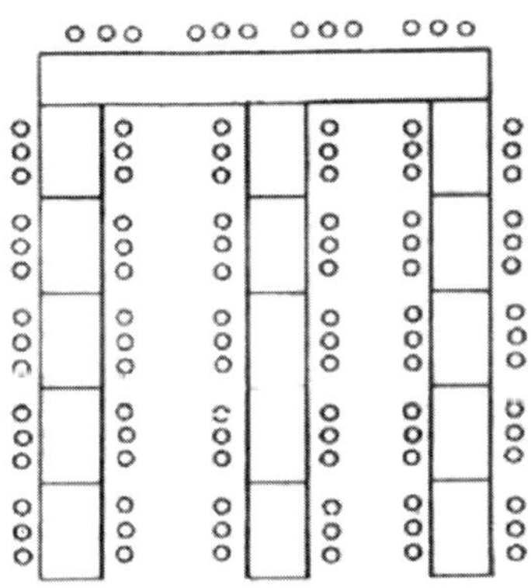

⑤ 이사형 배열

예상되는 참석자의 수에 따라 테이블을 배열하며, 60″×30″, 72″×30″테이블을 2개 붙여서 배치하는데 의자와 의자의 간격은 60cm의 공간을 유지하도록 하며 특히 고객의 다리가 테이블 다리에 걸리지 않게 주의하여야 한다.

I형 테이블

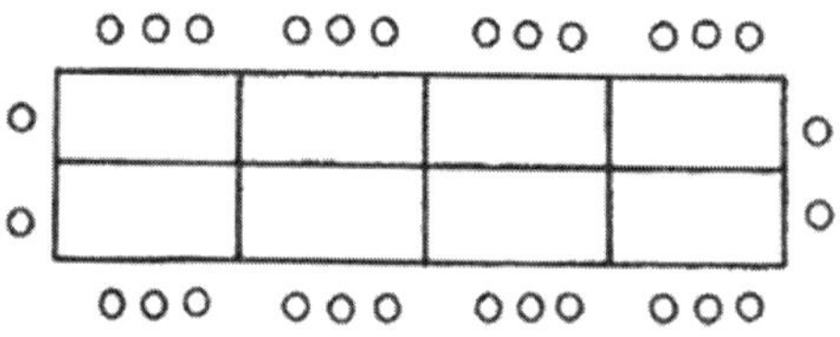

타원형 테이블

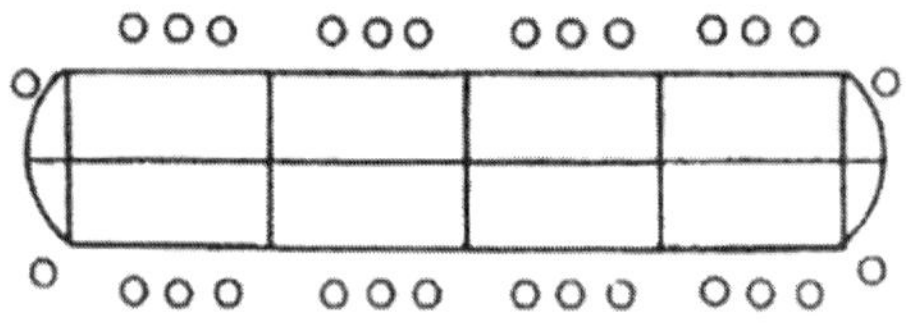

⑥ 타원형 배열

I형 테이블 배열과 비슷하나, 타원형은 양쪽 반달모양 테이블을 붙여서 사용한다.

⑦ 공백 사각형 배열

U형 테이블 모형과 비슷하게 배열하나테이블 사각이 밀폐되기 때문에 좌석은 외부 쪽에서만 배열하여야 한다. 테이블크로스는 반대쪽에서 다리가 보이지 않도록 길게 내리거나 스커트 혹은 드레스를 쳐서 회의장 분위기를 돋우어 주어야 한다. 이 형태는 모든 사람들에게 같은 의자에 앉았다는 기분을 주게 되지만 단점은 비디오 시설 등을 제대로 활용하지 못한다는 것이다.

공백 사각형 배열

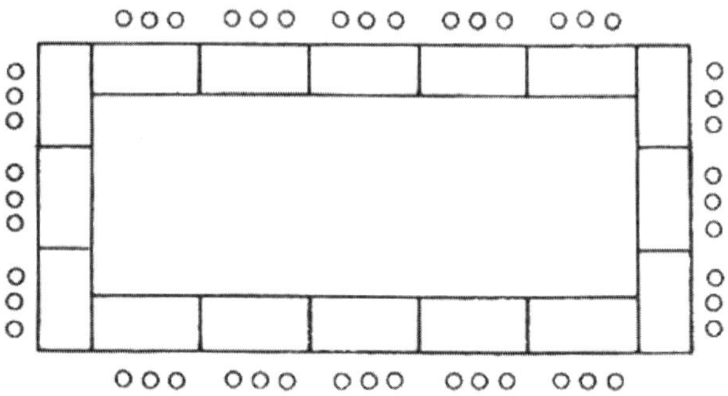

⑧ 말굽 자석형 배열

U형과 같이 배열하여 양쪽 귀퉁이 테이블 끝 부분이 반원형 테이블을 배열한다. 좌석은 외부 쪽에서만 배열하여 안쪽으로 스커트를 쳐주어야 한다. 굴절되는 부분을 처리하는데 약간의 어려움이 있으므로 테이블크로스를 잘 조정하여야 한다.

말굽 자석형 배열

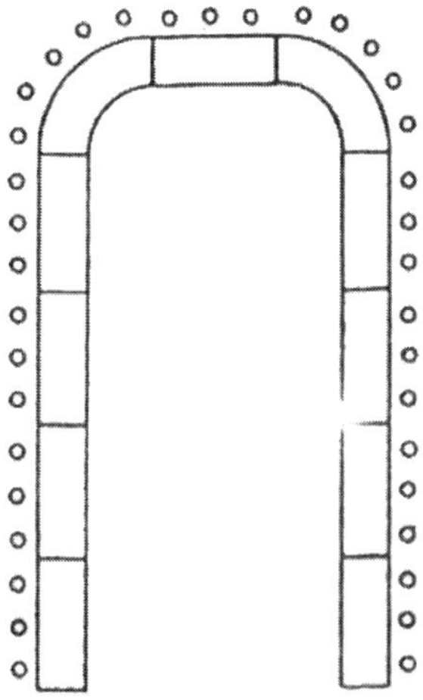

⑨ 공백식 타원형

이 테이블은 Horse Shoe형과 같게 배치하며, 끝 부분만 2개의 부채형 테이블로 덧붙여 양쪽을 밀폐시킨다. 굴절된 부분에 테이블 크로스를 덮는데 주의하여야 하며 테이블의 연결부분도 잘 처리하여야 한다. 이 형도 안쪽에 스커트를 쳐주어야 한다.

공백식 타원형 배열

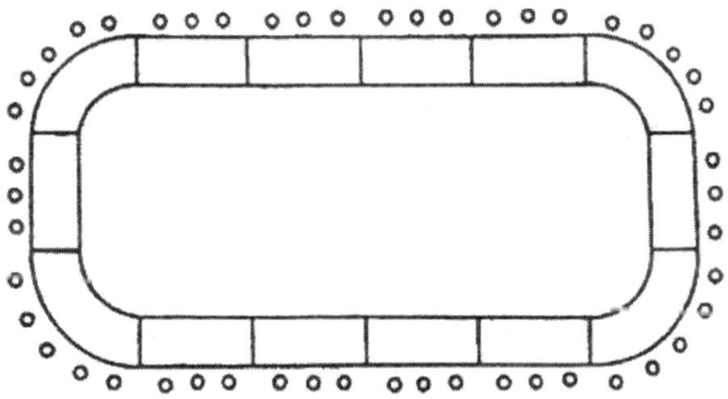

### 3) 회의시 의자 배열

① 극장식 배치

의자를 극장식으로 배열하는 것이 극장식 배치인데, 극장식배치의 중점은 가로와 세로의 줄을 잘 맞추어야 배치를 똑바로 할 수 있다. 특히 극장식 배치에서는 의자와 의자

극장식 배치

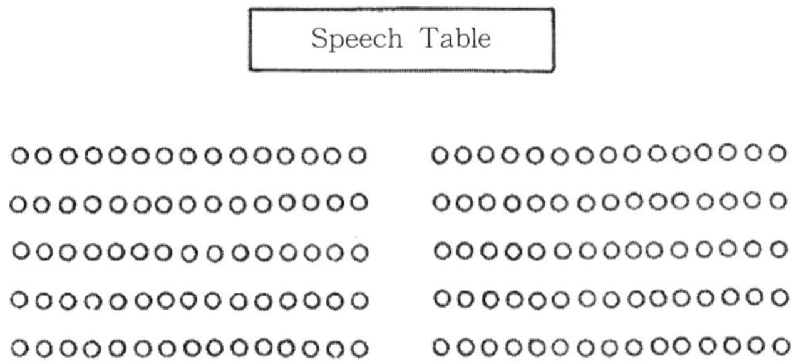


사이를 공간이라 부르고 의자의 앞줄과 뒷줄 사이를 간격이라 한다. 연설자의 스피치 테이블에서 의자 첫 번째 줄은 2m 정도의 간격을 유지하고, 400이상의 홀 좌석배치는 통로 복도가 1.5m 넓이의 간격을 유지하도록 하며, 소연회 일 경우는 복도 폭이 1.5m가 되도록 한다.

② 강당식 반월형 배치

강당식 반월형 배치는 의자 배열에 넓은 공간을 점유하기 때문에 많은 인원을 수용하는 데는 어려움이 있다. 의자를 배열하는 방법은 무대에서 최소 3.5m 간격으로 배열하고, 중앙 복도는 1.9m 간격을 유지하여 놓고 의자를 양쪽에 한 개씩 놓아서 간격을 조절한다.

강당식 반월형 배치

③ 강당식 굴절형 배치

강당식 반월형 배치와 같으나 옆면을 굴절시킨다. 맨 앞 가운데 테이블은 나란히 배열하여 홀 내의 의자 8~9개로 배열하며, 복도는 1.2m 간격을 유지하도록 한다.

강당식 굴절형 배치

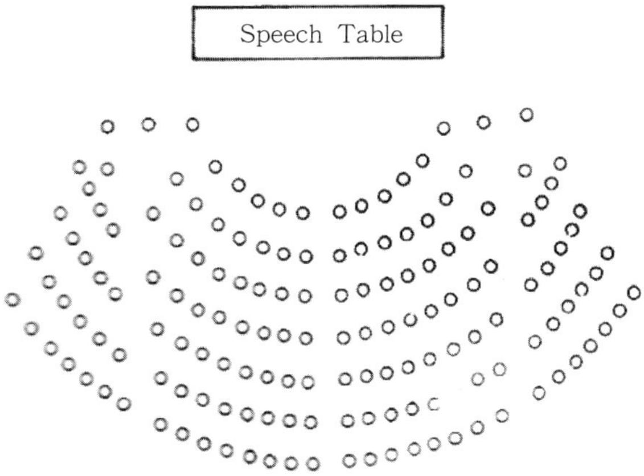


④ 강당식 V형 배치

첫 번째 2개의 의자는 무대 테이블 가장 자리에서 3.5m간격을 유지하여 의자를 일직선으로 배열하고 앞 의자는 30° 각도로 배열해야 한다. V자형의 강당식 회의 진행은 극히 드문 편이나 주최 측의 요청에 따라 배열한다.

학교 교실형 배열

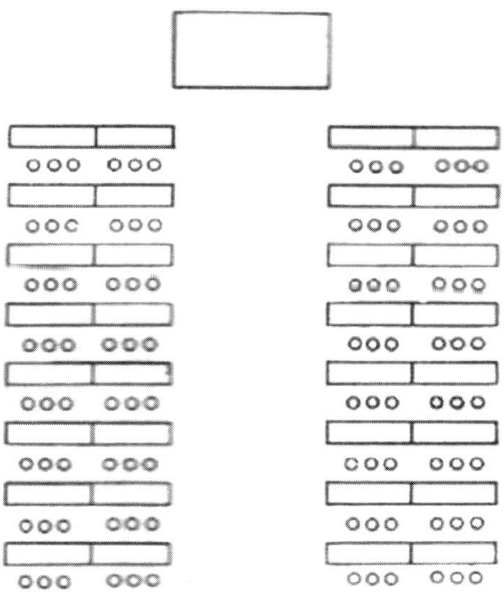

강당식 V형 배치

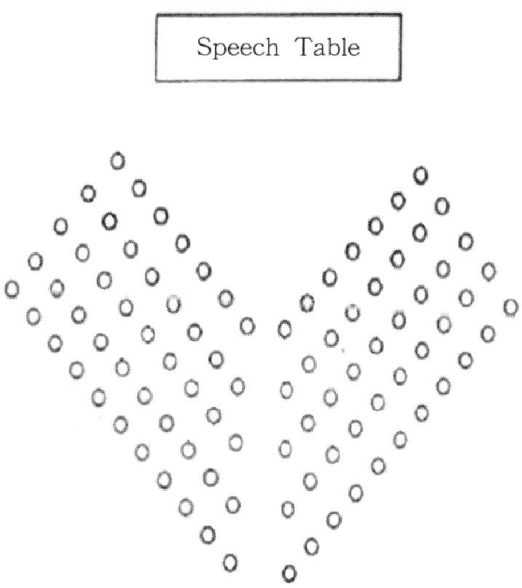

### 4) 기타 회의형 배열

① 학교 교실형 배열

테이블형에 따라서 다소 다르나 일반적으로 18″×72″테이블을 2개씩 붙여서 배치하며 무대와 앞 테이블의 간격은 1m 정도 떨어지게 설치하고 중앙 복도의 간격은 1.5m. 또 테이블과 테이블의 간격은 150cm, 의자와 의자 사이의 간격은 40cm 정도로 두며 보통 1개 테이블에 3개의 의자를 배치하도록 한다.

② 학교 교실 개조 V형 배열

이 형의 테이블 배치는 학교 교실형 방식과 비슷한 형식이지만 무대에서 30도 경사지게 배열한다.

학교교실 개조 V형 배열

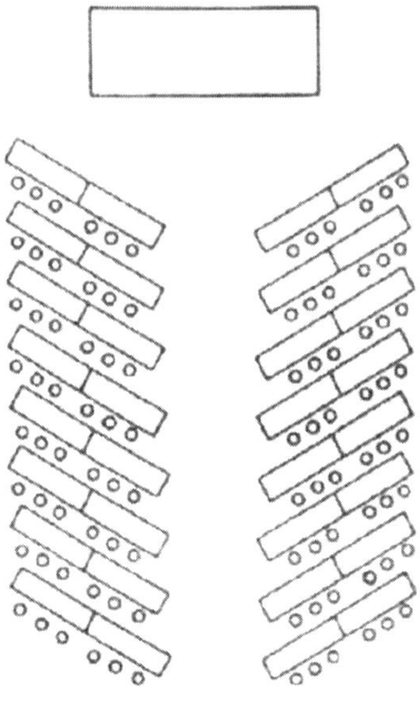

학교교실 수직형 배치

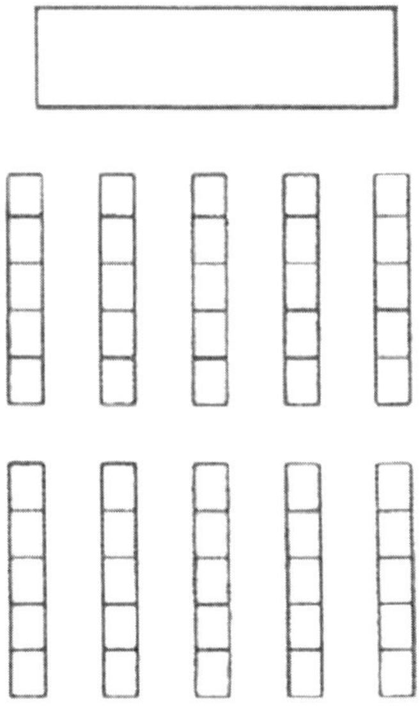

③ 학교 교실 수직형 배열

연회장크기에 따라서 많은 사람들이 회의 및 식사를 할 수 있게 배열하는 방법이다. 무대를 향하여 테이블을 수직으로 길게 배열해야 하며, 테이블을 설치할 때는 무대에서 2m 간격으로 떨어지게 배치하고, 중간통로의 넓이는 130cm, 의자와 의자의 간격이 잘 맞도록 하여 중앙 테이블을 중심으로 배열해 나가는 방법이다.

④ 뷔페 및 칵테일 리셉션 테이블 배열

뷔페나 칵테일 리셉션을 할 때 테이블을 배열하는 방법에는 다양한 형태가 있으나 주로 이용하는 형태는 다음과 같다. 타원형, 양머리형, 멍에형, 목걸이형, 들뿔소형, 심장형 등이 있다.

상기와 같은 형이 있으나 무엇보다도 해당 연회장에 가장 적합한 형태를 사용하는 것이 제일 좋은 방법이다.

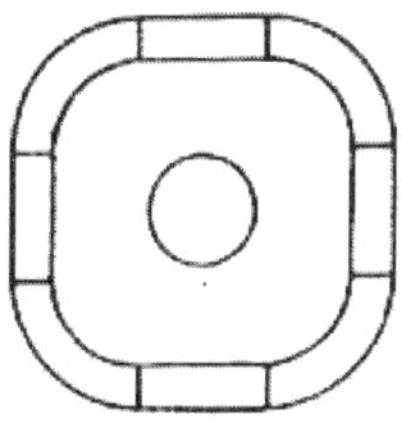

〈타원형〉

〈양머리형〉

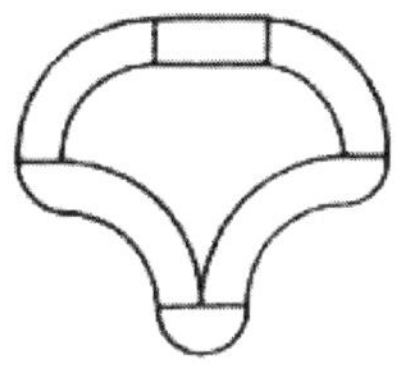

〈멍에형〉

〈목걸이형〉

〈들소뿔형〉

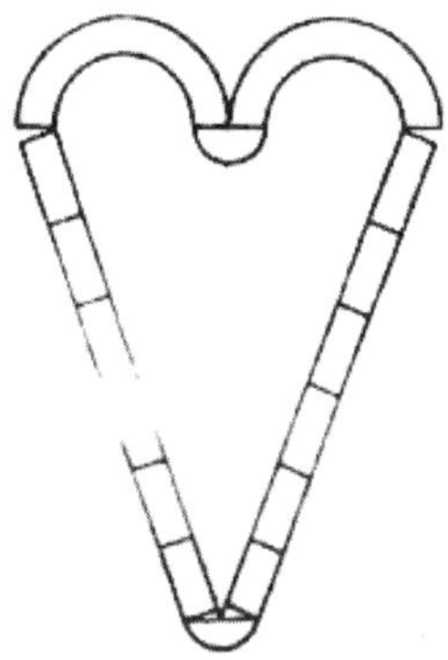

〈심장형〉

# M·E·M·O

chapter 15

# 부 록

■ 식음료 관계 용어 해설

· Abbreviation : Menu의 full Name을 통일된 방법으로 줄여서 Server, Cashier, Kitchen 등 관련자가 간편하고 쉽게 알아 볼 수 있게 만든 약어

· Aged : Wine의 숙성 정도를 나타내는 것. 육류를 일정기간 저장하면서 숙성시키는 것.

· A la carte : 일품요리

· A la mode : 각종 파이(pie)류에 아이스크림을 얹어서 제공되는 음식

· American Service : 음식을 접시에 미리 담아 신속히 Service하는 형태

· Aperitif : 식사 전에 식욕을 촉진시키기 위한 음료

· Appetite : 식욕, 입맛. A good appetite is a good sauce. 시장이 반찬(속담)

· Appetizer : 식욕촉진제로 식전요리(전채요리)를 말함

· Arm Chair : 팔걸이가 있는 의자

· Arm Towel : 팔에 걸쳐서 사용하는 Service용 napkin

· Aromatic : 향기로운, 방향성의

· Barbecue : 육류를 통째로 불에 직접 닿게 하여 익히는 방법

· Boiling : 요리방법 중 비등점 이상으로 끓이는 방법

· Booking : 예약을 뜻함(Reservation)
· Baking : 요리 방법 중 Oven 속에서 익히는 방법으로 주로 제과부에서 사용
· Base(Liquor) : Cocktail을 만들 때 가장 기본이 되거나 주재료가 되는 술(기주)
· Bill : 계산서(일련번호가 있으며 Original, Statement, Receipt의 3매로 구성)
· Bin Card : 물품의 재고 및 출입상황을 기록하는 카드로서 창고 또는 물건이 저장된 장소에 비치한다.
· Bouquet : 좋은 황인(또는 여송연)이 풍기는 향미, 향기
· Bouquet Farnis : Stock을 만들 때(끓일 때) 넣는 야채다발(여러 가지 향료의 총칭)
· Brioche toast : 버터 달걀을 넣어 만든 작은 모양의 빵
· Broiling : 요리방법중 불을 직접 닿게 하여 익히는 방법
· Braised : 고기나 야채를 살짝 볶는 조리방법
· Broth : 고기를 삶아서 만든 고기국물을 말함
· Brunch : Breakfast와 Lunch의 합성어로 아침과 점심을 겸하는 식사
· Breath : Wine Cork를 Open한 후 Wine이 공기와 접촉하여 Sensitivity를 없앰.
· Brut : 매우 Dry한 맛(Champagne의 맛을 나타내는 용어)
· Brochette : 꼬챙이에 꽂아서 음식을 굽는 것. 산적. cf. Skewer
· Bisque : 조개류 갑각류를 재료로 하여 만든 걸쭉한 Soup
· Canape : 빵을 여러 가지 모양으로 작게 만들어 그 위에 가공된 여러 가지 식재료를 얹어서 한입에 먹을 수 있도록 만든 음료로서 주로 식전음료를 위한 안주 또는 Cocktail Party용으로 이용됨
· Carafe : 도자기 또는 유리로 만든 병모양의 용기로서 주로 House Wine을 담아서 제공하는
· Decanter임.
· Casserole : 도기나 금속으로 만든 내열성이 강한 용기로서, 불에 직접 닿는 음식을 만들거나 담을 때 사용
· Castor Set : Table에 놓는 소금과 후추 set
· Cart : 물건을 실을 수 있는 바퀴 달린 모든 운반기구의 총칭
· Crepe : 넓적하게 부친 Pan Cake과 같은 것.
· Coffee Break : 주로 점심식사 2~3시간 후에 행해지는 짧은 휴식시간을 말함
· Brandy Snifter : 입구가 좁고 밑 부분이 넓은 Tulip 모양의 Cognac glass
· Charcoal Brolier : 숯불에 직접 굽는 조리기구
· Chit Tray : 고객에게 잔돈을 거슬러 드릴 때 사용하는 작은 쟁반
· Chateau Briand : 소의 등뼈 양쪽에 붙어있는 안심中에서 가장 연한 부분인 머리쪽 가운데 부분을 말함.

· Candy : 설탕을 입혀 달콤하게 하는 方法 또는 사탕과자
· Chaser : 독한 술을 마신 후 마시거나 또는 희석시켜 마시기 위해 Base에 곁들여 제공하는 물, 청량음료, 탄산수 등
· Chafing Dish : 열을 가해 음식이 식지 않도록 해서 연회 행사나 Buffet 식당에서 뜨거운 음식을 담아 제공하는 용기
· Confirmation : 예약이나 약속을 한 후 확인하는 것
· Cellar : 포도주 저장창고 또는 진열장
· Cutlery : 식사용 칼붙이 기구(Knife, Fork, Spoon 등)
· China Ware : 각종 도자기 그릇의 총칭
· Condiment : 음식을 조리할 때 쓰이는 각종 양념류의 총칭
· Confis : 야채를 옆으로 눕어서 가지런히 놓는 방법
· Copper : 구리로 만든 그릇(냄비)종류
· Chef : 요리사 장, 단위 주방의 장, 또는 특별한 기관의 책임자. 장, 우두머리.
· Cordial : 단맛과 향미를 더한 알콜성 용기
· Crumb Sweeper : Table의 빵 부스러기 등을 치우기 위한 도구
· Cork Screw : Cork로 된 병마개를 따는 기구
· Continental Breakfast : 유럽식 아침식사. 계란요리 없이 Juice, Toast, Coffee로 이루어짐
· Crustacea : 게, 가재, 새우등의 갑각류
· Carbonated : Sparkling Wine을 비롯한 탄산음료
· Cave : Cellar와 동의어
· Coaster : 음료 서비스시 Glass를 받치는 천이나 종이 제품
· Claret : 프랑스 Bordeaux 지방산의 최상급 Red Wine을 일컫는 말
· Corkage Charge : 고객이 휴대하고 온 술이나 음료를 마실 경우 이를 Service해주는 대가로 고객이 지불해야 하는 요금
· Consomme : Stock을 정제하여 만든 맑은 Soup
· Cutlet : 얇게 저민 고기나 생선에 밀가루, 계란, 빵가루 등을 묻혀서 Fry한 요리
· Cradle : Red wine service시 사용되는 바구니나 Holder를 말함
· Cloak room : 휴대품이나 외투 등을 보관하는 장소(Check Room)
· Compote : 설탕물에 절인 과일
· Cocotte : (불) Stew 남비, 작은 토기의 남비
· Crouton : (불) Bread(Toast)를 Dice로 잘게 썰어 기름에 튀긴 것
· Candelabrum : 가지 장식 달린 촛대
· Chef de Fang : (불) Captain

· Commis de Rang : (불) Waiter
· Cereal : 곡식, 곡물류. Breakfast용 Food 中 Cornflakes, Oatmeal등의 곡물 가공품.
· Cole Slaq : Cabbage를 가늘고 길게 썬 것
· Demitasse : 작은 커피잔
· Dish Dolly : 접시를 쌓아 운반할 수 있도록 만든 Cart
· Distilled : 양조 과정 중 증류주를 말함
· Dry : Sweet의 반대되는 말로 당분의 함량이 적거나 거의 없는 상태의 술맛을 말함
· Dressing : Salad에 맛을 내기 위해 여러 가지 양념을 가미하여 만든, 독특한 맛을 가진 Sauce.
· Drapes : Table의 가장자리를 장식하는 주름진 천(Skirt)
· Deuce Table : 2인용의 작은 Table
· Dice : 야채류를 주사위 모양으로 작게 자른 모양
· D.O.M : "최선 최대의 신에게 드린다." 라는 뜻의 라틴어로 원어는 Deo Optimo Maximo. Benedictine의 별칭
· Decanting : Wine의 찌꺼기를 거르거나 다른 용기에 옮겨 담는 것
· Decanter : 각종 음료를 담는 용기로서 Cocktail Decanter, Wine Decanter등이 있다.
· Delicatessen : 조제식품(간편하게 식탁에 내놓을 수 있게 조리된 고기, 치즈, 샐러드, 통조리등) 또는 조제식품 판매점을 말함
· Demi Sec. : (불) Semi Dry(Medium Dry Wine을 말함)
· Dom Perignon : Champagne의 양조술(양조술)을 최초로 발견한 사람. Champange의 상표이름
· Doux : (불) Sweet
· Doily : 접시 혹은 Table위에 깔아서 모양을 내거나 그 위에 놓은 물체가 움직이지 않도록 하는 받침
· Dough : 특정한 음식 특히 Dessert를 만들기 위한 밀가루 반죽
· Eared Bowl : 양쪽에 손잡이가 달린 그릇
· Entertainer : 식당이나 Bar에서 음악연주를 하는 연주자 및 가수를 말함
· Entree : (불) 식사 Course중에서 주요리가 되는 것
· Espresso : (불) Coffee 분말에 증기를 통하게 하여 만드는 진한 Coffee
· English Muffin : 영국식 아침식사용 빵
· Fermentation : 양조과정 중 발효를 말함.
· Finger Bowl : 음식을 손으로 잡고 먹은 후 손바닥을 닦기 위하여 물을 담아 제공하는 그릇
· Filleting : 주로 생선의 뼈나 껍질을 추려내는 작업(형태)

· Flaming(Flambee) : 주로 French Service중, 식사의 맛을 내고 고객에게 보이기 위해 고객의 Table 앞에서 특정한 술로 불꽃을 만들어 요리하는 것
· Fair : Festival을 의미함
· Fesival : 일정장소에서 판촉 활동이나, 고객에게 Service하는 의미의 축제 행사
· Frying : 기름을 이용한 튀김요리로서, 음식이 기름에 완전히 잠기도록 하는 Deep Frying과 일부만 잠기는 Pan Frying방법이 있다.
· Flat Ware : Table에서 사용하는 은 기물의 총칭(Cutlery)
· Fortification : Port Wine이나 Red Wine 외 알콜 주점을 높이기 위해 주정(Spirits)을 첨가시킴(Fortified)
· Frappe : (불) 아주 차갑다는 뜻
Liqueur의 경우 가루 얼음과 함께 Serve한다.
· Float : 술의 비중을 이용하여 한 가지 술에 다른 술을 직접 혼합하지 않고 위에 붓거나, Cocktail에 아이스크림을 얹을 때 쓰이는 말.
· Gratin : 음식물을 그릇에 미리 담아 그대로 익혀서 Serve하는 형태
· Grand Cru : (불) Wine 등급의 종류 中 오래 숙성시켜 질을 보증하는 것
· Grill : 석쇠에 각종 음식물을 올려 익히는 조리方法
· Greeting : 손님을 맞이하는 일체의 행위
· Gueridon : (불) French Service시 고객의 Table앞에 미리 위치시켜 음식을 올려놓고 요리하는 Service용 Cart
· Goblet : 굽이 달린 (Stemmed) Glass류를 말함
· Glazed : 음식물에 설탕, 시럽 등을 발라서 윤이 나고 약간 달콤하게 한 것
· Glass Rack : 각종 glass류를 종류별로 꽂을 수 있도록 철사망 혹은 플라스틱 등으로 만든 용기
· Garniture : 접시에 담겨진 음식물에 곁들여 장식을 하는 것(고명)
· Granule : 곱게 갈아서 미립자로 만드는 것
· Game : 엽조류, 사냥해서 잡은 날짐승
· Hollow Ware : 속이 오목한 형태의 각종 Service용 은도금(구리) 기물류를 말함
· Hors D' oeuvre : 1) 음료에 곁들이는 안주
2) 양식의 첫 번째 Course로서 식욕촉진제로 만든 요리(Appetizer)
· Herb : 식용(약용)향료의 총칭
· Inventory : 식음료 재료, 각종 기물 등의 재고 조사
· Ice Bin : 운반하기 쉽도록 바퀴를 달아 만든 얼음통
· Jug : 주둥이가 넓고 손잡이가 있는 항아리, 주전자, 단지
· Julienne : (불) 야채를 가늘고 길게 써는 방법

· Jar : 주둥이가 넓은 병, 항아리 단지

· Jigger : Cocktail 등을 만들 때 사용하는 기구 또는 용량의 단위

· Last Order : 영업종료 전의 최종주문

· Lager Beer : 저온살균 처리한 맥주

· Liqueur : 식물의 잎, 뿌리, 열매, 껍질등 약초에 향료와 당분을 가미한 혼성주로 주로 식후에 마시는 술.

· Liquor : 알콜성 음료의 총칭

· Ladle : 국자(모양의 주방용 기구)

· Linen : Table Clth, Napkin, Drapes등천으로 된 모든 것의 총칭

· Lay Out : 배열되어 놓여있는 상태

· Muddler : Cocktail 따위를 저을 수 있도록 만든 막대(Swizzle Stick)

· Mug : 금속 또는 도자기로 만든 손잡이가 있는 원형컵

· Mustard : 겨자

· Miscellaneous : 영업상 필요한 각종 소모품류의 총칭

· Mollusca : 연체동물(낙지, 오징어 등)

· Meuniere : (불) 밀가루를 묻힌 다음 Pan fry 한 것.

· Mise-en-place : (불) 영업장을 개장하기 전 고객을 맞이할 제반 준비를 하는 것

· Molton : Table에 깔아 감촉을 좋게 하고 소리를 없애는 깔개(Green Color)

· Mutton : 어린 양고기

· Maitre d' Hotel : (불)식당(또는 여관, 클럽 등)의 지배인, 책임자

· Meringue : 설탕과 계란흰자위 따위를 섞어 구워서 파이 따위에 입힌 것
파이 따위에 계란 흰자와 설탕물 부풀려서 구워낸 것

· Name Card : 주로 연회행사시 참석자의 이름이나 직함을 적어 Table위에 비치하는 것(Tent Card, Name Plate)

· Numbering Stand : 연회행사시 참석자가 자기 Table을 쉽게 찾을 수 있도록 표시한 테이블 번호 표시판

· No Show(Guest) : 예약을 해놓고 나타나지 않는 고객

· Order Taking : 고객으로부터 주문을 받는 것

· Oblong : 장방형(직사각형)

· On the Rock : 얼음에 술을 넣어 마시는 형태

· Oval : 타원형(계단형)

· Over Easy : 계란요리의 Fried 방법으로 양면을 익힌 것

· Ounce(oz) : 8 Tea Spoon의 양(28.3g)

· Petits Fours : 식후에 Coffee등과 함께 제공되는 작은 케이크나 과자류
· Pot : 항아리 모양으로 된 병
· Pate : 고기류를 아주 잘게 다진 형태
· Pickle : 야채를 식초 소금물에 절이는 것
· Pitcher : 손잡이가 달린 물 주전자
· Poaching : 끓는 물에 잠기게 하여 익히는 조리방법
· Portion : 한사람의 몫, 1인분의 양
· Poultry : 가금류(예 : 오리, 칠면조, 닭)
· Petit : (불) Little & Pretty
· Port Wine : Portugal산 Wine으로 강화주임 Dessert Wine으로 사용됨
· Putlet : 판매망을 일컫는 영업 또는 매장을 말함.
· Raspberry : 산딸기
· Rosso : (이) Red Rouge(불)
· Reservation : 예약
· Recommend : 주문을 받을 때 고객에게 음식을 추천하는 것을 말함
· Recipe : 음식이나 음료(CKT)를 만들 때 필요한 재료의 양을 정한 것.
· Receipt : 고객에게 드리는 영수증
· Rectangular : 직사각형
· Relish : 음료에 곁들이는 작은 모양의 신선한 야채
· Rech명 : 음식이 식지 않게 남비나 접시를 올려놓는 뜨거운 쇠판, 음식을 데우는 기구
· Russian Service : 큰접시(Platter)나 쟁반(Tray)에 음식을 담아 미리 Table에 놓여진 고객용 접시(Dish류)에 나누어 Service하는 형태
· Rim : 가장자리 (Glass Rim)
· Roux : (불) 밀가루와 버터를 같은 양으로 넣고 볶은 것
· Rib : 갈비부분을 말함
· Roast : 조리방법의 하나로 간접불로 음식물을 익힘
· Sec : (불) Champagne에 사용되는 용어로 Dry의 뜻
· Dommelier : (불) 포도주를 전문적으로 취급, 판매하는 사람(Wine Waiter)
· Sauté : 기름이나 Butter에 음식물을 볶는 조리방법
· Salmon board : 훈제된 연어를 Slice하거나 Slice해서 올려놓는 연어모양의 도마
· Sanitation : 위생
· Speciality : 특별히 추천할만한 음식이나 요리. Todays Speciality
· Square Table : 정사각형의 Table

· Station : 식당 등에서 Service에 편리하도록 나눈 하나의 Service Area 또는 가구(장비) 그 자체
· Stew : 은근한 물로 끓이는 요리방법 또는 그 요리
· Squeezer : 압착하여 과일 등의 즙을 짤 수 있도록 만들어진 기구(예 Lemon Squeezer)
· Strainer : 거르는 기구(여과기)
· Stemmed Glass : 손으로 잡을 수 있는 굽이 있는 Glass
· Stock : 육류나 생선을 부재료와 야채 등을 넣고 삶아낸 국물
Soup이나 Sauce를 만들기 위한 기본재료임
· Steaming : 수증기로 음식물을 익히는 요리 방법
· Suggest : (식음료를)추천하다. 권하다.
· Smoking : 톱밥 등을 태워 더운 열기나, 연기를 쬐어 요리하는 방법
· Shaker : Cocktail을 만들 때 Base, Chaser, 얼음 기타 재료를 넣어 섞는 기구
· Show Plate : 주로 고급(양)식당에서 Table의 미관을 아름답게 하기 위하여 놓아두는 Plate로 동이나 도자기로 만든 것이 많음
· Steward : 영업장에서 사용하는 각종 기물류를 보관 관리하고, 기물의 세척을 담당하는 부서
· Stacking Chair : 여러 개를 포개서 쌓을 수 있도록 만든 의자. 많은 양을 필요로 하는 연회장에서 주로 사용함.
· Saucer : Bowl이나 Cup등을 받치는 접시 Underliner
· Sparkling : 발포성 음료
· Supper : 저녁식사, Dinner보다 간단한 저녁식사
· Simmering : 끓는 물에 살짝 데치는 요리방법
· Table Wine : 식사 중에 마시는 wine
· Table d' Hote : 정식. (cf) A LA Carte
· Tannin : 탄닌산, 음식이나 음료에 함유된 떫은 맛
· Tongs : 집게. 얼음이나 음식을 집는데 사용되는 기구
· Tenderloin : 육류의 안심고기
· Tumbler : 자루(굽)가 달리지 않은 음료 잔 (예 : Highball Glass)
· Tureen : 뚜껑이 있는 주발. Russian Service에서 주로 Soup등을 여러 명분을 담아서 각 손님에게 제공할 수 있는 Service용 그릇
· Trimming : 짜투리 고기를 잘라냄. 요리의 고명, 곁들임
· Tournedos : 안심의 끝부분을 말함
· Truffle : 향신료로 사용되는 흑균, 지하에서 서식
· Trocken : Dry의 뜻

· Table Service : 일정장소(식당)에 Table과 의자를 비치하고 고객의 주문에 의해 접객원이 Service 하는 것
· Underliner : 받침접시
· Vin : Wine
· Veal : 송아지 고기
· Wine Steward : Wine을 전문으로 담당해서 Service하는 사람(Cf-Sommelier)
· Wagon : Service용 Cart류
· Waiter Knife : 주로 Wine을 Open할 때 사용하는 작은 주머니칼
· Waffle : 밀가루, 우유, 달걀, 따위를 섞어 구은 Cake의 일종
· Vegetarian : 육류를 먹지 않고 채식을 하는 사람(채식주의자) 주로 인도에 많음.
· Vichysoisse : 진한 찬 감자 Soup
· Vintage Chart : 포도주의 생산년도를 알기쉽게 표시해서 포도를 수확한 연도를 표시
· Young Wine : 1~2년 저장하며 5년 이내에 마시는 포도주
· Sunny Side Up : 계란 요리의 Fried 방법중 한쪽면만 익힌 것
· Service Sequence : 음식 서비스 순서

## 참고 문헌


· 김정수 등, 건축계획각론, 문운당.

· 김충호 한국 외식산업의 문제와 성장전반, 경기대 논문집 제13집, 1983.

· 미야에이지 외식 비즈니스, 한국산업 훈련 연구소 편역 1992.

· 박홍역 Anatomy for Interion Desiners, 세신사, 1985.

· 롯데호텔, 롯데호텔 식음료 직무교재,1988

· 서성한, 박기안 마케팅론, 법경사, 1992

· 신재영외, 외식산업경영론, 한국 외식산업 연구소, 1995.

· 신한 종합연구소, 우리나라 식문화와 외식산업의 전개방향, 1988.

· 안우규, 주방관리개론, 광진문화사, 2000.

· 안우규외1,현대주장과칵테일,광진문화사,2000.

· 안우규외1, 식음료실무경영론,광진문화사,2001.

· 안우규, 조주기능사문제해설, 신성,2005.

· 외식산업 창업과 경영강좌, 매일경제신문사.

· 이정자, 호텔 식음료원가관리, 형설출판사, 1981

· 이봉수외 21st Century Global Management : Life Quality Approach Myung Kyung Publishing, 1997.

· 이애주, 식음료 관리론, 일신사. 1996.

· 이진영외 식품구매론 효일문화사, 1998.

· 일본능률협회, 구매 위주 관리의 기본과제 1987.

· 정구영, 최영배, 건축계획각론, 건우사, 1985.

· 한국음식업 중앙회, '95 한국 외식 산업 연감, 1995.

· 한국음식업 중앙회, '96 한국외식산업 연감, 1996.

· 하헌국외2, 호텔식음료경영론, 한올출판사, 1998.

· 환경 디자인과 미래설계 집중계획 디자인포장, 통전37호 Vol, P, No, 2, 1978.

· A panasuraman, Valariea, zeithaml, and Leonard L, Berry, "A conceptual Model of service Quality and Its Implieations for Future Reserch," Journal of Marketing fall, 1985.

· American Restaurant News Research, 1989.

· Bantol, K. M & Martin, P,C, Management, 2nd ED., Mcgraw-Hill Company 1994.

· Edward A, Kazariam, Food service Facilities Planning, ABl, 1983.

· F. D. K. ching Anchit ectune: Form, Space & order, 1985.

· Jack. D, Ninemeier Management of food and Beverage operation, Educational Institute of AH & MA, 1984.

· L. L, Bean 社의 포스터, 윤훈현, 현대마케팅. 석정. 1996

· Leo M, renaghm, "A New Mauketing Mix for the Hospitality In dustuy," conmell Hotel and Restaurant Administrative Quarterly, April, 1981.

· Restaurant News 1995. 8

· Jack. D Ivinemeier, Planning control for Food & Beverage openation, Educational Instiute of AH & MA, 1991.

· Jack Ninemeier, Puchasing, Receiving and Stouage : A system, Manual for Restaurants, Hotel and Clubs, Boston : CBI, 1983.

· Jack D Ninemeier, Planning and control for Food & Beverage peration, Edueation Institute of AH & MA, 1987.

# 저 · 자 · 약 · 력

### ▶ 안우규

- 육군 제3사관학교졸업
- 계명대학교 경영대학원 관광경영전공 경영학석사
- 대구대학교 대학원 경영학과 관광경영전공 경영학박사
- 관광호텔지배인 2급 자격취득(한국관광공사)
- America Certified Hotel Administrator (CHA)호텔최고경영자
- America Certified Bartender
- America Bar & Beverage Management
- 한국 바 & 레스토랑 마스터협회 바리스타 2급
- America Food & Beverage Service 호텔교육원 식음료서비스전임강사
- America Bar & Beverage Management 호텔교육원 식음료경영 전임강사
- America Certified Bartender 호텔교육원 바텐더교육 전임강사
- America Certified Front Desk Representative 호텔교육원 객실교육 전임강사
- America Centitied Banista 호텔교육원 전임강사
- 전) 대구산업정보대학 겸임교수
- 현) 동국대학교 관광경영대학 겸임교수

### ▶ 손재근

- 호원대학교 관광경영학전공
- 경희대학교 경영대학원 관광경영학전공
- 경기대학교 대학원 관광학박사
- 올림피아호텔 객실부
- 밀레니엄서울힐턴호텔 식음료과장
- 경북대학 관광과 겸임교수
- 김포대학 호텔외식조리과 겸임교수
- 우송대학교 외식경영과 강사
- 현) 경주대학교 관광학부 호텔경영과 교수

### ▶ 박종철

- 배재대학교 관광경영학과 졸업(관광학박사)
- (주)하야트리젠시제주호텔서교 영업팀장 역임
- 트리아관광호텔 총지배인 역임
- (주)하나제너럴네트웍스(하나투어) 영업부장재직중
- 대원과학대학 호텔경영과 겸임교수
- 백석대학교 관광학부 외래강사
- 백석예술전공대학 문화관광학부 겸임교수
- 국제대학 관광학부 외래강사



## 호텔식음료 경영실무

2008년 8월 18일 초판1쇄 인쇄
2008년 8월 23일 초판1쇄 발행

저 자 안우규 · 손재근 · 박종철
펴낸이 임순재
펴낸곳 한올출판사
등록 제11-403호
121-849
주 소 서울특별시 마포구 성산동 133-3 한올빌딩 3층
전 화 (02)376-4298(대표)
팩 스 (02)302-8073
정 가 15,500원

저자와의 협의하에 인지생략

홈페이지 www.hanol.co.kr
e - mail hanol@hanol.co.kr




- ISBN 978-89-961501-1-4